O QUE RESTA DA DITADURA

COLEÇÃO
ESTADO de SÍTIO

**EDSON TELES E
VLADIMIR SAFATLE (ORGS.)**

O QUE RESTA DA DITADURA

A EXCEÇÃO BRASILEIRA

Copyright © Boitempo Editorial, 2010

Coordenação editorial Ivana Jinkings
Editor-assistente Jorge Pereira Filho
Assistência editorial Ana Lotufo, Elisa Andrade Buzzo, Frederico Ventura e Gustavo Assano
Preparação Flamarion Maués
Revisão Alessandro de Paula
Capa e diagramação Silvana de Barros Panzoldo sobre foto de repressão ao Dia Naciona de Luta, protesto realizado em 23 de agosto de 1977 – Arquivo/ Agência Estado
Coordenação de produção Juliana Brandt
Assistência de produção Livia Viganó

CIP-BRASIL. CATALOGAÇÃO NA FONTE
SINDICATO NACIONAL DOS EDITORES DE LIVROS, RJ

Q35

O que resta da ditadura : a exceção brasileira / Edson Teles e Vladimir Safatle (Orgs.). - São Paulo : Boitempo, 2010.
- (Estado de Sítio)

Inclui bibliografia
ISBN 978-85-7559-155-0

1. Brasil - História - 1964-1985. 2. Brasil - Política e governo, 1964-1985. 3. Ditadura - Brasil - História - Século XX. 3. Direitos humanos - Brasil - História - Século XX. 4. Justiça - Brasil - História. 5. Ciências sociais e história. 6. Violência - Brasil - História. I. Teles, Edson, 1968-. II. Safatle, Vladimir, 1973-. III. Série.

09-5696.
CDD: 981.064
CDU: 94(81)"1964/1985"

É vedada a reprodução de qualquer parte deste livro sem a expressa autorização da editora.

1ª edição: março de 2010; 6ª reimpressão: outubro de 2024

BOITEMPO
Jinkings Editores Associados Ltda.
Rua Pereira Leite, 373
05442-000 São Paulo SP
Tel.: (11) 3875-7250 / 3875-7285
editor@boitempoeditorial.com.br
boitempoeditorial.com.br | blogdaboitempo.com.br
facebook.com/boitempo | twitter.com/editoraboitempo
youtube.com/tvboitempo | instagram.com/boitempo

> Quem controla o passado,
> controla o futuro.
> George Orwell, *1984*

SUMÁRIO

Apresentação 9

1 A EXCEÇÃO JURÍDICA

Militares e anistia no Brasil: um dueto desarmônico 15
Paulo Ribeiro da Cunha

Relações civil-militares: o legado autoritário da
Constituição brasileira de 1988 41
Jorge Zaverucha

"O direito constitucional passa, o direito administrativo
permanece": a persistência da estrutura administrativa de 1967 77
Gilberto Bercovici

Direito internacional dos direitos humanos e lei de anistia:
o caso brasileiro 91
Flávia Piovesan

O processo de acerto de contas e a lógica do arbítrio 109
Glenda Mezarobba

2 O PREÇO DE UMA RECONCILIAÇÃO EXTORQUIDA

Tortura e sintoma social 123
Maria Rita Kehl

Escritas da tortura 133
Jaime Ginzburg

As ciladas do trauma: considerações sobre história e poesia nos
anos 1970 151
Beatriz de Moraes Vieira

O preço de uma reconciliação extorquida 177
    Jeanne Marie Gagnebin

Brasil, a ausência significante política (uma comunicação) 187
    Tales Ab'Sáber

3   A POLÍTICA DO BLOQUEIO, O BLOQUEIO DA POLÍTICA

1964, o ano que não terminou 205
    Paulo Eduardo Arantes

Do uso da violência contra o Estado ilegal 237
    Vladimir Safatle

Os familiares de mortos e desaparecidos políticos e a
luta por "verdade e justiça" no Brasil..253
    Janaína de Almeida Teles

Entre justiça e violência: estado de exceção nas democracias
do Brasil e da África do Sul..299
    Edson Teles

Dez fragmentos sobre a literatura contemporânea no Brasil
e na Argentina ou de como os patetas sempre adoram o
discurso do poder..319
    Ricardo Lísias

Bibliografia..329

Sobre os autores 347

APRESENTAÇÃO

> Vivemos atualmente dias de inquietude e incerteza. [...]
> Tenho a convicção de que o nosso Exército saberá, como sempre,
> contornar tão graves inquietações e continuará,
> a despeito de qualquer decisão,
> protegendo a nação do estrangeiro e de si mesma.
> *Gal. Luiz Cesário da Silveira Filho*, 11/3/2009

"Quem controla o passado, controla o futuro." A frase de *1984*, que serve de epígrafe a este livro, indica claramente o tamanho do que está em jogo quando a questão é elaborar o passado. Todos conhecemos a temática clássica das sociedades destinadas a repetir o que são incapazes de elaborar; sociedades que já definem de antemão seu futuro a partir do momento que fazem de tudo para agir como se nada soubessem a respeito do que se acumulou às suas costas. A história é implacável na quantidade de exemplos de estruturas sociais que se desagregam exatamente por lutar compulsivamente para esquecer as raízes dos fracassos que atormentam o presente. No caso da realidade nacional, esse esquecimento mostra-se particularmente astuto em suas múltiplas estratégias. Ele pode ir desde o simples silêncio até um peculiar dispositivo que mereceria o nome de "hiper-historicismo". Maneira de remeter as raízes dos impasses do presente a um passado longínquo (a realidade escravocrata, o clientelismo português etc.), isto para, sistematicamente, não ver o que o passado recente produziu. Como se fôssemos vítimas de um certo "astigmatismo histórico".

O que propomos neste livro é, pois, falar do passado recente e da sua incrível capacidade de não passar. Mas, para tanto, faz-se necessário mostrar, àqueles que preferem não ver, a maneira insidiosa que a ditadura militar brasileira encontrou de não passar, de permanecer em nossa estrutura jurídica, em nossas práticas políticas, em nossa violência cotidiana, em nossos traumas sociais que se fazem sentir mesmo depois de reconciliações extorquidas. Daí a pergunta que deu origem ao seminário realizado na Universidade de São Paulo em 2008, cujos resultados aparecem agora em livro: "O que resta da ditadura?" Pergunta ainda mais urgente se lembrarmos a incrível capacidade que a ditadura brasileira tem de desaparecer. Ela vai aos poucos não sendo mais chamada pelo seu nome, ou sendo chamada apenas entre aspas, como se nunca houvesse realmente existido. Na melhor das hipóteses, como se houvesse existido apenas em um curto espasmo de tempo no qual vigorou o AI-5. Talvez o que chamamos de ditadura tenha sido apenas uma reação um pouco demasiada às ameaças de radicalização que espreitavam nossa democracia. Quem sabe, daqui a algumas décadas, conseguiremos realizar o feito notável de fazer uma ditadura simplesmente desaparecer?

No interior desta lógica perversa de negação há, ao menos, um ponto verdadeiro. A saber, a ditadura brasileira deve ser analisada em sua especificidade. Ela não foi uma ditadura como as outras. De fato, como gostaríamos de salientar, há uma "exceção brasileira". No entanto, ela não está lá onde alguns gostariam que ela estivesse. Pois acreditamos que uma ditadura se mede (por que não?, tenhamos coragem de dizer que medir uma ditadura é uma boa ideia). Ela se mede não por meio da contagem de mortos deixados para trás, mas através das marcas que ela deixa no presente, ou seja, através daquilo que ela deixará para frente. Neste sentido, podemos dizer com toda a segurança: a ditadura brasileira foi a ditadura mais violenta que o ciclo negro latino-americano conheceu.

Quando estudos demonstram que, ao contrário do que aconteceu em outros países da América Latina, as práticas de tortura em prisões brasileiras aumentaram *em relação aos casos de tortura na ditadura militar*[1]; quando vemos o Brasil como o único país sul-americano onde torturadores nunca foram julgados, onde não houve justiça de transição, onde o Exército não fez um *mea culpa* de seus pendores golpistas; quando ouvimos sistematicamente oficiais na ativa e na reserva fazerem elogios inacreditáveis à ditadura militar; quando lembramos que 25 anos depois do fim da ditadura convivemos com o ocultamento de cadáveres daqueles que morreram nas mãos das Forças Armadas; então começamos a ver, de maneira um pouco mais clara, o que significa exatamente "violência". Pois nenhuma palavra melhor do que "violência" descreve esta maneira que tem o passado ditatorial de permanecer como um fantasma a assombrar e contaminar o presente. "Contaminar" porque devemos nos perguntar como a incapacidade de re-

---

[1] Cf. artigo de Kathryn Sikkink e Carrie Booth Walling, "The Impact of Human Rights Trials in Latin America", *Journal of Peace Research*, Los Angeles, Sage Publications, v. 44, n. 4, 2007, p. 427-45.

conhecer e julgar os crimes de Estado cometidos no passado transforma-se em uma espécie de referência inconsciente para ações criminosas perpetradas por nossa polícia, pelo aparato judiciário, por setores do Estado. Neste ponto, vale a pena lembrar como falar de "exceção brasileira" também tem outro sentido. Pois uma das características mais decisivas da ditadura brasileira era sua legalidade aparente ou, para ser mais preciso, a sua capacidade de *reduzir a legalidade à dimensão da aparência*. Tínhamos eleições com direito a partido de oposição, editoras que publicavam livros de Marx, Lenin, Celso Furtado, músicas de protesto, governo que assinava tratados internacionais contra a tortura, mas, no fundo, sabíamos que tudo isto estava submetido à decisão arbitrária de um poder soberano que se colocava fora do ordenamento jurídico. Quando era conveniente, as regras eleitorais eram modificadas, os livros apreendidos, as músicas censuradas, alguém desaparecia. Em suma, a lei era suspensa. Uma ditadura que se servia da legalidade para transformar seu poder soberano de suspender a lei, de designar terroristas, de assassinar opositores em um arbítrio absolutamente traumático. Pois neste tipo de situação nunca se sabe quando se está fora da lei, já que o próprio poder faz questão de mostrar que pode embaralhar, a qualquer momento, direito e ausência de direito. O que nos deixa com uma pergunta que não quer calar: diante de uma situação sociopolítica, como a nossa atual situação, em que campanhas eleitorais são feitas sempre com fundos ilegais; em que a Constituição federal, desde sua aprovação, foi objeto de um reformismo infinito (mais de sessenta emendas constitucionais, sem contar artigos que, passados vinte anos, ainda não vigoram por falta de lei complementar) – como se fosse questão de flexibilizar a aplicação da lei constitucional de acordo com a conveniência –; em que banqueiros corruptos têm reconhecidas "facilidades" nos tribunais; em que nem sempre é evidente distinguir policiais de bandidos, quem pode falar hoje com toda a segurança que este modo de conjugar lei e anomia próprio à ditadura militar realmente passou? Isto não significa em absoluto cometer o erro primário de confundir nossa semidemocracia com uma ditadura, mas trata-se de lembrar de onde vem o que impede nossa experiência democrática avançar.

Levando em conta questões desta natureza, apresentamos aqui um conjunto de artigos que procuram avaliar múltiplos aspectos deste legado da ditadura. A perenidade institucional e jurídica dos aparatos econômicos e securitários criados na ditadura militar são analisados. Da mesma forma, a aberração brasileira em relação ao direito internacional sobre crimes contra a humanidade é aqui discutida, juntamente com o trauma social resultante da anulação do direito de memória. Há ainda artigos que visam analisar o legado político da ditadura, assim como as tentativas de deslegitimar o direito à violência contra um Estado ditatorial ilegal. Avaliações históricas sobre a maneira como as Forças Armadas relacionaram-se com o problema da anistia e reflexões sobre a literatura diante do dever de memória completam o quadro.

Por fim, resta dizer que, normalmente, organizar ou escrever livros é motivo de um estranho sentimento, no interior do qual algo que um dia foi chamado de felicidade se faz sentir. No entanto, organizar este livro é, como dizia Bartleby, algo que "Eu preferia não..." [*I would prefer not to*]. Quando a ditadura acabou, os organizadores deste livro nunca imaginaram precisar colocar, 25 anos depois, questões sobre por que o legado da ditadura teima em não terminar, por que os corpos de seus mortos ainda não foram acolhidos pela memória. A história, no entanto, tem maneiras cruéis de ensinar o verdadeiro tamanho das batalhas.

Edson Teles e Vladimir Safatle

1
A EXCEÇÃO JURÍDICA

MILITARES E ANISTIA NO BRASIL: UM DUETO DESARMÔNICO

Paulo Ribeiro da Cunha

Ao longo da história republicana brasileira, tivemos 48 anistias: a primeira em 1895 e a última em 1979[1], e muitas delas, para não dizer a totalidade, norteadas pela categoria conciliação[2]. Como bem desenvolve Paulo Mercadante, essa marca, distinguindo-se da europeia, reflete a mentalidade conservadora no Brasil. Várias são as razões apontadas pelo autor que podem corroborar esta tese: por um lado, o reflexo da face mercantil feudal; ou, por outro lado, muito presente na nossa história, a conciliação de liberalismo econômico com a escravatura nos tempos do Império[3].

---

[1] Flavia Burlamaqui Machado, *As Forças Armadas e o processo de anistia no Brasil (1979-2002)* (Dissertação de Mestrado em História Social, Rio de Janeiro, Instituto de Filosofia e Ciências Sociais/PPGHIS, UFRJ, 2006), p. 91.

[2] A rigor, esta reflexão histórica sobre o conceito de conciliação é igualmente contemporânea e encontra análises interessantes em curso; mas também encontrava subsídios numa leitura bem anterior e que em muito influenciou o debate político no Brasil. Somente a título de ilustração, José Justiniano da Rocha pontificava, nos primeiros anos do Império, as bases desta categorização. E ele não foi um caso isolado, já que estes fundamentos estiveram presentes em muitas obras e autores nas décadas seguintes e na República, ao longo do século XX. Mais recentemente, após a ditadura militar, a própria transição negociada refletiu este pressuposto conciliatório e há mesmo adjetivações várias ao processo. Mezarobba, por exemplo, qualifica esta fase de "conciliação pragmática"; outros, como Soares, operam com o conceito de transição, embora com pressupostos conciliadores análogos inseridos neste processo. Sobre este debate, ver: José Justiniano da Rocha, "Ação, reação e transação" (1855), em *Três panfletários do Segundo Império* (São Paulo, Cia. Editora Nacional, 1956); Glenda Mezarobba, *O preço do esquecimento: as reparações pagas às vítimas do regime militar (uma comparação entre Brasil, Argentina e Chile)* (Tese de Doutorado, São Paulo, Depto. de Ciência Política da FFLCH USP, 2008), Introdução; Samuel Alves Soares, *As Forças Armadas e o sistema político brasileiro (1974-1999)* (São Paulo, Edunesp, 2006), caps. II-III.

[3] Paulo Mercadante, *A consciência conservadora no Brasil* (Rio de Janeiro, Nova Fronteira, 1980).

A República emergiu em 1889 e possibilitou uma rearticulação conciliatória do pacto político anterior, quando o conservadorismo até então presente possibilitou sua transfiguração em ideias liberais com forte marca de ecletismo, tendo nessa fase inicial o barão do Império virado coronel. Com ela, o novo regime apresentou nuanças bem contraditórias; seja a marca progressista que o positivismo sugeria numa sociedade republicana com uma concepção de cidadania limitada, e que depois viria pactuar magistralmente com o evolucionismo; ou a continuidade do *status quo* conservador. Mercadante admite que, com o ecletismo resultante desse histórico processo, o espírito nacional iria encontrar bases teóricas para formular sua ideologia, particularmente nos anos 1930, quando a conciliação incorpora novas tendências, e em 1937, quando o liberalismo é enterrado pelo Estado Novo.

Após a Segunda Guerra, novos ares sugeriam outras tonalidades nessa reflexão, particularmente face à emergência de diferentes atores sociais no processo político brasileiro. De certa forma, esse ambiente refletiria uma Constituição com tonalidade liberal, com todos os consoantes excludentes e de limitação à participação de setores populares e de esquerda, aspecto esse agravado pouco tempo depois pela Guerra Fria que, face às vicissitudes da época, confluiu na ruptura de 1964. Mais uma vez, conciliou-se a elite, dessa vez majoritariamente burguesa.

Ao final do século XX, esse pressuposto conciliatório se reproduziria no pós-ditadura que permitiu o retorno da democracia liberal, e mesmo depois, numa composição política e a eleição de dois presidentes originários da esquerda – Fernando Henrique Cardoso e Luiz Inácio Lula da Silva –, que se articularam com muitos dos atores que combateram no passado. Talvez uma hipótese interessante para apreender a centralidade dessa equação política seja oferecida por Mercadante ao sinalizar que, entre outros fatores, a admissão na vida pública no Brasil só se fazia presente mediante a confiança do grupo dominante. O autor pontifica sua análise sustentando a seguinte tese: para alguém ingressar no pensamento conservador ou liberal eram necessárias demonstrações inequívocas de suas convicções moderadas[4]; talvez por isto, além de conciliatória, em grande medida a anistia no Brasil foi socialmente limitada e ideologicamente norteada.

Esse pressuposto é central em nossa leitura, e procuraremos desenvolver a hipótese de como os sucessivos processos de anistia na história política brasileira remeteram aos militares de esquerda, a uma marca de limitação e

---

[4] Ibidem, p. 26-7, 37, 51-2.

exclusão ideológica, e que igualmente foi de classe, especialmente quando relacionada aos subalternos, praças e marinheiros. Uma anistia como reflexo de um dueto historicamente desarmônico.

Inicialmente, para o desenvolvimento desta reflexão, dialogaremos com Janaína de Almeida Teles, autora que nos oferece uma interessante hipótese explicativa sobre o conceito de anistia, relacionando ao debate uma sólida pesquisa e bibliografia sobre a temática. Analisando o processo último pós-ditadura militar, essas contradições expressam-se, segundo a autora, no caráter permanente e, por que não dizer, próprio do embate entre memória e esquecimento, que estão presentes em sua origem. A palavra anistia contém em si dois sentidos: um deles é o de *anamnesis* (reminiscência), o outro, de amnésia (olvido, perda total ou parcial de memória). Há, no entanto, um dado interessante a somar a esta reflexão, e sugestivo de vivas polêmicas: a etimologia nos remete ao conceito e, ainda, segundo Teles, ao segundo termo do binômio (esquecimento, olvido) – do grego *amnêstia*, de *amnêtos* "olvidado" – mas que essa acepção, pode ser confirmada ou superada em função de seu caráter político e histórico, podendo prevalecer o primeiro termo da bipolaridade, o de *anamnesis* – ação de trazer à memória ou à lembrança; lembrança, recordação. A rigor, *Mnemosýne* sugere reminiscência. A autora ainda sustenta que, contemporaneamente, essa equação está em permanente embate, já que possibilita concepções opostas e excludentes de anistia: uma delas, entendida como resgate da memória e direito à verdade, como reparação histórica, luta contra o esquecimento e recuperação das lembranças; a outra, vista como esquecimento e pacificação, como conciliação nacional[5].

Por essa linha de análise, é sugestivo pontuar que a última anistia e seus adendos após 1979 também estão relacionados ao conceito e ao debate que ora desenvolvemos. A marca central conciliatória também prevaleceu nesses episódios, embora tenham apresentado contradições várias e outras esferas de mediação. Nela, houve inegavelmente um embate político diferenciado quando comparada às anistias anteriores. Em especial pela emergência de "setores" da sociedade civil expressos por meio de vários atores (civis e militares) que digladiaram e procuraram influenciar o processo, bem como as derivações decorrentes nos seus vários adendos. No entanto, ela seria, por

---

[5] Janaína de Almeida Teles, *Os herdeiros da memória: a luta dos familiares de mortos e desaparecidos políticos no Brasil* (Dissertação de Mestrado em História Social, São Paulo, Departamento de História/FFLCH, USP, 2005), p. 106.

um lado, norteada fundamentalmente pela intenção do esquecimento; e, por outro, nucleada por um quesito de admissibilidade e confiança que Mercadante destacou em sua reflexão apresentada na introdução a este ensaio. Isso refletiu fortemente entre os militares na anistia (especialmente os de esquerda e os subalternos), particularmente no quesito reintegração às Forças Armadas. Mas nada muito diferenciado das anistias anteriores, como veremos ao longo deste texto.

Conciliação na República

Ao longo do Império e, de certa forma, também no período republicano, até os anos 1930, salvo pontuais e dignificantes exceções, houve uma tradicional desconfiança das elites civis em relação aos militares, aspecto este corroborado pela presença majoritária dos primeiros na condução das pastas militares. Essa desconfiança se acentuou quando foi formada, ainda no período regencial, a Guarda Nacional, instrumento de domínio das elites latifundiárias e que veio a ser extinta somente na primeira década do século XX.

A Guerra do Paraguai veio a ser um divisor de águas nesse processo, particularmente no Exército. Por um lado, valorizou a instituição e seus membros na medida em que sobre ela caiu o peso maior do esforço em batalha e, por outro, somou à sua composição social milhares de jovens advindos das camadas médias emergentes que, pouco tempo depois, seriam influenciados pelo pensamento positivista, o qual, face à conjuntura de uma sociedade escravocrata, ao menos incorporava parâmetros da ciência e de cidadania, com resultados que possibilitaram que o Exército emergisse na cena política do lado esquerdo[6]. Vale sinalizar o impacto do posicionamento da instituição quando da formação do Clube Militar, contrário à utilização do Exército como capitães do mato. A República não demoraria a acontecer, e nela pontuamos o cerne de nossa reflexão.

Nessa fase, digladiavam-se três projetos para a nação: o primeiro, da elite cafeeira que veio a ser hegemônica no quadriênio de Prudente de Morais e finalizado na virada dos anos 1930; o segundo, positivista/jacobinista com nuanças variadas, que configuraria o florianismo como expressão maior e com o epílogo jacobinista na derrota da terceira expedição de Moreira César

---

[6] João Quartim de Moraes, *A esquerda militar no Brasil: da conspiração republicana à guerrilha dos tenentes* (São Paulo, Siciliano/Expressão Popular, 1991/2005), Introdução.

em Canudos; e, por fim, os republicanos históricos e sua expressão maior, Silva Jardim, em sua maioria desapontados com a configuração republicana que se consolidava, gradualmente foram estabelecendo uma rotação ao civilismo e, posteriormente, com trajetórias diferenciadas, ao anarquismo, ao socialismo e, nos anos 1920, ao marxismo[7]. Estes últimos procurariam, ao longo das décadas seguintes, cooptar e/ou influenciar setores militares.

Os embates posteriores, que resultaram na intervenção das Forças Armadas na política, seja o levante dos cadetes na Escola Militar ou mesmo a exclusão e reforma de vários oficiais generais por Floriano Peixoto, refletiram poucos anos depois, em 1895, na primeira anistia de nossa história, tendo como expressão conciliadora Prudente de Morais. Manobra hábil naquela conjuntura, na medida em que permitiu à oligarquia reassumir o controle político das instituições militares, grandemente facilitada pelo desprestígio do Exército resultante da Campanha de Canudos, e que teve ainda a reintegração dos oficiais reformados por Floriano Peixoto, bem como aqueles anteriormente expulsos da Armada. Esses aspectos conjugados levariam a instituição, especialmente o Exército, a se engolfar em conflitos internos entre várias facções por um longo período até se pensar novamente em política[8]. Seguramente, isto veio a refletir, tempos depois e de forma diferenciada, entre os jovens oficiais, em especial nos tenentes nos anos 1920. De qualquer forma, esta foi uma anistia limitada e, por essa razão, objeto de críticas de vários tribunos e intelectuais, inclusive Rui Barbosa, mas não deixou de apresentar a marca excludente que seria uma característica das anistias subsequentes ao longo do século XX.

À medida que o poder oligárquico cafeeiro se hegemoniza, um projeto republicano com feições modernizadoras (sendo sua expressão maior a reurbanização do Rio de Janeiro e a consequente expulsão dos moradores das áreas centrais para os morros onde estão até hoje) começou a ser elaborado no sentido de incorporar o Brasil no marco das nações civilizadas. Nessa linha, a Armada veio a ser contemplada com um projeto faraônico de modernização que a colocaria no rol de uma das marinhas mais modernas do mundo. Isso, no entanto, refletiu de forma diferenciada entre os subalternos; aliás, no período republicano, servir a Marinha era visto pela população como punição, pressuposto que se confirmaria bem pouco tempo depois.

---

[7] Ibidem, p. 91 e ss.
[8] June Hahner, *As relações entre civis e militares (1889-1898)* (São Paulo, Pioneira, 1975).

Há vasta literatura sobre a revolta da Armada de 1910, ainda hoje objeto de pesquisas, e é também um acontecimento cuja reflexão encontra resistência entre a oficialidade da Marinha face ao impacto significativo que teve na época[9]. Talvez o impacto maior na elite civil e militar tenha sido perceber que a marujada, praticamente todos negros e de origem escrava de tempos não muitos distantes, teve a capacidade de comandar com maestria a famosa Esquadra Branca, realizando manobras ousadas, dispensando inclusive a presença de oficiais[10]. A questão maior, aquela que galvanizou o levante como objetivo da revolta, fora uma reivindicação que expressava a dignidade mutilada dos marinheiros num contexto de cidadania republicana (limitada, vale dizer): a abolição da chibata, instrumento ultrapassado de punição, abuso e quiçá tortura e, até então, uma herança arcaica do Império. Segundo várias fontes, havia indícios da influência de intelectuais socialistas e, como foi apontado na introdução, eles gradualmente realizavam a osmose de um republicanismo radical ao marxismo no Brasil; embora essa influência à esquerda entre os marinheiros já ocorresse na fase de formação na Inglaterra, quando os marujos tiveram contato com o politizado proletariado inglês e, segundo algumas fontes, com os marinheiros do encouraçado Potemkin[11].

Todavia, os impasses político e militar decorrentes tensionaram a elite conservadora republicana a um ponto de ruptura que chegou, para alguns setores no Parlamento, às raias do absurdo configurado na apresentação de um projeto de lei de um deputado que propunha que a esquadra rebelada fosse declarada pirata. Se aprovado, abriria caminho para que os navios de guerra estrangeiros fundeados na baía de Guanabara pudessem intervir

---

[9] Em 2008, depois de 97 anos, a Marinha liberou a documentação sobre a Revolta da Chibata. Associada à liberação, a instituição também divulgou uma nota que, entre outras passagens condenatórias, reitera que a revolta foi *uma rebelião ilegal, sem qualquer amparo moral ou legítimo. Folha de S.Paulo*, 9/3/2008. Talvez não seja coincidência, mas chama atenção nesta linha condenatória uma foto na *Revista dos Fuzileiros Navais*, com a ausência de um dos comandantes entre 6/12/1963 e 3/3/1964, justamente o período de João Goulart na Presidência da República, quando o corpo foi comandado pelo almirante Aragão. "Combatentes anfíbios do Brasil", *Revista Fuzileiros Navais*, Rio de Janeiro, Action Editora, 1997, p. 143.

[10] Edmar Morel, *A Revolta da Chibata* (Rio de Janeiro, Graal, 1986); Mário Maestri, *Cisnes negros: uma história da Revolta da Chibata* (São Paulo, Moderna, 2000); José Miguel Arias Neto, *Em busca da cidadania: praças da Armada nacional (1967-1910)* (Tese de Doutoramento, São Paulo, Departamento de História/ FFLCH, USP, 2001).

[11] Mário Maestri, *Cisnes negros*, cit., p. 41.

militarmente. Inegavelmente, a força dos canhões daqueles encouraçados – que eram dos maiores do mundo até então – se impôs como argumento convincente e o bom senso conciliatório de alguns setores políticos, capitaneados por Rui Barbosa (que em discurso no Parlamento chegou a comparar a Revolta dos Marinheiros da Chibata com a dos oficiais de 1893, legitimando a primeira ao reconhecer a legitimidade da segunda), permitiu um acordo que possibilitou aos poderes republicanos constituídos uma saída diplomática, leia-se, honrosa às elites e, ao mesmo tempo, possibilitou a anistia aos rebelados; vale lembrar: por bem pouco tempo.

Acordo feito, anistia votada às pressas no Congresso Nacional, sua negação demonstraria pela primeira vez o dueto desarmônico, seja quando se refere à esquerda militar – uma possibilidade quando relacionada aos marinheiros face às influências socialistas sinalizadas – mas especialmente de classe, na medida em que o grupo rebelado era de subalternos e marujos. O pretexto para o seu não cumprimento partiu de uma revolta do Batalhão Naval na ilha das Cobras, ao que parece, por questões corporativas[12], seguramente extemporâneas aos marinheiros e à qual a esquadra não aderiu; mas a elite nacional jogou no limbo a anistia e veio a consequente prisão, tortura, expulsão e desterro para a Amazônia de dezenas de marujos. A devassa foi de tal ordem que a Armada ficou inoperante durante algum tempo por falta de pessoal, tempo necessário para que uma nova safra de marinheiros pudesse ser formada e suprir a lacuna de quadros[13]. Para eles, em particular para João Cândido, ficou a marca da exclusão política (e ele não foi o único, foram mais de seiscentos marinheiros) e uma anistia sem efeito; embora uma proposta de remissão que estava em vagarosa tramitação no Parlamento brasileiro tenha sido finalmente sancionada em projeto de lei quase um século após aqueles acontecimentos[14]. Guardadas as devidas pro-

---

[12] Não há nenhum livro conhecido sobre a revolta e mesmo historiadores militares que pesquisaram o tema, como o conceituado almirante Hélio Leôncio, afirmaram não ter encontrado referências significativas nos arquivos da Marinha. Há hipótese de que a revolta já fosse de conhecimento do governo e tenha sido incentivada e manipulada pelo alto comando para criar condições políticas de intervir na esquadra via Estado de sítio. A ausência de processo conhecido é seguramente um elemento comprobatório desta hipótese. Mário Maestri, *Cisnes negros*, cit., p. 95; José Miguel Arias Neto, *Em busca da cidadania*, cit., p. 285 e ss.

[13] Edmar Morel, *A Revolta da Chibata*, cit., p. 147; Mário Maestri, *Cisnes negros*, cit., p. 91; José Miguel Arias Neto, *Em busca da cidadania*, cit., p. 276.

[14] *O Estado de S. Paulo* em matéria de 25/7/2008 anuncia que "Líder de revolta é anis-

porções, mas com a presença do mesmo João Cândido em sua assembleia, teremos um processo análogo em 1964, com uma proposta de anistia subsequente que não se efetivou devido ao golpe militar. Estes últimos marujos não seriam esquecidos e iriam somar-se aos demais militares e ativistas sociais cassados na primeira leva pós-golpe de 1964.

Retornando ao período e na mesma linha de repressão daqueles anos, dessa feita sem qualquer possibilidade de compromisso, ao menos formal, houve em 1915 e 1916 as revoltas de sargentos do Exército, orientadas por intelectuais socialistas, mas que resultaram, em grande medida, em expulsão das fileiras[15]. Não está claro se essa atuação de intelectuais socialistas pesou sobre a avaliação e consequente repressão ao movimento; essa é uma lacuna em aberto a ser explorada.

Nos anos 1920, temos várias revoltas tenentistas, em especial as de 1922 e 1924. O conflito envolveu jovens oficiais, tenentes e capitães em sua maioria – todos eles, num futuro não muito distante, viriam a ser expressões importantes e até decisivas no cenário político nacional. Ainda assim, um aspecto deve ser ressaltado: esses acontecimentos militares não foram isentos de conflitos sangrentos, mas Siqueira Campos, Eduardo Gomes, Juarez Távora, Cordeiro de Farias, Amaral Peixoto, Herculino Cascardo e, posteriormente, Luís Carlos Prestes, dignificaram na juventude a atuação política de rebeldia das Forças Armadas, tendo inclusive percorrido trajetórias políticas e ideológicas diferenciadas, e recebido, naquelas ocasiões – o que, de certa forma, seria uma constante ao longo dos anos seguintes –, a pecha de traidores, desertores e mesmo assassinos[16]. Isto não impediu que os primeiros fossem devidamente anistiados e muitos deles seguissem carreiras militares e até trajetórias políticas, sem maiores constrangimentos.

Contraditoriamente, anos depois, a anistia ao capitão Carlos Lamarca encontrou adjetivos semelhantes e argumentos correlatos em polêmicas recentes, advindas de vários setores militares da ativa e da reserva, para impedir sua promoção póstuma, bem como a compensação financeira à família,

---

tiado após 97 anos", de acordo com o projeto nº 45, de 2001, de autoria da senadora Marina Silva, que concedia anistia a João Cândido.
[15] João Quartim de Moraes, *A esquerda militar no Brasil*, cit., cap. I.
[16] Marly de Almeida Gomes Vianna, *Revolucionários de 35: sonho e realidade* (São Paulo, Companhia das Letras/Expressão Popular, 1992/2007); Francisco Carlos Pereira Cascardo, *O tenentismo na Marinha: os primeiros anos – 1922 a 1924* (São Paulo, Paz e Terra, 2005).

de acordo com a Lei de Anistia decorrente da Constituinte. Esse caso não foi isolado, já que argumentos ideológicos travestidos de corporativos foram igualmente recuperados e mencionados, na linha do que expusemos em relação àqueles históricos tenentes, e criaram obstáculos ao encaminhamento da promoção a general de brigada de Apolônio de Carvalho, ex-tenente em 1935, herói da guerra civil espanhola e combatente condecorado da resistência francesa[17].

A Coluna Prestes resultou num dos episódios mais dignificantes da atuação dos jovens oficiais, epopeia esta que é estudada em várias escolas militares do mundo e que até hoje desperta vivas polêmicas. Muitos dos seus expoentes foram acusados de assassinos, desertores, mas, em sua maioria, foram anistiados e retornaram às fileiras militares; salvo Prestes, que aderiu ao comunismo e, a partir de então, manteve seu prestígio intacto. Neste caso específico, que se tornará uma tendência ao longo dos anos seguintes, há que ressaltar: as anistias resultantes serão objeto de vieses políticos e ideológicos, já que, em grande medida, estabelecem que a costura conciliatória não passa somente pelo viés de classe. Cordeiro de Farias e Juarez Távora, somente para citar dois exemplos, foram militares que participaram da Coluna Prestes; anistiados, puderam retornar às fileiras castrenses, chegando ao generalato. A partir desse momento, a anistia, que expressava o conceito de reintegração às Forças Armadas, adquire outro significado: reintegrar e reincorporar passa a excluir a possibilidade de exercer e/ou voltar a ativa como militar. Veremos, no entanto, que muitas exceções ideológicas "confiáveis" à direita militar foram contempladas.

Democracia e conciliação

Nos anos seguintes à Coluna Prestes, dois movimentos militares de tendências políticas diametralmente opostas chamariam atenção e seus reflexos ainda estariam presentes ao longo das décadas seguintes. O primeiro foi o levante de 1935, seguido em 1938 pelo *pustch* integralista. A anistia concedida em 1945 por Getúlio Vargas, antes de ser deposto, portanto sancionada

---

[17] *Folha de S.Paulo*, 17/12/2003; *O Estado de S. Paulo*, 16/7/2007; *O Estado de S. Paulo*, 14/9/2007; Glenda Mezarobba, *O preço do esquecimento*, cit., p. 74, p. 155-68; Samuel Alves Soares, *As Forças Armadas e o sistema político brasileiro*, cit., p. 152-3; Sheila Cristina Santos, *A Comissão Especial sobre os Mortos e Desaparecidos Políticos e a reparação do Estado às vítimas da ditadura militar no Brasil* (Dissertação de Mestrado, São Paulo, Programa de Pós-graduação em Ciências Sociais, PUC, 2008), p. 169.

no início da democratização, possibilitou a libertação de 565 presos políticos, entre eles Luís Carlos Prestes, preso havia dez anos. Mas ela foi parcial e, consequentemente, excludente, até porque os militares da "intentona" não foram reintegrados às Forças Armadas, mas os militares integralistas sim.

Na verdade, os participantes dos levantes de 1935 seriam contemplados com duas leis de anistia: a primeira, o Decreto-Lei nº 7.474, de 18 de abril de 1945, sendo este direito totalmente negado no momento de sua aplicação; e, posteriormente, o Decreto Legislativo nº 18, de 15 de dezembro de 1961, cumprido parcialmente, mas contemplando somente alguns militares punidos e excluídos das Forças Armadas em razão da campanha O Petróleo é Nosso. Depois de algum tempo, aqueles militares não contemplados foram à Justiça, mas quando os processos estavam tramitando veio o golpe de 1964.

Posteriormente, alguns deles iriam fundar – paralelamente às muitas associações militares já existentes na época – a Associação dos Militares Incompletamente Não Anistiados (AMINA), conjuntamente com outros *lobbies* para ampliar na Constituinte a anistia de 1979, sendo o argumento de maior destaque na petição – além das restrições intrínsecas – o fato de alguns militares integralistas da Marinha, participantes da tentativa de golpe em 1938, terem sido contemplados e anistiados pelo Decreto-Lei 7.474 de 1945, com reversão à ativa e promoções aos altos postos das Forças Armadas. Inclusive, muitos deles alcançaram o posto de almirante e até foram golpistas em 1964.

O motim da Escola Naval, em 1948, é um exemplo singular desse dueto, embora não tenha sido a única revolta militar nos anos seguintes até 1964. Mas sua particularidade se dá, por um lado, pelo fato dela eclodir na fase inicial do explosivo contexto dos anos da Guerra Fria; e, por outro, com um dado a mais presente nesse cenário: enquanto a esquerda militar atuava em defesa da legalidade democrática, as manifestações e revoltas militares capitaneadas pela direita militar, em sua maioria, tinham objetivos golpistas. Não parece ser esse o caso do motim; essa revolta é ainda algo singular nos anais sobre a temática (face à ausência de estudos). É, de certa forma, um movimento inédito na história da Marinha e que teve reflexos importantes no debate político da época, extrapolando os muros da instituição. Guardadas as proporções, até porque eram os filhos da elite nacional que formavam o quadro da instituição – vale lembrar, um dos aspectos para o ingresso na carreira como oficial era o enxoval que tinha que ser fornecido pela família do aluno, o que por si só já era um fator excludente na admissão, face ao seu custo; e, salvo a chibata, que fora abolida na Marinha, não havia registros na literatura para sugerir que em algum momento esse instrumento punitivo ou algo correlato fora utilizado como medida punitiva na formação dos alunos – o motim, como bem o denomina o livro do comandante Celso Franco, caracterizou-se por ser um movimento sem líderes, cuja espontaneidade veio de baixo, com ausência de uma face pública até o final[18].

Nesse resgate histórico, o comandante Franco se esmera, ao longo de suas trezentas páginas, em sustentar a tese de que não houve motivações políticas maiores e nem influências externas ao movimento dos alunos (ele mesmo foi um dos participantes), carente mesmo de lideranças internas, ou que houve qualquer articulação extramuros. Mas, vale registrar, a "Revolta dos Anjos", expressão utilizada à época para caracterizar o motim, era composta de amotinados advindos da elite, que perpassava um amplo leque de relações, tendo nela desde filhos de tradicionais famílias da Marinha, até filhos de personagens que ocupavam altos cargos na República, variando da magistratura ao Judiciário, com fortes relações no cenário político nacional. O motim, no entanto, teve outros reflexos, galvanizando apoio junto à classe política, conseguindo na ocasião um aliado poderoso, Carlos Lacerda. Ele não foi o único aliado e o movimento foi objeto de intenso debate no Congresso e nos jornais da época.

As razões da Revolta dos Anjos eram, ao menos algumas delas, correlatas às da Revolta da Chibata, e ela se apresentou com inegável proximidade a esta última, como bem demonstra a frase dos primeiros sobre o tratamento a que estavam submetidos, tratamento que era, segundo os alunos da Escola Naval, *incompatível com os princípios de dignidade*[19]. Leia-se, insatisfação com o rigor disciplinar ultrapassado e ainda vigente, a questionável qualidade dos professores, bem como o (des)preparo dos oficiais na direção da instituição (expostos no relato, de fato alguns eram exemplos pouco dignificantes), a começar por seu diretor – que, no limite da tensão intramuros e como reação à revolta, determinou sua ocupação pelos fuzileiros navais, tomando a tropa posições de combate, com armamento posicionado em pontos estratégicos com ordens de atirar; e ainda com a consequente prisão de supostas lideranças.

Ao final, o epílogo bem reflete o dueto desarmônico sugerido neste ensaio e exemplar na instituição naval como expressão de classe, na medida em que a anistia permitiu a reintegração dos amotinados aos seus postos e o

---

[18] Celso Franco, *O motim* (Rio de Janeiro, Enelivros, 1999).
[19] Ibidem, p. 58.

prosseguimento de suas carreiras, possibilitando que muitos deles alcançassem o almirantado; bem diferente do almirante João Cândido, aquele que teve por monumento, na canção de João Bosco e Aldir Blanc, "as pedras pisadas do cais". Com os marinheiros de 1964, o dueto não teria epílogo diferente, tendo, não obstante, alguns condicionantes políticos diferenciados.

Nos anos 1950, a campanha O Petróleo é Nosso e da Hileia Amazônica galvanizaram o debate político entre os militares, extrapolando suas instituições. Repercutiram inclusive internacionalmente, afinal, eram os anos da Guerra Fria. Talvez tenha sido o momento em que, na esquerda militar, nacionalistas e progressistas tiveram um maior embate de ideias, procurando influenciar o debate político maior. Mas essa reflexão e o debate sobre as grandes questões nacionais não ocorreram somente no âmbito do Clube Militar; mas também entre os subalternos e, com eles, teve início um processo de politização no sentido de assegurar direitos corporativos mínimos até então negados.

A rigor, os tempos da Guerra Fria eram particularmente quentes e difíceis para os nacionalistas, comumente identificados como comunistas, e, mais difíceis ainda para um militar comunista ou mesmo de esquerda. O resultado teve, por um lado, um aspecto positivo, na medida que a campanha decorrente resultou na criação da Petrobrás; mas, por outro, para os militares envolvidos, oficiais e subalternos, foi catastrófico. No Clube Militar, a diretoria toda foi exilada em guarnições distantes do Rio de Janeiro e o acirramento da campanha anticomunista nas Forças Armadas atingiu desde comunistas de fato a oficiais progressistas e nacionalistas indiscriminadamente, resultando na prisão de cerca de mil militares, a imensa maioria sargentos, muitos deles expulsos. Quanto aos oficiais de esquerda e nacionalistas, praticamente todos tiveram suas carreiras abortadas, e a maioria das promoções ocorreram por antiguidade[20]. Quanto aos sargentos processados, muitos deles foram absolvidos, mas não foram reintegrados às Forças Armadas, e alguns somente conseguiram ser anistiados recentemente, quase sessenta anos depois.

Entre a eleição e a posse de Juscelino Kubitschek, houve o movimento de 10 de novembro de 1955, liderado pelo general Lott com o objetivo de assegurar a posse do presidente eleito. A reação em contrário ao golpe preventivo teve como resposta articulações e manobras, com vários episódios, sendo o mais conhecido a fuga para Santos de várias personalidades civis e militares

---

[20] Paulo Ribeiro da Cunha, *Um olhar à esquerda: a utopia tenentista na construção do pensamento marxista de Nelson Werneck Sodré* (Rio de Janeiro, Revan/Fapesp, 2002), p. 251.

no cruzador Tamandaré. O objetivo maior da rebelião era aglutinar outras forças para depor o governo; mas, fracassado esse intento, o navio de guerra retornou ao Rio de Janeiro, tendo muitos de seus integrantes, como Carlos Lacerda, seguido para o exílio, retornando pouco tempo depois; outros até seriam presos, como o visceral anticomunista almirante Pena Boto, detido por alguns dias por ter se solidarizado com a subsequente rebelião de Jacareacanga. Esse posicionamento político resultou no seu afastamento de qualquer função na Marinha, mas ele continuou no serviço ativo sendo um crítico feroz do governo democrático que se instalava. Não demoraria muito, quase um ano depois daqueles episódios, Pena Boto seria promovido a almirante de esquadra e passaria, em 1958 – a seu pedido –, para a reserva com o posto de almirante, o último degrau da carreira na Armada.

Pouco tempo depois da posse de Kubitschek, haveria ainda duas revoltas da extrema direita militar, que aconteceram na Aeronáutica. A primeira delas, a de Jacareacanga, ocorreu em 1956, e a segunda, a Revolta de Aragarças, em 1959 – esta última inclusive colocou em xeque a própria estabilidade do governo JK e o cumprimento do calendário eleitoral que previa a escolha de um novo presidente da República em 1960. Esses movimentos foram praticamente capitaneados pelos mesmos elementos da Força Aérea, vários deles ficariam notórios pela atuação que tiveram como torturadores nos anos seguintes.

Um caso especial foi o do brigadeiro João Paulo Burnier, famoso pela truculência e insanidade em elaborar planos nefastos de eliminação física de personalidades políticas, bem como de planejar uma frustrada iniciativa de desencadear explosões no Rio de Janeiro com o objetivo de fomentar pânico e criar condições para fechar ainda mais o regime ditatorial. Mas, em ambas as revoltas, os rebelados ficaram isolados politicamente e, face à iminente derrota, optaram pelo exílio. Juscelino Kubitschek anistiaria os primeiros rebelados bem pouco tempo depois e os últimos seriam contemplados pela anistia de 1961. Não houve para eles prejuízos maiores em suas carreiras, sendo que muitos deles chegariam ao generalato e alguns, atualmente, fazem parte da lista de torturadores; outros, como o major Haroldo Veloso, se reconciliariam com JK anos após.

Quanto ao capitão Sérgio Miranda de Carvalho, o *Sérgio Macaco*, que resistiu em 1968 às tentativas do brigadeiro Burnier de utilizar o Parasar – tropa de elite da Aeronáutica – com aqueles objetivos terroristas, foi preso e cassado. Nos anos seguintes, antes da Lei de Anistia e mesmo após, suas derivações pós-Constituinte, ele lutou para ter reconhecidos os seus direitos e reparada aquela injustiça, sem sucesso. Angariou, nesse processo de mobilização, apoio de muitas personalidades políticas e militares, inclusive do insuspeito brigadeiro Eduardo Gomes, que, em carta ao presidente Geisel[21], denunciou a trama articulada e pediu a reconsideração daquele ato institucional e a reintegração do militar à ativa. Em vão.

Há também outras curiosidades na anistia de 1961 e, mais uma vez, como essa encontrou uma solução conciliatória de compromisso. Ela ocorreu bem pouco tempo depois da renúncia de Jânio Quadros e foi promulgada após o impasse da posse do vice-presidente João Goulart (advindo do veto dos ministros militares e mesmo de setores da elite civil), impasse que teve como resposta uma ampla e vitoriosa mobilização popular e militar de setores nacionalistas e de esquerda, que quase levou o Brasil à guerra civil. Após delicadas negociações políticas, articulou-se o compromisso de posse sob a condição de Jango aceitar a redução de seus poderes pela implantação do sistema parlamentarista.

Contudo, naquele cenário de impasse institucional e crise militar, alguns oficiais nacionalistas e de esquerda foram presos, outros caíram na clandestinidade até que a situação política voltasse ao normal. Muitos atuaram na defesa da legalidade, que consistia no respeito à Constituição, agindo no sentido de assegurar a posse do vice-presidente. Após essa pretensa volta à normalidade, o curioso é que vários deles foram presos, alguns sob a

---

[21] Pelo inegável valor histórico e dimensão política, reproduzo aqui uma passagem da carta do brigadeiro Eduardo Gomes ao general Ernesto Geisel: "O capitão Sérgio, por seu valor pessoal, exercia, em sua unidade, voltada a missões humanitárias, de risco e sacrifício, uma legítima e incontestável liderança. Tal como na guerra, ali, naquela unidade especial, se formara uma verdadeira hierarquia de bravura e valor. Graças a isso, pôde o capitão Sérgio impedir fosse o Parasar convertido, por um paranóico, em um esquadrão da morte, execrado instrumento de política assassina, inimiga da democracia, da fraternidade cristã e da dignidade humana. É estranho e lamentável que fosse aquele infeliz doente mental secundado, em suas ações delirantes e perversas, por alguns companheiros de farda descontrolados, prestigiados e apoiados por um ministro de Estado. O capitão Sérgio tem o mérito de haver-se oposto ao plano diabólico e hediondo do brigadeiro João Paulo Burnier que, em síntese, se consumaria através da execução de atos de terrorismo, usando das qualificações possuídas pelos integrantes do Parasar. A explosão de gasômetros, a destruição de instalações de força e luz, posteriormente atribuídas aos comunistas, propiciariam um clima de pânico e histeria coletiva, permitindo, segundo a opinião do brigadeiro Burnier, uma caçada aos elementos já cadastrados, o que viria a 'salvar o Brasil do Comunismo'. Ao mesmo tempo, executar-se-ia, sumariamente,

acusação de conspiração; outros, acusados de atos de resistência, passando a responder a Inquérito Policial Militar (IPM). Face ao absurdo kafkiano da situação, em alguns dias foram postos em liberdade sem maiores explicações. Nelson Werneck Sodré foi um dos detidos. O historiador relata em suas memórias que, pouco tempo depois, verificou que havia uma punição na sua folha de alterações em razão daqueles episódios. Seguramente, ele não foi o único militar punido pela postura em defesa da legalidade democrática e do respeito à Constituição. Nas suas palavras:

> Essa punição foi apagada, depois, por uma das mais monstruosas anomalias a que as Forças Armadas brasileiras já assistiram: a anistia, decretada pelo Congresso, em outubro. Nessa medida, nós, os que batêramos pela defesa da lei, éramos anistiados; os subversivos, os amotinados continuavam como sendo aqueles que estavam dentro da lei. Essa ignomia definia a situação do país, quando o presidente João Goulart assumiu o governo. Não consenti que tal punição fosse cancelada de minhas alterações. Jamais usei condecorações, nem mesmo as referentes aos decênios de serviço sem punição. Aquela punição era a condecoração que me envaidecia. Não poderia abrir mão dela.[22]

Por fim, com a rebelião dos Sargentos em Brasília, em 1963, e a dos marinheiros no Rio de Janeiro, em 1964, houve inicialmente uma articulação parlamentar no sentido de anistiar os subalternos e, depois, outra em relação aos marujos. Esta última, uma iniciativa do governo Jango; mas, vale registrar, as reações em contrário já se faziam notar e não demoraria muito para acontecer o golpe de 1964. A primeira, relacionada aos subalternos, não aconteceu, e a última anistia, a dos marujos, até foi concedida às vésperas do golpe, tendo, no entanto, o destino das anteriores.

O resultado do golpe é conhecido. Os dados disponibilizados por várias fontes indicam 50 mil pessoas atingidas, a maioria com passagens nas prisões por motivos políticos; milhares de presos, sendo que cerca de 20 mil deles foram submetidos a tortura física; pelos menos 360 mortos, incluindo 144 dados como desaparecidos, 7.367 acusados, 10.034 atingidos na fase de inquérito em 707 processos judiciais por crimes contra a segurança na-

---

a eliminação física de personalidades político-militares, o que, no seu entendimento, possibilitaria uma renovação das lideranças nacionais. A execução de tal plano aproveitar-se-ia do momento psicológico em que as passeatas e agitações estudantis perturbavam a ordem pública". Jacob Gorender, *Combate nas trevas* (6. ed., São Paulo, Ática, 2003), p. 164-5.

22 Nelson Werneck Sodré, *Memórias de um soldado* (Rio de Janeiro, Civilização Brasileira, 1967), p. 549.

cional, 4.862 cassados, 6.592 militares atingidos, 130 banidos do território nacional, 780 cassações de direitos políticos por atos institucionais por dez anos, milhares de exilados e centenas de camponeses assassinados, sem falar de incontáveis reformas, aposentarias e demissões do serviço público por atos discricionários[23]. Os números refletem que o índice de punições foi proporcionalmente mais elevado entre os militares e, como registra o projeto Brasil: nunca mais,

> Tratou-se, por assim dizer, de executar uma intervenção cirúrgica que não deixasse intacto qualquer núcleo capaz de reanimar o espírito rebelde que se espraiara nas armas durante as lutas nacionalistas e em defesa das ditas Reformas de Base. A pequena incidência de processos atingindo militares nos anos posteriores parece significar que, nesse campo, a cirurgia foi encetada com êxito.[24]

Houve, inclusive – e não foge aos precedentes históricos mencionados –, um diferencial de classe ainda mais acentuado quando se compara a punição de marinheiros e oficiais. Na primeira leva de cassações, milhares deles foram atingidos, bem como grande número de sargentos; mas, ao contrário dos oficiais, a punição foi a expulsão, que ocorreu, em regra, por determinações de seus comandantes pautadas por normas da corporação militar dissociada das punições revolucionárias expressas nos atos institucionais[25]. Um aspecto a mais que deve ser ressaltado: na revolta de 1935, seja nas rebeliões ocorridas no Nordeste ou no subsequente levante no Rio de Janeiro, os oficiais presos seriam tratados com respeito, como relata Marly Vianna[26], embora a repressão contra os soldados, cabos e sargentos, bem como civis considerados comunistas, fosse brutal. Após o golpe de 1964, os subalternos e marinheiros também foram detidos em prisões comuns, mas dessa vez eles não foram os únicos a *desfrutar* desse tratamento indigno à sua condição

---

[23] Janaína de Almeida Teles, *Os herdeiros da memória*, cit., p. 10; Jacob Gorender, *Combate nas trevas*, cit., p. 269; Glenda Mezarobba, *O preço do esquecimento*, cit., p. 107; Dom Paulo Evaristo Arns (org.), *Brasil: nunca mais* (Petrópolis, Vozes, 1985), p. 61.

[24] Mitra Arquidiocesana de São Paulo, *Perfil dos atingidos* (Petrópolis, Vozes, 1987), p. 120.

[25] Este aspecto discriminatório seria derrubado posteriormente em algumas ações judiciais e, posteriormente, com a Emenda nº 26, de 1985. Embora fosse aprovada com limitações e não tivesse o caráter geral, amplo e irrestrito que algumas entidades advogavam (houve, mesmo na Constituinte, conflitos entre os militares atingidos de várias patentes quanto à sua real abrangência), a emenda possibilitou que a anistia incorporasse politicamente os marinheiros ao processo.

[26] Marly de Almeida Gomes Vianna, *Revolucionários de 35*, cit., p. 305.

de militares; entre aqueles de patente superior, muitos oficiais comunistas tiveram tratamento semelhante, sendo alguns deles barbaramente torturados, como foram o tenente-coronel Kardec Lemme, os coronéis Sylvestre, Jefferson Cardim de Alencar Osório, entre outros oficiais[27].

Conciliação no pós-1964: princípio e continuidade

A fase pós-golpe duraria 21 anos, o tempo da ditadura até a redemocratização, mas ainda teríamos nesse período muitos presos políticos e cassados. A anistia começou a ser considerada como proposta a partir das conversações da Frente Ampla, iniciadas em 1966; mas foi a partir dos anos 1970 que a luta começou de fato a constar da agenda política do país. Não demorou muito tempo, ocorreu a formação dos primeiros Comitês de Anistia. Esses organismos começaram a pautar e tensionar os limites da transição política, que ocorria quase ao mesmo tempo que o regime militar perdia suas bases de apoio e sua aceitação popular era erodida por uma grave crise econômica.

Os confrontos reivindicativos, até então esporádicos, começaram a ganhar dimensões imponentes com a erupção de vários movimentos grevistas, bem como a rotação de vários segmentos para a oposição – igreja e mesmo setores civis –, até então condescendentes com o regime militar, passando a assumir com outros setores da sociedade a bandeira da redemocratização. As fissuras entre as facções militares já não conseguiam ocultar episódios significativos que escudavam a erosão do regime, como a morte de Vladimir Herzog, seguida do assassinato de Manoel Fiel Filho, fato último que resultou na demissão do general Ednardo D'Ávila Mello da chefia do II Exército; e, não muito distante no tempo, o posterior tragicômico inquérito sobre as explosões do Riocentro. Aliás, sobre este último, há um agravante: os responsáveis, alguns deles identificados, não foram punidos e seguiram suas carreiras, com algumas restrições, até a reforma[28].

A primeira anistia foi concedida após fortes pressões sobre o governo Figueiredo, no ano de 1979 (Lei 6.683/79), e não fugiu às controvérsias,

---

[27] Nelson Werneck Sodré, *Memórias de um soldado*, cit., p. 628; Jason Tércio, *A espada e a balança: crime e política no banco dos réus* (Rio de Janeiro, Jorge Zahar, 2002), p. 70-1 e 96; Sylvio Frota, *Ideais traídos* (Rio de Janeiro, Jorge Zahar, 2006), p. 221, 251.

[28] Júlio de Sá Bierrenbach, *Riocentro: quais os responsáveis pela impunidade?* (Rio de Janeiro, Domínio Público, 1996), p. 206-9; Jason Tércio, *A espada e a balança*, cit., p. 181-6.

como a reciprocidade na sua abrangência (incluía os "crimes conexos", leia-se, a anistia contemplava os torturadores); mas teve alguns avanços na medida em que permitiu uma certa oxigenação política com a volta de milhares de exilados. Ao longo dos anos seguintes, com a mobilização de setores da sociedade civil, essa anistia foi sendo ampliada e os militares cassados se organizaram em dezenas de entidades, como a Associação Democrática e Nacionalista dos Militares (ADNAM), a Associação dos Militares Incompletamente Não Anistiados (AMINA), entre outras, muitas delas compostas de subalternos, praças e marinheiros, como a Unidade de Mobilização Nacional pela Anistia (UMNA) e o Movimento Democrático pela Anistia e Cidadania (MODAC).

No entanto, os limites intrínsecos postos à anistia pela transição conservadora/conciliatória não foram superados e, por essa razão, mesmo os sucessivos adendos aos textos posteriores à anistia de 1979, como a Emenda nº 26, de 27 de novembro de 1985, não absolveram dignamente os militares cassados. Vale ressaltar que a conquista mais significativa obtida, o direito de retorno para os postos em que estavam no momento da cassação, que refletia no tempo de serviço para aposentadoria, excluiu a possibilidade de reintegração ao serviço ativo, salvo pontuais exceções e, mesmo assim, através de recursos em altas instâncias. Exceção de monta a destacar, como grupo reintegrado à instituição, foi um contingente de policiais militares cassados da extinta Força Pública e Guarda Civil de São Paulo entre 1974 e 1975, que foram reincorporados a Polícia Militar. Esse grupo ficou bem pouco tempo na ativa, semanas na maioria dos casos, mas muitos deles ainda lutam pelo efetivo cumprimento dos dispositivos das leis de anistia.

Como foi mencionado, este pacto conciliatório inseriu artifícios – contornados posteriormente – excludentes dos subalternos, praças e marinheiros. O entendimento jurídico tinha base numa sutil interpretação que amparava somente a concessão àqueles punidos por atos institucionais[29]. Embora escape

---

[29] Recentemente, em 2008, uma reportagem da revista *CartaCapital*, sob o sugestivo título "Quem liga para os marinheiros?", chamava atenção para o fato de ainda haver centenas, talvez milhares de marinheiros e praças que tentam a reparação pelos danos que sofreram ao longo da ditadura militar, e que conflui no seguinte desabafo de Raimundo Porfírio, atual presidente da Modac: "ainda há marinheiros, não anistiados, debaixo dos viadutos". Nesta linha, a UMNA lançou um documentário sobre a fundação da entidade e o resgate da luta pela anistia, com o título *Homenagem a João Cândido*, e, entre vários depoimentos, muitos sinalizam para a inconclusividade desta questão e o fato de ainda haver marinheiros não anistiados. *CartaCapital*,

ao foco deste ensaio, vale lembrar que os recentes acontecimentos decorrentes da crise do setor de tráfego aéreo e a mobilização e estado de greve dos controladores de voo da Força Aérea obtiveram uma posição ambígua das autoridades; primeiro, de confronto, passando depois por algum grau de diálogo por setores civis do governo, particularmente aqueles advindos da luta contra a ditadura; e, por fim, um posicionamento de confronto do alto comando e mesmo de oficiais nacionalistas de prestígio e com trânsito na sociedade civil, que desconsideraram outras mediações correlatas, mesmo aquelas de ordem técnica e políticas[30]. A quase unanimidade dos militares e, posteriormente, dos civis, caracterizaram o movimento como um motim.

Passado um ano desses episódios, o epílogo ainda está distante e adquire contornos surpreendentes. Recentemente, a Federação Brasileira das Associações de Tráfego Aéreo (Febracta) retomou a controversa questão, entrando com uma ação no Supremo Tribunal Federal (STF), inclusive ameaçando levar o comandante da Aeronáutica à Corte Internacional de Haia. Segundo o advogado da entidade, Roberto Sobral, há provas de que os oficiais abandonaram os centros de controle de voo nos dias seguintes ao motim por ordem do comando da FAB. Segundo ele, "pior que se aquartelar é deixar o posto de trabalho. A decisão expôs todos os que utilizavam o espaço aéreo", e daí a indagação: "e os oficiais? Por que não receberam o mesmo tratamento?". Por fim, Sobral argumenta ainda que, além de 34 controladores processados na justiça, 80 suboficiais e sargentos foram afastados ou transferidos sem justificativa; as perseguições ao grupo, desabafa, "são inomináveis"[31]. Nada que não tenha precedentes históricos análogos, e não é sugestivo imaginar que o epílogo possa ter desdobramentos diferenciados das punições anteriores nos quadros institucionais vigentes[32].

A Assembleia Constituinte de 1988 possibilitou inegavelmente a ampliação da anistia de 1979, concedida e gestada no limiar da democratização, tendo significado um capítulo mais abrangente da inicialmente

---

16/4/2008, n. 491, p. 32; *Retrospectiva dos 25 anos da UMNA: homenagem a João Cândido*, Documentário, 2008.

[30] Por exemplo, o brigadeiro Ferola. *O Estado de S. Paulo*, 30/3/2007.

[31] *O Estado de S. Paulo*, Caderno Metrópole, p. C5, 30/3/2008.

[32] O Jornal *O Globo* noticiou a punição de um grupo de controladores em primeira instância na Justiça Militar, na matéria intitulada "Oito controladores de voo são condenados em Manaus". A matéria sinaliza que há recurso em andamento no Superior Tribunal Militar. *O Globo*, 17/07/2008.

exposta e, vale dizer, possibilitou ainda um dado novo: a reparação econômica. Mas, como ressalta Flavia Burlamaqui Machado:

> o benefício estava limitado a grupo restrito de anistiados: os aeronautas atingidos por portarias secretas do Ministério da Aeronáutica em 1964, que passaram a ter direito a indenização por terem sido proibidos de atuar na aviação civil. Reafirmou ainda o direito à promoção, estendendo esse direito a trabalhadores do setor privado, dirigentes e representantes sindicais que tivessem sido punidos pelo regime militar por motivos exclusivamente políticos.[33]

Na mesma linha de argumentação possibilitou uma pequena ampliação quanto ao seu período de abrangência, que passou a ser de 18 de setembro de 1946 até a data da promulgação da Constituição. Quanto aos beneficiários, anistiou igualmente os atingidos pelo Decreto-Lei nº 864, de 12 de setembro de 1969, ou seja, os participantes da Revolução Comunista de 1935 e da campanha O Petróleo é Nosso, que pela primeira vez foram beneficiados com a anistia desde as suas punições. Como esperado, os comandos militares sustentaram cerrada oposição à medida com argumentos pouco convincentes, mas atuando de forma incisiva e eficiente junto aos parlamentares.

Nessa articulação em contrário, os comandantes militares fizeram de um pressuposto histórico o eixo central de sua oposição: a impossibilidade da reintegração dos cassados ao serviço ativo, bem como abortaram quaisquer iniciativas no sentido de reverter aquela diretriz. O curioso é que a alegação que impunham para impedir a volta dos cassados ao exercício de suas funções seria a superação e/ou defasagem técnica e profissional daqueles militares, além de supostas ameaças à hierarquia e à disciplina. O que destoa dessa assertiva é que muitos deles em comando serviram com oficiais que foram anistiados ao longo da história. O argumento técnico travestia, mais uma vez, o dueto desarmônico político e ideológico característico na história republicana.

Face à pressão crescente dos grupos e setores anistiados, a anistia voltaria a incorporar novas ampliações no governo Fernando Henrique Cardoso (ele mesmo um anistiado) e, consequentemente, houve uma revisão parcial promulgada via Medida Provisória, a de nº 2.151. A medida anistiou 2.500 militares punidos por infrações no regime militar, além de conceder a declaração de anistiado político e indenização. Já sob a égide de um Ministério da Defesa, o ato político não contou com a presença dos comandantes militares e teve por

---

[33] Flavia Burlamaqui Machado, *As Forças Armadas e o processo de anistia no Brasil (1979-2002)*, cit., p. 39.

objetivo, *concluir*, nas palavras de FHC, o processo de anistia iniciado em 1979. Outras medidas correlatas, seguidas de projeto de lei regulamentando aqueles dispositivos, alguns deles incluindo os anistiados de 1946, possibilitaram um inegável avanço, que, de certa forma, atendeu às demandas de alguns setores militares em relação aos desejos não contemplados desde a anistia de 1979. Não seria, apesar do desejo de muitos, a pá de cal sobre a questão.

O processo ainda permaneceu inconcluso e, somente como ilustração, outros aspectos políticos delicados emergiram, um deles, provavelmente inédito na história brasileira, é o que incluiu na agenda política demandas como a questão em aberto dos desaparecidos[34] e mesmo da abertura de arquivos militares. Mas uma nódoa ainda ficou pendente: o não equacionamento da delicada questão da impunidade dos torturadores, que se reflete no texto numa forçosa releitura sobre o significado dos "crimes conexos" e, por decorrência, se há sustentabilidade como tese dos torturadores terem tido possibilidade de absolvição e ou esquecimento. Um dado a mais chama atenção, como bem recupera Janaína de Almeida Teles:

> Os dilemas entre lei e justiça, entre anistia e punição, não foram resolvidos com a Lei dos Desaparecidos (Lei 9.140/95), cujos limites estão vinculados à anistia e à interpretação de que esta fora recíproca em nosso país. A anistia com impunidade não introduziu o esquecimento entre as vítimas de crimes como a tortura, os assassinatos e o desaparecimento. Ao contrário, lhes dificultou o luto. Essa ausência do luto estabelece uma tensão entre as esferas pública e privada na política brasileira, explicita os limites da democracia no Brasil e o legado deixado pela ditadura.[35]

Ao final, a conciliação quase que (im)posta ao processo de anistia, significou praticamente a sua retirada da agenda política e, mesmo que o texto último tenha traduzido algumas conquistas importantes quando comparado às

---

[34] Para Teles, embora tenha avançado em muitos aspectos, "O processo, ainda em andamento, de reparação das vítimas da ditadura, conduzido através de uma nova lei de anistia e das leis estaduais de indenização às vítimas de tortura e da ampliação da Lei dos Desaparecidos, mantém a lacuna criada durante a transição política ao não tratar da restituição da verdade jurídica, da recuperação dos corpos dos militantes assassinados e da punição dos responsáveis pelos crimes cometidos no período ditatorial. A Lei de Anistia de 1979 deixou como herança um texto que não anistiou os crimes cometidos pelos torturadores e seus mandantes, segundo juristas, militantes de defesa dos direitos humanos e familiares, mas, na prática, quase todos assim o consideraram, o que me fez buscar na história da luta dos familiares por verdade e justiça e pela anistia ampla, geral e irrestrita o modo como se chegou a tal configuração política". Janaína de Almeida Teles, *Os herdeiros da memória*, cit., p. 261-2.

[35] Janaína de Almeida Teles, *Os herdeiros da memória*, cit., p. 8.

anistias anteriores, igualmente revelou os limites excludentes postos e delineados na história republicana. A própria transição negociada reflete esse pressuposto e remete, de fato, à leitura confluente neste ensaio, ou seja, da anistia também ser *conciliatória*, já que, no Brasil, teve como objetivo último assegurar a volta da democracia; mas refletiu, em última instância, em concessões que, para alguns setores, eram de princípios, embora muitos deles advogassem que esse pacto político era a possibilidade imposta para sua efetivação[36].

Por essa razão, a bandeira da anistia ampla geral e irrestrita que galvanizou inicialmente ampla mobilização de setores da sociedade brasileira e que implicava, no seu projeto inicial, não somente a negação do regime militar, mas a reincorporação à vida política e à carreira militar para aqueles que foram injustamente cassados, foi sepultada ao longo dos últimos anos da transição ou transação. Contudo, vale pontuar como exceção os esforços contínuos de alguns parlamentares e, mais recentemente, a firme atuação de algumas entidades para que não se perdesse o espírito do projeto inicial, ou que a questão da abertura dos arquivos e, particularmente, da impunidade quanto aos torturadores não saísse da agenda nacional[37]. Para Flavia Burlamaqui Machado, o resultado final é este:

---

[36] O argumento é politicamente justificável, embora seja igualmente questionável, particularmente quando comparamos o processo brasileiro com as transições pós-ditaduras militares que aconteceram na Argentina e no Chile, cujos processos foram inegavelmente mais avançados, mas de certa forma, ainda, inclusivos. Porém, a anistia nestes países alcançou um esforço reparatório que teve um outro grau de legitimidade, já que possibilitou, em última instância, que notórios violadores de direitos humanos fossem condenados à prisão. Ver Glenda Mezarobba, *O preço do esquecimento*, cit., p. 192 e ss.

[37] Nesta reação contra a impunidade, vale pontuar a significativa intervenção de algumas entidades de direitos humanos, bem como a ação que a família Almeida Teles move contra o coronel Carlos Alberto Brilhante Ustra para que o mesmo seja declarado torturador pelo Estado brasileiro, e que foi seguida por uma segunda ação com o mesmo objetivo, movida pela família do jornalista Luiz Eduardo da Rocha Merlino. A primeira ação foi bem sucedida em primeira instância, mas a segunda teve sua tramitação suspensa. De acordo com o *Dossiê ditadura*, "Infelizmente, em 13 de maio de 2008, o desembargador Luiz Antônio de Godoy, da 2ª Câmara de Direito Privado do Tribunal de Justiça de São Paulo, concedeu efeito suspensivo no processo. Os advogados da família, Fábio Konder Comparato e Aníbal Castro de Sousa – os mesmos da família Almeida Teles –, recorreram da decisão". Ver Criméia Alice Schmidt de Almeida, Janaína de Almeida Teles, Maria Amélia de Almeida Teles e Suzana Lisboa, *Dossiê ditadura: mortos e desaparecidos políticos no Brasil, 1964-1985* (São Paulo, IEVE/Imprensa Oficial, 2009), p. 47. (N. E.) O co-

O espírito da conciliação inspirou o caráter recíproco. Anistiando civis e militares integrantes do regime ditatorial, permitiu que viessem a conviver "harmonicamente", no regime democrático que se seguiu, com antigos adversários da época de exceção. Assim, a partir de 1985 teremos expoentes da ditadura frequentando os mesmos governos que os ex-subversivos.[38]

Este aspecto último nos chama atenção para uma reflexão, que não é recente, mas seminal na medida em que está associada a uma categoria analítica muito presente na ciência política – a estabilidade –, e que teve em Oliveira Vianna uma escola de pensamento, escola fundamentalmente conservadora, mas que em muito influenciou e ainda influencia o debate político contemporâneo. Ele não foi o único intelectual a defender essa tese (muito pelo contrário, há diversos), mas talvez tenha sido um de seus principais formuladores; e a reflexão decorrente articula o pressuposto atual da conciliação como um imperativo. É um debate, no entanto, que desperta reflexões curiosas e contraditórias em várias áreas.

José Murilo de Carvalho, um conceituado historiador conservador, reavalia, por um lado (ele não foi o único), como a conciliação tem sido muito prejudicial à nossa história, até porque não permitiu rupturas em nosso processo histórico, portanto não houve avanços significativos e abortou as possíveis possibilidades nessa linha; mas acautela-se ao mesmo tempo quando adverte que, *enquanto houver memória não há história*, sinalizando contraditoriamente para o intento de se investigar fatos recentes relacionados à ditadura militar, particularmente enquanto muitos de seus expoentes ainda estiverem vivos[39]. Por outro lado, Célio Borja, um jurista liberal de renome,

---

ronel Ustra, por seu lado, escreveu recentemente mais um livro em defesa de sua intervenção e na reportagem da *Folha de S.Paulo* que fundamenta esta nota, sustenta em sua defesa a absurda tese de que é o Exército que deve ser responsabilizado. Mais recentemente, causou celeuma na sociedade civil, e mesmo em setores do governo, o posicionamento do presidente Lula de patrocinar a defesa dos coronéis Ustra e Audir Santos Maciel através da Advocacia Geral da União. Ver Carlos Alberto Brilhante Ustra, *A verdade sufocada: a história que a esquerda não quer que o Brasil conheça* (Brasília, Ser, 2006) e *Folha de S.Paulo*, 13/4/2008; *O Estado de S. Paulo*, 7/11/2008; 12/11/2008/ 14/11/2008.

38 Flavia Burlamaqui Machado, *As Forças Armadas e o processo de anistia no Brasil (1979-2002)*, cit., p. 46.

39 Quanto à passagem sobre a memória acima mencionada, esta foi proferida em 21 de setembro de 2007, na conferência de encerramento do I Congresso da Associação Brasileira de Estudos de Defesa (ABED) na UFSCar, em São Carlos (SP). Entrevista de José Murilo de Carvalho à revista *Veja*, 26/12/2007.

ele mesmo um importante personagem político nos últimos anos da história republicana do século XX, tendo ocupado importantes cargos, como o de ministro da Justiça num dos governos militares, nos chama atenção sobre essa questão e argumenta com lucidez, afirmando que *abrir arquivos é processo civilizatório*. Borja não minimiza as dificuldades da adoção dessa política, seja pelas possíveis reações e dificuldades advindas dos comandos militares, ou a compreensão dos segmentos da sociedade civil envolvidos com a questão; mas adverte que é a melhor política para o país, até porque, nas suas palavras, "a conciliação nacional ainda não está consolidada"[40].

Há nela, no entanto, um agravante nodal em nossa leitura: quando apreendemos o pressuposto da conciliação, ao ser relacionado aos movimentos populares e exposto nas anistias decorrentes, fica ainda mais presente a marca de exclusão, exclusão essa que remete a segmentos políticos e ideológicos das Forças Armadas, bem como aos subalternos, praças e marinheiros. Afinal, aqueles que não se inserem ou se enquadram como expressão política ou ideológica no arco proposto e confiável da elite brasileira – muito conservadora desde os idos imperiais, como pontua Mercadante –, *a priori* também não se submetem, resistem de várias formas. Esse pressuposto se apresenta contemporaneamente, mesmo nos recentes e curtos processos democráticos em que esses grupos atuam, operando com uma margem de manobra reconhecidamente bem reduzida. Concomitantemente, o autor argumenta, na introdução deste ensaio, que a admissão na vida pública no Brasil teria como expressão, desde a época de nossa formação, e sugestivamente presente nos nossos dias, a *moderação*[41], e a resposta contrária a essa tendência, o *aniquilamento*; conceito que se reproduz historicamente e se apresenta contemporaneamente, qualquer que seja a dimensão política utilizada ou a apreensão operacional que esse conceito comporta[42].

---

[40] Entrevista de Célio Borja, *O Estado de S. Paulo*, Caderno Aliás, 12/12/2004.

[41] Percebe-se que o conceito de moderação, segundo a tese posta por Mercadante, norteia contemporaneamente este pressuposto de aceite e confiança do grupo dominante no Brasil. A título de ilustração, vale lembrar a frase histórica de FHC, "esqueçam tudo que escrevi" em sua rotação ao centro e as teses moderadas quando se lançou à presidência; e outras evidências igualmente significativas ocorrem a partir de 2002, quando o PT (Partido dos Trabalhadores) lança a moderada e confiável "Carta ao Povo Brasileiro" e, mais recentemente, quando Lula, na condição de presidente, não poupa afirmações de que nunca foi de esquerda e mesmo vulgarizou este posicionamento publicamente em várias ocasiões.

[42] O conceito de "aniquilamento" é presente na estratégia militar e na teoria da guer-

Outrossim, vale ressaltar que a história das Forças Armadas não é linear, e sim uma história de levantes, rebeliões e lutas, com resultados conciliadores, por um lado; mas também diferenciados e de confronto, quiçá nobreza, por outro. Elas também se posicionaram em várias ocasiões ao lado das causas nacionais e progressistas, bem como ao lado do povo. Isso não se fez de forma isolada. Na perspectiva da esquerda militar, assim como dos subalternos, marinheiros e praças, as rebeliões por eles conduzidas eram comumente vistas como motins, casos de indisciplina ou, mais grave, traição à pátria; porém, aquelas conduzidas por setores da direita militar comumente foram valorizadas como atos patrióticos, e seus participantes, com pouco ou nenhum risco pessoal, sequer tiveram consequências maiores para o prosseguimento de suas carreiras. Vários deles, inclusive, chegaram a altos postos de comando e, em alguns casos recentes, houve o reconhecimento valorativo de alguns personagens – civis e militares – por governos democráticos, mesmo sendo eles reconhecidos e denunciados como torturadores[43].

Todavia, o epílogo desse longo processo conciliatório sobre a anistia no Brasil República ainda seria a interpretação última do Supremo Tribunal Federal (STF), em 2010, particularmente no quesito de sua extensão aos crimes conexos, leia-se, o entendimento que se refere à punição (ou não) aos torturadores, cuja decisão final contrariou amplos setores da sociedade civil. Respondendo a uma Arguição de Descumprimento de Preceito Constitucional (ADPF) interpelada pela Ordem dos Advogados do Brasil (OAB) com várias entidades[44], o Supremo Tribunal entendeu que a anistia de 1979 era abrangente e também anistiava os agentes do Estado que torturaram e mataram opositores do regime militar entre

---

ra, e advém de Clausewitz. Sua definição militar é a seguinte: romper a vontade do inimigo de continuar na guerra, ou seja, retirar dele a capacidade de agir e reagir de modo organizado. A rigor, nesta leitura, é o prelúdio do colapso. Embora este conceito também seja utilizado pelo Exército brasileiro, dois exemplos históricos e diferenciados no tempo demonstram que sua operacionalização resultou no aniquilamento do oponente como expressão de eliminação física e total. O primeiro foi a Guerra de Canudos, e o segundo, passado quase um século, a Guerrilha do Araguaia. Em ambos os casos, há vasta literatura comprobatória.

[43] Janaína de Almeida Teles, *Mortos e desaparecidos políticos: reparação ou impunidade?* (São Paulo, Humanitas/FFLCH/USP, 2001), p. 36, 83.

[44] Entre as quais destacam-se: Associação Democrática e Nacionalista dos Militares (Adnam); Associação dos Juízes para a Democracia; Associação Brasileira de Anistiados Políticos; Centro pela Justiça e Direito Internacional.

1964 e 1985, portanto, estes não eram passíveis de processos ou mesmo objeto de qualquer punição[45].

Julgada a ADPF como improcedente pela maioria dos juízes (sete votos a dois), decisão pautada inclusive com argumentos conciliadores correlatos aos elencados na história das anistias anteriores (e resumidamente expostos neste ensaio), a sentença daria por encerrada essa delicada questão, mesmo ao preço de ignorar o Direito Internacional por desconhecimento do conceito de crimes de lesa-humanidade ou dissociar a democracia dos direitos humanos, como pressuposto de superação de uma ordem na qual estes valores são contemporaneamente umbilicais. Assim, os juízes escudaram-se de avaliar ou mesmo ponderar como esta sentença legitimava a ditadura militar à medida que reconhecia os golpistas de 64 como sujeitos legítimos, entre outras questionáveis ponderações. Uma delas, bem curiosa enquanto pressuposto do Estado de Direito e independência dos poderes, afirmou que não cabia ao judiciário reescrever o acordo político que permitiu a redemocratização, e sim ao parlamento (o que não confere a mesma postura à instituição como poder autônomo, contrapondo aos demais poderes em julgamentos de outras situações políticas), valorizando, em última instância, a persistência do pacto conciliatório brasileiro originário da colonização.

De fato, mais uma vez e como em outras ocasiões, a manifestação do STF veio ao encontro da hipótese corrente, ou seja, valorizou um pacto conciliatório que, concretamente, até viabilizou a transição para a democracia de forma pacífica. Porém, a sentença não deixou de expor sua fragilidade ao sustentar a hipótese de que não haveria alternativas ou ponderações sobre outras possibilidades no tratamento da questão; aliás, tal epílogo no Brasil resultou em flagrante descompasso com os demais países que enfrentaram transições semelhantes na América Latina. Consequentemente e de forma lamentável, reafirmou-se a tese central e excludente do dueto social e ideológico desarmônico que norteia este ensaio, especialmente entre os militares. Na verdade, ao encerrar esta questão da impunidade em relação aos torturadores, o STF nivelou-os ao mesmo patamar dos militares cassados pelo golpe de 64. A propósito, estes últimos ainda estão à espera de uma anistia plena[46]. Noutros termos, a anistia advinda desse processo de (re)conciliação que norteou o processo histórico brasileiro pode até ter evitado rupturas, mas não foi, necessariamente, expressão de justiça.

---

[45] *Folha de S.Paulo*, 29/4/2010; 30/4/2010; *O Estado de S. Paulo*, 29/4/2010; 30/4/2010.
[46] *Carta Capital*, 12/5/2010, p. 26-8.

RELAÇÕES CIVIL-MILITARES: O LEGADO AUTORITÁRIO DA CONSTITUIÇÃO BRASILEIRA DE 1988

Jorge Zaverucha

> Nada mais antigo do que o passado recente.
>
> *Nelson Rodrigues*

Fim do regime autoritário

Entre 1964 e 1985, o Brasil experimentou o mais longo regime militar de sua história. O regime autoritário editou a Constituição de 1967 e emendou-a em 1969, predominando uma visão estatal e, com ela, a Doutrina de Segurança Nacional. Em 1988, como parte da transição negociada do autoritarismo para a democracia, um Congresso Nacional Constituinte redigiu uma nova Constituição que ficou conhecida como "Constituição Cidadã". De fato, a palavra "direitos" aparece com muito mais frequência no texto constitucional do que a palavra "obrigações". A nova Constituição estipula o direito do cidadão ao trabalho, o direito de possuir um salário decente, o direito à educação, o direito à previdência social, o direito à licença materna e paterna, o direito dos índios de possuírem terra etc.

Embora muitos temas da Constituição tenham recebido um tratamento progressista, este não foi o caso das relações civil-militares[1]. A Constituição manteve muitas prerrogativas militares não democráticas existentes na Constituição autoritária passada e chegou a adicionar novas prerrogativas. No Brasil de 1988, os políticos optaram por não questionar devidamente o legado autoritário do regime militar. Vários intelectuais tomaram o mesmo rumo. Souza e Lamounier[2], por exemplo, escreveram um interessante

---

[1] Bem como os temas da propriedade da terra e dos meios de comunicação.

[2] Amaury de Souza e Bolívar Lamounier, "A feitura da nova Constituição: um reexame da cultura política brasileira", em Bolívar Lamounier (org.), *De Geisel a Collor: o balanço da transição* (São Paulo, Idesp, 1990).

artigo sobre a feitura da nova Constituição, mas ignoraram a temática das relações civil-militares e policiais. Como se militares e policiais não fizessem parte da cultura política brasileira. A forte presença militar no texto constitucional foi, também, praticamente, ocultada por Carvalho[3].

E mais, civis, ao formalizarem as prerrogativas militares constitucionalmente, deram um verniz democrático aos amplos poderes dos militares. Em termos procedurais, o processo de redação da Constituição foi democrático. Contudo, a essência do resultado não foi liberal. Não há, com isto, a intenção de invalidar a definição da democracia liberal em termos de procedimentos, mas chamar atenção para as limitações de uma concepção subminimalista do tipo schumpeteriano. Afinal, repita-se, a democracia subminimalista é condição necessária, mas não suficiente para se dizer que um país possui uma plena democracia[4].

Este capítulo tem três grandes objetivos: a) discutir o paradoxo de certas cláusulas constitucionais terem sido escritas de acordo com os procedimentos democráticos, mas que resultaram, todavia, em conteúdos pouco liberais[5]; b) mostrar que tais cláusulas constitucionais tornam impossível a consolidação de relações civil-militares democráticas[6]; c) questionar os motivos da inexistência de tentativas *regulares* de mudança destas cláusulas constitucionais, embora mais de sessenta emendas constitucionais tenham sido aprovadas desde então.

---

[3] José Murilo de Carvalho, *Cidadania no Brasil* (Rio de Janeiro, Civilização Brasileira, 2003).

[4] Scott Mainwaring, Daniel Brinks e Aníbal Pérez-Liñán, "Classificando regimes políticos na América Latina", *Dados*, v. 44, n. 4, 2001.

[5] Segundo Zakaria proliferam, nos últimos anos, sistemas políticos em que o componente liberal se distancia da democracia. Ele chama este fenômeno de democracia iliberal. Fareed Zakaria, *The Future of Freedom* (Nova York, W.W. Norton & Company, 2003).

[6] Não é fácil definir, operacionalizar e identificar quando uma democracia está "consolidada". O Chile em 1973, até momentos antes do golpe de Pinochet, era considerado uma democracia consolidada. O caso mais recente é o da Venezuela, país modelo de democracia estável até 1992, quando por duas vezes consecutivas os militares tentaram derrubar o presidente Carlos Andrés Pérez. Schneider sugeriu que o melhor meio de contornar os problemas de definição e medida é desagregar o conceito de democracia. E focar a análise nas partes que compõem a democracia em vez de conjecturar sobre se o sistema como um todo está consolidado. Ben Ross Schneider, "Democratic Consolidations: Some Broad Comparisons and Sweeping Arguments", *Latin American Research Review*, v. 30, n. 2, 1995, p. 215-34.

A transição para o governo civil

No dia 31 de março de 1964, as Forças Armadas derrubaram o presidente João Goulart. Antes de 1964, os militares intervinham em favor de determinado grupo civil que instrumentalizava o poder castrense para derrotar outros civis. Intervenções militares pré-1964 têm sido descritas sob a perspectiva funcionalista. Stepan[7], por exemplo, argumenta que os militares exerceram o papel de "poder moderador". A função das Forças Armadas era a de restabelecer a lei e a ordem e, posteriormente, devolver as rédeas do governo aos políticos. Na verdade, os militares usaram cada uma de suas "intervenções moderadoras" para coletar informações sobre o comportamento dos civis e para construir sua própria alternativa política.

Em 1964, este padrão intervencionista alterou-se. Civis imaginaram que os militares, mais uma vez, fariam uma intervenção cirúrgica, restabeleceriam a ordem e voltariam para os quartéis. Foram surpreendidos. As Forças Armadas não apenas deixaram de retornar aos quartéis como permaneceram no governo por 21 anos, um recorde na história brasileira.

Com o passar do tempo, os políticos aprenderam que o preço pela proteção castrense ante a ameaça esquerdista tornou-se elevado, pois os militares se recusaram a devolver a condução dos destinos do país aos civis. Por sua vez, os empresários também aprenderam que o golpe serviu aos interesses do capitalismo e não, necessariamente, aos interesses dos capitalistas[8]. Possuidores de uma visão estado-centrista, os militares criaram várias empresas estatais que competiram no mercado com empresas privadas. De aliados, os militares tornaram-se rivais de alguns empresários.

A perda de aliados no campo civil, a derrota da subversão e as rivalidades militares intestinas entre os "profissionais" e a "comunidade de inteligência" levaram o presidente general Ernesto Geisel a optar, a partir de 1974, por uma abertura lenta, gradual, segura e extremamente prolongada[9].

---

[7] Alfred Stepan, *The Military in Politics: Changing Patterns in Brazil* (Princeton, Princeton University, 1971).

[8] Jorge Zaverucha, *Rumor de sabres* (São Paulo, Ática, 1994).

[9] Teixeira argumenta convincentemente que não houve uma abertura por contenção, mas uma contenção da abertura. Helder Teixeira, *Geisel, os militares e o projeto distensionista: transição para democracia ou continuísmo da ingerência militar na política brasileira?* (Dissertação de Mestrado em Ciência Política, Recife, UFPE, 2001). Ou seja, o projeto de distensão geiselista foi efetivado para garantir a continuidade da ingerência militar na política interna brasileira, mesmo após o fim do regime de

O fato é que Tancredo Neves foi eleito presidente somente em 1985 e, mesmo assim, somente pela via indireta. Com sua morte, assume o vice da chapa, José Sarney, cujo governo deveria ser interino, mas demorou um mandato inteiro, ou seja, cinco anos. Portanto, da abertura de Geisel à assunção de Sarney decorreram onze anos, e mais cinco de Sarney à Collor, este, finalmente, eleito presidente pelo voto popular. A transição equatoriana era até então considerada a mais prolongada devido ao fato do presidente Roldós ter levado três anos para assumir a presidência, em 1979, após a deposição do general Rodríguez Lara por uma junta militar. Frise-se que a Emenda Constitucional nº 8, de 1977, fixou o mandato presidencial em seis anos. Tancredo Neves prometeu publicamente reduzir este prazo para quatro anos, ou seja, ele também não viu seu mandato como tendo o caráter de interinidade. O que Sarney fez foi, simplesmente, acrescentar um ano à decisão de Tancredo[10].

Convém lembrar que os militares apoiaram a assunção de Sarney e vetaram o nome de Ulysses Guimarães para suceder Tancredo Neves. Os militares também tiveram cacife político para negociar os termos de sua saída do governo. Em bom português: perderam a batalha, mas não a guerra. Alguns detalhes desta transação são conhecidos:

a) Tancredo Neves negociou com os militares sua candidatura. Paulo Maluf, candidato presidencial derrotado por Tancredo no Colégio Eleitoral, confirmou a existência de um acordo secreto entre Tancredo e o então ministro do Exército, general Walter Pires, sobre a transição[11];

b) Os militares vetaram uma Assembleia Nacional Constituinte como órgão responsável pela elaboração da nova Constituição. Receosos de perderem o controle das futuras decisões, somente aceitaram um Congresso Constituinte, composto pelos membros eleitos para o existente Congresso, conforme confidenciou o então senador Fernando Henrique Cardoso, em uma reunião pública. FHC, posteriormente, negou em nota escrita tal informação. O jornalista Marcelo Beraba, todavia, tinha gravado o discurso

---

exceção. A Constituição de 1988 prova o êxito da estratégia do general Geisel e de seus aliados civis no Congresso Nacional.

[10] Sobre governos interinos, ver Yossi Shain e Juan Linz, *Between States: Interim Governments and Democratic Transitions* (Cambridge, Cambridge University Press, 1995).

[11] *O Estado de S. Paulo*, 9/7/1989.

de Cardoso e publicou a transcrição confirmando a informação anterior[12].

Um argumento recorrente no Brasil é o de que a preguiçosa transição brasileira deveu-se ao fato da Constituição ter sido escrita por um Congresso Constituinte em vez de uma "pura" Assembleia Nacional Constituinte. Esta explicação não procede. Na Espanha, o processo de redação constitucional foi ainda mais elitista que no Brasil. O processo iniciou-se através de uma comissão que, para evitar pressão pública, trabalhou sigilosamente. Finda a versão inicial, ela foi trazida para o plenário do Congresso e depois votada. Na Grécia, o processo constitucional foi semelhante ao espanhol. Ambos, no entanto, estabeleceram controle civil sobre os militares, mas o Brasil não;

c) Nenhum militar seria julgado por supostos abusos de direitos humanos, em contraste com o ocorrido na Argentina de Raúl Alfonsín.

Uma nova Constituição foi promulgada

Em 5 de outubro de 1988, uma nova Constituição foi promulgada contendo 245 artigos, uma das mais longas constituições do mundo. Foram 2.084 disposições, entre artigos, alíneas, parágrafos e incisos. A Constituição de 1891 teve 351 disposições, a de 1934, 836 e a de 1946, 931[13].

A nova Constituição descentralizou poderes e estipulou importantes benefícios sociais similares às democracias mais avançadas. No entanto, uma parte da Constituição permaneceu praticamente idêntica à Constituição autoritária de 1967 e à sua emenda de 1969. Refiro-me às cláusulas relacionadas com as Forças Armadas, Polícias Militares estaduais, sistema judiciário militar e de segurança pública em geral.

As Forças Armadas brasileiras entenderam tão competentemente a importância das restrições legais que nomearam 13 oficiais superiores para fazerem *lobby* pelos interesses militares ante os constituintes. Este *lobby* era muito bem organizado, chegando a levar os congressistas para visitas às instalações militares em todo o país[14].

O trabalho de redação da Constituição foi dividido em oito grandes comissões e várias subcomissões, além da Comissão de Sistematização, criada

---

[12] *Folha de S.Paulo*, 21/5/1990.
[13] Tereza Cruvinel, "Panorama Político", *O Globo*, 15/11/2000.
[14] Alfred Stepan, *Rethinking Military Politics* (Princeton, Princeton University Press, 1988).

para organizar os relatórios finais das oito comissões. O presidente desta comissão foi o deputado Bernardo Cabral, conhecido por seu trânsito nas hostes militares, e que viria a ser o ministro da Justiça do governo Collor. A Comissão de Organização Eleitoral Partidária e Garantia das Instituições se encarregou dos capítulos ligados às Forças Armadas e à segurança pública. Era presidida pelo senador Jarbas Passarinho, coronel da reserva, que serviu como ministro nos governos dos generais Costa e Silva, Médici e Figueiredo. Foi um dos signatários, em 1968, do Ato Institucional nº 5 que fechou o Congresso, inaugurando um dos períodos mais autoritários da história brasileira.

A Subcomissão de Defesa do Estado, da Sociedade e de sua Segurança teve como porta-voz o deputado Ricardo Fiúza, um dos líderes da coalizão conservadora da Constituinte popularmente conhecida por "Centrão". Fiúza confessou que seus conhecimentos sobre assuntos militares eram similares ao seu entendimento sobre mecânica de automóveis: nenhum[15]. Não obstante, apoiou firmemente as demandas militares nos debates constitucionais.

Fiúza trabalhou contra a tentativa de se dar fim ao controle do Exército sobre as Polícias Militares estaduais. Em vez de separar as forças responsáveis pela ordem interna da responsável pela ordem externa, bem como de fazer valer o preceito de que, em tempo de paz, as tropas militares federais são forças de reserva das Polícias Militares e em tempo de guerra o inverso, Fiúza optou por favorecer a autonomia das Forças Armadas. Ou seja, manteve o controle parcial do Exército sobre as PMs, alegando que o governo necessitaria de todas as suas forças para controlar contestadores da ordem social[16]. Tal situação faz com que o Brasil se diferencie de outros países democráticos que possuem polícias com estética militar. Neles, tais polícias são controladas pelo Ministério do Interior, da Justiça ou da Defesa. Contudo, não são forças auxiliares do Exército, mas de reserva.

A subcomissão presidida por Fiúza organizou oito sessões públicas com uma agenda desequilibrada de convidados: cinco professores da Escola Superior de Guerra; cinco oficiais das Polícias Militares estaduais; um oficial do Corpo de Bombeiros; quatro representantes do então Conselho de Segurança Nacional; dois generais da reserva; cinco representantes do

---

[15] *Veja*, 4/4/1980.
[16] Congresso brasileiro, Comissão de Organização Eleitoral e Partidária e Garantia das Instituições, Subcomissão de Defesa do Estado, *Relatório*, maio, 1987, p. 29.

Estado-Maior do Exército; três representantes da Polícia Federal; o presidente da Associação Nacional dos Comissários da Polícia Civil; o presidente da Ordem dos Advogados do Brasil e o diretor do Núcleo de Estudos Estratégicos da Universidade de Campinas. Portanto, dos 28 convidados somente os 3 últimos apresentaram sugestões propondo mudanças nas relações entre civis e militares. A referida subcomissão pode alegar ter patrocinado debates, contudo, dada a natureza dos debatedores, um resultado pró-manutenção constitucional dos interesses militares era previsível.

Dentre as propostas desconsideradas pela referida subcomissão, encontrava-se a abolição do Serviço Nacional de Informações (SNI) e suas extensões, as Divisões de Segurança Interna (DSI), que operavam dentro de ministérios, universidades e empresas estatais, e as Assessorias de Segurança Interna (ASI), usadas para identificar as pessoas consideradas politicamente inconfiáveis. Esta ampla rede de espionagem era apoiada pela Agência Central do SNI. O SNI foi criado no dia 13 de junho de 1964, logo após o golpe. Inicialmente, o seu diretor-geral deveria ser aprovado pelo Congresso[17]. No entanto, esta cláusula foi continuamente desrespeitada. A Constituição de 1988 não restabeleceu o direito do Senado de aprovar o diretor-geral do SNI, nem aprovou uma lei que explicitamente estabelecesse um controle congressual sobre as atividades dos diversos serviços de inteligência existentes no Brasil[18].

Com a criação da Agência Brasileira de Inteligência (Abin), em 1999, foi instituída uma Comissão Parlamentar Mista de Controle das Atividades de Inteligência (Ccai), cujo regimento interno ainda não foi aprovado até os dias de hoje. A primeira reunião da Ccai foi realizada quase um ano após a criação da Abin. Portanto, o controle parlamentar *de facto* é tímido. Em vez de manter a Abin sobre seu direto controle, Fernando Henrique Cardoso (FHC) subordinou esta agência ao Gabinete de Segurança Institucional (GSI), cujo ministro é um general. Deste modo, um alto oficial do Exército

---

[17] Ayrton Baffa, *Nos porões do SNI* (Rio de Janeiro, Objetiva, 1989).

[18] Em 1990, Collor aboliu o SNI, as DSIs e ASIs. Ao que tudo indica, parte das fichas do SNI foram transferidas paro o Centro de Inteligência do Exército. Collor criou a Secretaria de Assuntos Estratégicos, dirigida por um civil. FHC, por sua vez, remilitarizou o tema da inteligência. Ele retirou da SAE a Subsecretaria de Inteligência, entregando-a ao general Alberto Cardoso, que era o Chefe da Casa Militar da Presidência da República. Simultaneamente, FHC incumbiu o general Cardoso de preparar uma lei que criasse a Agência Brasileira de Inteligência (Abin). "Civilians lose the intelligence battle", *Brazil Report*, 2/5/1996.

decide quais informações devem ser repassadas ao presidente da República. Tal desenho institucional foi mantido pelo presidente Lula.

Artigos constitucionais não-liberais (iliberais)

Apresento abaixo alguns artigos que são constitucionais, mas cujos conteúdos liberais deixam a desejar. O artifício é manter a formalidade da democracia, mas retirando-se o seu conteúdo liberal.

Segundo Agamben[19], "o soberano, tendo o poder legal de suspender a lei, coloca-se legalmente fora da lei". O artigo 142 diz que as Forças Armadas "destinam-se à defesa da pátria, à garantia dos poderes constitucionais e, por iniciativa de qualquer destes, da lei e da ordem". Mas, logicamente, como é possível se submeter e garantir algo simultaneamente?

Lógica à parte, são os militares quem têm o poder constitucional de *garantir* o funcionamento do Executivo, Legislativo e Judiciário, a lei e a ordem quando deveria ser o reverso. Ou seja, as Forças Armadas são baluartes da lei e da ordem definidas por elas mesmas, não importando a opinião do presidente da República ou do Congresso Nacional. Portanto, cabe às Forças Armadas o poder soberano e constitucional de suspender a validade do ordenamento jurídico, colocando-se legalmente fora da lei[20].

Em uma democracia, o poder não é deferido a quem tem força, mas, ao contrário, a força é colocada ao serviço do poder. No Brasil, estabeleceu-se uma Constituição e foi entregue, precisamente, aos que são mais tentados a violá-la, a tarefa de manter a sua supremacia[21]. Ora, se os militares são *garantes*, terminam sendo, também, organizadores da vida política. As Forças Armadas deixam de ser meio para se transformar, quando necessário, em fim do Estado. Os constituintes usaram um procedimento democrático para conferir às Forças Armadas um papel que pode tornar-se incompatível com os direitos liberais e com a vontade da maioria[22].

---

[19] Giorgio Agamben, *Homo Sacer: o poder soberano e a vida nua* (Belo Horizonte, UFMG, 2002), p. 19.

[20] Tal como na Constituição pinochetista. Com a diferença de que, recentemente, o Senado chileno aboliu tal cláusula constitucional sob o argumento de que a condição histórica que avalizou tal dispositivo não existe mais. Hugo Chávez, por sua vez, concedeu às Forças Armadas de seu país o papel de manutenção da ordem interna (artigo 328 da Constituição de 1999).

[21] Eugenio Zaffaroni, *Poder Judiciário* (São Paulo, Editora Revista dos Tribunais, 1995).

[22] Após o comício de João Goulart na Central do Brasil, o chefe do Estado Maior do Exército, general Castello Branco, em 13 de março de 1964, escreveu um comuni-

Ordem não é um conceito neutro e sua definição operacional, em todos os níveis do processo de tomada de decisão política, envolve escolhas que refletem as estruturas política e ideológica dominantes. Portanto, a noção de (des)ordem envolve julgamentos ideológicos e está sujeita a estereótipos e preconceitos sobre a conduta (in)desejada de determinados indivíduos. Além do mais, tal artigo não especifica se a lei é constitucional ou ordinária.

O artigo 142 também não define se a ordem é política, social ou moral. O termo "ordem" é usado em vários sentidos na Carta Magna. No seu preâmbulo ("ordem interna e internacional"); no artigo 5º, XLIV ("ordem constitucional"); no artigo 34, III, e no *caput* dos arts. 136 e 144 ("ordem pública e social"); no *caput* do artigo 170 ("ordem econômica") e no *caput* do artigo 193 ("ordem social"). Deste modo, as Forças Armadas garantem a ordem constitucional, pública, política, social e econômica. Haja poder!

A Constituição não define quem, nem quando a lei e a ordem foram violadas. Na prática, termina cabendo às Forças Armadas decidir quando houve violação da lei e da ordem. E quem as violou. E o que é mais grave: basta determinada ordem do Executivo ser considerada ofensiva à lei e à ordem, para que os militares possam constitucionalmente não respeitá-la. Mesmo sendo o presidente da República o comandante em chefe das Forças Armadas. Ou seja, a Constituição de 1988, tal como a anterior, tornou constitucional o golpe de Estado, desde que liderado pelas Forças Armadas. Isto sim é falta de lei e ordem.

Há, deste modo, uma espada de Dâmocles fardada pairando sobre a cabeça dos poderes constitucionais. Tais poderes estão sendo constitucionalmente lembrados de que eles podem ir até onde as Forças Armadas acharem conveniente. Por conseguinte, repito, em vez de tais poderes garantirem o funcionamento das Forças Armadas, são elas, em última instância, que garantem o funcionamento dos referidos poderes. Afinal, elas são as guardiãs da pátria e dos poderes constitucionais.

Alguns exemplos atestam o papel de guardiãs das Forças Armadas. Um dos mais importantes é descrito pelo ex-presidente da Câmara dos Deputados, Ulysses Guimarães. Ele explicou porque não disputou com

---

cado aos seus subordinados lembrando que "os meios militares nacionais e permanentes não são para propriamente defender programas de governo, muito menos a sua propaganda, mas para garantir os poderes constitucionais, o seu funcionamento e a aplicação da lei". Lira Neto, *Castello: a marcha para a ditadura* (São Paulo, Contexto, 2004), p. 239.

José Sarney o direito de substituir o presidente Tancredo Neves, que faleceu antes de tomar posse: "Eu não fui 'bonzinho' coisa nenhuma. Segui as instruções dos meus juristas. O meu 'Pontes de Miranda'[23] estava lá fardado e com a espada me cutucando que quem tinha de assumir era o Sarney"[24]. O 'Pontes de Miranda' chamava-se general Leônidas Pires Gonçalves, ministro do Exército no governo Sarney.

O general Leônidas não ficou apenas nesta clarinada. Por exemplo, o coronel do Exército Sebastião Ferreira Chaves, ex-secretário de Segurança Pública do governador paulista Abreu Sodré nos anos 1970, já naquela época constatou que a Polícia Militar agia com base na violência e a Polícia Civil perdera a capacidade de investigação. Diante disto, tentou convencer o deputado Ulysses Guimarães, então presidente do Congresso Nacional, a mudar o sistema policial na Constituição de 1988, sugerindo, dentre outros pontos, a extinção das Polícias Militares. Ulysses disse a Chaves "que já não podia mudar nada porque tinha um compromisso com o general Leônidas"[25].

Na primeira versão do artigo 142, os militares perderam o papel de guardiães da lei e da ordem. Isto irritou tanto os militares que o ministro do Exército, general Leônidas Pires Gonçalves, ameaçou zerar todo o processo de redação constitucional. Segundo Passarinho[26], a esquerda, "decidida a vingar-se da contrarrevolução de 1964, empenhava-se em retirar das Forças Armadas a responsabilidade da ordem interna". Esqueceu o ex-ministro que ordem interna, em qualquer democracia, é competência da polícia.

Temerosos, os constituintes acharam por bem ceder. O papel de garantidores da lei e da ordem voltou a aparecer na nova versão do referido artigo. Para que tal capitulação ficasse dourada, o Congresso optou por conceder tanto ao Judiciário quanto ao Legislativo o direito de pedir a intervenção das Forças Armadas em assuntos domésticos. Ao não especificar qual instância do Judiciário poderia convocar os militares, a Constituição nivelou os poderes do presidente do Supremo Tribunal Federal ao de um juiz iniciante em uma pequena cidade. Do mesmo modo, equiparou o presidente do Congresso a um parlamentar em seu primeiro mandato.

Em novembro de 1988, um juiz do 3º Distrito de Volta Redonda (RJ) solicitou ao Exército que garantisse a execução do mandato de reintegração

---

[23] Pontes de Miranda é um famoso constitucionalista brasileiro.
[24] Ronaldo Costa Couto, *Tancredo: casos e acasos* (Rio de Janeiro, Record, 1997).
[25] Hélio Contreiras, *Militares e confissões* (Rio de Janeiro, Mauad, 1998).
[26] Jarbas Passarinho, "Absurdo e desespero", *Correio Brazilense*, 14/5/2002.

de posse da Companhia Siderúrgica Nacional. A ação castrense resultou na morte de três operários que se encontravam na serraria da usina. Ante as críticas internas e externas à corporação militar, o Congresso aprovou, em 23 de julho de 1991, a Lei Complementar nº 69. Tal lei concedeu apenas ao Executivo o direito de pedir a intervenção militar interna. A novidade introduzida é que apenas os presidentes do Senado, da Câmara dos Deputados e do STF podem pedir a intervenção militar; no entanto, o Executivo tem o direito de vetar qualquer pedido. Em outras palavras, o Executivo, tal como na Constituição de 1967/69, continua a ser o único poder constitucionalmente autorizado a enviar tropas para intervir em assuntos domésticos.

Uma mudança deveras importante foi introduzida pela Lei Complementar nº 69 através do artigo 8º, § 2º. Ali, ficou estabelecido que as Forças Armadas poderiam intervir em assuntos internos desde que as forças policiais se mostrassem incapazes de assegurar a paz social. Em outras palavras, as tropas militares federais são forças de reserva dos militares estaduais. Não obstante este avanço, esta cláusula foi violada pelos presidentes Itamar Franco, Fernando Henrique Cardoso e Lula.

Alguns exemplos. Em maio de 1993 e janeiro de 1994, tropas militares federais foram usadas na contenção de distúrbios na ponte Rio–Niterói. Em março de 1994, uma manifestação política, no Rio de Janeiro, contra os trinta anos do movimento militar de 1964 foi dispersada por tropas federais. Em maio de 1994, Itamar, mais uma vez, fez uso de tropas de elite do Exército, especialmente enviadas do Rio de Janeiro, na repressão da greve deflagrada por membros da Polícia Federal, em Brasília.

Em maio de 1995, FHC enviou tropas do Exército para acabar com uma greve de petroleiros e, mais uma vez, as forças policiais ficaram na retaguarda. O general Antônio Araújo de Medeiros, chefe do 5º Comando Militar, que tomou a refinaria de Mataripe, na Bahia, afirmou que "se tivesse de atirar, assim faria para proteger o patrimônio da refinaria"[27]. Escaldados pelas mortes ocorridas em Volta Redonda, os grevistas evitaram reagir e não houve vítimas. Em outubro de 1996, mil homens do Exército e 63 da Polícia Federal desalojaram garimpeiros que estavam ocupando ilegalmente uma área que pertence à União e que seria explorada pela Vale do Rio Doce[28].

---

[27] "O Planalto sacou primeiro", *Veja*, 31/5/1995.
[28] Gustavo Krieger, "Informe JB", *Jornal do Brasil*, 18/9/1996. Nos dias seguintes, o Exército fez exercícios militares na área ocupada, numa demonstração de força ante a população local. "Tropas fazem manobras na região", *Jornal do Brasil*, 28/10/1996.

O presidente Lula usou com menos intensidade o Exército em atividades de ordem interna. No entanto, quando o fez, em 2008, foi de forma desastrada. Aproveitando que, na época, o vice-presidente da República, José Alencar, era o ministro da Defesa e membro do mesmo partido do senador Marcelo Crivella, este conseguiu que o Exército protegesse a construção de algumas casas no morro da Providência, no Rio de Janeiro. Crivella era, na época, candidato à prefeitura do Rio de Janeiro e o Exército foi usado pretorianamente para defender interesses partidários, sob a desculpa de tratar-se de uma ação social[29]. Lula tem mantido a política anterior de FHC de enviar tropas militares para a missão de paz da ONU no Haiti, sob o argumento, dentre outros, de que estão sendo treinadas para posterior utilização em ações de lei e ordem, em especial no Rio de Janeiro.

Da mesma forma, o artigo 22-XXI, juntamente com o artigo 144-IV, § 6, não ajudam no estabelecimento de um controle civil sobre os militares. O primeiro estipula que o governo federal é responsável pela organização das Polícias Militares, suas tropas e armamentos, bem como pela convocação e mobilização destas forças. Já o segundo artigo, além de determinar que as PMs estão subordinadas aos governadores de Estado (que é quem paga os salários e nomeia seus comandantes), afirma que as PMs são consideradas tanto uma força auxiliar como reserva do Exército. Teoricamente, cada brasileiro é reservista das Forças Armadas.

O fato de forças policiais serem auxiliares do Exército é algo comum durante os regimes autoritários. Nas democracias, repetindo, somente em período de guerra é que as forças policiais tornam-se forças auxiliares do Exército. Em tempo de paz, o Exército é quem se torna reserva da polícia, indo em sua ajuda quando esta não consegue debelar gigantescos distúrbios sociais. As democracias traçam uma linha clara separando as funções da polícia das funções das Forças Armadas.

Ambos os artigos terminam por estabelecer um duplo comando: federal e estadual. Os governadores ficam com o ônus de pagar os salários sem, todavia, poderem decidir qual tipo de armamento deve ser comprado, como as tropas devem ser alinhadas ou onde devem ser construídos novos quartéis. Para tudo isto, necessitam de consentimento da Inspetoria Geral das Polícias Militares (IGPM), órgão vinculado ao ministro do Exército.

---

[29] As tropas foram retiradas após um sério incidente em que supostamente soldados teriam entregue jovens traficantes a grupos rivais, que os assassinaram. Merval Pereira, "Politização trágica", *O Globo*, 17/6/2008.

A IGPM foi criada durante o auge da repressão política, através do Decreto nº 61.245, de 28 de agosto de 1967, e almejava coordenar as ações das Polícias Militares nos diversos estados, bem como ressaltar o controle militar federal sobre as mesmas.

O tipo de armamento, a localização dos quartéis, o adestramento das tropas e a coordenação das PMs continuam sob o controle da IGPM que, a partir da Constituição de 1988, perdeu o controle sobre a instrução das PMs[30]. Emenda Constitucional apresentada por FHC ao Congresso em setembro de 1997, logo após as greves das PMs, sugeriu a volta deste controle para as mãos do Exército. Ou seja, restabelecer o trinômio instrução militar, regulamento militar, justiça militar, implantado pelo presidente-general Médici.

A partir de 1998, a IGPM foi substituída pelo Comando de Operações Terrestres (Coter). O Coter é um órgão operacional e dirigido por um general de exército. A IGPM era um órgão burocrático e foi comandada por um general-de-brigada ou de divisão. Sob este prisma, o controle do Exército sobre as PMs aumentou no período "democrático".

Passou a ter novo organograma o Coter, órgão de direção setorial do sistema operacional responsável por orientar e coordenar, em seu nível, o preparo e o emprego da força terrestre de acordo com as diretrizes ministeriais e do Estado-Maior do Exército. O Coter começou, através de sua Subchefia de Força Auxiliar, a realizar estudos sobre legislação, quadros de organização, propostas de criação e/ou extinção de unidades das Polícias Militares e dos Corpos de Bombeiros, bem como controlar os efetivos e o material bélico dessas forças auxiliares. Portanto, se em outros países temos a força de polícia com estrutura militar, mas que não é polícia militar, no Brasil o que presenciamos é uma estrutura militar fazendo o papel de polícia[31]. Ou seja, mais tropa do que polícia.

Os governadores de Estado indicam os comandantes das PMs, em geral, oriundos da própria corporação, embora em raros estados coronéis do Exército ainda comandem Polícias Militares[32]. Além do mais, os gover-

---

[30] A polícia de Honduras – Fusep – passou ao controle do Exército depois do golpe de estado de 1963. O Congresso hondurenho, ao contrário do brasileiro, decidiu, em agosto de 1997, que o Fusep deveria não somente se desvincular do Exército, como se transformar, no espaço de oito meses, numa polícia civil.

[31] Carlos M. Nazareth Cerqueira, "Questões preliminares para a discussão de uma proposta de diretrizes constitucionais sobre segurança publica", *Revista Brasileira de Ciências Criminais*, ano 6, n. 22, 1998, p. 139-82.

[32] Durante o regime militar, a tônica era o Exército indicar o comandante-geral da PM.

nadores pagam os salários dos policiais militares postos à disposição do Exército e da tropa mesmo quando elas são federalizadas, ou seja, quando estão sob o controle do Exército. O policial militar tem, portanto, dois patrões: o Estado e a União. Este arranjo é potencialmente explosivo, pois em situação de conflito entre o governador de Estado e o presidente da República, o policial fica inseguro a qual instância obedecer. Isto ficou bem claro quando o então governador de Minas Gerais, Itamar Franco, discordou da decisão de FHC de privatizar Furnas. O governador fez exercícios militares com suas tropas, numa clara alusão que resistiria à decisão do presidente, mesmo que este decidisse pelo envio de tropas do Exército.

As PMs copiam o modelo de batalhões de infantaria do Exército. São regidas pelo mesmo Código Penal e de Processo Penal Militar das Forças Armadas, e seu Regulamento Disciplinar é muito similar ao Regulamento Disciplinar do Exército, conforme o Decreto nº 667, de 2 de julho de 1967. Seus serviços de inteligência (P-2) continuam, tal qual durante o regime militar, a fazer parte do sistema de informações do Exército, conforme dispuserem os Comandos Militares de Área, nas respectivas áreas de jurisdição (Decreto nº 88.797, de 30 de setembro de 1983).

Isto significa que as PMs são obrigadas, por lei, a passar as informações coletadas através do chamado "canal técnico" ao comandante do Exército. Ou seja, tal comandante possui informações sobre o próprio governador de Estado, pondo em xeque o princípio federativo[33]. E mais: não há qualquer controle das Assembleias Legislativas estaduais sobre as P-2. Além disso, policiais militares continuam trabalhando em quartéis do Exército à disposição do mencionado sistema de informações.

Situação similar ocorre com os Corpos de Bombeiros estaduais. Para que possam ter a condição de militar e assim serem consideradas forças auxiliares do Exército, têm que ser controlados pelo Exército; serem estruturados à base da hierarquia e da disciplina militar; serem componentes das Forças Policiais Militares, ou independentes destas, desde que lhes

---

[33] Um caso notório foi a revelação, em setembro de 1996, de informes da P-2 do Distrito Federal, que espionava sindicalistas, ativistas do MST, e até membros do Partido dos Trabalhadores, o partido político do então governador do Distrito Federal, Cristovam Buarque. Esses relatórios eram entregues, entre outros, ao Centro de Inteligência do Exército, às áreas de inteligência do Comando Militar do Planalto e do Comando Naval de Brasília e à Secretaria de Inteligência da Aeronáutica. Luis Alberto Weber, "Ninho de arapongas", *Correio Brasiliense*, 21/9/1996.

sejam proporcionadas pelas unidades da Federação condições de vida autônoma pelo Estado Maior do Exército; possuírem uniformes e subordinarem-se aos preceitos gerais do regulamento interno e dos Serviços Gerais e do Regulamento Disciplinar, ambos do Exército, e da legislação específica sobre procedência entre militares das Forças Armadas e os integrantes das forças auxiliares; exercerem suas atividades profissionais em regime de trabalho de tempo integral e ficarem sujeitos ao Código Penal Militar[34].

A Constituição de 1988 cometeu o erro de reunir no mesmo Título V ("Da Defesa do Estado e das Instituições"), três capítulos: o capítulo I ("Do Estado de Defesa e do Estado de Sítio"), o capítulo II ("Das Forças Armadas") e o capítulo III ("Da Segurança Pública"). Nossos constituintes não conseguiram se desprender do regime autoritário recém-findo e terminaram por constitucionalizar a atuação de organizações militares em atividades de polícia (Polícia Militar) e defesa civil (Corpo de Bombeiros), ao lado das polícias civis. As polícias continuaram constitucionalmente, mesmo em menor grau, a defender mais o Estado que o cidadão[35].

Deste modo, os bens do Estado são mais importantes do que a vida e os bens dos cidadãos que sustentam o Estado com seus impostos. Frise-se que, quinze anos depois, ainda não foi regulamentado o § 7º do artigo 144, que disciplina o funcionamento dos órgãos responsáveis pela segurança pública. As corporações policiais ainda estão sujeitas às suas antigas legislações e expostas a choques e conflitos de competência decorrentes tanto da falta de clareza do texto constitucional como das próprias legislações específicas. Tanto é que as Polícias Militares e Civis padecem de leis orgânicas.

E mais: manteve, em linhas gerais, a estrutura do aparelho policial criado durante o regime militar. Fato reconhecido pelo governo FHC. Em 1997, o presidente criou um Grupo de Trabalho sobre Reestruturação das Polícias. Dentre as justificativas para a criação do Grupo de Trabalho, a Portaria nº 369, de 13 de maio de 1997, mencionou "que o atual modelo institucional de segurança pública foi estruturado, em sua maior parte, num período anterior à

---

[34] Desconheço qualquer democracia que trate institucionalmente os bombeiros desta maneira.

[35] As PMs ficaram, como ainda estão, atreladas aos planos de defesa interna e territorial do Exército. Em casos de subversão da ordem ou de sua irrupção, as PMs passam ao controle das Regiões Militares do Estado, pouco importando a opinião dos governadores que, não obstante, continuará pagando os salários dos Policiais Militares.

promulgação da Constituição Federal de 1988, marco inicial do Estado de direito democrático". Consequentemente, fazia-se necessário adaptar o sistema de segurança pública a nova Carta, que se diz cidadã[36].

Além disso, misturaram-se questões de segurança externa com questões de segurança pública, ou seja, tornou a militarização da segurança pública algo constitucionalmente válido. Além disso, FHC baixou, em 24 de agosto de 2001, o Decreto-Lei nº 3.897 conferindo poder de polícia para as Forças Armadas em ações ostensivas de segurança pública. Tal prerrogativa era, até então, exclusiva das Polícias Militares.

Também se manteve a supremacia, alcançada durante o regime militar, da Polícia Militar sobre a Polícia Civil em número de homens, adestramento e poder de fogo. Antes do regime autoritário de 1964, as Polícias Militares tinham um papel secundário no trato das questões de segurança pública. Ficavam aquarteladas nas principais capitais do país e não faziam o patrulhamento das ruas. As polícias não militares tinham o papel primordial. Cabia às mesmas tanto o papel ostensivo (incluindo o trânsito e a segurança de dignitários) como o investigativo e, pela atuação do delegado de polícia investido de função jurisdicional, realizar a instrução criminal nos processos sumários.

A partir, principalmente, de 1969, auge da repressão política, houve uma reversão nas funções das polícias. As Polícias Militares saíram de seu aquartelamento e foram lançadas nas ruas com o objetivo de fazer o papel do policiamento ostensivo e manutenção da ordem pública, aí incluindo o controle do tráfego de veículos. Foi retirada a prerrogativa jurisdicional do delegado de polícia para realizar a instrução dos processos sumários.

O governo federal extinguiu as Guardas Civis do Brasil, passando as atribuições destas para as PMs[37]. O instrumento utilizado para o ato foi o Decreto-Lei federal nº 1.072, de 30 de dezembro de 1969, sancionado pelo então presidente da República Emílio Garrastazu Médici, e patrocinado

---

[36] Contudo, a composição dos integrantes do grupo dificultou, no nascedouro, a disposição da portaria de rever o atual modelo institucional de segurança pública. Participaram um policial civil, um policial federal, um ex-secretário de Segurança Pública e um coronel da reserva da PM-RJ, um oficial da ativa do Exercito da Inspetoria Geral das Polícias Militares, e mais quatro oficiais, entre coronéis e generais, da reserva do Exército que ocuparam cargos na área de segurança pública. Dos secretários de Segurança Pública em atividade no país, o único escolhido foi o general Nilton Cerqueira.

[37] O caso emblemático é o paulista. As tradicionais Força Pública e a Guarda Civil deixaram de existir e boa parte de seus contingentes foram transferidos para a Polícia Militar.

pelo ministro da Justiça, Alfredo Buzaid, e o chefe da Casa Militar, general de brigada, João Figueiredo, logo após o anúncio do Ato Institucional nº 5. Deste modo, as PMs ficaram sujeitas ao trinômio: instrução militar, regulamento militar e justiça militar. Situação respeitada pela Constituição de 1988.

Portanto, ao contrário do que aconteceu no Estado Novo varguista, o poder repressivo não ficou nas mãos da polícia civil, mas dos militares. A Polícia Civil uniformizada deixou de existir e as Polícias Militares, então subordinadas ao Exército, passaram a responder isoladamente pelo policiamento preventivo e ostensivo[38].

A Constituição de 1988 nada fez para devolver à Polícia Civil algumas de suas atribuições existentes antes do início do regime militar. A Polícia Civil é uma das instituições que mais perdeu poder com o advento do regime militar. Continuou exercendo funções semelhantes às preconizadas pelos governos autoritários. Até antes de 1964, a Polícia Civil patrulhava as ruas e o trânsito com seus guardas civis fardados, atuava na prevenção e repressão ao crime, além de fazer a segurança de governadores e dignitários. Hoje está consolidada a militarização da área civil de segurança, pois a Polícia Militar encarrega-se do policiamento ostensivo e do trânsito, o Corpo de Bombeiros cuida do controle de incêndios e acidentes em geral e a Casa Militar estadual responsabiliza-se pela segurança governamental e pelo comando do sistema de defesa civil (enchentes, deslizamento de morros etc.)[39]. A Constituição Federal também manteve as denominações singulares das polícias. O termo Polícia Militar é um oximoro[40]. Doutrinariamente, polícia como órgão incumbido de prevenir a ocorrência da infração penal e, se ocorrida, exercendo as atividades de repressão, é uma instituição de caráter civil. Não há necessidade de acrescentar a palavra militar ao substantivo policial. Adicionar o termo civil é um pleonasmo. Tanto é que a polícia militar da Espanha chama-se *Guardia Civil*. Só que civil, neste caso, não é o contrário de militar, mas sim originário de *civitas*. Ou seja, uma guarda que protege o cidadão.

---

[38] Benedito Mariano, "O exemplo da polícia canadense", *Folha de S.Paulo*, 25/2/1998.

[39] Embora as PMs estejam encarregadas da Defesa Civil dos estados, um coronel do Exército comandou por vários anos a Defesa Civil da Presidência da República na gestão de FHC.

[40] Figura de linguagem que consiste em reunir palavras contraditórias como jovem senhor, barulho ensurdecedor, eloquente silêncio etc.

O artigo 137 da Constituição de 1988 refere-se à situação de Estado de sítio: típico caso em que lei e ordem estão em perigo. De acordo com o referido artigo, o presidente necessita de autorização do Congresso para declarar o Estado de sítio. Vamos supor que o Congresso não creia que a lei e a ordem estão ameaçadas, então o presidente não poderá pedir a intervenção militar. Contudo, o presidente, ante pressão militar, pode circundar o Congresso invocando o artigo 142 e, a partir dele, solicitar que os militares restabeleçam a lei e a ordem.

A Constituição de 1988 apresentou a novidade de considerar crimes militares somente os crimes que estivessem contemplados pelo Código Penal Militar. Deste modo, avançou *vis-à-vis* a anterior, ao mudar da jurisdição militar para a ordinária os crimes contra a segurança nacional. Na prática, todavia, reina a ambiguidade. O artigo 109-IV da Constituição diz que compete aos juízes federais processar e julgar crimes políticos. Contudo, não há, no Brasil, legislação sobre crimes políticos. Diante disto, a Lei de Segurança Nacional (LSN) termina cobrindo os crimes políticos e os violadores permanecem sendo julgados por Tribunal Federal Militar[41].

A Constituição da Guatemala prevê, no artigo 219, que nenhum civil pode ser julgado por tribunal militar. Já a Constituição do Peru, de 1993, estabelece, no artigo 173, que o Código de Justiça Militar não é aplicável aos civis, exceto nos casos de crime de traição ou terrorismo. A Constituição do Paraguai, de 1992, artigo 174, permite que tribunal militar tenha jurisdição sobre civil somente em caso de conflito armado internacional.

Guatemala, Peru e Paraguai são países detentores, de um modo geral, de instituições mais frágeis que o Brasil. No entanto, a Constituição de 1988, artigo 125, apenas proíbe que civis sejam julgados por tribunais militares estaduais. Tribunais militares federais, todavia, continuam aptos a julgar civis desde que cometam crimes militares definidos no Código Penal Militar. Como a definição de crime militar é ampla, abre-se um leque de possibilidades para o julgamento de civis em cortes militares. Por exemplo, David Freitas de Oliveira, 20 anos, acusado de pichar o muro da casa de um sargento do 4º Batalhão do Exército, na Vila Militar, foi julgado por tribunal

---

[41] A LSN é a formalização jurídica dos princípios da Doutrina de Segurança Nacional. A última versão da LSN é de 14 de dezembro de 1983, aprovada no final do governo do general Figueiredo. A ótica da lei era para o combate do inimigo interno. Tanto é que o presidente Lula, quando era líder sindical, foi vítima da LSN: passou 31 dias na cadeia, em 1980, acusado de subversão.

militar ao ser enquadrado no artigo 261, I e II, do Código Penal Militar, que versa sobre dano qualificado mediante emprego de substância inflamável ou explosiva (em alusão ao *spray*) e por motivo egoístico[42].

Em 1994, dois civis foram condenados pela Auditoria Militar Federal, em Pernambuco, por terem tentado subtrair madeira de árvores cortadas em área sob administração do Exército e provocado tiroteio ao serem surpreendidos por patrulha militar. Em 1995, o Superior Tribunal Militar, em sentença apelatória, condenou dois civis por apropriação indébita de material de construção pertencente a estabelecimento militar, e outros dois civis foram incursos por crime de receptação.

Em 1997, dois civis foram presos pelo Exército porque tentaram usar uma passagem de acesso ao conjunto habitacional onde moram, que fica em frente ao quartel. Por ordem do então comandante do 3º Regimento de Carros de Combate, na Vila Militar de Deodoro, general Valdésio Guilherme de Figueiredo, o acesso havia sido fechado aos moradores[43]. A assessoria do Comando Militar do Leste (CML) informou que a passagem subterrânea fica em área sob jurisdição militar e só quem pode usá-la é o Exército, e os dois rapazes insistiram em atravessar a passagem, apesar de terem sido impedidos por soldados. Eles teriam xingado e brigado com os militares e foram presos depois de autuados em flagrante por desacato à ordem. O auto, segundo o CML, foi enviado à Auditoria Militar. Já existe jurisprudência que confere competência à Justiça Militar para julgar crime praticado por civil em lugar sujeito à administração militar e contra autoridade militar[44].

Frise-se que, caso civil provoque lesão corporal ou morte em militar motivada por colisão de trânsito, desde que a viatura militar federal esteja trafegando em missão especificamente militar, conforme o artigo 42 da Constituição Federal, o civil responderá por crime contra a pessoa na Auditoria Militar Federal.

Em pleno segundo mandato do presidente Lula, a possibilidade de um militar ser julgado por tribunal comum é praticamente nula. Isto porque a definição de crime militar é tão ampla que faz com que vários ilícitos cometidos por militares possam ser enquadrados em algum artigo do Código

---

[42] George Alonso, "Tribunal Militar julga pichadores em Brasília", *Folha de S.Paulo*, 21/2/1992.

[43] "General da Vila Militar prende rapazes por cruzarem passagem subterrânea", *O Globo*, 7/10/1997.

[44] José da Silva Lourenço Neto, *Direito Penal Militar* (São Paulo, Atlas, 1995).

Penal Militar. Em 1996, após a morte de vários sem-terra em Eldorado dos Carajás, e ante a ameaça da Organização dos Estados Americanos de denunciar internacionalmente atos de negligência das justiças militares, o Executivo resolveu agir. FHC deu ordens ao então ministro da Justiça, Nelson Jobim, para que ficasse em plenário cabalando votos para a aprovação de um novo Projeto de Lei do deputado Hélio Bicudo.

Em janeiro de 1996, a Câmara de Deputados eliminou o foro militar para crimes cometidos por policiais militares contra civis no exercício de funções de policiamento. Todavia, a Câmara inovou: decidiu que a investigação criminal continuaria sendo feita por militares[45]. Esta decisão confronta o artigo 144, § 5º, da atual Constituição, pois o artigo estipula que crimes civis devem ser investigados pela Polícia Civil. Portanto, temos uma novidade jurídica: militares que perpetraram crime civil são investigados por colegas de farda. No entanto, são julgados por juízes civis. O Congresso, portanto, adotou uma legislação recentemente anulada na Colômbia, país onde existem movimentos guerrilheiros. Neste país vizinho, alterou-se a legislação que permitiria que crimes cometidos por militares, em função de policiamento, fossem investigados por militares e julgados em tribunais civis. Consequentemente, tais crimes passaram a ser investigados e julgados por autoridades civis.

No dia 9 de maio de 1996, o Senado desfigurou o projeto de Bicudo com a conivência do líder do governo Élcio Álvares[46]. O projeto apenas excluiu os crimes dolosos contra a vida de civis da competência da Justiça Militar. Portanto, ficaram de fora da alçada da Justiça comum os crimes mais corriqueiramente cometidos por policiais militares: crimes contra o patrimônio, abuso de autoridade, espancamento, prisão ilegal, extorsão, sequestro, prevaricação etc.

---

[45] A relutância militar em manter a investigação, mesmo de crime civil, sob controle militar é influenciada pelo histórico episódio ocorrido em 1954. Naquele ano, houve um atentado contra Carlos Lacerda, resultando na morte do major-aviador Rubens Vaz. As investigações feitas pela Polícia Civil do atentado da rua Toneleros, em Copacabana, provocaram reações na Aeronáutica. Depois de muita pressão, o inquérito civil foi paralisado e aberto um IPM. Os suspeitos passaram a ser levados para a base aérea do Galeão, onde eram ouvidos por militares. Cercada de toda a segurança e sigilo, a base passou a ser chamada de República do Galeão por conta da independência, em relação ao Palácio do Catete, com que se processaram as investigações. O mandante do atentado, segundo o IPM, foi o chefe da segurança de Getúlio Vargas, Gregório Fortunato.

[46] Posteriormente, Álvares iria tornar-se o primeiro ministro da Defesa do Brasil.

O projeto, todavia, incluía os membros das Forças Armadas. Desgostosos, os ministros militares pressionaram o presidente da República. FHC sancionou, em 7 de agosto de 1996, o projeto na sua totalidade ao editar a Lei nº 9.299. Mas, treze dias depois, enviou ao Congresso o Projeto de Lei nº 314, propondo a exclusão dos militares federais da Lei nº 9.299.

Na prática, a Lei nº 9.299 não vigora para os militares federais. Em 12 de novembro de 1996, o Superior Tribunal Militar decidiu que esta lei não se aplicava aos militares federais. Por isso, o Ministério Público Militar, em 26 de janeiro de 1997, denunciou, na Auditoria Militar Federal, em Recife, três soldados do 14º Batalhão Logístico do Exército, por prática de crime doloso contra a vida do estudante Fábio de Melo Castelo Branco.

Por outro lado, o Superior Tribunal de Justiça acatou a Lei nº 9.299 e os policiais militares envolvidos na chacina de Eldorado dos Carajás foram julgados em tribunal comum, embora o ilícito tenha sido praticado antes da aprovação da lei. Portanto, já está configurada juridicamente a existência de dois tipos de militares: os de primeira categoria, os militares federais, e os de segunda categoria, os militares estaduais. Mesmo que cometam crimes idênticos serão julgados em tribunais por códigos penais distintos, podendo receber punições diferenciadas, violando o principio jurídico da isonomia.

Ocorrendo um crime militar, abre-se um Inquérito Policial Militar (IPM). O presidente do IPM tem o poder de decretar a prisão provisória por trinta dias, seja o suspeito civil ou militar (Código de Processo Penal Militar, CPPM, artigo 18). Para aprisionar alguém que tenha cometido transgressão militar ou crime propriamente militar, o agente militar não necessita de uma autorização judicial nem de flagrante do autor do ilícito. Necessita apenas comunicar à autoridade judiciária o ato de prisão. E mais, a detenção pode ser renovada por mais vinte dias (CPPM, artigo 18). A pessoa responsável pela renovação do encarceramento não é um juiz, mas a mais alta autoridade militar existente na região militar. Este autoritário artigo, redigido, como já mencionado, durante o auge da repressão política, foi simplesmente mantido pela Constituição de 1988, de acordo com o artigo V-LXI, em que se lê: "ninguém será preso senão em flagrante delito ou por ordem escrita e fundamentada de autoridade judiciária competente, salvo nos casos de transgressão militar ou crime propriamente militar, definidos em lei".

Até a Constituição de 1988, os policiais militares não eram de direito considerados servidores públicos militares, a não ser oficiosamente. É costume em regimes democráticos separar-se, tão logo seja iniciada a transição do autoritarismo, a vinculação da polícia às Forças Armadas. No Brasil, os constituintes tomaram decisão contrária. Pela primeira vez na história republicana, uma Constituição reconheceu que tanto os policiais militares como os bombeiros militares têm o mesmo *status* dos militares federais: servidores públicos militares.

Isto, todavia, serviu como entrave para a obtenção de aumento salarial por parte das Forças Armadas. É que, ao contrário do que acontecia durante o regime militar, a Constituição de 1988 estipulou aumento simultâneo para os servidores públicos civis e militares. Com a greve das Polícias Militares de 1997, por melhores salários, a situação foi alterada. Havia o receio de que o mesmo viesse a acontecer com as Forças Armadas.

FHC, então, patrocinou uma mudança na Constituição. Em 5 de fevereiro de 1998, a Emenda Constitucional nº 18 extinguiu a definição de "Servidores Públicos Militares" e manteve a de "Servidores Públicos Civis". Os membros das Forças Armadas passaram a ser definidos como "militares" em vez de "servidores militares federais" para separá-los juridicamente dos policiais e bombeiros militares. A nova redação do *caput* do artigo 42 passou a ser: "Os membros das Polícias Militares e Corpos de Bombeiros Militares, instituições organizadas com base na hierarquia e disciplina, são militares dos Estados, do Distrito Federal e dos Territórios".

Compare-se com a redação anterior deste mesmo artigo: "São servidores militares federais os integrantes das Forças Armadas e servidores militares dos Estados, Territórios e Distrito Federal os integrantes de suas Polícias Militares e de seus corpos de bombeiros militares". Note que se procurou enfatizar que o policial militar/bombeiro passa a ser, em primeiro lugar, um militar estadual, e só posteriormente policial/bombeiro.

O direito do Senado de aprovar ou vetar a promoção de oficiais superiores é uma prática comum em países democráticos. Por exemplo, na Argentina, durante o governo Alfonsín, muitos oficiais ligados à "guerra suja" estavam profissionalmente aptos à promoção. Em muitos casos, o presidente aprovou certas promoções que terminaram sendo rejeitadas pelo Senado devido ao fato dos aptos à promoção estarem envolvidos em violações aos direitos humanos. O alto oficialato militar negociou com os senadores argentinos a derrubada do veto. O Senado funcionou, assim, como pára-choque entre o presidente da República, que é o comandante em chefe das Forças Armadas, e seus subordinados. Bolívia, Colômbia, Paraguai,

Uruguai e Venezuela são também países cujos presidentes têm de receber o aval do Senado antes de promover um oficial de alto escalão.

No Brasil, o artigo 84-XIII, todavia, estipula que o presidente da República é a única autoridade responsável pela promoção de generais. O procedimento é, em geral, o seguinte: o alto comando de cada força prepara uma lista ordenada de oficiais aptos a serem promovidos e o presidente, embora tenha a autoridade para mudar nomes e ordenamento, chancela a lista. Desconheço a existência de algum caso, desde 1985, em que um presidente civil tenha vetado a lista de promoções redigida pelas autoridades militares.

Tal comportamento presidencial contribui para estreitar os laços institucionais entre os militares e o presidente, de um modo danoso. É que as Forças Armadas tornam-se uma extensão do Poder Executivo em detrimento do Legislativo. O presidente Fernando Collor, por exemplo, promoveu o general José Luiz da Silva, que comandou a invasão militar em Volta Redonda, redundando na morte de três operários[47]. O presidente Itamar Franco, por sua vez, guindou o coronel-médico Ricardo Fayad ao posto de general, cinco dias depois de ele ter sido condenado e perdido sua licença de praticar a medicina pelo Conselho Regional de Medicina do Rio de Janeiro, sob acusação de ter participado de sessões de tortura durante o regime militar. O Grupo Tortura Nunca Mais pediu ao então presidente que passasse o coronel para a reserva[48]. Em vão.

A presença militar em torno do presidente é realçada pelo fato de, ao contrário dos países democráticos, sua segurança pessoal ser feita pela Casa Militar, recentemente batizada de Gabinete de Segurança Institucional. Seu chefe é um general da ativa detentor de *status* de ministro de Estado e ele comanda as subchefias de Segurança, do Exército, Marinha e Aeronáutica. O presidente e o vice-presidente, quando estão em Brasília, são guardados pelo Batalhão de Guardas da Presidência (cerca de 1.500 homens) e pelo Regimento de Cavalaria de Guarda (cerca de 1.300 homens). Estas duas unidades militares são também usadas durante a recepção de altas autoridades estrangeiras. Fujimori optou por adotar o estilo brasileiro. Após o seu autogolpe, decidiu que o Exército peruano, e não mais a polícia, ficaria encarregado de fazer sua segurança pessoal.

---

[47] Jorge Zaverucha, "A promoção", *O Estado de S. Paulo*, 20/5/1992.
[48] "Grupo se queixa de promoção a Itamar", *Jornal do Brasil*, 9/4/1994.

O artigo 48-III estipula ser o Congresso responsável pela fixação e modificação do tamanho da tropa das Forças Armadas. Contudo, a Constituição deixou de fornecer uma clara definição sobre o papel dos militares para além de suas funções militares. Praticamente nada foi dito sobre o papel do Congresso no controle do orçamento militar, leis de defesa, programas nucleares militares, serviços de inteligência militar, administração militar e distribuição de tropas ao longo do país.

O Exército ainda adota a disposição territorialmente distribuída, cercando grandes cidades costeiras, porque isto ajuda a preservar sua influência interna[49]. Aqui e acolá alguns batalhões tem sido remanejados para a Amazônia, mesmo que esta região seja considerada como área de cobiça internacional. A Vila Militar do Rio de Janeiro continua a ser a maior unidade militar do Brasil. Algumas tropas de elite ali estacionadas voaram do Rio para a Amazônia, em aviões comerciais, para participar do último grande treinamento militar na região (Operação Surumu) contra uma possível invasão norte-americana.

Na Espanha de Franco, os militares controlavam a Marinha mercante, agências meteorológicas e aviação civil. A Constituição de 1978 aboliu estas prerrogativas dos militares espanhóis. No Brasil, a Constituição de 1988 não acabou com a participação militar em áreas de atividade econômica civil. O Departamento de Aviação Civil (DAC), dirigido por um militar, foi extinto em 2006. Neste ano, foi criada a Agência Nacional de Aviação Civil (ANAC) que, todavia, manteve o controle do tráfego aéreo civil nas mãos da Aeronáutica[50].

O poder deste controle ficou evidenciado em um incidente ocorrido com o prefeito de Londrina, Antônio Belinati. Ele proibiu que aviões Bandeirantes, fabricados pela Embraer, aterrissassem no aeroporto local en-

---

[49] Na Espanha, a política de cordões de segurança militar em torno de grandes aglomerados urbanos foi modificada. Felipe González, por exemplo, dividiu a Divisão Brunete, a mais poderosa da Espanha, que estava estacionada nas cercanias de Madri e enviou a parte encouraçada para a fronteira. Ministerio de Defensa, *Memoria de la Legislatura, 1982-1986* (Madri, Centro de Publicações, 1986), p. 124. Na Grécia, Karamanlis ordenou que certas unidades bélicas deixassem a capital. Ao saber que sua ordem estava sendo desrespeitada por alguns comandantes militares, afirmou: "ou vocês tiram estes tanques de Atenas ou a população decidirá esta questão na praça da Constituição". Os tanques foram removidos. Samuel Huntington, *A terceira onda* (São Paulo, Ática, 1994).

[50] Para uma análise sobre este novo arranjo institucional e a manutenção de velhas práticas militares, ver Roberto Santos, *Mais do mesmo: A semidesmilitarização da aviação civil na semidemocracia brasileira* (manuscrito, 2008).

quanto não ficassem esclarecidas as causas da queda de quatro destes aviões, que resultaram na morte de 32 pessoas. O diretor do DAC ameaçou suspender a licença de funcionamento do aeroporto de Londrina, o terceiro maior do sul do país em operações comerciais, caso o prefeito não reconsiderasse sua decisão. O prefeito preferiu render-se às pressões militares e o Bandeirantes voltou a operar em Londrina, embora não se soubesse as causas das quedas dos outros quatro Bandeirantes.

A Aeronáutica também controla as atividades espaciais, o espaço aéreo comercial[51], a inspeção sobre a segurança de aviões civis e realiza investigações sobre acidentes aéreos envolvendo aeronaves civis. Ou seja, ela fiscaliza aquilo que ela mesma controla. Tal disparate veio à tona por conta do acidente aéreo envolvendo o grupo musical Mamonas Assassinas. O IPM da Aeronáutica responsabilizou apenas o piloto e o co-piloto pelo acidente. Diante da repercussão do acidente, a polícia civil, pela primeira vez, abriu inquérito paralelo e também responsabilizou dois sargentos que trabalhavam na torre de controle, que, por sinal, só prestaram depoimento mediante mandato judicial[52]. A Aeronáutica não entregou a caixa-preta aos familiares, limitando-se a transcrever trechos da mesma. Idêntico procedimento foi adotado com a caixa-preta do Fokker-100 da TAM que caiu em São Paulo em 1996. Desta vez, com a agravante de que o Superior Tribunal de Justiça determinou que a mesma fosse entregue aos enlutados.

Lula tentou imitar o presidente Kirchner e acenou com a desmilitarização da aviação comercial. Os controladores militares entraram em greve, gerando uma grave situação, pois seus superiores, os coronéis, em represália abandonaram a sala de comando de controle aéreo. O país ficou perigosamente, durante alguns momentos, sem comando na área. O ministro da Defesa, Waldir Pires, que se encontrava no Rio de Janeiro, tentou voltar a Brasília para negociar o fim da greve. Lá ficou, pois a Aeronáutica alegou não haver avião à disposição do ministro, em claro ato de insubordinação. Lula, que a princípio mostrou-se simpático às reivindicações dos controladores, mudou radicalmente de opinião tão logo desembarcou de Washington. Declarou que foi "apunhalado pelas costas" por parte dos controladores militares. É que os "militares peitaram o presidente – e ganharam

---

[51] Em março de 2007, o presidente da Argentina, Néstor Kirchner, por meio de decreto presidencial, determinou a transferência do controle da aviação civil das mãos dos militares para a Secretaria de Transportes.
[52] "Inquérito dos Mamonas indicia controladores", *Jornal do Brasil*, 9/10/1996.

a parada"[53]. Devidamente enquadrado pela alta cúpula das Forças Armadas, Lula retirou o ministro da Defesa do caso, transferindo a responsabilidade para o comandante da Aeronáutica.

Nesta mesma linha de prerrogativas, a Marinha é a responsável pelo licenciamento de navios mercantes, iates, *jet skis* e embarcações turísticas. Lembremo-nos do ocorrido com o barco Bateau Mouche, em 31 de dezembro de 1988, que naufragou devido à superlotação. O então ministro da Marinha impediu que a polícia civil do Rio de Janeiro abrisse inquérito alegando que apenas o Tribunal Marítimo teria jurisdição sobre o caso. No Recife, a Marinha interditou cinco *jet skis* e cinco barcos a vela do hotel cinco estrelas Intermares após um de seus *jet skis* atropelar uma criança de três anos de idade. Uma posterior investigação militar assinalou que os equipamentos náuticos do hotel estavam irregulares, pois não haviam sido licenciados pela Marinha[54]. A Marinha também é a responsável tanto pela segurança como pela investigação sobre acidentes marítimos envolvendo embarcações civis.

Conclusão – Aparência de democracia:
uma ameaça à própria democracia

Um processo de democratização pode ser, de acordo com a literatura, dividido em três fases. A da *liberalização* ocorre quando o regime autoritário começa a fraquejar e sinaliza sua intenção de realizar mudanças políticas. A *transição* ocorre quando novos atores políticos são incorporados ao processo de tomada de decisões, visando preparar a pólis para eleições multipartidárias. A *consolidação democrática* é um processo de fortalecimento de instituições e aprofundamento das instituições e da cultura democrática. Esta consolidação é alcançada quando a democracia torna-se tão legítima e profunda, sendo muito improvável que venha a ser golpeada[55].

Tal divisão em fases tem seu mérito heurístico: ajuda-nos a classificar os países. Contudo, peca pela sua falta de rigor metodológico. As duas primeiras fases – *liberalização* e *transição* – baseiam-se, primordialmente, na

---

[53] Otávio Cabral e Diego Escosteguy, "Voando às escuras", *Veja*, 11/4/2007.
[54] "Capitania dos portos interdita embarcações no Hotel Intermares", *Jornal do Commercio*, 17/7/1993.
[55] Larry Diamond, "Toward Democratic Consolidation", *Journal of Democracy*, v. 5, n. 3, 1994, p. 4-17.

concepção de democracia como competição eleitoral. Como o conceito de democracia não se esgota em eleições, estas divisões podem funcionar em países onde os direitos civis já foram bem assimilados. Neles, falar em direitos políticos implica, implicitamente, a prévia existência de direitos civis. A trajetória histórica dos países latino-americanos é diferente da experiência europeia e norte-americana. É um erro acreditar que a concepção sobre democracia seja a-histórica, isto é, válida para qualquer sistema político independentemente do tempo.

A terceira fase, a da *consolidação*, não se refere primordialmente à liça eleitoral e, por isso mesmo, os critérios para sua avaliação são distintos das duas fases anteriores. Em países como o Brasil, onde avançamos muito mais nos direitos políticos do que nos civis e sociais, a divisão trifásica é problemática.

Tomemos o período entre a assunção de Sarney e a eleição direta de Collor[56]. Como descrito anteriormente, com a morte de Tancredo Neves, Ulysses Guimarães aceitou não assumir o poder ao ser constrangido pela espada do escolhido por Tancredo para ser seu ministro do Exército: general Leônidas Pires Gonçalves. Coube à elite política civil encontrar uma solução jurídica para justificar a posse de Sarney. A Nova República foi inaugurada sob o pálio militar. Este artigo procurou mostrar que esta proteção ainda se manteve durante os governos FHC e Lula, ora com mais ou menos intensidade, dependendo da conjuntura política.

Neste ambiente, de forte presença política militar, é que foi redigida a Constituição Federal de 1988. A Carta Magna mudou substancialmente a Constituição autoritária anterior (1967-69). Porém, manteve incólume vários dos artigos desta Constituição autoritária, referentes às relações civil-militares e policiais. Por exemplo, quando os constituintes decidiram retirar a faculdade das Forças Armadas de serem garantes da lei e da ordem, o general Leônidas ameaçou interromper o processo constituinte. Os constituintes recuaram. No texto final, mantiveram, por meio do artigo 142, o poder soberano e constitucional das Forças Armadas de suspender o ordenamento jurídico sem precisar prestar contas a qualquer outra instância de poder; ou seja, os militares podem dar um golpe de Estado amparados por preceito constitucional.

---

[56] Curiosamente, o presidente Figueiredo enviou, no dia 16 de abril de 1984, mensagem ao Congresso propondo, dentre outras coisas, a realização de eleições diretas em 1988 e um mandato de quatro anos. A eleição de Collor foi em 1989, e Sarney governou por cinco anos.

Impressiona o fato da coalizão de centro-direita que escreveu a Constituição de 1988 ainda controlar o Congresso Nacional. Os artigos da Constituição que versam sobre as Forças Armadas e as forças policiais foram perifericamente alterados, mantendo-se, deste modo, vários enclaves autoritários dentro do Estado. Mesmo que a Constituição tenha sido emendada mais de sessenta vezes entre 1988-2008, em um ritmo superior à Constituição mexicana do Partido Revolucionário Institucional (PRI)[57]. É como se o Brasil estivesse se transformando em um governo dos legisladores em vez de um governo das leis[58].

Em 22 de setembro de 1988, o então deputado federal e constituinte Luiz Inácio Lula da Silva proferiu um discurso sobre a Constituição de 1988, que estava para ser aprovada. De acordo com Lula,

> os militares continuam intocáveis, como se fossem cidadãos de primeira classe, para, em nome da ordem e da lei, poderem repetir o que fizeram em 1964. [...] E o Partido dos Trabalhadores [...] vem aqui dizer que vai votar contra esse texto, exatamente porque entende que, mesmo havendo avanços na Constituinte, a essência do poder, a essência da propriedade privada, a essência do poder dos militares continua intacta nesta Constituinte.[59]

Vinte anos depois, este poder militar permanece constitucionalmente, praticamente, intacto. E não há sinais concretos de que esta situação possa ser alterada. Lula, agora presidente da República, mudou de tom em relação à Constituição de 1988. O Partido dos Trabalhadores, quando era oposição, apresentou três projetos para abolir a Lei de Segurança Nacional. Nenhum deles foi desengavetado com a chegada do PT ao poder central. Nem Lula nem sua base parlamentar no Congresso procuraram desafiar a essência do poder militar, claramente denunciada pelo constituinte Lula em seu discurso no Congresso Nacional. Tanto é que em 11 de março de 2008 o Ministério Público Federal denunciou oito membros do MST por "integrarem agrupamentos que tinham

---

[57] Entre 1917, quando foi redigida, e 1988, a Constituição do México foi unilateralmente emendada pelo partido hegemônico, o Partido Revolucionário Institucional (PRI), mais de quarenta vezes. Beatriz Magaloni, "Authoritarianism, Democracy and the Supreme Court: Horizontal Exchange and the Rule of Law in México", em Scott Mainwaring e Christopher Welna (orgs.), *Democratic Accountability in Latin America* (Oxford, Oxford University Press, 2003).
[58] Como existem cerca de quinhentas propostas de Emenda Constitucional no Congresso, é de esperar que o "canteiro de obras" continue em atividade por vários anos.
[59] *Diário da Assembleia Nacional Constituinte*, 23/9/1988, p. 14313-4.

por objetivo a mudança do Estado de direito, a ordem vigente no Brasil, praticarem crimes por inconformismo político" delitos capitulados na LSN[60].

Este estado de constituinte permanente dificulta o estabelecimento de um Estado de direito Democrático, pois as instituições coercitivas são constitucionalmente incentivadas a aplicar a lei de um modo semelhante ao que faziam em um contexto autoritário. Forças Armadas e polícia, de acordo com este desenho institucional, tornam-se enclaves autoritários constitucionalmente sancionados. Sem esquecer que a Constituição de 1988, em pleno século XX, conservou a falta de uma das principais características do Estado moderno: a clara separação entre a força responsável pela guerra externa (Exército) e a Polícia Militar encarregada da manutenção da ordem interna[61].

Chegou-se ao ponto de apagar do texto constitucional a expressão "policial militar", que foi substituída por "militar estadual". Algo que o regime militar não ousou fazer. Além de conferir à Polícia Militar a exclusividade do policiamento ostensivo. Ao contrário da Constituição de 1967/69. Sem esquecer que o controle parcial do Exército sobre as Polícias Militares foi conservado, embora de um modo menos acentuado. Há no Brasil lei (*rule by law*), mas não um Estado de direito (*rule of law*).

Afora isto, a Constituição menciona a palavra guerra dez vezes (artigos 5º, 21º; 22º; 42º; 49º; 84º; 137º; 148º; 154º) e o termo conflito apenas uma única vez, no artigo 138. É a concepção da defesa do Estado prevalecendo sobre a defesa do cidadão.

FHC e Lula contribuíram para aprofundar a "militarização" em vez de "civilianização" da segurança pública; ou seja, fazer com que os conceitos sobre segurança nacional e segurança pública tendam a tornarem-se sinônimos. Este é um problema que merece cuidado, pois as competências institucionais das Forças Armadas e das Polícias Militares não são independentes do uso da força bruta, ao contrário, por exemplo, do Judiciário[62].

O Judiciário militar continua defendendo, primordialmente, os interesses constitucionais das Forças Armadas relativos aos bens tutelados que lhes são importantes: hierarquia, disciplina e dever militar. O Superior Tribunal

---

[60] "Repúdio à criminalização do MST", *Juízes para a Democracia*, ano 12, n. 46, jun.–nov. 2008, p. 10.
[61] Martin van Creveld, *Ascensão e declínio do Estado* (São Paulo, Martins Fontes, 2004).
[62] Ignacio Sánchez-Cuenca, "Power, Rules, and Compliance", em José María Maravall e Adam Przeworski (orgs.), *Democracy and the Rule of Law* (Cambridge, Cambridge University Press, 2003).

Militar, por exemplo, é um tribunal com características híbridas, pois apresenta traços tanto do regime autoritário como da nossa frágil democracia. Não é à toa que a Corte conservou praticamente inalterados, do regime militar, sua estrutura, seu funcionamento e os critérios de recrutamento de seus membros[63].

Até mesmo o arcabouço jurídico da Doutrina de Segurança Nacional, a Lei de Segurança Nacional, não foi abolido. Isto sem falar na decisão de FHC, em 27 de dezembro de 2002, quatro dias antes do término do seu mandato, de assinar o Decreto 4.553, sobre o sigilo de documentos. Estabeleceu um prazo da liberação de alguns documentos tão amplo como o de ditaduras. Sua decisão foi tomada quando se intensificavam os clamores sobre a elucidação dos fatos referentes à Guerrilha do Araguaia e a suspeita de uso de tortura institucionalizada por parte do Exército. E os prazos para publicização de documentos sobre este período estavam prestes a expirar. Havia o receio de que Lula pudesse revelar tais documentos. Lula optou por não confrontar os militares.

Relembro que a criação do Ministério da Defesa foi, sob o ponto de vista formal, um avanço. Contudo, na prática, o ministro da Defesa é muito mais um despachante dos interesses das Forças Armadas do que um formulador de política governamental. Sem esquecer que os atuais comandantes militares continuam tendo um *status* jurídico de ministro de Estado, e acompanham o ministro da Defesa nas reuniões do Conselho de Defesa Nacional, na qualidade de membros natos.

A visão otimista é que este teria sido o primeiro passo para que, posteriormente, o Ministério da Defesa se firmasse. Contudo, ao não se estipular o tempo necessário para que isto ocorra, o argumento torna-se teleológico. A queda do ministro da Defesa, José Viegas, por ter tentado disciplinar o comandante do Exército, comprovou não haver razão para entusiasmo[64]. Diante do aberto confronto entre ambos, Lula enviou o diplomata Viegas para uma embaixada na Espanha.

Paz não é simplesmente ausência de guerra, mas falta de ameaça de guerra. Por isso mesmo, não se deve confundir acordo de paz com acordo de cessar-fogo. Do mesmo modo, democracia consolidada não é apenas ausência

---

[63] Jorge Zaverucha e Hugo Cavalcanti Melo Filho, "Superior Tribunal Militar: entre o autoritarismo e a democracia", *Dados*, v. 47, n. 4, 2004, p. 763-97.

[64] Para mais detalhes sobre a queda do ministro Viegas, ver Jorge Zaverucha, "A fragilidade do Ministério da Defesa", *Revista de Sociologia Política*, n. 25, nov. 2005.

de golpes de Estado *manu militari*, mas de carência de ameaça de golpes. Vira e mexe, durante os governos civis, quando os militares tiveram seus interesses contrariados a ponto de chegarem perto do que consideravam o limite do tolerado, ameaçaram o poder civil. Este recuou, e a crise foi debelada.

Esta acomodação pode dar a falsa impressão de que os militares estão nos quartéis cumprindo eminentemente suas funções profissionais. Mas é exatamente o contrário. Mostra como os militares são atores políticos relevantes e continuam a ser temidos. Tanto é que a análise sobre o orçamento militar mostrou como os militares prosseguem sendo prestigiosos atores políticos, embora a última guerra fronteiriça tenha sido lutada no século XIX contra o Paraguai e haja normalidade nas fronteiras com os dez países vizinhos.

A presença militar na segurança pública é crescente. Aos poucos, competências das polícias vão sendo transferidas para o Exército, em especial. Muito disso se deve à perda de confiança da União nas Polícias Militares e Civis, seja por ineficiência, seja por corrupção. O Exército usa tal situação para barganhar novas verbas com a justificativa de precisar manter suas tropas aptas a substituir as forças policiais. O Congresso já conferiu poderes de policiamento ostensivo ao Exército, antevendo a necessidade do uso dos militares federais em ações de segurança pública.

Chama atenção a forte presença militar em áreas urbanas, embora a fonte de ameaça à soberania nacional esteja na região amazônica. Há um deslocamento muito lento de unidades militares para esta área. No Rio de Janeiro, todavia, proliferam grandes quantidades de unidades militares, que terminam sendo alvos de ataques de bandidos interessados em obter armas. Causam insegurança em vez de ofertarem segurança.

No centro da cidade há o III Comando da Aeronáutica (Comar), na Praça XV; o Comando Militar do Leste, na Central do Brasil; a Escola Naval, ao lado do Aeroporto Santos-Dumont; o I Distrito Naval, também na Praça XV. Na Tijuca, o Batalhão de Polícia do Exército. Na zona sul, o Forte de Copacabana; o Forte Duque de Caxias, no Leme; a Vila Militar da Babilônia, em Copacabana; e a Fortaleza de São João, na Urca. Em Deodoro, a Vila Militar do Exército (maior vila da América do Sul) e o Campo de Instruções de Guerra de Gericinó. Na Ilha do Governador, o Parque de Material Bélico da Aeronáutica; o Hospital da Aeronáutica; e a Base Aérea do Galeão. Na avenida Brasil, o Centro de Instrução Almirante Alexandrino, na Penha; o Depósito de Aeronáutica do Rio de Janeiro, em Bonsucesso; e o 24º Batalhão de Infantaria Blindada (BIB) do Exército, em Bonsucesso. Em

Benfica, o Hospital Central do Exército. No Caju, o Arsenal de Guerra do Rio (Exército). Em Santa Cruz, a Base Aérea de Santa Cruz. Em Sulacap, o Campo dos Afonsos (Aeronáutica). Em Niterói, a Base Naval de Mocanguê, na Ilha de Mocanguê. No Lins, o Hospital Naval.

A manutenção de artigos constitucionais autoritários, durante os governos FHC e Lula, aponta para uma forma de consenso sobre os limites do contorno da democracia do Estado brasileiro. Afinal, os dois presidentes foram opositores do regime militar.

Mesmo com avanços na democracia eleitoral brasileira, durante seus governos, a permanência do poder militar constrangendo as autoridades civis demonstra que, ao contrário do que [Joseph Alois] Schumpeter imaginava, não convém reduzir a democracia a uma mera lista de procedimentos. A aparência de democracia é uma ameaça à própria democracia.

A existência de um controle civil parcial sobre os militares indica que a democracia, também, está defeituosa. Afinal, o propósito das Forças Armadas é o de defender a sociedade, não a de defini-la[65]. Sem a existência de instituições sólidas e de respeito aos valores democráticos, crises de governo ameaçam se transformar em crises institucionais. Ante tal possibilidade, os militares se fortalecem. E grupos civis disputam o apoio castrense. Incentiva-se o pretorianismo moderado em vez da neutralidade das Forças Armadas. Este tipo de pretorianismo ganha legitimidade diante do fato das Forças Armadas gozarem de elevada popularidade no país, conforme atestam as pesquisas de opinião.

Este artigo procurou mostrar que os militares continuam controlando posições estratégicas do aparelho de Estado. Os militares mostram-se dispostos a aceitar a subordinação ao poder civil somente quando seus interesses não são contrariados. Dotados de informações e capacidade de organização, os militares sabem o que fazer caso a luz amarela ou de outra tonalidade venha a ser realmente acesa. E gozam de prestígio popular.

Em boa medida, o poder militar persiste porque conta com o consentimento de segmentos civis alojados nos três poderes: Executivo, Legislativo e Judiciário. A pergunta é: por que os civis continuaram a se aliar aos militares, durante o governo FHC e Lula, na manutenção dos enclaves autoritários? Por que FHC e Lula, que foram vítimas do regime militar, tiveram

---

[65] Richard Kohn, *An Essay on Civilian Control of the Military*, 1997, disponível em: <http://www.unc.edu/dpets/diplmat/AD_Issues/amdipl_3/kohn.html>.

um comportamento similar aos presidentes anteriores? Por que a (semi)democracia[66] brasileira é tão conservadora *vis-à-vis* os interesses militares? A resposta contempla o fator risco. Em caso de baixo risco de ameaça aos interesses dos conservadores, estes apoiam o aprofundamento (consolidação) da democracia. Ou seja, medidas que levem os militares e policiais a obedecerem regularmente os comandos civis. Em caso de médio risco de ameaça, se aceita uma democracia apenas eleitoral, sem que isto signifique a garantia de direitos civis. Alto risco de ameaça significa apoio à volta de um governo semiautoritário, com pouca competição política, ou autoritário, sem nenhuma competição política. Explico.

Enquanto os setores conservadores desconfiarem que a esquerda tem um compromisso apenas tático (instrumental) com a democracia liberal, eles enxergarão que seus interesses, em especial a manutenção da propriedade privada, continuam em risco. Somente quando os conservadores estiverem convencidos de que o risco é baixo, ou seja, que o comportamento da esquerda é previsível (aceitam a propriedade privada), então eles concordarão em aprofundar a democracia. Isto significaria não ter mais os militares como aliados para reprimir os esquerdistas revolucionários, já que eles deixaram de ser uma ameaça.

Os conservadores, que possuem preferência fixa pela propriedade e segurança, são maioria no Congresso Nacional. Eles só concordarão em aprofundar a democracia quando estiverem convencidos de que há baixos riscos para seus interesses. A falta de mudanças constitucionais na temática militar-policial seria um indicador da falta de confiança destes setores *vis-à-vis* a esquerda. Receosos de que não tenham esquecido seu passado, a esquerda tem de provar regularmente que nada fará que ameace o poder dos conservadores. Como os conservadores pouco fazem para sanar as demandas sociais da população vulnerável a um apelo revolucionário, o círculo vicioso se perpetua. E com ele a semidemocracia.

Se setores da esquerda são revolucionários, como parte do Movimento dos Trabalhadores Rurais Sem Terra (MST); ameaçadores da ordem pública existente, como o Movimento dos Sem Teto; ou há o receio de que policiais

---

[66] Para Marina Ottaway (*Democracy Challenged: The Rise of SemiAuthoritarianism* [Washington, Carnegie Endowment for International Peace, 2003]), semidemocracias seriam democracias imperfeitas, mas que lenta e gradualmente chegarão a ser, um dia, sólidas democracias. Contudo, ao não se estipular o tempo necessário para que isto ocorra, o argumento torna-se teleológico.

grevistas armados, especialmente praças, juntem-se a estes dois movimentos, a direita acautela-se. Pensam a curto prazo sobre sua preferência política. Como os custos, no presente, de um regime autoritário são maiores do que uma democracia eleitoral, fique-se com esta[67]. Desde que as forças da ordem mostrem-se capazes de conter as mencionadas ameaças. É o velho fantasma da revolução social em vigor.

Como para a direita o comportamento estratégico da esquerda a longo prazo ainda é incerto, as opções políticas estão em aberto: 1) manutenção da semidemocracia significando a continuação das desconfianças mútuas; 2) avanço rumo à plena democracia quando tais desconfianças forem suplantadas; ou 3) volta ao (semi)autoritarismo já que as desconfianças aumentaram exponencialmente e há pouca ou nenhuma condição de diálogo institucional.

Neste cenário de incerteza sobre os destinos do país, a direita se protege ("*hedge*") dos riscos futuros mantendo uma aliança com as instituições coercitivas[68]. Em troca da manutenção de certos interesses castrenses, as instituições coercitivas militares estarão prontas para acabar com a frágil democracia existente caso haja uma séria ameaça à propriedade privada (no campo ou na cidade) ou à disciplina e hierarquia nas Forças Armadas e nas suas forças auxiliares, a Polícia Militar. Como em 1964[69].

Em momentos de crise orgânica, isto é, quando a hostilidade e antagonismo entre grupos questionam a legitimidade do sistema, a classe dirigente pode perder o controle da sociedade civil. Então, ela necessita do apoio da sociedade política e dos militares para lograr manter sua dominação por meio da coerção. A Constituição é acionada para garantir o uso legal das institui-

---

[67] Depois de 1964, a elite política civil receia solicitar um golpe por não saber quanto tempos os militares ficarão no poder. Precisa, portanto, ser mais cautelosa que outrora. Carlos Lacerda e Juscelino Kubitschek, por exemplo, apoiaram o golpe de 1964 por acreditarem que haveria eleição presidencial em 1965. Perderam seus direitos políticos e foram formar com o deposto presidente João Goulart a Frente Ampla em oposição ao regime militar.

[68] Gerard Alexander, *The Sources of Democratic Consolidation* (Ithaca, Cornell University Press, 2002).

[69] Em julho de 2003 um dos proprietários da *Folha de S.Paulo*, ante a onda de invasões de propriedades rurais e urbanas, alertou para a possibilidade de o presidente Lula ser derrubado (Otávio Frias Filho, "Lei e ordem", *Folha de S.Paulo*, 31/6/2003). O líder do PSDB no Senado, Arthur Virgílio, comparou Lula ao ex-presidente Goulart. Júlia Duailibi, "Líder tucano compara Lula a Jango e diz que o governo é 'fraco e arrogante'", *Folha de S.Paulo*, 13/12/2003.

ções coercitivas. Por isso mesmo, não convém aos dirigentes alterar as cláusulas constitucionais que dão autonomia ao funcionamento dos militares.

A democracia deve ser vista como a tentativa de minimização da dominação de uns indivíduos sobre outros[70]. É impossível minimizar tal dominação, no Brasil, sem se levar em conta o relacionamento entre o poder político e a disparidade na distribuição de renda e riqueza. E mais, tal assimetria atinge o ordenamento jurídico do país. Uns não têm acesso à Justiça e outros estão acima das leis. Possuem direitos, mas não deveres. Os incluídos contam com direitos e os excluídos com o destino. Os excluídos, portanto, são tanto materialmente como juridicamente pobres. São exclusões superpostas. E o que é pior, uma atrai a outra.

Os termos do relacionamento entre as Forças Armadas e o poder político também ficam nítidos no orçamento da União. País com tantas carências sociais e sem litígio fronteiriço, o Brasil reservou aos militares uma dotação e capacidade de execução orçamentária de destaque. A terceira em importância. Abaixo apenas da Previdência Social e da Saúde e acima de Educação, Saneamento, Habitação etc.[71] Como não há inimigo externo à vista, pode-se concluir que o alvo destes canhões continue a ser, pelo menos parcialmente, o inimigo interno.

Diante de tais números, constata-se a baixa legitimidade que a democracia desfruta entre os brasileiros. O desafio reside em deixar de sermos uma democracia eleitoral para nos transformarmos em uma democracia de efetivos direitos. Portanto, dizer que a democracia brasileira está consolidada é um típico caso de desejo de que algo se torne realidade, pelo simples desejo (*wishful thinking*).

Em síntese, os militares brasileiros continuam a exercer influência política e detêm prerrogativas incompatíveis com um regime democrático. Esta influência vem aumentando, na área da "lei e da ordem", especialmente, com as sucessivas greves das Polícias Militares estaduais e com o aumento do narcotráfico. A visão militar tende a analisar questões de segurança pública sob as lentes da segurança nacional.

Isto não significa dizer que os militares nunca têm seus interesses contrariados pelos civis. Se assim fosse, ainda estaríamos no regime autoritário.

---

[70] Ian Shapiro, *The State of Democratic Theory* (Princeton, Princeton University Press, 2003).

[71] Jorge Zaverucha, *FHC, Forças Armadas e polícia: entre o autoritarismo e a democracia* (Rio de Janeiro, Record, 2005).

O que pretendo ressaltar, e que isto fique claro, é que, como ora os militares estão se ajustando ao poder civil e ora ao reverso, esta situação é incompatível com um regime democrático. Nele, os militares devem obedecer regularmente ao poder civil e a intimidação não pode servir como moeda política.

Ante o que foi descrito e analisado ao longo deste texto, é impossível que os governantes eleitos no Brasil tenham poder real de governar com a presença de domínios reservados de poder (enclaves autoritários). Os governantes podem ir até um determinado ponto, sob pena de serem desestabilizados. O silêncio da elite política civil ante tais constrangimentos confirma ser o militarismo um fenômeno amplo, regularizado e socialmente aceito no Brasil.

A incapacidade da elite civil, entre 1985-2009, de gerir um Brasil, se não para todos, pelo menos para a maioria da sua população, faz com que a presença militar na política continue a ser consequência e não causa desta inépcia. Ante a crise financeira mundial que começa a assolar o Brasil elevando a taxa de desemprego, o presidente Lula, em seu primeiro evento público em 2009, afirmou que "essa crise não pode durar muito tempo sob o risco de uma convulsão social"[72]. Portanto, o Brasil está longe de ser uma ilha de estabilidade socioeconômica.

As perspectivas são de que o aparelho estatal continue autoritário a despeito dos avanços da democracia eleitoral brasileira. Prefere-se a estabilidade política ao aprofundamento da democracia. A vitória de José Sarney e Michel Temer, no começo de 2009, com apoio de Lula, para presidir o Senado e a Câmara dos Deputados, aponta nesta direção. Por quanto tempo esta situação perdurará? É a pergunta que não quer calar.

---

[72] Vagner Magalhães, "Lula: aumento do desemprego pode causar convulsão social", 2009, disponível em: <http://br.invertia.com/noticias/noticia.aspx?idNoticia=2009 01121543_RED_77748281&idtel>. Acessado em 12 de janeiro de 2009.

"O DIREITO CONSTITUCIONAL PASSA, O DIREITO ADMINISTRATIVO PERMANECE": A PERSISTÊNCIA DA ESTRUTURA ADMINISTRATIVA DE 1967

Gilberto Bercovici

Em 1924, no prefácio da terceira edição de sua obra clássica *Deutsches Verwaltungsrecht* [Direito administrativo alemão], o fundador do direito administrativo moderno na Alemanha, Otto Mayer (1846-1924), ironizou a permanência das estruturas administrativas sob uma nova ordem constitucional, não mais autocrática e monárquica, mas democrática e republicana, com uma frase que se tornaria célebre: "O direito constitucional passa, o direito administrativo permanece" [*Verfassungsrecht vergeht, Verwaltungsrecht besteht*][1]. O resultado desta permanência não seria, necessariamente, considerado como algo "natural". A sobrevivência das antigas estruturas burocrático-administrativas do Estado imperial alemão sob o regime democrático de Weimar foi apontada por vários autores, inclusive, como um dos fatores da crise da própria ordem constitucional republicana[2].

Embora não sejam incomuns as continuidades nas estruturas burocrático-administrativas durante as mudanças de regimes políticos, geralmente busca-se, nas transições democráticas, a adaptação e a reestruturação do aparato estatal aos limites, controles e objetivos determinados pelos textos constitucionais. Em um Estado democrático de direito, a base do direito

---

[1] Otto Mayer, "Prefácio da 3ª edição" ["Vorwort zur dritten Auflage"], em *Deutsches Verwaltungsrecht*, reimpr. da 3. ed. [1924] (Berlim, Duncker & Humblot, 2004), v. 1, p. V.

[2] Vide, por exemplo, Karl Dietrich Bracher, *Die Auflösung der Weimarer Republik: Eine Studie zum Problem des Machtverfalls in der Demokratie* (2. ed., Stuttgart/Düsseldorf, Ring Verlag, 1957), p. 174-198; Reinhard Kühnl, *Die Weimarer Republik: Errichtung, Machtstruktur und Zerstörung einer Demokratie – Ein Lehrstück* (reimpr., Heilbronn, Distel Verlag, 1993), p. 70-2; e Andreas Wirsching, *Die Weimarer Republik: Politik und Gesellschaft* (Munique, R. Oldenbourg Verlag, 2000), p. 76.

administrativo só pode ser, em tese, o direito constitucional, configurando-se em uma espécie de "direito constitucional concretizado", muito mais dinâmico que seus moldes liberais e individualistas tradicionais. A Constituição democrática obriga a reformulação, mesmo que parcial, de todas as categorias tradicionais do direito administrativo[3].

No caso brasileiro, a Constituição democrática de 1988 recebeu o Estado estruturado sob a ditadura militar (1964-1985), ou seja, o Estado reformado pelo PAEG (Plano de Ação Econômica do Governo), elaborado por Roberto Campos e Octávio Gouvêa de Bulhões (1964-1967)[4]. O PAEG, e as reformas a ele vinculadas, propiciou a atual configuração do sistema monetário e financeiro, com a criação do Banco Central do Brasil (Lei nº 4.595, de 31 de dezembro de 1964)[5], do sistema tributário nacional

---

[3] Peter Badura, *Verwaltungsrecht im liberal und im sozialen Rechtsstaat* (Tübingen, J.C.B. Mohr [Paul Siebeck], 1966), p. 12-27; Fritz Werner, "Verwaltungsrecht als konkretisiertes Verfassungsrecht", em *Recht und Gericht in unserer Zeit: Reden, Vorträge, Aufsätze 1948-1969* (Colônia, Carl Heymans Verlag, 1971), p. 212-26; Antonio Troncoso Reigada, "Dogmática administrativa y derecho constitucional: El caso del servicio público", *Revista Española de Derecho Constitucional* (Madri, Centro de Estudios Políticos y Constitucionales, n. 57, set.–dez. 1999), p. 87-98; Paulo Otero, "Constituição e legalidade administrativa: a revolução dogmática do direito administrativo", em André Ramos Tavares, Olavo A. V. Alves Ferreira e Pedro Lenza (coords.), *Constituição Federal, 15 Anos: mutação e evolução – comentários e perspectivas* (São Paulo, Método, 2003), p. 147-51; e Eros Roberto Grau, "O Estado, a liberdade e o direito administrativo", em *O direito posto e o direito pressuposto* (5. ed., São Paulo, Malheiros, 2003), p. 257-64.

[4] Sobre o PAEG, vide António José Avelãs Nunes, *Industrialização e desenvolvimento: a economia política do "Modelo brasileiro de desenvolvimento"* (São Paulo, Quartier Latin, 2005), p. 351-413; e Octavio Ianni, *Estado e planejamento econômico no Brasil* (5. ed., Rio de Janeiro, Civilização Brasileira, 1991), p. 229-42 e 261-88.

[5] A legislação sobre o sistema financeiro nacional, boa parte dela ainda em vigor, foi quase toda aprovada durante o governo do marechal Castello Branco, como a Lei nº 4.380, de 21 de agosto de 1964 (lei do Sistema Financeiro da Habitação), a já mencionada Lei nº 4.595/1964 (que cria o Banco Central e o Conselho Monetário Nacional), a Lei nº 4.728, de 14 de julho de 1965 (lei do mercado de capitais) e o Decreto-Lei nº 73, de 21 de novembro de 1966 (que reestrutura todo o setor de seguros e resseguros do país). Vide Maria Lúcia Teixeira Werneck Vianna, *A administração do "Milagre": O Conselho Monetário Nacional - 1964-1974* (Petrópolis, Vozes, 1987), p. 91-110; Gilda Portugal Gouvêa, *Burocracia e elites burocráticas no Brasil* (São Paulo, Pauliceia, 1994), p. 133-148; e José Marcos Nayme Novelli, *Instituições, política e ideias econômicas: o caso do Banco Central do Brasil (1965-1998)* (São Paulo, Annablume, 2001), p. 129-33.

(Emenda Constitucional nº 18, de 1º de dezembro de 1965, e Código Tributário Nacional, Lei nº 5.172, de 25 de outubro de 1966)[6] e da atual estrutura administrativa, por meio da reforma implementada pelo Decreto-Lei nº 200, de 25 de fevereiro de 1967, ainda hoje em vigor. A reforma de 1967 reestrutura o modelo administrativo brasileiro instaurado nos anos 1930, a partir da criação de órgãos como o Conselho Federal de Serviço Público Civil (artigos 168 a 173 da Constituição de 1934 e Lei nº 284, de 8 de outubro de 1936), substituído posteriormente pelo célebre DASP (Departamento Administrativo do Serviço Público), estruturado a partir do artigo 67 da Carta de 1937[7] e do Decreto-Lei nº 579, de 30 de julho de 1938. As reformas dos anos 1930 consolidaram a profissionalização da administração pública, com a garantia do acesso a cargos públicos por meio de concursos públicos, estruturação de carreiras e de direitos e obrigações dos servidores públicos. Dotado de atribuições amplas, como definir, racionalizar e controlar o funcionalismo e a organização da estrutura administrativa, o DASP chegou a ser o órgão responsável pela elaboração do orçamento federal[8].

---

[6] Vide Fabrício Augusto de Oliveira, *A reforma tributária de 1966 e a acumulação de capital no Brasil* (2. ed., Belo Horizonte, Oficina de Livros, 1991), p. 43-90; e Fabrício Augusto de Oliveira, *Autoritarismo e crise fiscal no Brasil (1964-1984)* (São Paulo, Hucitec, 1995), p. 15-30.

[7] Artigo 67 da Carta de 1937: "Art. 67 – Haverá junto à Presidência da República, organizado por decreto do presidente, um Departamento Administrativo com as seguintes atribuições: a) o estudo pormenorizado das repartições, departamentos e estabelecimentos públicos, com o fim de determinar, do ponto de vista da economia e eficiência, as modificações a serem feitas na organização dos serviços públicos, sua distribuição e agrupamento, dotações orçamentárias, condições e processos de trabalho, relações de uns com os outros e com o público; b) organizar anualmente, de acordo com as instruções do presidente da República, a proposta orçamentária a ser enviada por este à Câmara dos Deputados; c) fiscalizar, por delegação do presidente da República e na conformidade das suas instruções, a execução orçamentária".

[8] Beatriz M. de Souza Wahrlich, *Reforma administrativa na Era de Vargas* (Rio de Janeiro, Ed. FGV, 1983), p. 236-55: e Sônia Draibe, *Rumos e metamorfoses: um estudo sobre a Constituição do Estado e as alternativas da industrialização no Brasil, 1930-1960* (Rio de Janeiro, Paz e Terra, 1985), p. 84-6. Após a deposição de Getúlio Vargas, em 29 de outubro de 1945, o DASP foi reestruturado pelo Decreto-Lei nº 8.323-A, de 7 de dezembro de 1945, que reduziu várias de suas atribuições. Na época, inclusive, houve quem defendesse a extinção do DASP. Vide Beatriz M. de Souza Wahrlich, *Reforma administrativa na Era de Vargas*, cit., p. 255-64 e Sônia Draibe, *Rumos e metamorfoses*, cit., p. 297-306. Para a defesa da manutenção do DASP após a queda do Estado Novo, vide C. A. Lúcio Bittencourt, "O D.A.S.P.

O modelo de reforma administrativa que inspirou a criação do DASP foi o norte-americano, com base em autores como William F. Willoughby, cuja obra *Principles of Public Administration* defendia a instituição de um órgão administrativo central (o Bureau of General Administration). Este órgão deveria ser vinculado diretamente à chefia do Executivo, não sendo responsabilizado diretamente pela realização das várias tarefas da administração pública, mas por sua operacionalização e controle. Para Willoughby, a administração pública não poderia ser compreendida de forma fragmentária, mas como um único sistema administrativo integrado[9].

Entre 1950 e 1954, durante o segundo governo Vargas, a percepção da inadequação do aparelho estatal para o projeto industrializante do Estado se tornou crescente e passou a figurar entre os grandes problemas estruturais do país. O desaparelhamento do Estado face às novas funções econômicas e sociais levou, inclusive, à apresentação da proposta de uma reforma administrativa em que se previa a criação de um órgão geral de coordenação e planejamento (Projeto de Lei nº 3.563, de 31 de agosto de 1953). Enquanto as resistências do Congresso Nacional em relação à reestruturação do Estado não eram (e não seriam) ultrapassadas, o governo Vargas buscou meios de implementar políticas de âmbito nacional, como a instituição de comissões interministeriais (Comissão Nacional de Política Agrária, Comissão de Desenvolvimento Industrial, Comissão Nacional de Bem-Estar etc.), além da criação de novos órgãos e novas empresas estatais, como a Comissão Federal de Abastecimento e Preços (Cofap), Banco Nacional de Desenvolvimento Econômico (BNDE), Conselho Nacional de Desenvolvimento Científico e Tecnológico (CNPq), Coordenadoria de Aperfeiçoamento de Pessoal de Nível Superior (Capes), Petrobrás, o projeto da Eletrobrás, entre outros[10]. Estes novos órgãos, geralmente, eram ligados diretamente ao presidente da República, o que acarretaria um fenômeno

---

como um imperativo democrático e técnico", *Revista de Direito Administrativo*, n. 7, Rio de Janeiro, jan.–mar. 1947, p. 361-75.

[9] William F. Willoughby, *Principles of Public Administration: With Special Reference to the National and State Governments of the United States* (2. ed., Washington, The Brookings Institution, 1929), p. 52-8 e 81-103. Vide também Beatriz M. de Souza Wahrlich, *Reforma administrativa na Era de Vargas*, cit., p. 279-327.

[10] Sônia Draibe, *Rumos e metamorfoses*, cit., p. 213-36. Vide também Celso Lafer, *JK e o Programa de Metas (1956-1961): processo de planejamento e sistema político no Brasil* (Rio de Janeiro, Ed. FGV, 2002), p. 81-3.

denominado de "congestionamento da Presidência da República", com o consequente esvaziamento político de parte dos ministérios[11].

O governo de Juscelino Kubitschek levaria a estrutura estatal-administrativa de Getúlio Vargas ao seu limite máximo, completando o processo de industrialização pesada, mas demonstrando o esgotamento das potencialidades do Estado estruturado após a Revolução de 1930. Por meio do Decreto nº 39.855, de 24 de agosto de 1956, chegou a ser criada uma Comissão de Estudos e Projetos Administrativos (CEPA), para dar continuidade ao tema da reforma administrativa iniciado no segundo governo Vargas. No entanto, a chamada "administração paralela" foi entendida como um meio mais eficaz para implementar a política desenvolvimentista do que a promoção de uma reforma administrativa global, tentada, sem sucesso, por Getúlio Vargas. A criação da "administração paralela", com sua coordenação e planejamento centralizado e informal, demonstrou as possibilidades e os limites da estrutura estatal brasileira. O governo João Goulart criou o Ministério Extraordinário para a Reforma Administrativa, chefiado por Ernâni do Amaral Peixoto, que chegou a elaborar um projeto de Lei Orgânica do Sistema Administrativo Federal (Projeto de Lei nº 1.482, de 19 de novembro de 1963), mas esta questão foi solucionada de outro modo, pela via autoritária, após o golpe militar de 1964[12].

A reforma administrativa da ditadura militar foi elaborada a partir de uma comissão denominada Comestra (Comissão Especial de Estudos de Reforma Administrativa), criada pelo Decreto nº 54.501, de 9 de outubro de 1964. Esta comissão era presidida pelo ministro do Planejamento, Roberto Campos[13]. No entanto, a reforma administrativa proposta não seria debatida

---

[11] Celso Lafer, *JK e o Programa de Metas (1956-1961)*, cit., p. 75-6; e Maria Victoria Benevides, *O governo Kubitschek: desenvolvimento econômico e estabilidade política* (3. ed., Rio de Janeiro, Paz e Terra, 1979), p. 203-4.

[12] Carlos Lessa, *Quinze anos de política econômica* (4. ed., São Paulo, Brasiliense, 1983), p. 99-117 e 140-2; Celso Lafer, *JK e o Programa de Metas (1956-1961)*, cit., p. 83-112; Maria Victoria Benevides, *O governo Kubitschek*, cit., p. 224-32; e Sônia Draibe, *Rumos e metamorfoses*, cit., p. 240-59.

[13] Sobre os trabalhos da Comestra, vide José de Nazaré Teixeira Dias, *A reforma administrativa de 1967* (2. ed., Rio de Janeiro, Ed. FGV, 1969), p. 1-30. O autor foi secretário-executivo da Comestra, chefe de gabinete e secretário-geral do Ministério do Planejamento durante o período em que Roberto Campos exerceu as funções ministeriais (1964-1967).

no Congresso Nacional, mas, com base nos poderes de exceção do artigo 9º, § 2º do Ato Institucional nº 4, de 7 de dezembro de 1966, foi promulgada diretamente pelo marechal Castello Branco, por um decreto-lei, o de nº 200/1967.

O discurso oficial do regime era o discurso da ortodoxia econômica. As próprias Constituições outorgadas pelos militares, em 1967 e em 1969, chegaram, não por mera coincidência, a incorporar o chamado "princípio da subsidiariedade", cuja concepção é entender o Estado como subsidiário da iniciativa privada. Este "princípio da subsidiariedade" é originário da legislação fascista[14] de Benito Mussolini (*Carta del Lavoro*, de 1927[15]) e de Francisco Franco (*Fuero del Trabajo*, de 1938[16], e *Ley de Principios del Movimiento Nacional*, de 1958[17]), e se encontra explícito em vários dispo-

---

[14] Oscar de Juan Asenjo, *La Constitución Económica Española: Iniciativa Económica Pública "versus" Iniciativa Económica Privada en la Constitución Española de 1978* (Madri, Centro de Estudios Constitucionales, 1984), p. 92-3. Para a visão schmittiana sobre as relações entre política e economia (o "Estado Total"), o Estado alemão de Weimar é considerado um Estado fraco perante as forças econômicas, embora continuasse intervindo. Desse modo, Schmitt, no início dos anos 1930, propõe um Estado que garantisse o espaço da iniciativa privada, com a redução da atuação estatal na economia, integrando as atuações individuais no real interesse público, ou, na sua consagrada expressão, um "Estado forte em uma economia livre". Para um paralelo entre o atual discurso sobre técnica e reforma do Estado e as propostas dos setores conservadores alemães próximos do fascismo na década de 1920 e início da década de 1930, representados, entre outros, por Carl Schmitt, vide Gilberto Bercovici, *Constituição e Estado de exceção permanente: atualidade de Weimar* (Rio de Janeiro, Azougue, 2004), p. 93-107.

[15] *Carta del Lavoro*, IX: "A intervenção do Estado na produção econômica só tem lugar quando a iniciativa privada falte ou seja insuficiente, ou quando estejam em jogo interesses políticos do Estado. Esta intervenção pode assumir a forma de controle, de estímulo e de gestão direta".

[16] *Fuero del Trabajo*, XI, 4 e XI, 6: "4 - En general, el Estado no será empresario sino cuando falte la iniciativa privada o lo exijan los intereses superiores de la Nación. [...] 6 - El Estado reconoce la iniciativa privada como fuente fecunda de la vida económica de la Nación".

[17] *Ley de Principios del Movimiento Nacional*, X: "Se reconoce al trabajo como origen de jerarquía, deber y honor de los españoles, y a la propiedad privada, en todas sus formas, como derecho condicionado a su función social. La iniciativa privada, fundamento de la actividad económica, deberá ser estimulada, encauzada y, en su caso, suplida por la acción del Estado".

sitivos da Carta de 1967, outorgada pelo marechal Castello Branco, como, por exemplo, nos seus artigos 157, § 8º[18], e 163[19].

As empresas estatais, para os formuladores do Decreto-Lei nº 200/1967, deveriam ter condições de funcionamento e de operação idênticas às do setor privado. Além disso, sua autonomia deveria ser garantida, pois elas seriam vinculadas, não subordinadas, aos ministérios, que só poderiam efetuar um controle de resultados[20]. Esta concepção havia sido defendida, inclusive, pelo próprio marechal Castello Branco, que afirmou em sua Mensagem ao Congresso Nacional, de 1965, que desejava, com a reforma administrativa, "obter que o setor público possa operar com a eficiência da empresa privada"[21].

---

[18] Art. 157, § 8º: "São facultados a intervenção no domínio econômico e o monopólio de determinada indústria ou atividade, mediante lei da União, quando indispensável por motivos de segurança nacional, ou para organizar setor que não possa ser desenvolvido com eficiência no regime de competição e de liberdade de iniciativa, assegurados os direitos e garantias individuais". Mantido com redação similar no artigo 163 da Carta de 1969: "Art. 163 – São facultados a intervenção no domínio econômico e o monopólio de determinada indústria ou atividade, mediante lei federal, quando indispensável por motivo de segurança nacional ou para organizar setor que não possa ser desenvolvido com eficácia no regime de competição e de liberdade de iniciativa, assegurados os direitos e garantias individuais".

[19] Art. 163: "Às empresas privadas compete preferencialmente, com o estímulo e apoio do Estado, organizar e explorar as atividades econômicas. § 1º – Somente para suplementar a iniciativa privada, o Estado organizará e explorará diretamente atividade econômica. § 2º – Na exploração, pelo Estado, da atividade econômica, as empresas públicas, as autarquias e sociedades de economia mista reger-se-ão pelas normas aplicáveis às empresas privadas, inclusive quanto ao direito do trabalho e das obrigações. § 3º – A empresa pública que explorar atividade não monopolizada ficará sujeita ao mesmo regime tributário aplicável às empresas privadas". Mantido com redação similar no artigo 170 da Carta de 1969: "Art. 170 – Às empresas privadas compete, preferencialmente, com o estímulo e o apoio do Estado, organizar e explorar as atividades econômicas. § 1º Apenas em caráter suplementar da iniciativa privada o Estado organizará e explorará diretamente a atividade econômica. § 2º – Na exploração, pelo Estado, da atividade econômica, as empresas públicas e as sociedades de economia mista reger-se-ão pelas normas aplicáveis às empresas privadas, inclusive quanto ao direito do trabalho e ao das obrigações. § 3º – A empresa pública que explorar atividade não monopolizada ficará sujeita ao mesmo regime tributário aplicável às empresas privadas".

[20] José de Nazaré Teixeira Dias, *A reforma administrativa de 1967*, cit., p. 78-80.

[21] Citado em José de Nazaré Teixeira Dias, *A reforma administrativa de 1967*, cit., p. 50; e Roberto Campos, *A lanterna na popa: memórias* (Rio de Janeiro, Topbooks, 1994), p. 697.

Como se explica a expansão das empresas estatais no pós-1964? Apesar do discurso oficial de restrição à atuação estatal na esfera econômica de liberais insuspeitos como Octávio Gouvêa de Bulhões, Roberto Campos, Antônio Delfim Netto e Mário Henrique Simonsen, cerca de 60% das empresas estatais do Brasil foram criadas entre 1966 e 1976[22].

O governo militar brasileiro instalado após 1964 tem uma grande preocupação em conter o déficit público e combater a inflação. Para tanto, vai promover medidas que reformulam a captação de recursos e as transferências intergovernamentais para as empresas estatais, além de exigir uma política "realista" de preços. As reformas realizadas pelo PAEG visavam, fundamentalmente, recuperar a economia de mercado. Um dos objetivos explícitos do Decreto-Lei nº 200/1967 foi, justamente, aumentar a "eficiência" do setor produtivo público por meio da descentralização na execução das atividades governamentais. As empresas estatais tiveram, assim, que adotar padrões de atuação similares aos das empresas privadas, foram obrigadas a ser "eficientes" e a buscar fontes alternativas de financiamento.

Dotadas de maior autonomia, as empresas estatais passaram a ser legalmente entendidas como empresas capitalistas privadas (artigo 27, parágrafo único do Decreto-Lei nº 200/1967[23]). Deste modo, aplicando a "racionalidade empresarial", muitas empresas estatais se expandiram para ramos de atuação diferenciados e de alta rentabilidade, além de também passarem a recorrer ao endividamento externo. O Estado ampliou sua participação no setor de bens e serviços, aumentando a quantidade de empresas estatais nos setores de energia, transportes, comunicações, indústria de transformação (petroquímica, fertilizantes etc.), financeiras e outros serviços (processamento de dados, comércio exterior, equipamentos etc.). A expansão das empresas estatais pode ser explicada também pelo arcabouço jurídico do Decreto-Lei nº 200/1967. A descentralização operacional prevista neste decreto-lei propiciou a oportunidade para a criação de várias subsidiárias das empresas estatais já existentes, formando-se *holdings* setoriais e expandindo-se, assim, a atuação das estatais. O Estado já vinha atuando na maior

---

[22] Cf. Luciano Martins, *Estado capitalista e burocracia no Brasil pós-64* (2. ed., Rio de Janeiro, Paz e Terra, 1991), p. 60-2.

[23] Artigo 27, parágrafo único do Decreto-Lei nº 200: "Parágrafo Único – Assegurar-se-á às empresas públicas e às sociedades de economia mista condições de funcionamento idênticas às do setor privado cabendo a essas entidades, sob a supervisão ministerial, ajustar-se ao plano geral do governo".

parte dos setores mencionados, mas expandiu sua atuação para manter a política de crescimento econômico acelerado.

A autonomia das estatais (como bem ressalta Luciano Martins, autonomia em relação ao governo, não em relação ao sistema econômico) é reforçada, assim, com a capacidade de adquirir autofinanciamento e de contrair empréstimos no exterior. Quanto maior for essa capacidade, mais autônoma (em relação ao governo) é a empresa estatal. Segundo Fernando Rezende, foi justamente esta "eficiência" a causa da maior amplitude da intervenção direta do Estado na produção de bens e serviços, contradizendo o discurso governamental oficial de limitação e redução do papel do Estado na economia[24].

As empresas estatais, inclusive, passaram a especular nas bolsas de valores, incentivadas pelo governo, especialmente após 1976, com a promulgação da Lei nº 6.385, de 7 de dezembro de 1976, que reforma a legislação sobre mercado de capitais e cria a Comissão de Valores Mobiliários (CVM), e da Lei nº 6.404, 17 de dezembro de 1976, a nova lei das sociedades anônimas. Não por acaso, seus papéis respondem ainda pela maior parte das operações realizadas na bolsa, refletindo a gestão "empresarial" que busca maximizar o lucro na empresa estatal, ao invés da persecução do interesse público[25].

O controle sobre as empresas estatais, apesar de formalmente previsto no Decreto-Lei nº 200/1967, nunca foi realmente implementado. A supervisão ministerial, prevista no artigo 26 daquele decreto-lei, foi um fracasso, inclusive, devido à maior importância de muitas das empresas estatais em relação aos órgãos encarregados de sua supervisão. Deste modo, o controle interno acabou sendo limitado na esfera puramente burocrática e às questões jurídico-formais[26]. A última tentativa de instituição de um controle interno sobre as empresas estatais deu-se com a criação, em 1979, da

---

[24] Wilson Suzigan, "As empresas do governo e o papel do Estado na economia brasileira", em Fernando Rezende *et al*, *Aspectos da participação do governo na economia* (Rio de Janeiro, IPEA/INPES, 1976), p. 89-90 e 126; Fernando Rezende, "O crescimento (descontrolado) da intervenção governamental na economia brasileira", em Olavo Brasil de Lima Jr. e Sérgio Henrique Abranches (coords.), *As origens da crise: Estado autoritário e planejamento no Brasil* (São Paulo/Rio de Janeiro, Vértice/ IUPERJ, 1987), p. 216-8; e Luciano Martins, *Estado capitalista e burocracia no Brasil pós-64*, cit., p. 70-1 e 75-9.

[25] Luciano Martins, *Estado capitalista e burocracia no Brasil pós-64*, cit., p. 71.

[26] Fernando Rezende, "O crescimento (descontrolado) da intervenção governamental na economia brasileira", cit., p. 224-6. Para a defesa do modelo da "supervisão ministerial", vide José de Nazaré Teixeira Dias, *A reforma administrativa de 1967*, cit., p. 89-98.

Secretaria de Controle das Empresas Estatais (Sest), que tentou substituir o modelo de 1967 por um controle centralizado de caráter eminentemente orçamentário, o que, para Fernando Rezende, "subverte o princípio da autonomia gerencial". A ênfase de todo e qualquer controle administrativo passou para a responsabilização do gasto público como causa da crise econômica[27].

Com a crise econômica dos anos 1970, que se prolongaria por décadas no Brasil, a política de controle de gastos e centralização orçamentária, iniciada com a criação da Sest, seria mantida por todo o processo de redemocratização e constitucionalização do país. A "Nova República", entre várias medidas, promove a criação da Secretaria do Tesouro Nacional, em 1986, consolida o papel do Banco Central como autoridade monetária, e a Constituição de 1988 consagra a centralização da elaboração e controle orçamentários, visando uma maior participação do Poder Legislativo e a maior transparência dos gastos públicos. A finalização deste processo de centralização monetária e orçamentária se dará com a Lei de Responsabilidade Fiscal (Lei Complementar nº 101, de 4 de maio de 2000)[28].

A descentralização administrativa promovida pelo Decreto-Lei nº 200/1967 esvaziou o núcleo central do governo (onde ocorria o "congestionamento da Presidência da República") e fortaleceu os órgãos da Administração Indireta na implementação das políticas públicas. Outro "alvo" da reforma foi o DASP, visto como excessivamente centralizador[29].

---

[27] Fernando Rezende, "O crescimento (descontrolado) da intervenção governamental na economia brasileira", cit., p. 228-32. Para a crítica do argumento de que as empresas estatais seriam as principais responsáveis pelo déficit público brasileiro, vide José Carlos de Souza Braga, "Os orçamentos estatais e a política econômica", em Luiz Gonzaga de Mello Belluzzo e Renata Coutinho (orgs.), *Desenvolvimento capitalista no Brasil: ensaios sobre a crise* (3. ed., v. 1, São Paulo, Brasiliense, 1984), p. 194-206. Vide também João Sayad, "Aspectos políticos do déficit público", em Lenina Pomeranz, Jorge Miglioli e Gilberto Tadeu Lima (orgs.), *Dinâmica econômica do capitalismo contemporâneo: homenagem a Michal Kalecki* (São Paulo, Edusp, 2001), p. 248-50.

[28] Sobre a criação da Sest no contexto de aumento do controle sobre o orçamento público no Brasil, processo que se encerraria com a Lei de Responsabilidade Fiscal, em 2000, vide Gilberto Bercovici e Luís Fernando Massonetto, "A Constituição dirigente invertida: a blindagem da Constituição financeira e a agonia da Constituição econômica", *Boletim de Ciências Econômicas*, vol. XLIX, Coimbra, Universidade de Coimbra, 2006, p. 60-4.

[29] O DASP teve suas atribuições limitadas à gestão do funcionalismo público civil (artigo 115 do Decreto-Lei nº 200/1967).

"O direito constitucional passa, o direito administrativo permanece" • 87

A compensação desta perda de poder foi a criação de vários órgãos colegiados dotados de grandes atribuições e de poder normativo durante todo o regime militar, dos quais se destacam o Conselho Monetário Nacional e o Conselho de Desenvolvimento Econômico[30]. Na visão de Luciano Martins, o Decreto-Lei nº 200/1967 propiciou uma espécie de "feudalização" do Estado: as várias partes que o integram passaram a ter existência própria e autônoma, com interesses, inclusive, conflitantes entre si. Este processo teria sido acelerado com a introdução da lógica empresarial como prática administrativa, que estaria em constante choque e contradição com os interesses coletivos[31].

O Decreto-Lei nº 200/1967, pioneiro na exigência da gestão "empresarial" dos órgãos administrativos, que será ressuscitada por Bresser Pereira trinta anos depois[32], vai sobreviver à ditadura militar e continuar em vigor sob a Constituição de 1988, apesar das várias críticas ao seu conteúdo[33]. As tentativas de "mudança" no papel do Estado, visando manter as

---

[30] José de Nazaré Teixeira Dias, *A reforma administrativa de 1967*, cit., p. 47 e 83-4; e Fernando Rezende, "O crescimento (descontrolado) da intervenção governamental na economia brasileira", cit., p. 232-3. Sobre a política do Conselho Monetário Nacional, especialmente durante o período do "milagre econômico" (1969-1974), vide Maria Lúcia Teixeira Werneck Vianna, *A administração do "Milagre"*, cit., p. 110-80. Para uma análise do Conselho de Desenvolvimento Econômico, criado pela Lei nº 6.036, de 1º de maio de 1974, estrutura administrativa importante da Presidência do general Ernesto Geisel (1974-1979), vide Adriano Nervo Codato, *Sistema estatal e política econômica no Brasil pós-64* (São Paulo/Curitiba, Hucitec/Anpocs/Ed. UFPR, 1997), p. 32-3, 42-3, 89-102, 123-7, 135-43, 220-4 e 227-8.

[31] Cf. Luciano Martins, *Estado capitalista e burocracia no Brasil pós-64*, cit., p. 80-2.

[32] Sobre a chamada "Reforma Gerencial", vide Luiz Carlos Bresser Pereira, *Reforma do Estado para a cidadania: a reforma gerencial brasileira na perspectiva internacional* (reimpr., São Paulo/Brasília, Ed. 34/ENAP, 2002), p. 109-26. Para a crítica da concepção neoliberal de "Reforma do Estado", que confunde a reestruturação do Estado com a mera diminuição de tamanho do setor público, vide especialmente José Luís Fiori, "Reforma ou sucata? O dilema estratégico do setor público brasileiro", em *Em busca do dissenso perdido: ensaios críticos sobre a festejada crise do Estado* (Rio de Janeiro, Insight, 1995), p. 113-6.

[33] Celso Antônio Bandeira de Mello, por exemplo, chega a afirmar: "Não é difícil perceber que o decreto-lei em exame, desde o seu ponto de partida, ressente-se tanto de impropriedades terminológicas quanto de falhas em seus propósitos sistematizadores, levando a crer que foi elaborado por pessoas de formação jurídica nula ou muito escassa, como soía ocorrer ao tempo da ditadura militar instalada a partir de 1964 e cujos últimos suspiros encerrar-se-iam em 1986". Celso Antônio Bandeira de Mello, *Curso de direito administrativo* (20. ed., São Paulo, Malheiros, 2006), p. 144.

mesmas estruturas, levadas a cabo pelos governos conservadores eleitos a partir de 1989, muitas vezes optaram pelo caminho das reformas constitucionais, com o intuito deliberado de "blindar" as alterações, impedindo uma efetiva mudança de política. Isto quando as ditas "reformas" simplesmente não ocorreram à margem, ou até contrariamente, do disposto no texto constitucional, como no caso do Plano Nacional de Desestatização (Lei nº 8.031, de 12 de abril de 1990, posteriormente substituída pela Lei nº 10.482, de 9 de setembro de 1997), ou das leis que criaram as "agências" reguladoras.

Os objetivos da Reforma Gerencial, segundo um de seus formuladores, o ex-ministro Luiz Carlos Bresser Pereira, eram aumentar a eficiência e a efetividade dos órgãos estatais, melhorar a qualidade das decisões estratégicas do governo e voltar a administração para o cidadão-usuário (ou cidadão-cliente). A lógica da atuação da administração pública deixa de ser o controle de procedimentos (ou de meios) para ser pautada pelo controle de resultados, buscando a máxima eficiência possível. Para tanto, um dos pontos-chave da reforma era atribuir ao administrador público parte da autonomia de que goza o administrador privado, com a criação de órgãos independentes (as "agências") da estrutura administrativa tradicional, formados por critérios técnicos, não políticos[34]. A "Reforma Gerencial", assim, vai inovar ao trazer como novidade o que já estava previsto na legislação brasileira desde 1967.

Com a Reforma do Estado, criaram-se duas áreas distintas de atuação para o poder público: de um lado, a administração pública centralizada, que formula e planeja as políticas públicas. De outro, os órgãos reguladores (as "agências"), que regulam e fiscalizam a prestação dos serviços públicos[35]. Isto contraria o próprio fundamento das políticas públicas, que é a necessidade de concretização de direitos por meio de prestações positivas do Estado, ou seja, por meio dos serviços públicos. Política pública e serviço público estão interligados, não podem ser separados, sob pena de serem esvaziados de seu significado.

O repasse de atividades estatais para a iniciativa privada é visto por muitos autores como uma "republicização" do Estado, partindo do pressuposto

---

[34] Luiz Carlos Bresser Pereira, *Reforma do Estado para a cidadania*, cit., p. 109-126.
[35] Cf. ibidem, p. 110; e Floriano Peixoto de Azevedo Marques Neto, *Regulação estatal e interesses públicos* (São Paulo, Malheiros, 2002), p. 201.

de que o público não é, necessariamente, estatal[36]. Esta visão está ligada à chamada "teoria da captura", que entende como tão ou mais perniciosas que as "falhas de mercado" (*market failures*) as "falhas de governo" (*government failures*) provenientes da cooptação do Estado e dos órgãos reguladores para fins privados. No Brasil, esta ideia é particularmente forte no discurso que buscou legitimar a privatização das empresas estatais e a criação das "agências". As empresas estatais foram descritas como focos privilegiados de poder e a sua privatização tornaria público o Estado, além da criação de "agências" reguladoras "independentes", órgãos técnicos, neutros, livres da ingerência política na sua condução[37].

A chamada "Reforma do Estado" da década de 1990 não reformou o Estado. Afinal, as "agências independentes", que, na realidade, não são independentes[38], foram simplesmente acrescidas à estrutura administrativa brasileira, não modificaram a administração pública, ainda configurada pelo Decreto-Lei nº 200/1967, apenas deram uma aura de modernidade ao tradicional patrimonialismo que caracteriza o Estado brasileiro. A "reforma regulatória" consiste em uma nova forma de "captura" do fundo público, ou seja, a "nova regulação" nada mais é do que um novo patrimonialismo[39],

---

[36] Luiz Carlos Bresser Pereira, *Reforma do Estado para a cidadania*, cit., p. 81-94; e Floriano Peixoto de Azevedo Marques Neto, *Regulação estatal e interesses públicos*, cit., p. 174-94. Para a concepção de atividades públicas não estatais (atividades como escolas, universidades, hospitais, centros de desenvolvimento científico e tecnológico etc.) e das organizações que poderiam gerir estas atividades (chamadas de "organizações sociais"), vide Luiz Carlos Bresser Pereira, *Reforma do Estado para a cidadania*, cit., p. 98-101 e 235-50.

[37] Para a justificativa oficial, vide Luiz Carlos Bresser Pereira, *Reforma do Estado para a cidadania*, cit., p. 156-60. Sobre as *market failures* e as *government failures*, vide Antonio La Spina e Giandomenico Majone, *Lo Stato Regolatore* (Bolonha, Il Mulino, 2001), p. 15-7 e 117-26. Para uma análise clássica da utilização do discurso da técnica e da ciência como forma de legitimação de determinadas políticas, vide Jürgen Habermas, *Technik und Wissenschaft als "Ideologie"* (Frankfurt am Main, Suhrkamp, 1969).

[38] Sobre o paradoxo *"independent agencies are not independent"*, vide Cass R. Sunstein, "Paradoxes of the Regulatory State", em *Free Markets and Social Justice* (reimpr., Oxford/New York, Oxford University Press, 1999), p. 285-6 e 293-4. Para outras críticas ao modelo de "agências" implementado no Brasil, vide Eros Roberto Grau, "As agências, essas repartições públicas", em Calixto Salomão Filho (org.), *Regulação e desenvolvimento* (São Paulo, Malheiros, 2002), p. 25-8.

[39] Vide Luís Fernando Massonetto, "(Des)Regulação: em busca do senso perdido", em Maria Sylvia Zanella Di Pietro (coord.), *Direito regulatório: temas polêmicos* (Belo Horizonte, Editoria Fórum, 2003), p. 125-36.

com o agravante de se promover a retirada de extensos setores da economia do debate público e democrático no Parlamento e do poder decisório dos representantes eleitos do povo[40].

A questão do controle público sobre o Estado, portanto, continua pendente. Como salientou Sônia Draibe, ainda não se conseguiu adotar soluções eficazes e legítimas para impedir ou cercear o arbítrio e a irresponsabilidade da atuação do Estado, bem como sua corporativização e privatização. Para tanto, deve ser superado o ideário de controle liberal, ou seja, não basta simplesmente alargar as instituições de controle liberais tradicionais, desprezando-se o controle público e democrático pelos cidadãos. O desafio continua sendo encontrar um modo de submeter a critérios sociais e democráticos a atuação, ou omissão, do Estado, através de um controle político[41]. A questão do controle democrático da intervenção econômica e social do Estado continua sem solução sob a democrática Constituição de 1988 e toda sua estrutura administrativa, ainda herdada da ditadura militar.

---

[40] Para um paralelo entre o atual discurso sobre técnica e reforma do Estado e as propostas dos setores conservadores alemães próximos do fascismo na década de 1920 e início da década de 1930, representados, entre outros, por Carl Schmitt, vide Gilberto Bercovici, *Constituição e Estado de exceção permanente*, cit., p. 93-107.
[41] Sônia Draibe, *Rumos e metamorfoses*, cit., p. 364-81.

DIREITO INTERNACIONAL DOS DIREITOS HUMANOS E LEI DE ANISTIA: O CASO BRASILEIRO[*]

Flávia Piovesan

Introdução

Objetiva este estudo enfocar a Lei de Anistia à luz do direito internacional dos direitos humanos, considerando a experiência brasileira.

Inicialmente será abordado o crescente processo de internacionalização dos direitos humanos e as obrigações internacionais assumidas pelos Estados em defesa da dignidade humana. O sistema internacional de proteção dos direitos humanos constitui o legado maior da chamada "Era dos Direitos", que tem permitido a internacionalização dos direitos humanos e a humanização do direito internacional contemporâneo[1]. Especial atenção será conferida ao direito a não ser submetido à tortura, ao direito à justiça e ao direito à verdade.

Considerando esse contexto, a análise se concentrará na relação entre o direito internacional dos direitos humanos e a Lei de Anistia brasileira, avaliando sua consonância com os parâmetros protetivos internacionais acolhidos pelo Estado brasileiro, bem como com a jurisprudência emanada dos órgãos internacionais.

---

[*] Um especial agradecimento é feito a Alexander von Humboldt Foundation pela *fellowship* que tornou possível este estudo e ao Max Planck Institute for Comparative Public Law and International Law por prover um ambiente acadêmico de extraordinário vigor intelectual.

[1] Thomas Buergenthal, "Prólogo", em Antônio Augusto Cançado Trindade, *A proteção internacional dos direitos humanos: fundamentos jurídicos e instrumentos básicos* (São Paulo, Saraiva, 1991), p. XXXI. No mesmo sentido, afirma Louis Henkin: "O direito internacional pode ser classificado como o Direito anterior à 2ª Guerra Mundial e o Direito posterior a ela. Em 1945, a vitória dos aliados introduziu uma nova ordem com importantes transformações no direito internacional". Louis Henkin *et al*, *International Law: Cases and materials* (3. ed., Minnesota, West Publishing, 1993), p. 3.

Como interpretar a Lei de Anistia em face das obrigações jurídicas assumidas na esfera internacional? Qual é o alcance dos deveres internacionais contraídos pelo Estado brasileiro relativamente ao direito à justiça e à verdade? Como compreender a chamada justiça de transição? Como enfrentar as violações de direitos humanos perpetradas no passado? Como ritualizar a passagem de um regime militar ditatorial ao regime democrático? Paz sem justiça? Justiça sem paz? Como assegurar justiça e paz com o fortalecimento do Estado de direito, da democracia e dos direitos humanos no caso brasileiro?

São essas as questões centrais a inspirar o presente artigo.

O direito internacional dos direitos humanos e os deveres jurídicos assumidos pelo Estado brasileiro: a absoluta proibição da tortura, o direito à verdade e o direito à justiça

Os direitos humanos refletem um construto axiológico, a partir de um espaço simbólico de luta e ação social. No dizer de Joaquin Herrera Flores[2], compõem uma racionalidade de resistência, na medida em que traduzem processos que abrem e consolidam espaços de luta pela dignidade humana. No mesmo sentido, Celso Lafer[3], lembrando Danièle Lochak, realça que os direitos humanos não traduzem uma história linear, não compõem a história de uma marcha triunfal, nem a história de uma causa perdida de antemão, mas a história de um combate. Invocam uma plataforma emancipatória voltada à proteção da dignidade e à prevenção ao sofrimento humano.

Enquanto reivindicações morais, os direitos humanos nascem quando devem e podem nascer. Como realça Norberto Bobbio, os direitos humanos não nascem todos de uma vez e nem de uma vez por todas[4]. Para Hannah Arendt, os direitos humanos não são um dado, mas um construto, uma invenção humana, em constante processo de construção e reconstrução[5].

---

[2] Joaquín Herrera Flores, *Direitos humanos, interculturalidade e racionalidade de resistência* (mimeo), p. 7.
[3] Celso Lafer, "Prefácio", em Flávia Piovesan, *Direitos humanos e justiça internacional* (São Paulo, Saraiva, 2006), p. XXII.
[4] Norberto Bobbio, *Era dos direitos* (trad. Carlos Nelson Coutinho, Rio de Janeiro, Campus, 1988).
[5] Hannah Arendt, *As origens do totalitarismo* (trad. Roberto Raposo, Rio de Janeiro, Documentário, 1979). A respeito, ver também Celso Lafer, *A reconstrução dos direitos humanos: um diálogo com o pensamento de Hannah Arendt* (São Paulo, Companhia

Considerando a historicidade dos direitos humanos, destaca-se a chamada concepção contemporânea de direitos humanos, que veio a ser introduzida pela Declaração Universal de 1948 e reiterada pela Declaração de Direitos Humanos de Viena de 1993. Essa concepção é fruto do movimento de internacionalização dos direitos humanos, que surge, no pós-guerra, como resposta às atrocidades e aos horrores cometidos durante o período em que o nazismo vigorou. É nesse cenário que se vislumbra o esforço de reconstrução dos direitos humanos, como paradigma e referencial ético a orientar a ordem internacional. A barbárie do totalitarismo significou a ruptura do paradigma dos direitos humanos, por meio da negação do valor da pessoa humana como valor fonte do direito. Se a Segunda Guerra significou a ruptura com os direitos humanos, o pós-guerra deveria significar a sua reconstrução. Nas palavras de Thomas Buergenthal:

> O moderno direito internacional dos direitos humanos é um fenômeno do pós-guerra. Seu desenvolvimento pode ser atribuído às monstruosas violações de direitos humanos da era Hitler e à crença de que parte destas violações poderiam ser prevenidas se um efetivo sistema de proteção internacional de direitos humanos existisse.[6]

---

das Letras, 1988), p. 134. No mesmo sentido, afirma Ignacy Sachs: "Não se insistirá nunca o bastante sobre o fato de que a ascensão dos direitos é fruto de lutas, que os direitos são conquistados, às vezes, com barricadas, em um processo histórico cheio de vicissitudes, por meio do qual as necessidades e as aspirações se articulam em reivindicações e em estandartes de luta antes de serem reconhecidos como direitos". Ignacy Sachs, "Desenvolvimento, direitos humanos e cidadania", em Paulo Sérgio Pinheiro; Samuel Pinheiro Guimarães (orgs.), *Direitos humanos no século XXI* (Instituto de Pesquisa de Relações Internacionais e Fundação Alexandre de Gusmão, 1998), p. 156. Para Allan Rosas: "O conceito de direitos humanos é sempre progressivo. [...] O debate a respeito do que são os direitos humanos e como devem ser definidos é parte e parcela de nossa história, de nosso passado e de nosso presente". Allan Rosas, "So-Called Rights of the Third Generation", em Asbjorn Eide, Catarina Krause e Allan Rosas, *Economic, Social and Cultural Rights* (Boston/Londres, Martinus Nijhoff Publishers, Dordrecht, 1995), p. 243.

[6] Thomas Buergenthal, *International Human Rights*, (Minnesota, West Publishing, 1988), p. 17. Para Henkin: "Por mais de meio século, o sistema internacional tem demonstrado comprometimento com valores que transcendem os valores puramente 'estatais', notadamente os direitos humanos, e tem desenvolvido um impressionante sistema normativo de proteção desses direitos". (Louis Henkin *et al*, *International Law*, cit., p. 2). Ainda sobre o processo de internacionalização dos direitos humanos, observa Celso Lafer: "Configurou-se como a primeira resposta jurídica da comu-

Fortalece-se a ideia de que a proteção dos direitos humanos não deve se reduzir ao domínio reservado do Estado, porque revela tema de legítimo interesse internacional. Prenuncia-se, desse modo, o fim da era em que a forma pela qual o Estado tratava seus nacionais era concebida como um problema de jurisdição doméstica, decorrência de sua soberania. Para Andrew Hurrell:

> O aumento significativo das ambições normativas da sociedade internacional é particularmente visível no campo dos direitos humanos e da democracia, com base na ideia de que as relações entre governantes e governados, Estados e cidadãos, passam a ser suscetíveis de legítima preocupação da comunidade internacional; de que os maus-tratos a cidadãos e a inexistência de regimes democráticos devem demandar ação internacional; e que a legitimidade internacional de um Estado passa crescentemente a depender do modo pelo qual as sociedades domésticas são politicamente ordenadas.[7]

Nesse contexto, a Declaração de 1948 vem a inovar a gramática dos direitos humanos, ao introduzir a chamada concepção contemporânea de direitos humanos, marcada pela universalidade e indivisibilidade desses direitos. Universalidade porque clama pela extensão universal dos direitos humanos, sob a crença de que a condição de pessoa é o requisito único para a titularidade de direitos, considerando o ser humano como um ser essencialmente moral, dotado de unicidade existencial e dignidade, esta como valor intrínseco à condição humana. Indivisibilidade porque a garantia dos direitos civis e políticos é condição para a observância dos direitos sociais, econômicos e culturais, e vice-versa. Quando um deles é violado, os demais também o são. Os direitos humanos compõem, assim, uma unidade indivisível, interdependente e inter-relacionada, capaz de conjugar o catálogo de direitos civis e políticos com o catálogo de direitos sociais, econômicos e culturais.

---

nidade internacional ao fato de que o direito *ex parte populi* de todo ser humano à hospitabilidade universal só começaria a viabilizar-se se o 'direito a ter direitos', para falar com Hannah Arendt, tivesse uma tutela internacional, homologadora do ponto de vista da humanidade. Foi assim que começou efetivamente a ser delimitada a 'razão de Estado' e corroída a competência reservada da soberania dos governantes, em matéria de direitos humanos, encetando-se a sua vinculação aos temas da democracia e da paz". (Celso Lafer, prefácio de *Os direitos humanos como tema global*, São Paulo, Perspectiva/Fundação Alexandre de Gusmão, 1994), p. XXVI.

[7] Andrew Hurrell, "Power, Principles and Prudence: Protecting Human Rights in a Deeply Divided World", em Tim Dunne e Nicholas J. Wheeler, *Human Rights in Global Politics* (Cambridge, Cambridge University Press, 1999), p. 277.

A partir da Declaração de 1948, começa a se desenvolver o direito internacional dos direitos humanos, mediante a adoção de diversos instrumentos internacionais de proteção. A Declaração de 1948 confere lastro axiológico e unidade valorativa a esse campo do direito, com ênfase na universalidade, indivisibilidade e interdependência dos direitos humanos.

O processo de universalização dos direitos humanos permitiu a formação de um sistema internacional de proteção desses direitos. Esse sistema é integrado por tratados internacionais de proteção que refletem, sobretudo, a consciência ética contemporânea compartilhada pelos Estados, na medida em que invocam o consenso internacional acerca de temas centrais aos direitos humanos, na busca da salvaguarda de parâmetros protetivos mínimos – do "mínimo ético irredutível". Nesse sentido, cabe destacar que, até agosto de 2007, o Pacto Internacional dos Direitos Civis e Políticos contava com 160 estados-partes; o Pacto Internacional dos Direitos Econômicos, Sociais e Culturais contava com 157; a Convenção contra a Tortura contava com 145; a Convenção sobre a Eliminação da Discriminação Racial contava com 173; a Convenção sobre a Eliminação da Discriminação contra a Mulher contava com 185 e a Convenção sobre os Direitos da Criança apresentava a mais ampla adesão, com 193 estados-partes[8].

Ao lado do sistema normativo global, surgem os sistemas regionais de proteção, que buscam internacionalizar os direitos humanos nos planos regionais, particularmente na Europa, América e África. Adicionalmente, há um incipiente sistema árabe e a proposta de criação de um sistema regional asiático. Consolida-se, assim, a convivência do sistema global da ONU com instrumentos do sistema regional, por sua vez integrado pelos sistemas americano, europeu e africano de proteção aos direitos humanos.

Os sistemas global e regional não são dicotômicos, mas complementares. Inspirados pelos valores e princípios da Declaração Universal, compõem, no plano internacional, o universo instrumental de proteção dos direitos humanos. Nessa ótica, os diversos sistemas de proteção de direitos humanos interagem em benefício dos indivíduos protegidos. O propósito da coexistência de distintos instrumentos jurídicos – garantindo os mesmos direitos – é, pois, ampliar e fortalecer a proteção dos direitos humanos. O que importa é o grau de eficácia da proteção, e, por isso, deve ser aplicada a norma que, no caso concreto, melhor proteja a vítima. Ao adotar o valor da

---

[8] A respeito, consultar *Human Development Report, UNDP* (Nova York/Oxford, Oxford University Press, 2007).

primazia da pessoa humana, esses sistemas se complementam, interagindo com o sistema nacional de proteção, a fim de proporcionar a maior efetividade possível na tutela e promoção de direitos fundamentais. Estas são a lógica e a principiologia próprias do direito internacional dos direitos humanos, todo ele fundado no princípio maior da dignidade humana.

A concepção contemporânea de direitos humanos caracteriza-se pelos processos de universalização e internacionalização desses direitos, compreendidos sob o prisma de sua indivisibilidade[9]. Ressalte-se que a Declaração de Direitos Humanos de Viena, de 1993, reitera a concepção da Declaração de 1948, quando, em seu parágrafo 5º, afirma: "Todos os direitos humanos são universais, interdependentes e inter-relacionados. A comunidade internacional deve tratar os direitos humanos globalmente de forma justa e equitativa, em pé de igualdade e com a mesma ênfase."

Logo, a Declaração de Viena de 1993, subscrita por 171 estados, endossa a universalidade e a indivisibilidade dos direitos humanos, revigorando o lastro de legitimidade da chamada concepção contemporânea de direitos humanos, introduzida pela Declaração de 1948. Note-se que, quando do consenso do "pós-guerra", a Declaração de 1948 foi adotada por 48 estados, com oito abstenções. Assim, a Declaração de Viena de 1993 estende, renova e amplia o consenso sobre a universalidade e indivisibilidade dos direitos humanos. A Declaração de Viena afirma ainda a interdependência entre os valores dos direitos humanos, democracia e desenvolvimento.

Tendo em vista a historicidade dos direitos humanos e considerando a fixação de parâmetros protetivos mínimos afetos à dignidade humana, com destaque à Declaração Universal de Direitos Humanos de 1948, ao Pacto Internacional dos Direitos Civis e Políticos, à Convenção contra a Tortura e à Convenção Americana de Direitos Humanos, destacam-se quatro direitos:

o direito a não ser submetido à tortura;

o direito à justiça (o direito à proteção judicial);

o direito à verdade; e

o direito à prestação jurisdicional efetiva, na hipótese de violação a direitos (direito a remédios efetivos).

---

[9] Note-se que a Convenção sobre a Eliminação de todas as formas de Discriminação Racial, a Convenção sobre a Eliminação da Discriminação contra a Mulher, a Convenção sobre os Direitos da Criança e a Convenção para a Proteção dos Direitos dos Trabalhadores Migrantes e dos Membros de suas Famílias contemplam não apenas direitos civis e políticos, mas também direitos sociais, econômicos e culturais, o que vem a endossar a ideia da indivisibilidade dos direitos humanos.

Os instrumentos internacionais de proteção dos direitos humanos estabelecem um núcleo inderrogável de direitos, a serem respeitados seja em tempos de guerra, instabilidade, comoção pública ou calamidade pública, como atestam o artigo 4º do Pacto Internacional de Direitos Civis e Políticos, o artigo 27 da Convenção Americana de Direitos Humanos e o artigo 15 da Convenção Europeia de Direitos Humanos[10]. A Convenção contra a Tortura, de igual modo, no artigo 2º, consagra a cláusula da inderrogabilidade da proibição da tortura. Ou seja, nada pode justificar a prática da tortura (seja ameaça ou estado de guerra, instabilidade política interna ou qualquer outra emergência pública).

Todos esses tratados convergem ao endossar a absoluta proibição da tortura. Isto é, o direito a não ser submetido à tortura é um direito absoluto, que não permite qualquer exceção, suspensão ou derrogação.

No plano internacional, a tortura foi um dos primeiros atos a ser considerada, por sua gravidade, crime contra a ordem internacional. Daí a adoção da Convenção contra a Tortura e outros Tratamentos ou Penas Cruéis, Desumanos ou Degradantes, pelas Nações Unidas, em 28 de setembro de 1984, ratificada até 2007 por 145 estados-partes e elevada a *jus cogens* no plano internacional (isto é, norma cogente e inderrogável). Em 2002, foi aprovado um Protocolo Facultativo à Convenção, que estabeleceu um sistema preventivo de visitas regulares a locais de detenção.

O Brasil ratificou a Convenção contra a Tortura em 1989 e seu Protocolo Facultativo, assumindo, no livre exercício de sua soberania, obrigações jurídicas para o combate à tortura e autorizando o monitoramento internacional do modo pelo qual implementa a Convenção.

Não há qualquer possibilidade de se derrogar a proibição contra a tortura. A Convenção é enfática ao determinar que nenhuma circunstância excepcional, seja qual for (ameaça, estado de guerra, instabilidade política interna ou qualquer outra emergência pública), pode ser invocada como justificativa para a tortura (artigo 2º, 2). A Recomendação Geral nº 20 do Comitê de Direitos Humanos realça que a proibição absoluta da tortura tem como propósito proteger tanto a dignidade quanto a integridade física e mental do indivíduo. O Comitê ainda observa que nenhuma justificativa

---

[10] Ver também a Recomendação Geral nº 29 do Comitê de Direitos Humanos, que esclareceu acerca dos direitos inderrogáveis e identificou os elementos que não podem ser sujeitos à suspensão.

ou circunstância excepcional pode ser invocada para a tortura por qualquer razão, incluindo-se aquelas baseadas em cumprimento a ordem de superior hierárquico ou autoridade pública.

Considerando que a tortura é um crime que viola o direito internacional, a Convenção contra a Tortura estabelece a jurisdição compulsória e universal para os indivíduos acusados de sua prática (artigos 5º a 8º). Compulsória porque obriga os estados-partes a processar e punir os torturadores, independentemente do território onde a violação tenha ocorrido e da nacionalidade do violador e da vítima. Universal porque o Estado-parte onde se encontra o suspeito deverá processá-lo ou extraditá-lo para outro Estado-parte que o solicite e tenha o direito de fazê-lo, independentemente de acordo prévio bilateral sobre extradição[11]. A Convenção contra a Tortura autoriza e legitima a extradição legal de acusados de tortura, a partir de uma cooperação internacional entre estados, com base no princípio da complementaridade horizontal de suas jurisdições nacionais.

Ao direito a não ser submetido à tortura somam-se o direito à proteção judicial, o direito à verdade e o direito à prestação jurisdicional efetiva, na hipótese de violação a direitos humanos. Vale dizer, é dever do Estado investigar, processar, punir e reparar a prática da tortura, assegurando à vítima o direito à proteção judicial e a remédios efetivos. Também é dever do

---

[11] Sobre estes preceitos, afirma José Augusto Lindgren Alves: "São unanimemente reputados de grande importância pela eficácia que propiciam à luta internacional contra a impunidade de aplicadores e responsáveis pela prática de torturas." José Augusto Lindgren Alves, *A arquitetura internacional dos direitos humanos* (São Paulo, FTD, 1997), p. 141. A respeito da aplicação destes preceitos referentes à jurisdição compulsória e universal, há que se mencionar o caso Pinochet, em que um juiz espanhol, em 1998, solicitou à Inglaterra a extradição de Pinochet (que lá se encontrava), para que fosse processado sob a acusação da prática de tortura e desaparecimento forçado de pessoas, ao longo do regime ditatorial chileno. Note-se que a Espanha, a Inglaterra e o Chile são partes da Convenção contra a Tortura. Destaque-se também a decisão da justiça italiana que, em 27 de dezembro de 2007, determinou a prisão preventiva de 146 sul-americanos, entre eles treze brasileiros, em virtude do desaparecimento de dois ítalos-argentinos em 1980, ilegalmente presos no Brasil, enviados à Argentina e desde então desaparecidos. Os 146 sul-americanos são acusados da prática de assassinatos, sequestros, torturas e desaparecimentos forçados, sob o manto da Operação Condor, rede internacional que articulava ações repressivas das ditaduras do Cone Sul nas décadas de 1970 e 1980. Uma vez mais, o fundamento jurídico foi a jurisdição compulsória e universal prevista na Convenção contra a Tortura. Ver Flávia Piovesan e Demétrio Magnoli, "A exceção brasileira", *O Estado de S. Paulo*, p. A2, 10/01/2008.

Estado assegurar o direito à verdade, em sua dupla dimensão – individual e coletiva – em prol do direito da vítima e de seus familiares (o que compreende o direito ao luto) e em prol do direito da sociedade à construção da memória e identidade coletivas.

O direito internacional dos direitos humanos e a Lei de Anistia: o caso brasileiro

Leis de anistia, direito à verdade e à justiça são temas que emergem com especial destaque na agenda contemporânea de direitos humanos da América Latina. Em 2005, decisão da Corte Suprema de Justiça Argentina considerou que as leis de ponto final (Lei 23.492/86) e de obediência devida (Lei 23.521/87) – ambas impediam o julgamento de violações cometidas no regime repressivo de 1976 a 1983 – eram incompatíveis com a Convenção Americana de Direitos Humanos, o que tem permitido o julgamento de militares por crimes praticados na repressão. No Chile, o Decreto-Lei 2.191/78 – que previa anistia aos crimes perpetrados de 1973 a 1978, na era Pinochet – também foi invalidado por decisão do sistema interamericano, por violar o direito à justiça e à verdade. No Uruguai, militares têm sido condenados criminalmente – cite-se, como exemplo, decisão que condenou o ex-ditador Juan María Bordaberry. Por sentença da Corte Interamericana, leis de anistia no Peru também foram invalidadas, com fundamento no dever do Estado de investigar, processar, punir e reparar graves violações de direitos humanos.

A justiça de transição lança o delicado desafio de romper com o passado autoritário e viabilizar o ritual de passagem à ordem democrática. O risco é que as concessões ao passado possam comprometer e debilitar a busca democrática, corrompendo-a com as marcas de um continuísmo autoritário. Justiça e paz; justiça sem paz; e paz sem justiça são os dilemas da transição democrática.

Na experiência brasileira, destacam-se a Lei de Anistia de 1979 (Lei 6.683/79) e a Lei 9.140/95, que reconheceu como mortos os desaparecidos políticos e estabeleceu indenização aos seus familiares.

Quanto à Lei de Anistia de 1979, que abrange crimes políticos praticados entre 1961 a 1979, há que se afastar a insustentável interpretação de que, em nome da conciliação nacional, a Lei de Anistia seria uma lei de "duas mãos", a beneficiar torturadores e vítimas. Esse entendimento advém da equivocada leitura da expressão "crimes conexos" constante da lei.

Crimes conexos são os praticados por uma pessoa ou grupo de pessoas, que se encadeiam em suas causas. Não se pode falar em conexidade entre os fatos praticados pelo delinquente e pelas ações de sua vítima. A anistia perdoou a estas e não àqueles; perdoou as vítimas e não os que delinquem em nome do Estado. Ademais, é inadmissível que o crime de tortura seja concebido como crime político, passível de anistia e prescrição.

Como já enfocado, o crime de tortura viola a ordem internacional e, por sua extrema gravidade, é insuscetível de anistia ou prescrição. A tortura é crime de lesa-humanidade, considerado imprescritível pela ordem internacional. Demanda do Estado o dever de investigar, processar, punir e reparar a violação perpetrada, assegurando à vítima o direito à justiça e o direito à prestação jurisdicional efetiva.

A jurisprudência do sistema interamericano e do sistema global de proteção reconhece que leis de anistia violam obrigações jurídicas internacionais no campo dos direitos humanos.

No sistema interamericano, destacam-se como emblemáticas as sentenças proferidas pela Corte Interamericana nos casos Barrios Altos *versus* Peru (2001)[12] e Almonacid Arellano *versus* Chile (2006)[13].

No caso Barrios Altos *versus* Peru, a Corte Interamericana considerou que leis de anistia que estabelecem excludentes de responsabilidade e impedem investigações e punições de violações de direitos humanos como

---

[12] Ver caso Barrios Altos vs. Peru. Fondo. Sentença de 14 de março de 2001. Série C nº 75. Disponível em: <http://www.corteidh.or.cr/docs/casos/articulos/Seriec_75_esp.pdf>.

[13] Ver caso Almonacid Arellano y otros vs. Chile. Sentença de 26 de setembro de 2006. Série C nº 154. Disponível em: <http://www.corteidh.or.cr/docs/casos/articulos/seriec_154_esp.pdf>. Acessado em 27/12/08. Ver ainda as sentenças proferidas nos seguintes casos: a) caso Velásquez Rodríguez vs. Honduras. Fondo. Sentença de 29 de julho de 1988. Série C nº 4. Disponível em: <http://www.corteidh.or.cr/docs/casos/articulos/seriec_04_esp.pdf>; b) caso Bámaca Velásquez vs. Guatemala. Fondo. Sentença de 25 de novembro de 2000. Série C nº 70. Disponível em: <http://www.corteidh.or.cr/docs/casos/articulos/Seriec_70_esp.pdf>; c) caso La Cantuta vs. Peru. Fondo, Reparaciones y Costas. Sentença de 29 de novembro de 2006. Série C nº 162. Disponível em: <http://www.corteidh.or.cr/docs/casos/articulos/seriec_162_esp.pdf>; d) caso de la Comunidad Moiwana vs. Suriname. Excepciones Preliminares, Fondo, Reparaciones y Costas. Sentença de 15 de junho de 2005. Disponível em: <http://www.corteidh.or.cr/docs/casos/articulos/seriec_124_esp1.pdf>; e) caso Castillo Páez vs. Peru. Reparaciones y Costas. Sentença de 27 de novembro de 1998. Disponível em: <http://www.corteidh.or.cr/docs/casos/articulos/seriec_43_esp.pdf>.

tortura, execuções extrajudiciais e desaparecimentos forçados são incompatíveis com a Convenção Americana de Direitos Humanos. No entender da Corte:

> La Corte, conforme a lo alegado por la Comisión y no controvertido por el Estado, considera que las leyes de amnistía adoptadas por el Perú impidieron que los familiares de las víctimas y las víctimas sobrevivientes en el presente caso fueran oídas por un juez, conforme a lo señalado en el artículo 8.1 de la Convención; violaron el derecho a la protección judicial consagrado en el artículo 25 de la Convención; impidieron la investigación, persecución, captura, enjuiciamiento y sanción de los responsables de los hechos ocurridos en Barrios Altos, incumpliendo el artículo 1.1 de la Convención, y obstruyeron el esclarecimiento de los hechos del caso. Finalmente, la adopción de las leyes de autoamnistía incompatibles con la Convención incumplió la obligación de adecuar el derecho interno consagrada en el artículo 2 de la misma.

Conclui a Corte que as leis de "autoanistia" perpetuam a impunidade, propiciam uma injustiça continuada, impedem às vítimas e aos seus familiares o acesso à justiça e o direito de conhecer a verdade e de receber a reparação correspondente, o que constituiria uma manifesta afronta à Convenção Americana. As leis de anistia configurariam, assim, um ilícito internacional e sua revogação uma forma de reparação não pecuniária.

No mesmo sentido, cabe destaque ao caso Almonacid Arellano *versus* Chile, cujo objeto era a validade do Decreto-Lei 2.191/78 – que previa anistia aos crimes perpetrados de 1973 a 1978 na era Pinochet – à luz das obrigações decorrentes da Convenção Americana de Direitos Humanos. Para a Corte:

> La adopción y aplicación de leyes que otorgan amnistía por crímenes de lesa humanidad impide el cumplimiento de las obligaciones señaladas. El Secretario General de las Naciones Unidas, en su informe sobre el establecimiento del Tribunal Especial para Sierra Leona, afirmó que [a]unque reconocen que la amnistía es un concepto jurídico aceptado y una muestra de paz y reconciliación al final de una guerra civil o de un conflicto armado interno, las Naciones Unidas mantienen sistemáticamente la posición de que la amnistía no puede concederse respecto de crímenes internacionales como el genocidio, los crímenes de lesa humanidad o las infracciones graves del derecho internacional humanitário. [...] Leyes de amnistía con las características descritas conducen a la indefensión de las víctimas y a la perpetuación de la impunidad de los crímenes de lesa humanidad, por lo que son manifiestamente incompatibles con la letra y el espíritu de la Convención Americana e indudablemente afectan derechos consagrados en ella. Ello constituye *per se* una violación de la Convención y genera responsabilidad.

Acrescenta a Corte:

> En consecuencia, dada su naturaleza, el Decreto Ley nº 2.191/78 carece de efectos jurídicos y no puede seguir representando un obstáculo para la investigación de los hechos que constituyen este caso, ni para la identificación y el castigo de los responsables, ni puede tener igual o similar impacto respecto de otros casos de violación de los derechos consagrados en la Convención Americana acontecidos en Chile. Por otro lado, si bien la Corte nota que el Decreto Ley nº 2.191 otorga básicamente una autoamnistía, puesto que fue emitido por el propio régimen militar, para sustraer de la acción de la justicia principalmente sus propios crímenes, recalca que un Estado viola la Convención Americana cuando dicta disposiciones que no están en conformidad con las obligaciones dentro de la misma; el hecho de que esas normas se hayan adoptado de acuerdo con el ordenamiento jurídico interno o contra él, "es indiferente para estos efectos". En suma, esta Corte, más que al proceso de adopción y a la autoridad que emitió el Decreto Ley nº 2.191, atiende a su *ratio legis*: amnistiar los graves hechos delictivos contra el derecho internacional cometidos por el régimen militar. El Estado, desde que ratificó la Convención Americana el 21 de agosto de 1990, ha mantenido vigente el Decreto Ley nº 2.191 por 16 años, en inobservancia de las obligaciones consagradas en aquella.

Por fim, conclui a Corte, por unanimidade que:

> El Estado debe asegurarse que el Decreto Ley nº 2.191/78 no siga representando un obstáculo para la continuación de las investigaciones de la ejecución extrajudicial del señor Almonacid Arellano y para la identificación y, en su caso, el castigo de los responsables, conforme a lo señalado en los párrafos 145 a 157 de esta Sentencia. El Estado debe asegurarse que el Decreto Ley nº 2.191 no siga representando un obstáculo para la investigación, juzgamiento y, en su caso, sanción de los responsables de otras violaciones similares acontecidas en Chile, conforme a lo señalado en el párrafo 145 de esta Sentencia.

Desse modo, a Corte realçou a invalidade do mencionado decreto-lei de "autoanistia", por implicar a denegação de justiça às vítimas, bem como por afrontar os deveres do Estado de investigar, processar, punir e reparar graves violações de direitos humanos que constituem crimes de lesa-humanidade.

No sistema global, cabe menção à Recomendação Geral nº 20, de abril de 1992, adotada pelo Comitê de Direitos Humanos, a respeito do artigo 7 do Pacto dos Direitos Civis e Políticos, concernente à proibição da tortura e outros tratamentos ou penas cruéis, desumanos ou degradantes, que ressalta:

> As anistias são geralmente incompatíveis com o dever dos estados de investigar tais atos; para garantir a não ocorrência de tais atos dentro de sua jurisdição; e para assegurar que não ocorram no futuro. Os estados não podem privar os

indivíduos de seu direito a um recurso eficaz, inclusive a possibilidade de compensação e plena reabilitação.[14]

No mesmo sentido, destaca-se a Recomendação Geral nº 31, adotada pelo Comitê de Direitos Humanos, em 2004, ao afirmar:

O artigo 2, parágrafo 3, requer que os estados-partes proporcionem a reparação aos indivíduos cujos direitos do Pacto forem violados. Sem reparação aos indivíduos cujo direito foi violado, a obrigação de fornecer um recurso eficaz, que é central à eficácia do artigo 2, parágrafo 3, não é preenchida. [...] O Comitê ressalta que, quando apropriada, a reparação deve abranger a restituição, a reabilitação e as medidas da satisfação, tais como pedidos de desculpas em público, monumentos públicos, garantia de não repetição e mudanças em leis e em práticas relevantes, assim como conduzir à justiça os agentes de violações dos direitos humanos. [...] Os estados-partes devem assegurar que os responsáveis por violações de direitos determinados no Pacto, quando as investigações assim revelarem, sejam conduzidos aos tribunais. Como fracasso na investigação, o fracasso em trazer os agentes violadores à justiça poderia causar uma ruptura do Pacto. [...] Dessa forma, onde os agentes públicos ou estatais cometeram violações dos direitos do Pacto, os estados-partes envolvidos não podem aliviar os agressores da responsabilidade pessoal, como ocorreram com determinadas anistias e as imunidades e indenizações legais prévias. Além disso, nenhuma posição oficial justifica que pessoas que poderiam ser acusadas pela responsabilidade por tais violações permaneçam imunes de sua responsabilidade legal. Outros impedimentos à determinação da responsabilidade legal também devem ser removidos, como a defesa por devido cumprimento do dever legal ou aos períodos absurdamente curtos da limitação estatutária nos casos onde tais limitações são aplicáveis. Os estados-partes devem também ajudar a conduzir à justiça os suspeitos de cometimento de atos de violação ao Pacto, os quais são puníveis sob a legislação doméstica ou internacional.[15]

Ao direito à justiça conjuga-se o direito à verdade e ao acesso aos arquivos, que no Brasil remanescem negados. A Lei 11.111/05 prevê que o acesso aos documentos públicos classificados "no mais alto grau de sigilo" poderá ser restringido por tempo indeterminado, ou até permanecer

---

[14] Recomendação Geral nº 20, do Comitê de Direitos Humanos da ONU, sobre o artigo 7 do Pacto Internacional de Direitos Civis e Políticos. Disponível em: <http://www.unhchr.ch/tbs/doc.nsf/(Symbol)/6924291970754969c12563ed004c8ae5?Opendocument>.

[15] Recomendação Geral nº 31, do Comitê de Direitos Humanos da ONU, sobre a natureza da obrigação geral imposta aos estados-partes do Pacto Internacional de Direitos Civis e Políticos. Disponível em: <http://www.unhchr.ch/tbs/doc.nsf/(Symbol)/CCPR.C.21.Rev.1.Add.13.En?Opendocument>.

em eterno segredo, em defesa da soberania nacional. É flagrante a violação desta lei aos princípios constitucionais da publicidade e da transparência democrática.

O direito à verdade assegura o direito à construção da identidade, da história e da memória coletiva. Traduz o anseio civilizatório do conhecimento de graves fatos históricos atentatórios aos direitos humanos. Tal resgate histórico serve a um duplo propósito: assegurar o direito à memória das vítimas e confiar às gerações futuras a responsabilidade de prevenir a repetição de tais práticas[16].

Para a Comissão Interamericana de Direitos Humanos, é fundamental respeitar e garantir o direito à verdade para o fim da impunidade e para a proteção dos direitos humanos. Acentua a Comissão: "Toda sociedad tiene el irrenunciable derecho de conocer la verdad de lo ocurrido, así como las razones y circunstancias en la que aberrantes delitos llegaron a cometerse, a fin de evitar que eses echos vuelvam a ocurrir en el futuro"[17].

Nas lições de Kathryn Sikkink e Carrie Booth Walling[18], a justiça de transição compreende: a) o direito à verdade; b) o direito à justiça; c) o direito à reparação; e d) reformas institucionais.

Constata-se na experiência de transição brasileira um processo aberto e incompleto, na medida em que tão somente foi contemplado o direito à reparação, com o pagamento de indenização aos familiares dos desaparecidos no regime militar, nos termos da Lei 9.140/95. Emergencial é avançar na garantia do direito à verdade, do direito à justiça e em reformas institucionais.

Estudos demonstram que justiça de transição tem sido capaz de fortalecer o Estado de direito, a democracia e o regime de direitos humanos, não

---

[16] Flávia Piovesan, "Desarquivando o Brasil". Disponível em: <http://www.desaparecidospoliticos.org.br>. Acessado em 10/1/2007.

[17] Sobre o direito à verdade, ver Comissão Interamericana de Direitos Humanos, AG/RES, 2175 (XXXVI-O/06). El derecho a la verdad. Aprobada en la cuarta sesión plenaria, celebrada el 6 de junio de 2006. Disponível em: <http://www.cidh.oas.org/annualrep/2006sp/cap2a.2006.sp.htm>.

[18] Ver os *papers* de Kathryn Sikkink e Carrie Booth Walling, "Errors about Trials: The Emergence and Impact of the Justice Cascade" e "Do Human Rights Trials Improve Human Rights?", apresentados no Princeton International Relations Faculty Colloquium, 27 mar. 2006). Consultar também Martha Minow, *Between Vengeance and Forgiveness: Facing History After Genocide and Mass Violence* (Boston, Beacon Press, 1998).

representando qualquer risco, ameaça ou instabilidade democrática, tendo, ainda, um valor pedagógico para as futuras gerações[19]. Como atentam Sikkink e Walling:

> O julgamento de violações de direitos humanos pode também contribuir para reforçar o Estado de direito, como ocorreu na Argentina. [...] os cidadãos comuns passam a perceber o sistema legal como mais viável e legítimo se a lei é capaz de alcançar os mais poderosos antigos líderes do país, responsabilizando-os pelas violações de direitos humanos do passado. O mais relevante componente do Estado de direito é a ideia de que ninguém está acima da lei. Desse modo, é difícil construir um Estado de direito ignorando graves violações a direitos civis e políticos e fracassando ao responsabilizar agentes governamentais do passado e do presente. [...] Os mecanismos de justiça de transição não são apenas produto de idealistas que não compreendem a realidade política, mas instrumentos capazes de transformar a dinâmica de poder dos atores sociais.[20]

Vale dizer, a inexistência de uma justiça de transição é fator a justificar o grave quadro de violações de direitos humanos no Brasil, sobretudo no que se refere à prática da tortura e à impunidade que a fomenta.

Com efeito, no caso brasileiro, a tortura persiste de forma generalizada e sistemática. Levantamento feito em 2005 aponta que o número de agentes condenados pela prática da tortura, no país inteiro, não chegava sequer a 20[21]. Na maioria dos casos, ainda se recorre aos tipos penais de lesão corporal ou constrangimento ilegal para punir a tortura (como no passado, quando inexistia a lei), em detrimento da efetiva aplicação da Lei 9.455/97. Pesquisa realizada pelo Conselho Nacional dos Procuradores-Gerais de Justiça registra que, nos primeiros cinco anos de vigência da lei, foram apresentadas 524 denúncias de tortura, sendo que somente quinze (4,3% do total) foram a julgamento e apenas nove casos (1,7%) resultaram em condenação dos torturadores[22]. Esses dados revelam que, na prática, não foram

---

[19] Ver especialmente o estudo de Kathryn Sikkink e Carrie Booth Walling, "The Impact of Humans Rights Trials in Latin America", *Journal of Peace Research*, Los Angeles, Sage Publications, v. 44, n. 4, 2007, p. 427-45.

[20] Idem, *The Emergence and Impact of Human Rights Trials*, cit. p. 20-1.

[21] Segundo relatório do Conselho Nacional dos Procuradores-Gerais de Justiça, houve 18 condenações pela prática do crime de tortura ("Dobram acusações pela Lei da Tortura", *Folha de S.Paulo*, p. C4, 23/8/2001).

[22] *Direitos Humanos no Brasil 2003*, Relatório Anual do Centro de Justiça Global (São Paulo, maio de 2004), p. 38. Disponível em: <http://www.global.org.br/portuguese/arquivos/JGRA2003.pdf>. Acessado em 9/8/2005.

incorporados os avanços introduzidos pela Lei 9.455 de 1997. Em geral, a tortura ocorre quando o indivíduo está sob a custódia do Estado, em delegacias, cadeias e presídios, remanescendo como usual método de investigação policial para obter informações e confissões sobre crimes.

A prática da tortura se manterá na medida em que se assegurar a impunidade de seus agentes. Como já afirmou o então relator especial da ONU, Nigel Rodley, a tortura é um "crime de oportunidade", que pressupõe a certeza da impunidade. O combate ao crime de tortura exige a adoção pelo Estado de medidas preventivas e repressivas, sob o atento monitoramento da sociedade civil. De um lado, é necessária a criação e manutenção de mecanismos que eliminem a "oportunidade" de torturar, garantindo a transparência do sistema prisional-penitenciário. Por outro lado, a luta contra a tortura impõe o fim da cultura de impunidade, demandando do Estado o rigor no dever de investigar, processar e punir os seus perpetradores, bem como de reparar a violação.

Não há verdadeiro Estado de direito e democracia sem que os direitos humanos sejam respeitados. Não há segurança sem direitos humanos, tampouco direitos humanos sem segurança. Esses termos são interdependentes e inter-relacionados, mantendo uma relação de condicionalidade e de complementariedade. A perversa prática da tortura lança o Estado à deliquência, convertendo-o de guardião de direitos em atroz violador da legalidade.

Faz-se fundamental romper com o continuísmo autoritário no ambiente democrático. A justiça de transição demanda o direito à justiça, o direito à verdade e reformas institucionais – temas que remanescem negligenciados na experiência brasileira. Faz-se necessário viabilizar transformações profundas no aparato repressivo de segurança herdado do regime militar – o que inclui reformas nas Forças Armadas e nas polícias civil e militar[23]. Tais medidas mostram-se essenciais ao fortalecimento da democracia, do Estado de direito e do regime de proteção dos direitos humanos no Brasil.

Implementar os mecanismos da justiça de transição na experiência brasileira – direito à verdade, direito à justiça, direito à reparação e reformas institucionais – é, ademais, um imperativo decorrente das obrigações jurídicas assumidas pelo Estado brasileiro no campo dos direitos humanos.

---

[23] Destaca-se ainda o desafio de lidar com o crime organizado. A título ilustrativo, segundo relatório da CPI do tráfico de armas, no Rio de Janeiro, 22% das armas apreendidas com criminosos pertencem às Forças Armadas; em São Paulo este índice é de 24%.

A absoluta proibição da tortura, o direito à verdade e o direito à justiça estão consagrados nos instrumentos internacionais ratificados pelo Brasil, o que impõe o dever do Estado de investigar, processar, punir e reparar graves violações a direitos humanos, especialmente em se tratando de crime internacional. A prática sistemática de tortura e de desaparecimento forçado constitui crime contra a humanidade, imprescritível e insuscetível de anistia. Leis de anistia não podem autorizar a manifesta violação de *jus cogens* internacional (direito cogente e inderrogável), como a absoluta proibição da tortura. Não podem ainda perpetuar a impunidade, ao gerar uma injustiça permanente e continuada.

Ao significar um ilícito internacional, por sua total incompatibilidade com os parâmetros protetivos enunciados pela ordem internacional, é de rigor que seja invalidada a Lei de Anistia brasileira, em nome da absoluta proibição da tortura, do direito à verdade e à justiça.

O PROCESSO DE ACERTO DE CONTAS E A LÓGICA DO ARBÍTRIO[1]

Glenda Mezarobba

Seguindo o fio condutor que permeia esta obra, este capítulo pretende refletir brevemente sobre o processo de acerto de contas entre o Estado brasileiro e as vítimas de perseguição política nos anos de arbítrio (1964-1985). Como se sabe, das pelo menos quatro obrigações que o legado de graves e sistemáticas violações de direitos humanos, como o deixado pelo regime militar, gera aos Estados, em relação às vítimas e à própria sociedade, apenas uma vem sendo realmente contemplada por aqui: a oferta de reparações. Os demais deveres, que consistem em investigar, processar e punir os violadores de direitos humanos; revelar a verdade para as vítimas, seus familiares e toda a sociedade; e afastar os criminosos de órgãos relacionados ao exercício da lei e de outras posições de autoridade, ou não foram cumpridos (caso dos julgamentos) ou o têm sido de maneira acessória (casos de revelação da verdade, resultado principalmente dos esforços de familiares de mortos e desaparecidos ou das próprias vítimas em reconstituir fatos negados, encobertos ou distorcidos pelo regime militar; tais informações estão sistematizadas no livro *Direito à memória e à verdade*, publicado em 2007 pela Secretaria Especial dos Direitos Humanos)[2].

---

[1] Este artigo reproduz parte da reflexão desenvolvida em dissertação de mestrado e tese de doutorado defendidas pela autora. Glenda Mezarobba, *Um acerto de contas com o futuro: a anistia e suas consequências – um estudo do caso brasileiro* (Dissertação de Mestrado, São Paulo, Depto. de Ciência Política da FFLCH, USP, 2003) e *O preço do esquecimento: as reparações pagas às vítimas do regime militar (uma comparação entre Brasil, Argentina e Chile)* (Tese de Doutorado, São Paulo, Depto. de Ciência Política da FFLCH, USP, 2008).

[2] Secretaria Especial dos Direitos Humanos e Comissão Especial sobre Mortos e Desaparecidos Políticos, *Direito à memória e à verdade* (Brasília, Comissão Especial sobre Mortos e Desaparecidos Políticos, 2007).

Por isso mesmo, cabe repetir a pergunta, agora especificamente em relação ao processo de acerto de contas: o que resta do passado no presente? Para além das violações de direitos humanos que justificam sua existência, o que se mantém, como legado daquele período, no desenvolvimento de tal processo? E o que essa memória mobiliza?

Embora a intenção dos militares fosse exatamente a oposta – com a iniciativa, o que se pretendia era colocar um ponto final na questão das punições infligidas aos perseguidos políticos –, hoje é possível afirmar que, no Brasil, o processo de acerto de contas começou com a aprovação da Lei de Anistia, em 1979. Inserida em um conjunto de estratagemas com vistas a acabar com o bipartidarismo, dividir a oposição e "dar mais flexibilidade e elasticidade ao quadro partidário para facilitar a sustentação político-eleitoral do regime autoritário"[3], a sanção da Lei 6.683, que rapidamente passaria a ser considerada um marco na redemocratização do país, se deu basicamente nos termos que o governo militar pretendia e, por isso mesmo, se mostrou mais adequada aos anseios de impunidade dos integrantes do aparato de repressão do que à necessidade de justiça dos perseguidos políticos. Defendida como a lei que vinha para "pacificar a família brasileira", a anistia se mostrou incapaz de conter a série de violações de direitos humanos iniciada com o golpe de Estado. Naquele primeiro momento, pode-se dizer que ela significou "uma tentativa de restabelecimento das relações entre militares e opositores do regime que haviam sido cassados, banidos, estavam presos ou exilados". Seu sentido principal era de "conciliação pragmática, capaz de contribuir com a transição para o regime democrático"[4]. Aos perseguidos políticos e aos familiares de mortos e desaparecidos restou uma única opção: seguir reivindicando seus direitos.

Mas, ao contrário do esforço em prol da anistia, que começou logo após o golpe de Estado, ainda em 1964, por uns poucos expoentes políticos e intelectuais, e que ao longo dos anos foi ganhando adesão, até mobilizar boa parte da sociedade brasileira, a luta em torno do direito das vítimas e das obrigações do Estado praticamente não conseguiu sensibilizar mais ninguém além dos diretamente nela envolvidos. Foi dessa forma, sem a efetiva participação da sociedade no debate em torno do tema, que foram aprovadas, no governo de

---

[3] Brasílio Sallum Jr., *Labirintos: dos generais à Nova República* (São Paulo, Hucitec, 1996), p. 28.

[4] Glenda Mezarobba, *Um acerto de contas com o futuro: a anistia e suas consequências – um estudo do caso brasileiro* (São Paulo, Humanitas/Fapesp, 2006), p. 147.

Fernando Henrique Cardoso (PSDB), as duas principais leis que tratam da reparação de perseguidos políticos do regime militar. A primeira delas, a Lei 9.140, ou Lei dos Desaparecidos, voltada aos familiares de vítimas fatais do arbítrio, diz respeito às mais graves violações de direitos humanos do período (sequestros, torturas, desaparecimentos forçados e assassinatos) e entrou em vigor em 1995, concedendo-lhes basicamente o direito de requerer os atestados de óbito de seus entes queridos e de receber indenizações. Com suas sucessivas alterações, a lei optou por reconhecer como mortos, para efeitos legais, os desaparecidos e mortos por causas não naturais, em dependências policiais ou assemelhadas, que tenham participado ou tenham sido acusados de participação em atividades políticas no período compreendido entre setembro de 1961 e outubro de 1988, bem como os que perderam a vida por causa da repressão policial sofrida, inclusive os suicidas, ou aqueles que morreram em decorrência de conflitos armados com agentes do poder público. Se não há dúvidas de que a Lei 9.140 representou um avanço (basta lembrar que o artigo 6 da Lei de Anistia permitia apenas que o cônjuge, um parente ou o Ministério Público requeressem uma declaração de ausência da pessoa que, envolvida em atividades políticas, estivesse desaparecida de seu domicílio, sem dar notícias há mais de um ano, considerando-se a data de vigência da própria lei), seus termos não foram suficientes, na interpretação dos parentes das vítimas, entre outros motivos, pelo fato de a iniciativa desobrigar o Estado a identificar e responsabilizar os que estiveram diretamente envolvidos na prática dos crimes e pelo ônus da prova ter sido deixado aos próprios familiares. Os familiares das vítimas também discordaram do argumento mobilizado pelo governo, de atribuir aos limites impostos pela Lei de Anistia a impossibilidade de se examinar as circunstâncias das mortes de seus entes queridos. E questionavam a exigência de apresentação do requerimento de reconhecimento da responsabilidade do Estado poder ser feita unicamente por eles mesmos, limitando a questão à esfera doméstica, e não como um direito da sociedade. Vale lembrar que, durante todo o regime militar e, depois, na redemocratização, familiares de mortos e desaparecidos políticos seguiram lutando para que houvesse justiça, mas suas demandas pautavam-se principalmente pelo conhecimento da verdade (a revelação das condições em torno dos crimes), a apuração das responsabilidades dos envolvidos e a localização e identificação dos despojos das vítimas.

De imediato, a Lei 9.140 identificou como mortos 136 desaparecidos políticos, cujos nomes estavam relacionados em seu anexo I. Foi a primeira vez, no Brasil, que se admitiu, independentemente de sentença judicial, a responsabilidade objetiva do Estado pela atuação ilícita de seus agentes de segurança, inclusive contra estrangeiros que residiam no país (da lista, constam os nomes de quatro desaparecidos políticos que não são brasileiros). Com a entrada em vigor da lei, uma comissão também foi criada para analisar as denúncias de outras mortes, ocorridas por motivação política e envolvendo causas não naturais, "em dependências policiais ou assemelhadas". Ainda que o pagamento de reparações jamais tenha sido incluído entre as prioridades reivindicadas, ao término de onze anos de atividades, a Comissão Especial sobre Mortos e Desaparecidos Políticos havia destinado cerca de 40 milhões de reais aos familiares de 353 vítimas fatais do regime militar – 475 casos passaram pela comissão; o valor médio de cada indenização foi de 120 mil reais.

A segunda das duas principais leis que tratam da reparação de perseguidos políticos do regime militar foi aprovada em 2002. Sancionada a partir de Medida Provisória encaminhada anteriormente pelo governo, em decorrência de esforço ascendente desenvolvido pelos próprios atingidos (ao contrário dos familiares das vítimas fatais do regime militar, os perseguidos políticos sempre estiveram às voltas com o aspecto financeiro da questão), a entrada em vigor da Lei 10.559 foi precedida pela instalação, no Ministério da Justiça, da Comissão de Anistia, destinada a analisar os pedidos de indenização formulados por aqueles que foram impedidos de exercer atividades econômicas por motivação exclusivamente política. Estruturada em cinco capítulos, além da declaração da condição de anistiado político, a lei assegura o direito à reparação econômica; à contagem, para todos os efeitos, do tempo em que o perseguido político foi obrigado a afastar-se de suas atividades profissionais, devido à punição ou ameaça de punição; o direito à conclusão de curso interrompido por punição ou ao registro de diploma obtido em instituição de ensino fora do país; e o direito à reintegração dos servidores públicos civis e dos empregados públicos punidos. Em seu parágrafo único, a legislação também garante aos que foram afastados em processos administrativos, instaurados com base na legislação de exceção, sem direito ao contraditório e à própria defesa, e impedidos de conhecer os motivos e fundamentos da decisão, a reintegração aos seus cargos – por causa da idade dos requerentes, de modo geral tal retorno tem ocorrido na inatividade.

De acordo com o capítulo III da Lei 10.559, a reparação econômica pode se dar de duas formas distintas: em prestação única, que consiste no pagamento de trinta salários mínimos por ano de punição aos que não têm como provar vínculos com a atividade laboral e cujo valor em hipótese nenhuma pode exceder cem mil reais; e em prestação mensal, permanente e continuada, garantida àqueles que conseguirem demonstrar tal ligação profissional. Do mesmo modo como ocorreu com a Lei dos Desaparecidos, tem-se claro que a Lei 10.559 (considerada bastante adequada pelos perseguidos políticos que estiveram envolvidos em sua aprovação) também representa impulso no processo de acerto de contas. Afinal, embora a Lei de Anistia previsse, em seu artigo 2, que "os servidores civis e militares demitidos, postos em disponibilidade, aposentados, transferidos para a reserva ou reformados" poderiam requerer o retorno ou reversão ao serviço antigo, na prática não foi isso que aconteceu quando a legislação passou a vigorar, no final da década de 1970. Depois de solicitar a anistia, e para que pudessem ser eventualmente reconduzidos aos seus cargos, os perseguidos políticos tinham de pedir reversão ao serviço ativo e submeter-se a análise médica – cujo resultado deveria ser compatível com o último exame antes da punição. Além disso, não bastava existir vaga. Era preciso que houvesse interesse público na reintegração do anistiado. Ou seja, a instalação da Comissão de Anistia e a entrada em vigor da Lei 10.559 ampliaram, mais uma vez, a dimensão da anistia, conferindo novo significado político ao processo. Assim, "de seu caráter inicial de conciliação pragmática, observa-se que a anistia viu seu significado evolver para o reconhecimento da responsabilidade do Estado em graves violações de direitos humanos e depois para a reparação econômica das perdas sofridas por ex-perseguidos políticos"[5]. Tal opção demonstra que, até agora,

> o investimento principal foi feito em justiça administrativa, especialmente aquela forma restauradora, voltada à compensação financeira, que busca reparar atos desarrazoados e efetuar mudanças corretivas no registro dos fatos, nas relações entre o Estado e a sociedade, representada pelas vítimas, e no comportamento futuro.[6]

Reconhecido há mais de meio século em vários instrumentos de direitos humanos, na legislação internacional não pairam dúvidas sobre o direito à reparação. A Declaração Universal dos Direitos do Homem, por exem-

---

[5] Glenda Mezarobba, *Um acerto de contas com o futuro*, cit., p. 150.
[6] Martha Minow, *Between Vengeance and Forgiveness: Facing History after Genocide and Mass Violence* (Boston, Beacon Press, 1998).

plo, prevê em seu artigo 8 o recurso a um "remédio efetivo"; o artigo 10 da Convenção Americana de Direitos Humanos faz referência à "compensação adequada", o artigo 63 fala em "compensação justa" e o 68 em "indenizações compensatórias". Em seu artigo 9, o Pacto Internacional dos Direitos Políticos e Civis assegura o "direito à reparação" a qualquer vítima de prisão ou encarceramento ilegal, enquanto o artigo 14 da Convenção contra a Tortura prevê a obrigação de cada Estado garantir, em seu ordenamento jurídico, o "direito à reparação e a uma indenização justa e adequada" a essas vítimas de violência[7]. Mais recentemente, em dezembro de 2005, depois de todos os integrantes da Comissão de Direitos Humanos da Organização das Nações Unidas votarem a favor da iniciativa, foram aprovados, pela Assembleia Geral da ONU, os Princípios e Diretrizes Básicos sobre o Direito das Vítimas de Violações Manifestas das Normas Internacionais de Direitos Humanos e de Violações Graves do Direito Internacional Humanitário a Interpor Recursos e Obter Reparações – instrumento copatrocinado, entre outros países, pelo Brasil.

Ainda que não definam e tampouco determinem o que constitui uma violação, tais princípios descrevem as consequências legais, ou seja, os direitos e deveres que derivam de tais violações, e estabelecem os procedimentos e mecanismos adequados à implementação desses direitos e deveres. Afora isso, afirmam que a vítima é o ponto de partida para a aplicação e o desenvolvimento do direito à reparação; esclarecem a terminologia relevante ao tema; refletem padrões que estão abertos à aplicação universal de todos os estados e enfatizam que a forma de medir determinado dano deve ser sempre em relação ao próprio dano sofrido[8]. Segundo documento do Programa de

---

[7] ONU, *Declaração dos Direitos Humanos* (Paris, 1948). Disponível em: <http://www.onu-brasil.org.br/documentos_direitoshumanos.php>. Acessado em 2/10/2007; OEA, *American Convention on Human Rights* (São José, 1969). Disponível em: <http://www.cidh.org/Basicos/English/Basic3.American%20Convention.htm>. Acessado em 2/10/2007; ONU, *Pacto internacional dos direitos civis e políticos* (Nova York, 1966). Disponível em: < http://www.unhchr.ch/html/menu3/b/a_ccpr.htm>. Acessado em 2/10/2007; ONU, *Convention against Torture* (Nova York, 1984). Disponível em: <http://www.unhchr.ch/html/menu3/b/h_cat39.htm>. Acessado em 2/10/2007.

[8] ONU – Office of the United Nations High Comissioner for Human Rights, *Basic Principles and Guidelines on the Right to a Remedy and Reparation for Victims of Gross Violations of International Human Rights Law and Serious Violations of International Humanitarian Law* (Nova York, 2005). Disponível em: <http://www.ohchr.org/english/law/remedy.htm>. Acessado em 2/10/2007; REDRESS, *Implementando los derechos de las víctimas* (Londres, 2006). Disponível em: <http://www.redress.

Desenvolvimento das Nações Unidas, os estados têm a obrigação não apenas de agir contra aqueles que violam os direitos humanos, mas também em prol das vítimas. E uma das maneiras de se fazer isso é exatamente por meio de esforços reparatórios, que não se limitam ao pagamento de indenizações (o que pode ser feito em dinheiro, via instrumentos negociáveis, como bônus do Tesouro, ou pela oferta de serviços, com provisões para educação, saúde e moradia), mas também incluem a restituição de direitos legais, programas de reabilitação que abrangem aconselhamento emocional, terapia e assistência médica, além de medidas simbólicas (que praticamente não foram adotadas no Brasil) como a reabilitação pública do nome das vítimas, o envio, por parte do presidente da República, de cartas com pedidos oficiais de desculpas, a designação de espaços públicos dedicados à memória das vítimas e o estabelecimento de datas e cerimônias de celebração[9].

E é aí, exatamente em contraste com esse arcabouço institucional e à luz do desenvolvimento do que se convencionou designar de justiça de transição, que se evidencia a precariedade do esforço nacional de reparação e a permanência do passado no presente, com a mobilização, por mais paradoxal que isso possa parecer, da memória do esquecimento que a Lei de Anistia propôs e a legislação subsequente tratou de reiterar. Basta recordar que, ao contrário do que ocorreu na luta pela anistia, não houve nenhuma campanha envolvendo a sociedade quando se tratou de discutir as obrigações do Estado democrático em relação aos crimes do passado e aos direitos das vítimas. Aliás, como pensar nosso processo de acerto de contas da perspectiva de que a vítima é o ponto de partida para a aplicação e o desenvolvimento do direito à reparação, se nenhuma das leis desse mesmo processo faz menção às vítimas? Na verdade, se analisada com rigor, a legislação brasileira nos leva a desconfiar da existência de vítimas no regime militar, já que, como tal, a categoria não está presente na Lei dos Desaparecidos, tampouco na Lei 10.559. Expressamente, não há uma única menção à palavra vítima em toda a legislação que integra o processo de acerto de contas do Estado brasileiro. Só há alusão a atingidos, anistiados etc. Também não há referências a violações de direitos humanos e a tortura só passou a

---

org/publications/HandbookonBasicPrinciples%20Spanish%206-6-2006.pdf>. Acessado em 2/10/2007.

[9] Pablo de Greiff, "Justice and Reparations", em *The Handbook of Reparations* (Nova York, Oxford/ICTJ, 2006), p. 452-3; United Nations Development Programme, *UNDP and Transitional Justice: an Overview* (Nova York, janeiro de 2006).

ser mencionada nos textos legislativos em 2004, com a ampliação da Lei 9.140. Outra demonstração da permanência do legado militar pode ser observada no artigo 2 da Lei dos Desaparecidos. Ao sancioná-la, o presidente da República fez saber que a aplicação das disposições da lei e todos os seus efeitos iriam se orientar "pelo princípio de reconciliação e de pacificação nacional" expressos na Lei 6.683. Mas que norma era – e continua sendo – essa, senão a do esquecimento?

Como pensar o esforço reparatório à luz dos Princípios e Diretrizes Básicos sobre o Direito das Vítimas, tendo em vista que eles estabelecem que a forma de medir determinado dano deve ser sempre em relação ao próprio dano sofrido, se essa preocupação está presente apenas em relação aos mortos e desaparecidos políticos, já que a Lei 10.559, ao regulamentar o artigo 8 do Ato das Disposições Constitucionais Transitórias, não destacou nenhum grupo de vítimas em particular, só se destinou, de modo abrangente, ao que optou por designar como "anistiado político", o que, na prática, inclui muitos perseguidos políticos, mas nem sempre tem relação direta com o sofrimento vivido pela vítima e não necessariamente contempla atingidos por graves violações de direitos humanos, caso dos torturados, por exemplo? Como lidar com as desigualdades que a legislação acabou por reiterar? Como já foi brevemente mencionado, um aspecto peculiar da Lei 10.559 é a possibilidade da reparação econômica em caráter indenizatório ser paga em prestação única ou em prestação mensal, permanente e continuada, variando apenas segundo a capacidade da vítima de conseguir comprovar vínculo com a atividade desenvolvida à época da perseguição política – o que equivale a dizer que ainda que o prejuízo seja similar e tenha ocorrido por idêntico período de tempo, enquanto na primeira modalidade o benefício jamais poderá exceder o montante de 100 mil reais, pelo menos em tese a segunda pode facilmente ultrapassar esse valor, se for concedida, por exemplo, pensão mensal de 5 mil reais.

Além disso, ao basear-se na trajetória profissional da vítima, o esforço reparatório possibilita que sofrimentos análogos sejam tratados de maneira totalmente díspar: ao operário perseguido tem sido paga indenização inúmeras vezes menor do que a destinada a um médico ou juiz, por exemplo, não apenas reafirmando nossa histórica desigualdade social, mas sancionando-a. O mais grave de tudo, no entanto, é o fato de as indenizações despendidas aos familiares das principais vítimas do regime militar, os mortos e desaparecidos políticos, não constituírem o teto do valor a ser desembolsado, explicitando não somente que o Estado brasileiro e suas instituições têm identificado desigualmente o significado e o valor das pessoas, mas que têm falhado na busca do reconhecimento de indivíduos como cidadãos com os mesmos direitos. Da forma como vem sendo conduzido, o esforço reparatório sugere que as perdas profissionais representam prejuízo maior do que o suplício da tortura levado à extrema consequência. Ou seja, em uma preocupante inversão de valores, direitos outros, que obviamente merecem plena consideração, tem aparecido antes do direito à vida, à liberdade e à segurança pessoal.

Também tem sido difícil compreender o fato de a comissão encarregada de analisar os pedidos de indenização, formulados por aqueles que foram impedidos de exercer suas atividades econômicas por motivação exclusivamente política, e que, desde a sua instalação, já recebeu mais de 60 mil requerimentos, ter sido designada, em plena democracia, de Comissão de Anistia e não, por exemplo, de Comissão de Reparação às Vítimas do Regime Militar ou de Comissão de Reparação de Perseguidos Políticos. Como se pode conceber que tais perseguidos precisem, ainda hoje, ingressar no órgão instalado no Ministério da Justiça com um pedido de anistia política e, em caso de tal pedido ser aceito, aguardar pela publicação da "concessão do benefício" no *Diário Oficial da União*, exatamente como era no governo do general João Baptista Figueiredo, depois da aprovação da anistia? Por que as vítimas, e não o Estado, têm de pedir perdão pelos sofrimentos que lhes foram impingidos? Isso sem mencionar as recém-criadas Caravanas da Anistia, parte integrante de um projeto de educação em direitos humanos da comissão, cuja proposta é percorrer todos os estados do país, difundindo "conhecimento histórico" e buscando mobilizar a sociedade para o tema, inclusive com o julgamento de casos, algumas vezes na presença do próprio ministro da Justiça[10]. Se em sentido amplo o significado da anistia é esquecimento, o que seria isso, senão a permanência da lógica do arbítrio, da falta de memória, da omissão, ainda que em sua concepção os objetivos a serem realizados possam ser outros?

Obviamente, a carga arbitrária que não apenas paira, mas por vezes ameaça desabar sobre o esforço reparatório nacional, reflete a maneira co-

---

[10] Alex Rodrigues, "Comissão de Anistia inicia caravanas que vão julgar pedidos de indenização", *Agência Brasil*. Disponível em: <http://www.agenciabrasil.gov.br/noticias/2008/03/31/materia.2008-03-31.8801472563/view>. Acessado em 28/2/2009.

mo o processo de acerto de contas do Estado brasileiro com as vítimas do período vem sendo conduzido desde o regime militar. Como foi visto, tal processo, que idealmente deveria envolver toda a sociedade, para realizar plenamente sua dimensão pública e democrática, tem sido desenvolvido principalmente na esfera privada – a mais importante manifestação disso está na opção quase exclusiva pelo pagamento de indenizações – e até agora não conseguiu sinalizar que o Estado brasileiro está comprometido em respeitar a igualdade de direitos de todos os cidadãos, tampouco demonstrar a intenção dos sucessivos governos pós-redemocratização em agir de outra forma no futuro[11]. O aspecto mais evidente da manutenção do passado no presente é a permanência em vigor da Lei de Anistia e o tom adquirido pelo debate cada vez que se cogita uma reflexão mais aprofundada de seu escopo. Ao insistir na vigência da interpretação de uma lei que impede a investigação de graves violações de direitos humanos e crimes cometidos contra a humanidade (caso dos sequestros, homicídios e ocultação de cadáveres cometidos por integrantes do regime militar, segundo normas do direito internacional, em vigor à época do golpe de Estado) perpetuando, dessa forma, a impunidade, e violando o Pacto Internacional de Direitos Civis e Políticos e a Convenção Americana sobre Direitos Humanos, o que mais o Estado brasileiro pode sinalizar, além de seu pouco apreço pelo Estado de direito e pela própria democracia? Não passíveis de anistia, como se sabe, crimes contra a humanidade também não prescrevem, segundo princípio do direito internacional, reconhecido pela Assembleia Geral das Nações Unidas antes mesmo da aprovação da Convenção sobre a Imprescritibilidade dos Crimes de Guerra e contra a Humanidade, em 1968[12].

Se há convicção em relação ao valor da democracia e da possibilidade de ela representar o melhor caminho para a promoção e o respeito aos direitos humanos, não podem restar dúvidas de que só será possível ao Estado brasileiro desincumbir-se de pelo menos parte do legado deixado pelo regime militar com a revelação da verdade e a restauração do princípio de justiça, tão desacreditado na comunidade nacional – acostumada que está ao alto

---

[11] Pablo de Greiff, "Addressing the Past: Reparations for Gross Human Rights Abuses", em Agnes Hurwits e Reyko Huang, *Civil War and the Rule of Law: Security, Development, Human Rights* (Boulder, Lynne Rienner Publishers, 2007).

[12] Juan Méndez; Gilma Tatiana Rincón Covelli, *Parecer técnico sobre la naturaleza de los crímenes de lesa humanidad, la imprescriptibilidad de algunos delitos y la prohibición de amnistías* (Nova York, ICTJ, setembro de 2008).

grau de ilegalidade que permeia as relações entre as instituições e seus cidadãos e onde a exclusão parece ser a regra. Isso inclui total empenho na promoção de preceito constitucional elementar, que é a *accountability* legal, baseada na igualdade e na universalidade de direitos e deveres, o que equivale a dizer, entre outras coisas, que todos, inclusive o Estado e especialmente seus governantes e agentes, respondem por seus atos. As tarefas são múltiplas. As mais urgentes envolvem duas instituições que, até agora, não desempenharam seu papel no processo de acerto de contas: o Judiciário e as Forças Armadas. A primeira, ao contrário do que ocorreu em países como Argentina e Chile, ainda não sinalizou que pode constituir, como bem define Catalina Smulovitz, o "lugar onde os direitos dos cidadãos poderiam ser realizados"[13]. Às Forças Armadas cabe abrir arquivos, revelar a totalidade dos fatos ocorridos, permitir que a sociedade conheça sua própria história. E sinalizar que, passados mais de vinte anos desde que o último general deixou o poder, tornou-se uma instituição que conhece e respeita os valores democráticos. Ou seja, que sabe que têm a obrigação de reconhecer os erros do passado, inclusive os crimes cometidos no período, e pedir perdão às vítimas, seus familiares e toda a sociedade brasileira.

---

[13] Catalina Smulovitz, "Petitioning and Creating Rights: Judicialization in Argentina", em Rachel Sieder; Line Schjolden e Alan Angell (orgs.), *The Judicialization of Politics in Latin America* (Nova York, Palgrave MacMillan, 2005), p. 175-6.

2
O PREÇO DE UMA RECONCILIAÇÃO EXTORQUIDA

TORTURA E SINTOMA SOCIAL

Maria Rita Kehl

Em um livro escrito em 2004[1] eu me referi ao ressentimento como um dos sintomas mais representativos da relação ambivalente da sociedade brasileira com os poderes que, em tese, deveriam representar e defender interesses coletivos. Fruto dos abusos históricos que aparentemente "perdoamos" sem exigir que opressores e agressores pedissem perdão e reparassem os danos causados, o ressentimento instalou-se na sociedade brasileira como forma de "revolta passiva" (Bourdieu) ou "vingança adiada" (Nietzsche), ao sinalizar uma covarde cumplicidade dos ofendidos e oprimidos com seus ofensores/opressores. A mágoa "irreparável" do ressentido indica que ele sabe, mas não quer saber, que aceitou se colocar em uma condição passiva diante dos abusos do mais forte; por covardia, por cálculo ("mais tarde ele há de reconhecer e premiar meu sacrifício") ou por impotência autoimposta, o ressentido acaba por se revelar cúmplice do agravo que o vitimou.

É importante ressaltar, entretanto, que o ressentimento não abate aqueles que foram derrotados na luta e no enfrentamento com o opressor, e sim os que recuaram sem lutar e perdoaram sem exigir reparação. O expediente corriqueiro – por má-fé ou mal-entendido? – de chamar de "ressentidos" aqueles que não desistiram de lutar por seus direitos e pela reparação das injustiças sofridas não passa de uma forma de desqualificar a luta política em nome de uma paz social imposta de cima para baixo. Nossa tradicional cordialidade, no sentido que Sérgio Buarque de Hollanda tomou emprestado de Ribeiro Couto, obscurece a luta de classes e desvirtua a gravidade dos conflitos desde o período colonial.

---

[1] Maria Rita Kehl, *Ressentimento* (São Paulo, Casa do Psicólogo, 2004).

No que toca à relação do ressentimento com o tema deste simpósio, vale lembrar que, no final da década de 1970, o Brasil foi o único país da América Latina que "perdoou" os militares sem exigir da parte deles nem reconhecimento dos crimes cometidos nem pedido de perdão. Não me proponho aqui a discutir as condições da anistia "ampla, geral e irrestrita" articulada pelos militares antes de deixar o poder. Mas me espanta que, na atualidade, quando o ministro Tarso Genro e o secretário de Direitos Humanos Paulo Vannucchi propõem a reabertura do debate sobre a tortura no período militar, o engajamento da sociedade pareça tíbio – sobretudo em comparação com a violenta reação de alguns setores militares.

O "esquecimento" da tortura produz, a meu ver, a naturalização da violência como grave sintoma social no Brasil. Soube, pelo professor Paulo Arantes, que a polícia brasileira é a única na América Latina que comete mais assassinatos e crimes de tortura na atualidade do que durante o período da ditadura militar. A impunidade não produz apenas a repetição da barbárie: tende a provocar uma sinistra escalada de práticas abusivas por parte dos poderes públicos, que deveriam proteger os cidadãos e garantir a paz.

Para a psicanálise, o esquecimento que produz sintoma não é da mesma ordem de uma perda circunstancial da memória pré-consciente: é da ordem do recalque. Somos então obrigados a nos indagar se é possível se falar em um *inconsciente social* cujas representações recalcadas produzem manifestações sintomáticas.

A ideia de sintoma social é controversa na psicanálise. A sociedade não pode ser analisada do mesmo modo que um sujeito; por outro lado, o sintoma social não tem outra expressão senão aquela dos sujeitos que sofrem e manifestam, singularmente ou em grupo, os efeitos do desconhecimento da causa de seu sofrimento. O sintoma social se manifesta por meio de práticas e discursos que se automatizam, independentes das estruturas psíquicas singulares de cada um de seus agentes. Assim como ocorre quando o sintoma individual se torna crônico, sem tratamento, também o sintoma social tende a se agravar com o passar do tempo.

É possível afirmar que todo agrupamento social padece, de alguma forma, dos efeitos de sua própria inconsciência. São "inconscientes", em uma sociedade, tanto as passagens de sua história relegadas ao esquecimento – por efeito de proibições explícitas ou de jogos de conveniência não declarados – quanto as demandas silenciadas de minorias cujos anseios não encontram meios de se expressar. Excluído das possibilidades de simbolização, o mal-estar silenciado acaba por se manifestar *em atos* que devem ser decifrados, de maneira análoga aos sintomas dos que buscam a clínica psicanalítica. Mas mesmo os sintomas relatados, um a um, nos consultórios dos psicanalistas, são muito menos individuais do que se pode supor. Lacan, na conferência "Função e campo da palavra e da linguagem em psicanálise" escreve que a originalidade do método psicanalítico está em abordar não o indivíduo, mas o "campo da *realidade transindividual do sujeito* [...] O inconsciente é aquela parte do discurso concreto enquanto transindividual que não está à disposição do sujeito para restabelecer a continuidade de seu discurso consciente"[2].

Por que as formações do inconsciente ultrapassam a experiência dita individual do sujeito? Porque o sujeito não é um indivíduo, no sentido radical da palavra; é dividido desde sua origem, a partir de seu pertencimento a um campo simbólico cuja sustentação é necessariamente coletiva. As formações do inconsciente, como fenômenos de linguagem, são tributárias da estrutura desse órgão coletivo, público e simbólico que é a língua em suas diferentes formas de uso. "Na perspectiva analítica", escreve Marie-Hélène Brousse[3], "a oposição individual/coletivo não é válida, e o desejo que o sujeito visa a decifrar é sempre o desejo do Outro". No *Seminário 14: A lógica do fantasma*, Lacan radicalizou esta relação ao propor a fórmula "o inconsciente é a política"[4].

Toda "realidade" (social) produz, automaticamente, uma espécie de "universo paralelo": o acervo de experiências não incluídas nas práticas falantes. Experiências *loucas*, desviantes, proscritas ou simplesmente doentias. Pois mesmo aquilo que temos de mais singular, o modo de cada um padecer e adoecer, nem sempre pertence exclusivamente a nós. Por vezes a doença, sobretudo a chamada doença mental, não passa de um fragmento do real, um pedaço excluído da cultura – e o doente é seu "cavalo", como se diz no candomblé. O doente é o lugar (social) onde a doença encontrou uma brecha para se manifestar. Nietzsche acertou ao afirmar que a doença institui um ponto de vista privilegiado sobre a realidade.

---

[2] Jacques Lacan, "Función y campo de la palabra y del lenguaje en psicoanálisis" (1953), em *Escritos* (trad. Tomás Segovia, Madri/México, Siglo Veintiuno, 1994, v. 1), p. 227-310.
[3] Marie Hélène Brousse, Conferência 1, "O analista e o político", *O inconsciente é a política* (São Paulo, Seminário Internacional da Escola Brasileira de Psicanálise, 2003), p. 17.
[4] Jacques Lacan, *Seminário 14: A lógica do fantasma*. Disponível em: <http://www.tellesdasilva.com/fantasma.html>.

Nesse "universo paralelo" das experiências não compartilhadas pela coletividade, experiências excluídas das práticas falantes e (consequentemente) da memória, vivem também, pelo menos parcialmente, os que tiveram seus corpos torturados nos subterrâneos da ordem simbólica ou sofreram a perda de amigos e parentes desaparecidos, vítimas de assassinatos nunca reconhecidos como tais por agentes de regimes autoritários. No Brasil, os opositores do regime militar que sobreviveram à tortura, embora circulem normalmente entre nós, vivem em um universo à parte não apenas em função da radicalidade da dor e da despersonalização que experimentaram, mas também porque as práticas infames dos torturadores nunca foram reconhecidas e reparadas publicamente. A sensação de *irrealidade* que acomete aqueles que passaram por formas extremas de sofrimento – como no caso dos egressos de campos de concentração – fica então como que *confirmada* pela indiferença dos que se recusam a testemunhar o trauma.

Sabemos que nem tudo, do real, pode ser dito; o que a linguagem diz define, necessariamente, um resto que ela deixa de dizer. O recorte que a linguagem opera sobre o real, pela própria definição de *recorte*, deixa um resto – resto de gozo, resto de pulsão – sempre por simbolizar. Nisto consiste o caráter irredutível do que a psicanálise chama de pulsão de morte. Não há reação mais nefasta diante de um trauma social do que a política do silêncio e do esquecimento, que empurra para fora dos limites da simbolização as piores passagens da história de uma sociedade. Se o trauma, por sua própria definição de real não simbolizado, produz efeitos sintomáticos de repetição, as tentativas de esquecer os eventos traumáticos coletivos resultam em sintoma social. Quando uma sociedade não consegue elaborar os efeitos de um trauma e opta por tentar apagar a memória do evento traumático, esse simulacro de recalque coletivo tende a produzir repetições sinistras.

Silêncio, esquecimento e repetição

O que acontece quando uma sociedade admite, na prática, formas atrozes de um gozo que não pode ser nomeado, reconhecido e barrado pela lei que rege a vida pública? Quais os efeitos dos restos desse gozo e do tormento que a ele corresponde, quando ambos são condenados a permanecer como dejetos do simbólico?

Em primeiro lugar, é importante observar que as vítimas dos abusos da ditadura militar, no Brasil, nunca se recusaram a elaborar publicamente seu trauma. Nos últimos trinta anos, não faltaram iniciativas de debater o período 1964-1979 nas universidades e em outros espaços públicos, assim como não faltaram textos de reflexão, denúncia e/ou resgate da memória, de autoria de sobreviventes da luta armada, de parentes de desaparecidos e das próprias vítimas de abusos sofridos nos porões do regime. No cinema, a década de 1980 viu surgirem os primeiros filmes de crítica ao período militar, como o corajoso *Pra frente, Brasil*, (Roberto Farias, 1982), ou a atualização cinematográfica da peça de Guarnieri, *Eles não usam black-tie*, (Leon Hirszman, 1981), período concluído com o assassinato do operário Santo Dias em São Paulo. Nos últimos vinte anos, tivemos uma produção expressiva de filmes que levaram para um público mais numeroso, do que o dos leitores de livros e frequentadores de debates, histórias de jovens que resistiram à ditadura, de suas (poucas) vitórias e muitas derrotas, com cenas violentas retratando a tortura e o assassinato de muitos heróis brasileiros daquele período.

Ou seja: os opositores da ditadura militar, vitimados ou não pela prática corrente da tortura, não deixaram de elaborar publicamente sua experiência, suas derrotas, seu sofrimento. Não deixaram de simbolizar, na medida do possível, o trauma provocado pelo encontro com a atroz crueldade de que um homem é capaz quando a própria força governante (no caso, também ela fora da lei) o autoriza a isso.

Em 1994, um ano antes de o governo Fernando Henrique Cardoso instituir indenizações pagas pelo Estado às famílias dos desaparecidos durante o regime militar, a professora Maria Lígia Quartim de Moraes, da Unicamp, viúva de um militante desaparecido, organizou naquela universidade um debate sobre a tortura e os assassinatos políticos da ditadura. Na mesa redonda sobre testemunhos de mulheres torturadas, da qual tive a honra de participar, pude observar que o ato de tornar públicos o sofrimento e os agravos infligidos ao corpo (privado) de cada uma daquelas mulheres, poderia pôr fim à impossibilidade de esquecer o trauma. Da mesma forma, os (as) companheiros (as) e filhos (as) de desaparecidos (as) políticos, na ausência de um corpo diante do qual prestar as homenagens fúnebres, só puderam enterrar simbolicamente seus mortos ao velar em um espaço público a memória deles e compartilhar com uma assembleia solidária a indignação pelo ato bárbaro que causou seu desaparecimento. O filme documentário *15 filhos* (Maria Oliveira e Marta Nehring, 1996), veio se somar a essas iniciativas.

O legado da clínica psicanalítica alcança aqui o sintoma social: assim como o endereçamento que o neurótico faz de suas questões mais íntimas a um estranho – o analista – é o primeiro passo num processo de cura, o ato de tornar públicas as experiências e as lutas que a história esqueceu e/ou recalcou é fundamental na elaboração dos traumas sociais.

No entanto, apesar do simpósio na Unicamp e de muitos outros eventos isolados (havia pouca gente na Universidade de São Paulo, em 2004, nos debates a respeito dos quarenta anos do golpe de 1964), não levamos nossa vontade de reparação até o fim. Foi espantosa a displicência, diria mesmo a frivolidade, que caracterizou a maior parte do ambiente crítico dos anos 1980: como se a ditadura por aqui tivesse terminado não com um estrondo, mas com um suspiro – já que os estrondos foram inaudíveis para os ouvidos dos que nada queriam escutar. Como se pudéssemos conviver tranquilamente com o esquecimento dos desaparecidos. Como se nosso conceito de humanidade pudesse incluir tranquilamente o corpo torturado do outro, tornado – a partir de uma radical desidentificação – nosso dessemelhante absoluto. Aquele com quem não temos nada a ver.

Mas se vítimas dos torturadores, apesar da resistência geral, não se recusaram a elaborar publicamente sua experiência, de que lado está o apagamento da memória que produz a repetição sintomática da violência institucional brasileira?

A resposta é imediata: do lado dos remanescentes do próprio regime militar, seja qual for a posição de poder que ainda ocupam. São estes os que se recusam a enfrentar o debate público – com a espantosa conivência da maioria silenciosa, a mesma que escolheu permanecer alheia aos abusos cometidos no país, sobretudo no período pós-AI-5. Muita gente ainda insiste em pensar que a prática da tortura teria sido (ou ainda é) uma espécie de mal necessário imposto pelas condições excepcionais de regimes autocráticos, e que sob um regime democrático não precisamos mais nos ocupar daqueles deslizes do passado.

A respeito do caráter supostamente excepcional da tortura, o cientista político Renato Lessa esclarece, em artigo publicado na revista *Ciência Hoje*:

> Quando pensamos no modo concreto e material de operação de um regime autocrático, é necessário ultrapassar uma percepção difusa que diz que nele as liberdades públicas são suprimidas. É certo que o são: é esta, mesmo, uma condição necessária para sua afirmação como forma política. No entanto, para que as liberdades sejam suprimidas deve operar uma exigência material precisa: é

necessário que o regime autocrático tenha a capacidade efetiva de causar sofrimentos físicos aos que a ele se opõem.[5]

A tortura não seria, segundo Lessa, uma prática excepcional tolerada em condições extremas, mas o próprio fundamento do regime autocrático. Este, de forma não declarada, assenta-se exatamente na "relação entre o torturado e o torturador: lugar de uma crueldade e de um sofrimento *que ultrapassam propósitos pragmáticos de extração de informação*" (grifo meu). Nesse caso, todo cidadão está potencialmente sujeito à tortura, sendo tal dessimetria aterrorizante entre dominadores e dominados a própria base dos regimes de exceção. Em outro artigo, publicado no jornal *O Estado de S. Paulo*, Lessa complementa o raciocínio anterior ao lembrar:

> a vulnerabilidade de imensos contingentes da população brasileira à violência policial. Se somarmos a isto a desproteção desses mesmos segmentos diante do domínio de grupos paramilitares, nos quais a presença de "agentes da ordem" não é infrequente, temos um cenário de baixa concretização de direitos fundamentais. A cultura policial no país [...] é no mínimo porosa a hábitos de pilhagem e de crueldade [...] que abrangem tanto a pequena extorsão de infratores como a prática de chacinas e assassinatos justificados por "autos de resistência". [...] É o tema da tortura que segue vigente. A presença renitente da tortura e da crueldade física como prática das forças da ordem, apesar da Constituição que temos, resulta de seu caráter "anistiável".[6]

Depois de algumas considerações sobre o caráter sofístico "de quinta categoria" que estabeleceu a mesma Lei de Anistia para torturadores e militantes de esquerda, Lessa conclui: "a pseudoanistia a torturadores revela uma dificuldade básica em lidar com os efeitos da crueldade produzidos pelo sistema de poder, em qualquer tempo"[7].

O trauma também tem efeitos sobre o torturador

A afirmação que se segue pode parecer hipócrita ou demagógica a alguns ouvidos, mas insisto em colocá-la à prova diante desse plenário: a reabertura do debate sobre a tortura no Brasil, com o eventual julgamento e punição de alguns torturadores comprovados, não curaria somente a sociedade civil dos efeitos da violência generalizada no país. Curaria também as pró-

---

[5] Renato Lessa, "Sobre a tortura", *Ciência Hoje*, n. 250, jul. 2008.
[6] Idem, "Quanto vale a vida dos outros...", *O Estado de S. Paulo*, Caderno Aliás, 7/9/2008.
[7] Idem.

prias instituições policiais. Não pelo simples expurgo dos "maus elementos": décadas de práticas abusivas impunes fizeram das polícias brasileiras um verdadeiro educandário a reproduzir indefinidamente a formação de "maus elementos".

Ocorre que a licença para abusar, torturar e matar, acaba por traumatizar *também* os agentes da barbárie. Não se ultrapassam certos limites impostos ao gozo impunemente. Assim como certas experiências extremas com a droga e com o álcool traumatizam o psiquismo pelo encontro que promovem com o gozo da pulsão de morte, o convívio "normal" com a crueldade traumatiza o sujeito que se autorizou a ser cruel e imagina beneficiar-se disso. O sentimento de realidade – que para o homem é sempre uma construção *social* – se desorganiza, assim como o sentimento de identidade do sujeito. Não é fácil efetivar a passagem do "sou um homem" para "sou um assassino de outros homens" – ela tem um preço alto. O efeito, para o próprio sujeito, é tão aterrorizante que ele se vê impelido a repetir seu ato mortífero até assimilar de vez sua nova hedionda identidade.

Não por acaso, somente algumas adesões fanáticas a crenças e rituais religiosos são capazes de redimir alguns assassinos cruéis, sejam eles policiais ou bandidos comuns: só a fé em uma instância onipotente é capaz de ressignificar a lei, quando esta foi desqualificada em sua função de barrar o gozo e organizar o gozo dos corpos individuais nos termos permitidos pelo corpo social.

Sejamos sensatos: se a possibilidade de gozar com a dor do outro está aberta para todo ser humano, por outro lado a tortura só existe porque a sociedade, explícita ou implicitamente, a admite. Por isso mesmo, porque se inscreve no laço social, não se pode considerar a tortura desumana. Ela é humana: não conhecemos nenhuma espécie animal capaz de instrumentalizar o corpo de um indivíduo da mesma espécie, e além do mais gozar com isso, a pretexto de certo amor à "verdade". Sabemos que combater o terrorismo com práticas de tortura já é adotar o terrorismo; terrorismo de Estado, que suspende os direitos e liberdades que garantem a relação livre e responsável pelos cidadãos, perante a lei. Que verdade se pode obter por meio de uma prática que destrói as condições de existência social da verdade?

Quando não é meio de gozo, a dor infligida ao outro deveria nos provocar dor psíquica. Um dos traços que distingue o ser humano de outros animais é a capacidade de identificação com a dor do outro. Por que, então, parece que o corpo torturado não diz respeito à maioria de nós?

Um corpo torturado é um corpo roubado ao seu próprio controle; corpo dissociado de um sujeito, transformado em objeto nas mãos poderosas do outro – seja o Estado ou o criminoso comum. A tortura refaz o dualismo corpo/mente, ou corpo/espírito, porque a condição do corpo entregue ao arbítrio e à crueldade do outro *separa o corpo e o sujeito*. Sob tortura, o corpo fica tão assujeitado ao gozo do outro que é como se a "alma" – isso que, no corpo, pensa, simboliza, ultrapassa os limites da carne pela via das representações – ficasse à deriva. A fala que representa o sujeito deixa de lhe pertencer, uma vez que o torturador pode arrancar de sua vítima a palavra que *ele quer ouvir*, e não a que o sujeito teria a dizer. Resta ao sujeito preso ao corpo que sofre nas mãos do outro o silêncio, como última forma do domínio de si, até o limite da morte. E resta o grito involuntário, o urro de dor que o senso comum chama de "animalesco".

Por que animalesco, se é um homem que urra? Talvez porque o grito de dor não represente mais o sujeito/homem, mas apenas o que agora nele é carne em sofrimento. O urro de dor não é mais expressão do sujeito – assim como a palavra extorquida pelo torturador também não. Mas talvez seja um mero preconceito chamar de animalesca a expressão extrema desse homem-corpo. Talvez ele evoque o terror a tal ponto que seja conveniente considerá-lo animalesco para não corrermos o risco de nos identificar com ele.

Quando se trata de experiências-limite, é preciso escutar os poetas. Torquato Neto, por exemplo: "Leve um homem e um boi ao matadouro; aquele que berrar é o homem. Mesmo que seja o boi".

Por fim: hoje ninguém desconhece a existência da tortura no Brasil – nem do passado nem do presente. Não podemos assimilar nossa indulgência para com os torturadores de ontem e de hoje como se fosse efeito de desconhecimento do fato. Mas se nós aceitamos com certa tranquilidade a existência da tortura e a impunidade dos torturadores, o que é que teria ficado recalcado, silenciado, depois da nossa pseudoanistia, e que ainda hoje produz sintomas sociais de violência policial com frequência ainda maior no presente do que durante a ditadura? Não é o fato de ter havido e haver tortura que ficou recalcado, e sim *a convicção de que ela é intolerável*. O argumento da tortura como mal necessário parece convincente ainda a grandes parcelas da população brasileira. Nós nos esquecemos que o outro torturado nos diz respeito; que se a tortura separa corpo e sujeito, cabe a nós assumir o lugar de sujeito em nome daqueles que já não têm direito a uma palavra que os represente. Como na canção de Milton Nascimento: "Morte, vela, sentinela sou/ do corpo desse meu irmão que já se foi [...]".

Não nos esquecemos nem por um dia de nossa violência social, passada e presente. Convivemos com ela o tempo todo, preocupamo-nos com ela e a tememos. O que ficou recalcado na sociedade brasileira, desde a tal pseudoanistia, é que somos nós os agentes sociais a quem cabe exterminar a tortura. Esquecemos de que é possível viver sem ela. Só que esta mudança não se dará sem enfrentamento, sem conflito. A tortura resiste como sintoma social de nossa displicência histórica.

O que não podemos esquecer está expresso no poema introdutório ao livro *Réquiem,* de Anna Akhmátova, sobre o período dos expurgos e das prisões na Rússia sob a ditadura stalinista:

> Não, não foi sob um céu estrangeiro
> Nem ao abrigo de asas estrangeiras.
> Eu estava bem no meio do meu povo
> Lá onde meu povo em desventura estava.[8]

---

[8] Lauro Machado Coelho, *Anna, a voz da Rússia – vida e obra de Anna Akhmátova* (São Paulo, Algol, 2008).

ESCRITAS DA TORTURA

Jaime Ginzburg

> O procurador me perguntou se eu havia sido torturado. Minha resposta foi o silêncio, enquanto nos olhávamos fixamente nos olhos.
>
> *Rodolfo Konder*

Começo este texto resumindo uma ideia de um artigo de Renato Janine Ribeiro, "A dor e a injustiça"[1]. De acordo com Ribeiro, a sociedade brasileira viveu em sua formação dois traumas fundamentais. O primeiro está associado ao impacto histórico de séculos de exploração colonial, forjada de modo violento, dos momentos iniciais à independência no início do século XIX. O segundo está vinculado à crueldade inerente à escravidão, que sustentou o processo de formação do Estado nacional, no período imperial. Somos herdeiros, na perspectiva de Ribeiro, de duas experiências dolorosas, de sujeição à agressão, de ausência de senso coletivo, de absoluta falta de consideração com relação à maioria dos habitantes por parte das elites. Nossa formação social é resultado de um processo intensamente truculento, cujas consequências se fazem sentir até o presente, pois suas dores nunca foram inteiramente superadas.

O texto de Janine Ribeiro nos remete diretamente ao estudo de Márcio Seligmann-Silva "A história como trauma"[2], cujo centro de interesse está nas representações literárias do Holocausto. Ao deixarmos de lado os paradigmas positivistas e a noção de progresso evolutivo, e encararmos o processo histórico sob a perspectiva do trauma, tomando a categoria originária da psicanálise, temos de rever nossas concepções habituais de representação, memória e narração. Como explica o autor, ver a história como trauma coloca em questão a própria possibilidade de elaborar uma representação, pois o trauma é, por definição, algo que evitamos lembrar, evitamos reencontrar, pelo grau intolerável de dor que a ele se associa.

---

[1] Renato Janine Ribeiro, "A dor e a injustiça", em Jurandir Freire Costa (org.), *Razões públicas, emoções privadas* (Rio de Janeiro, Rocco, 1999).

[2] Márcio Seligmann-Silva, "A história como trauma", em Arthur Nestrovski e Márcio Seligmann-Silva (orgs.), *Catástrofe e representação* (São Paulo, Escuta, 2000).

Seligmann-Silva mostra como, na literatura referente ao Holocausto, é colocado um problema fundamental: como representar aquilo que, por definição, é irrepresentável. Como tornar racionalizada, verbalizada, articulada, uma experiência que em si mesma está além de qualquer tolerância da consciência, sem reduzir seu impacto, sem falsear sua especificidade e sem generalizá-la, eliminando a singularidade que é essencial à sua estranheza.

Se da experiência do trauma for removida a estranheza, o risco é a trivialização, a normalização daquilo que, pelo horror que constitui, não pode ser banalizado. O Holocausto não pode se tornar normal, o massacre sistemático não pode ser trivial, os campos de concentração não podem se tornar eticamente aceitáveis. Como então pode um escritor, ao mesmo tempo, impedir que os fatos sejam esquecidos, para alertar as gerações seguintes, e evitar o enfrentamento da experiência terrível do reencontro com o extremo da dor? Como conciliar o empenho da memória com a resistência ao horror?

Adorno explica na *Teoria estética**, a respeito da poesia de Paul Celan, que a expressão literária, diante da desumanização, se obriga a rever sua relação com a linguagem. A poesia de Celan é de difícil compreensão, mas sua linguagem incomum é essencial para que se toque no âmago da experiência histórica. A ruptura com as convenções triviais da linguagem obriga a percepção a um caminho diferenciado de conhecimento e formulação de ideias. Sem esse movimento para a diferenciação, a literatura permaneceria empregando a linguagem trivial, incapaz de provocar o leitor a avaliar a dimensão singular, estranha e terrível da experiência sugerida. A violência do Holocausto, por seu grau de impacto, por sua deliberada desumanização, por sua inclinação para destituir a humanidade de suas referências de medida de sujeição à autodestruição – perante a consciência racional, que em tudo procura causas e efeitos, relações lógicas entre as partes e o todo –, deve necessariamente causar perplexidade. Se não causar, é porque não é mais sentida como trauma coletivo.

Tomando a noção de *história como trauma*, como exposta por Seligmann-Silva em sua reflexão sobre o Holocausto, e a formulação de Ribeiro da impossibilidade de superação de dois traumas constitutivos da formação da sociedade brasileira, estabelecemos uma perspectiva para refletir sobre um problema delicado da história brasileira recente: a disseminação da tortura. Considerando a complexidade do assunto, cabe restringir o enfoque

---

* Theodor W. Adorno, *Teoria estética* (2. ed., Lisboa, Edições 70, 2008). (N. E.)

com cautela. Dentro de uma reflexão sobre a tortura, pretendemos colocar o problema da relação entre memória, linguagem e trauma, tendo como horizonte a seguinte dificuldade. No momento presente, no país, são ampliadas as discussões sobre direitos humanos e se multiplicam os interesses na formação de grupos de defesa de excluídos (cabe registrar que, enquanto escrevo, está se realizando em Porto Alegre o Fórum Social Mundial, integrando muitos grupos ligados à defesa de direitos humanos, originários de vários países, apesar de setores dominantes da indústria cultural menosprezarem o evento, tratando-o como inconsequente ou ignorando-o). Paradoxalmente, o debate político e social tem dado mostras, ao longo dos anos 1990, de um interesse de parte da população pelo retorno de regimes autoritários, sob alegações referentes à falência da democracia, considerada uma bagunça fora de controle. Entre os jovens que ocupam as classes universitárias, os debates são às vezes ainda mais intensos, quando o individualismo predominante cede à discussão de planos para o futuro do país.

Recentemente, acompanhei em Porto Alegre um seminário[3] sobre as forças do extremismo na Europa e os incentivos ao neonazismo no Brasil. Em meio ao debate, um culto jovem universitário tomou o microfone para dizer que o fato de hoje a Constituição brasileira considerar o racismo um crime é uma limitação da liberdade de expressão, e que se surgisse no Brasil um partido político assumido como racista ou nazista deveríamos respeitá-lo como a qualquer outro. Enquanto isso, notícias vindas da Colômbia, país vizinho vivendo hoje em tensão política extrema, vêm esparsas e raras, em meio aos enormes espaços na mídia dedicados a times de futebol e à vida privada de apresentadoras de televisão. A dificuldade de escrever sobre a tortura no Brasil está em saber que entre os jovens que ocupam hoje classes universitárias não há nem mesmo o consenso ético de que a tortura deva ser eliminada. Muitos não têm interesse na tomada de posicionamento. Muitos cultivam um descaso que, em perspectiva histórica, é potencialmente capaz de reforçar a desumanização. Conforme a linha de pensamento de George Steiner, as universidades conseguem conviver lado a lado com campos de concentração.

Como explica Karl Scholhammer, a violência teve em nossa formação social um papel fundamental, constitutivo. Antonio Candido observou

---

[3] "Simpósio internacional neonazismo, negacionismo e extremismo político", UFRGS, Porto Alegre, ago. 2000.

com ênfase, em "Censura-violência"[4], a sucessão de episódios sanguinolentos que compõe o que chamamos de história do Brasil. Como nosso processo histórico é marcado pelos dois traumas constitutivos, a violência exploratória colonial e a crueldade escravocrata, no Brasil os regimes autoritários tiveram, no período republicano, facilidade de instalação e permanência. As ditaduras latino-americanas, incluindo a brasileira, conforme palavras de "Imaginando dictaduras", estudo de Tzvi Tal, neutralizaram movimentos populares através de "mecanismos de repressão, intimidação, cooptação e eliminação física da oposição"[5].

A conservação de valores por parte das elites, estrategicamente articulada com uma política educacional e cultural dedicada à preservação da desigualdade de condições de acesso ao conhecimento, tem permitido que, mesmo em períodos considerados democráticos, várias das grandes instituições legislativas, executivas, educacionais responsáveis pela saúde e pelos problemas sociais se comportem de modo a manter a desigualdade e a hierarquia, cultivando ideologias autoritárias. Em trabalhos de Simon Schwartzman, Emílio Dellasoppa, Paulo Sérgio Pinheiro, Oscar Vilhena Vieira, José Antonio Segatto, Alba Zaluar, José Vicente Tavares dos Santos e Cláudia Tirelli encontramos argumentos claros no sentido de que a violência e a política de orientação autoritária são fenômenos caracterizados pela continuidade no Brasil. Schwartzman, por exemplo, explica detalhadamente como as instituições políticas, incluindo os partidos, têm sua história associada à ausência de um limite claro entre o institucional e o pessoal, o público e o privado, herança dos períodos colonial e imperial. Essa situação facilitou, no século XX, a vigência de orientações autoritárias, tanto em regimes ditatoriais (Estado Novo e ditadura militar), como em períodos considerados democráticos. Sem nunca ter adotado o totalitarismo em sentido estrito (com partido único e controle absoluto da sociedade pelo Estado), o Brasil também nunca teve, por outro lado, uma experiência plena de democracia, pois ideologias autoritárias servem como referências de conduta social para grupos expressivos da elite até hoje. Nessa linha, o livro *Brasil: nunca mais*[6], dedicado ao tema da tortura, estabelece a conexão entre a he-

---

[4] Antonio Candido, "Censura-violência", *Palavra livre: jornal da comissão permanente de luta pela liberdade de expressão*, São Paulo, ano 1, n. 1, abr. 1979.
[5] Tzvi Tal, "Imaginando dictaduras: memória histórica y narrativa en películas del cono sur", *Letras*, Universidade Federal de Santa Maria, n. 16, 1998, p. 258.
[6] Dom Paulo Evaristo Arns (org.), *Brasil: nunca mais* (Petrópolis, Vozes, 1996).

rança colonial e escravista e os sistemas repressivos do país no século XX, sugerindo uma linha de continuidade de violência (em sua p. 18) que ajuda a compreender as dimensões complexas do passado recente e do presente. O livro de Paulo Sérgio Pinheiro, *Escritos indignados*[7], é forte e contundente no sentido de apontar a permanência do autoritarismo em tempos de aparente democracia.

Nesse livro, Pinheiro aponta de modo brilhante para o vínculo estabelecido, no Brasil, entre autoritarismo e violência. A eficiência da política autoritária depende de sua administração da violência física, da instalação de terror e medo em classes populares. Um dos capítulos do livro, publicado originalmente na *Folha de S.Paulo*, em 1980, se intitula "A tortura continua". Nesta e em várias outras partes do livro, Pinheiro demonstra a permanência da violência a serviço do Estado como realidade cotidiana no Brasil. Levanta casos exemplares e questiona a posição da sociedade com relação ao problema. A tortura teria o papel de método de ação policial, estando os investigadores interessados na confissão de suspeitos a qualquer custo. De acordo com Pinheiro, na ditadura do Estado Novo foram elaboradas técnicas rigorosas para a tortura. A ditadura militar, que se estendeu dos anos 1960 ao início dos anos 1980, teria assimilado lições e aperfeiçoado estratégias. Segundo o autor, o Brasil estaria em um grupo de países ainda insistentes no emprego da tortura, mesmo em tempos de defesa de direitos humanos, ao lado do Haiti, do Irã e do Uruguai.

Outros trabalhos comprovam a continuidade da tortura em tempos tidos como democráticos. Em texto de 1986, "Tortura sempre", Paulo Sérgio Pinheiro resume relatos oriundos do sul do país e enfatiza que, de modo geral, as vítimas pertencem às classes populares. Gilberto Dimenstein relata, entre outros casos, a tortura de 25 detentos da Penitenciária de Rio Branco por policiais, em 1994. No *Relatório Azul 1997*, produzido pela Assembleia Legislativa do Rio Grande do Sul, são transcritas denúncias recentes de tortura a prisioneiros em estabelecimento penal de Charqueadas.

Como explicar a permanência e o crescimento da violência na sociedade brasileira, considerando o passado histórico que temos? Como entender a aparente baixa relevância social atribuída ao problema? Na perspectiva dada pelos sociólogos mencionados – Pinheiro, Vieira, Dellasoppa, Segatto – a

---

[7] Paulo Sérgio Pinheiro, *Escritos indignados: polícia, prisões e política no Estado autoritário* (São Paulo, Brasiliense, 1984).

resposta deve remeter à ideia de uma continuidade do autoritarismo entre nós, cujo eixo de sustentação se fundamenta no passado colonial e escravista. Como formação social, tornamos graus intoleráveis de violência elementos toleráveis e mesmo rotineiros. De algum modo, é necessário compreender, em termos de psicologia social, como esse paradoxo se mantém firme e resistente às tentativas de mudança.

Uma pista pode ser dada pelo diálogo entre história e literatura. No brilhante livro *Alegorias da derrota*[8], Idelber Avelar sustenta a tese de que, nos períodos pós-ditatoriais, na América Latina, encontramos marcas de um doloroso trabalho de superação das perdas (em termos freudianos, um movimento entre o luto e a melancolia) que não chega, nas obras mais elaboradas, à consumação. Articulando com os termos de Janine Ribeiro e Seligmann-Silva, é como se nossa literatura mostrasse que não conseguimos superar plenamente nossos traumas. Na perspectiva psicanalítica, isso significa, necessariamente, uma problematização do modo de lidar com a linguagem e da capacidade de representar a experiência. Algumas obras incorporam em si (em termos adornianos) antagonismos não resolvidos do processo histórico.

Alguns livros desenvolveram pesquisas de excelente nível sobre a problemática da representação de regimes autoritários na literatura brasileira. Cabe citar o trabalho de Regina Dalcastagnè, *O espaço da dor*[9], que analisa as descrições de tortura em Renato Tapajós e as figurações cifradas do autoritarismo em Josué Guimarães; a consistente pesquisa de Nancy T. Baden, *The Muffled Cries*[*], que contextualiza historicamente a interpretação de autores como Tapajós, Fernando Gabeira e Wander Piroli, destacando na produção deste o incrível *Interrogatório*; o detalhado livro de Malcolm Silverman, *Protesto e o novo romance brasileiro*[**], que avalia uma série de romances, indicando, em alguns casos, a presença de estratégias inovadoras de expressão com valor para a crítica política; a pesquisa de Renato Franco

---

[8] Idelber Avelar, *Alegorias da derrota: a ficção pós-ditatorial e o trabalho do luto na América Latina* (Belo Horizonte, Humanitas, 2003).

[9] Regina Dalcastagnè, *O espaço da dor: o regime de 64 no romance brasileiro* (Brasília, Editora UnB, 1996).

[*] Nancy T. Baden, *The Muffled Cries: The Writer and Literature in Authoritarian Brazil, 1964-1985* (Lanham, University Press of America, 1999). (N. E.)

[**] Malcolm Silverman, *Protesto e o novo romance brasileiro* (Porto Alegre, Editora da UFRS; São Carlos, EdUFSCar, 1995). (N. E.)

sobre Ivan Angelo, *Itinerário político no romance pós-64**, incluindo reflexão sobre a tortura; e a pesquisa de Henrique Manuel Ávila, *Da urgência à aprendizagem***, centrada nos anos 1960. Em todos esses trabalhos encontramos, desenvolvida de diferentes modos, a ideia de que o regime ditatorial no Brasil exigiu mudanças nas condições de produção literária, incluindo renovações de linguagem e rupturas com valores tradicionais.

Dentre os recursos presentes na literatura do período para realizar a crítica política esteve o descentramento do foco narrativo. Esse recurso remonta a James Joyce e Virginia Woolf e se tornou, nas mãos de escritores contemporâneos brasileiros, uma forma de aproximação de conflitos da realidade histórica, abrindo mão do realismo tradicional em sentido estrito, em que o narrador é onisciente e o tempo é ordenado. Gostaria de chamar a atenção para o caso de um escritor, especificamente, para formular o problema. Luis Fernando Verissimo é conhecido como cronista de humor, consagrado como autor cômico, e exatamente por isso os estudos a respeito do autor deixaram de lado, muitas vezes, a dimensão séria e decisiva que ocupa a crítica histórico-política em parte de seus textos. Verissimo escreveu uma estória chamada "O condomínio", publicada em *Outras do analista de Bagé****, de 1984.

O enredo da estória coloca no espaço de um mesmo condomínio dois homens. Vizinhos, cada um tem um filho, e as crianças se tornam amigas. Quando João vê Sérgio no seu prédio, imediatamente lembra. Foi o homem que o torturou durante a ditadura militar. João entra em crise, quer ter certeza de que é o mesmo homem, lembrar de seu codinome; conversa com a esposa, antes militante e agora dona de casa. Ocorre uma reunião de condomínio, para tratar do problema dos riscos de assalto. Sérgio vem à reunião e oferece o serviço de segurança de sua firma para trabalhar no prédio. João se assegura de que Sérgio é mesmo o seu torturador no passado.

Após certo ponto de andamento das conversas, João se dirige a Sérgio falando sobre o que sofreu no passado. Este, afinal, deixa claro que de fato é o torturador, fazendo referência às razões pelas quais João foi solto. A conversa é curta e seca. Outros personagens fazem comentários sobre os pobres,

---

* Renato Franco, *Itinerário político no romance pós-64* (São Paulo, Edunesp, 1998). (N. E.)

** Henrique Manuel Ávila, *Da urgência à aprendizagem: sentido da história e romance brasileiro dos anos 60* (Londrina, Editora UEL, 1997). (N. E.)

*** Luis Fernando Verissimo, *Outras do analista de Bagé* (22. ed., Porto Alegre, L&PM, 1982). (N. E.)

o medo dos ladrões, sendo quase todos comentários elitistas. Um dos vizinhos defende o Esquadrão da Morte. Após a reunião, sem que os outros vizinhos tomassem consciência do que se passara entre os dois, todos voltam para seus apartamentos. O texto termina mantendo a dúvida de João quanto ao codinome de Sérgio e indicando que as crianças continuaram brincando juntas.

Escrito em linguagem coloquial, acessível ao leitor médio, o texto de Verissimo tem como marca a divisão do foco narrativo. Boa parte da narração é feita em terceira pessoa, com distanciamento. Porém, certos fragmentos são destacados da margem e redigidos em itálico. Esses fragmentos sugerem esforços de compreensão do passado e de interpretação do presente à luz do passado por parte de João. O fio condutor do relato alterna a narração em terceira pessoa com reflexões pontuais, exigindo do leitor um movimento constante de reflexão, capaz de articular, em montagem descontínua, os fragmentos de passado e presente em um conjunto. Os elementos do texto, entretanto, não chegam a estabelecer uma forma perfeita de entendimento. Incertezas permanecem no final.

A ironia profunda do autor consiste em trabalhar com o limite tênue entre o sombrio estranhamento do torturado que reconhece a figura terrível de seu torturador e a trivialidade de um vizinho que encontra o outro em uma reunião de condomínio para tomar decisões comuns. Essa combinação inesperada do horror com o banal, do passado com o presente, do inaceitável com a decisão em acordo, está associada ao procedimento narrativo, que ambiguamente põe em movimento o olhar do leitor, de um lado para outro. O intenso sofrimento de João, que surge em faíscas, se mistura na trivialidade da reunião com o individualismo de seus vizinhos. O fato de as crianças brincarem juntas indica que o presente, à revelia do passado, não é controlado pelos valores interiorizados por João. Entre seu filho e o filho do torturador não se estabelece tensão alguma.

O texto de Verissimo é brilhante não apenas por exigir do leitor o movimento reflexivo de articulação entre passado e presente, necessário para a consciência crítica da complexidade da História, mas sobretudo por colocar em questão a pouca relevância da memória de João em termos de influência na definição do modo de vida de seu filho. Saber da tortura não retira o filho de João da convivência com o filho do torturador. O conhecimento do passado não preserva ninguém, no presente, de se expor, sem saber, à convivência com um torturador. Os diálogos entre os vários vizinhos em torno de João e Sérgio ao longo da reunião estão em plena consonância com as teses dos sociólogos citados: a elite mantém interesses de orientação autoritária, valoriza hierarquias, preconceitos, prega a exclusão em nome da "segurança", tal como faziam os piores líderes do Estado Novo. A fragmentação da narração está associada à melancolia de João, à sua dificuldade de lidar com o trauma da tortura. Esse dilema melancólico está ligado ao ambiente pós-ditatorial, em que a sociedade não consegue recompor perdas humanas, como explica Idelber Avelar. Sua memória opera problematicamente, ele fica perturbado, não lembra do codinome do torturador. Não consegue nem, por um lado, chegar à compreensão plena do sentido dos acontecimentos, ou interferir de modo a reagir ou reparar o dano, nem ignorar e cair na trivialidade. Entre os extremos, João oscila e acompanha seu filho, ignorando tudo, conviver com o filho do torturador.

O texto ficcional de Luis Fernando Verissimo, embora curto e deixando de lado qualquer relato direto de cenas de tortura, consegue colocar em cena um elemento cuja representação é muito delicada: o fato de que aqueles que se submetem à tortura, como João, são atingidos por ela, com efeitos por tempo indeterminado, talvez longo, talvez pela vida inteira, na própria base de seu relacionamento com a realidade externa. João tem abaladas sua memória, sua autoconsciência e sua relação com os outros, o que se evidencia a partir do momento, quando inicia a narrativa, que afirma ter visto em seu prédio o homem que o torturou vários anos atrás. A persistência vã em lembrar o codinome dele sinaliza a enorme dificuldade, alargada pela insistência, de rever a cena dolorosa que nem João nem o leitor conseguem vislumbrar e que fica sugerida pelas indicações do impacto do trauma na conduta tensa do protagonista.

Em seu brilhante livro *Exílio e tortura*, os psicanalistas Maren e Marcelo Viñar apresentam relatos de pacientes torturados no Uruguai e elaboram reflexões conceituais sobre as dificuldades específicas desses pacientes. Fazem isso sem evitar que apareçam em suas próprias análises marcas de preocupação e perplexidade diante das causas históricas dos danos psíquicos que procuram tratar. O livro contém descrições minuciosas de sessões de tortura. O estudo de casos leva os autores a definir o objetivo da tortura como "provocar a explosão das estruturas arcaicas constitutivas do sujeito, isto é, destruir a articulação primária entre o corpo e a linguagem"[10]. Esse objetivo seria atingido em três etapas temporais: a destruição dos valores e convic-

---
[10] Maren e Marcelo Viñar, *Exílio e tortura* (São Paulo, Escuta, 1992), p. 73.

ções do indivíduo; a desorganização da relação do sujeito consigo mesmo e com o mundo; e, por fim, a resolução desta experiência-limite[11].

A abordagem dos autores converge com a de Hélio Pellegrino, exposta no livro *Brasil: nunca mais*. Para Pellegrino,

> a tortura busca, à custa do sofrimento corporal insustentável, introduzir uma cunha que leve à cisão entre o corpo e a mente. E, mais do que isto: ela procura, a todo preço, semear a discórdia e a guerra entre o corpo e a mente. [...] O projeto da tortura implica numa negação total – e totalitária – da pessoa, enquanto ser encarnado. [...] o discurso que ela busca, através da intimidação e da violência, é a palavra aviltada de um sujeito que, nas mãos do torturador, se transforma em objeto.[12]

Em um dos casos examinados em *Exílio e tortura*, após ser mantido semanas sem comer, sem beber e em pé, um rapaz tem seu comportamento transformado. Mantido consciente, capaz de resistir à indução ideológica dos agressores, ele vai aos poucos se transformando em razão da degradação corporal e da intolerabilidade da dor. Em certo ponto, o ponto extremo em que seus valores foram atingidos e sua relação consigo mesmo foi inteiramente desorientada, o sujeito não se reconhece mais como a si mesmo, mas como a um outro. E este outro, ao contrastar o vazio de sentido do próprio corpo e a imagem composta do inimigo à sua frente, vê neste a possibilidade de resgate de uma organização de sua constituição como sujeito. Por isso, passa a dirigir-se a si mesmo com um pensamento equivalente ao do torturador. Essa inversão, caracterizada pelos autores como queda em um "buraco sinistro" e "cura monstruosa da catástrofe psicótica"[13], seria o resultado esperado pelo torturador.

A estória do rapaz em causa, para os autores, não é fora do comum, mas ordinária e exemplar. Por isso, acentuam a conexão direta entre o problema individual colocado para o psicanalista e o problema social que atinge coletivamente a população. A problematização da memória, que se torna campo de interesse no tratamento do paciente, é vista pelos autores na dimensão histórica. O regime autoritário problematiza a formação da memória social. Diferentemente das lideranças autoritárias arcaicas, em que um homem conduzia de modo extremo seu povo para o confronto de guerra com inimigos por razões arrogantes, a estratégia dos autoritarismos latino-americanos do

---

[11] Ibidem, p. 45.
[12] Dom Paulo Evaristo Arns (org.), *Brasil: nunca mais*, cit., p. 282.
[13] Maren e Marcelo Viñar, *Exílio e tortura*, cit., p. 47 e 49.

século XX, de modo geral, tem sido utilizar a ideologia da "segurança nacional", tornando a figura do inimigo não necessariamente um dado externo à realidade do país, mas sobretudo interno. O que mais preocupa, nessa orientação ideológica, não é a violência do país vizinho, mas a violência potencial do subversivo clandestino que mora na casa ao lado[14]. Os regimes ditatoriais da América Latina, em várias situações, reforçaram a ideia de que a guerra ocorre no interior do espaço social, e que todos devem estar em alerta. Essa paranoia de fundamentos totalitários subverte, para a perspectiva psicanalítica, as condições necessárias para o empreendimento da civilização.

Para que essa estratégia funcione, a degradação da memória social é um elemento decisivo. A tensão entre linguagem e silêncio, entre o que falar e o que calar, é uma das suas marcas. O cultivo do fascínio pelo horror e a contemplação sem estranheza da violência sobre o outro também interessam. Os psicanalistas, no livro *Exílio e tortura*, explicam que a grande dificuldade de obter informações de seus pacientes está na quebra da relação harmônica entre linguagem, memória e corpo, provocada pela tortura. A possibilidade de pensar de modo articulado passado e presente fracassa, como se o passado estivesse potencialmente atualizado em todo o presente e, ao mesmo tempo, escapasse da possibilidade de referência abstrata, que exige do sujeito um distanciamento reflexivo de sua própria experiência. Ele não domina as condições necessárias para reger esse distanciamento sem se perder. Para os autores, a tortura provoca uma ruptura da identidade que, em parte, é definitiva, irreversível.

Nesse sentido, é espantoso comparar o modo como os responsáveis pelos regimes autoritários descrevem a tortura e como esta surge na voz das próprias vítimas – e ainda na de seus parentes. Durante a ditadura militar recente no país, segundo o livro *Brasil: nunca mais*, a tortura foi considerada por seus defensores "método científico", sendo o Brasil modelo de "exportação tecnológica"[15]. Como parte do sistema repressivo geral, a tortura era ensinada sistematicamente, havendo inclusive escolha de cobaias para demonstrações didáticas[16].

O livro é rico na exposição de dados referentes aos efeitos psicológicos da tortura nas vítimas. Entre eles, dois efeitos se destacam – a problemati-

---

[14] Ibidem, p. 134.
[15] Dom Paulo Evaristo Arns (org.), *Brasil: nunca mais*, cit., p. 32-3.
[16] Ibidem, p. 31.

zação do uso da linguagem e a vontade de suicidar-se. O ponto comum a ambos os efeitos é a recusa da possibilidade da volta, a resistência ao reencontro com a cena traumática. O livro traz relatórios médicos sobre vítimas de tortura em que encontramos as seguintes referências (cada trecho transcrito é proveniente de um relatório):

> os médicos, inclusive, achavam que o interrogando não estava em perfeito estado psíquico, falava sozinho, dizendo palavras desconexas [...].
>
> [...] não raciocinando mais, inclusive, ao chegar numa cela coletiva às oito horas da noite, falando sem parar até as três da manhã, emitindo palavras desconexas; [...] que atualmente continua sendo vítima de alucinações, depressões, que há momentos em que sente vontade de morrer, presa de alucinações e sofrimentos psíquicos [...].
>
> Apresentou a seguir estado confusional agudo, desorientação temporal, perda de senso de realidade e ideias de autoextermínio. Tinha a impressão, durante a noite, de que o interrogatório a que foi submetida continuava sem cessar, não conseguia distinguir o real do imaginário, não sabendo precisar por quanto tempo permaneceu naquele estado.[17]

Entre os relatórios médicos e as falas das próprias vítimas, há diferenças fundamentais. É no contraste entre diversas formas de discurso que conseguimos obter maior visibilidade das consequências da tortura e pensar os problemas referentes às possibilidades de sua representação. Tomemos, por um lado, documentos recuperados por Ayrton Baffa no livro *Nos porões do SNI*, no qual expõe uma concepção descritiva da tortura, com detalhamento técnico e metodológico de emprego dos instrumentos, formulada pela Ordem dos Advogados do Brasil em 1975. Por outro, um depoimento transcrito no livro *Relatório Azul*, e um dos reunidos por José Geraldo Vasconcelos em *Memórias do silêncio*. Passemos à transcrição de trechos:

> "pau de arara": [...] Aplicado já nos tempos da escravidão para castigar escravos "rebeldes", consiste em amarrar punhos e pés do torturado já despido, e sentado no chão, forçando-o a dobrar os joelhos e a envolvê-los com os braços; em seguida, passar uma barra de ferro de lado a lado – perpendicularmente ao eixo longitudinal do corpo – por um estreito vão formado entre os joelhos fletidos e as dobras do cotovelo. A barra é suspensa e apoiada em dois cavaletes (no Deops de São Paulo, os cavaletes são substituídos por duas escrivaninhas), ficando o preso dependurado. A posição provoca fortes e crescentes dores em todo o corpo,

---

[17] Ibidem, p. 216-7.

especialmente nos braços, pernas, costas e pescoço, ao que se soma o estrangulamento da circulação sanguínea nos membros superiores e inferiores.[18]

"choque elétrico": é a aplicação de descargas elétricas em várias partes do corpo torturado, preferencialmente nas partes mais sensíveis, como, por exemplo, no pênis e no ânus, amarrando-se um pólo no primeiro e introduzindo-se outro no segundo; ou amarrando-se um pólo nos testículos e outro no ouvido; ou, ainda, nos dedos de pés e mãos, na língua, etc. (Quando se trata de presas políticas, os pólos costumam ser introduzidos na vagina e no ânus). [...] O choque queima partes sensíveis do corpo e leva o torturado a convulsões. [...] provoca grandes distúrbios na memória e sensível diminuição da capacidade de pensar e, às vezes, amnésia definitiva.[19]

"crucifixação": embora conhecido por tal nome, na verdade esse método consiste em pendurar a vítima pelas mãos ou pés amarrados, em ganchos presos no teto ou em escadas, deixando-a pendurada, e aplicando-lhe choques elétricos, palmatórias e as outras torturas usuais.[20]

Vieram então socos de todos os lados. Insistiram na pergunta, com socos na boca do estômago e no tórax. Mal podendo falar, eu disse que meu nome estava na carteira de identidade. Aumentou a violência. Ligaram fios e vieram os choques. Fiquei muda daí para a frente. Quando paravam os choques, vinham as perguntas. Mas meu silêncio continuava. Eu só pensava que ali estava terminando a minha vida [...] Fui colocada no pau de arara. Conheci o terror da dor física violenta, quase insuportável, e a dor de alma diante daquele horror que eu jamais imaginara que pudesse existir, embora já tivesse lido relato sobre torturas. Eram pontapés na cabeça e choques por todo o corpo. Minha indignação cresceu violentamente quando resolveram queimar minha vagina e meu útero. [...] E eu seguia muda. A raiva era tanta que não conseguia gritar [...] Colocaram uma bacia no chão e o sangue continuava a cair. Não sei quanto tempo isso durou nem quantas vezes aconteceu esse ritual macabro. Assombrava-me ao perceber que, nos intervalos, eles comiam, conversavam, como se há instantes não estivessem cometendo aquelas atrocidades.[21]

Você nu, levando pancada, batendo com a cabeça na parede e tentando deslocar o seu pescoço; depois foi derramado álcool no corpo todo com ameaças de incendiar. [...] Na segunda sessão era um fio elétrico amarrado no dedo da mão e do pé. Esse foi violento, tanto ficou preto como carvão o dedo da mão quanto o

---

[18] Ayrton Baffa, *Nos porões do SNI: retrato do monstro de cabeça oca* (Rio de Janeiro, Objetiva, 1989), p. 66-7.
[19] Ibidem, p. 67.
[20] Ibidem, p. 69.
[21] *Relatório Azul (1997)*, Comissão de Cidadania e Direitos Humanos da Assembleia Legislativa do Estado do Rio Grande do Sul, 1998, p. 307.

do pé. Eles iam levantando a gente do chão. Era um choque muito forte. Tinha horas que eu ficava com o corpo todo se batendo. [...] Depois disso passou para a palmatória: pancadas muito fortes nas mãos e nas nádegas. Teve também uma ameaça de introduzir um cacete de borracha no ânus, mas em mim eles não fizeram isso; em alguns dos meus companheiros, eles fizeram. Eu me lembro de um companheiro que fizeram e ele morreu por esse motivo. Parece-me que ele tinha um problema de hemorroidas. Daí perdemos a noção de tempo, não sei a que horas foi isso. Lá eram três turnos. De oito em oito horas. Mas você perde totalmente, não sabe se é de noite ou de dia, você está com o capuz, deve ser subterrâneo. [...] Depois levam você para uma cela que é tipo uma geladeira. [...] Uma vez eu desmaiei numa dessas celas, tinha um ar muito gelado. Quando ouvi um deles gritando que desligasse senão eu viraria picolé, mas eu já tinha perdido o sentido.[22]

Quando descritos tecnicamente, para fins de compreensão consciente, como no caso do documento da Ordem dos Advogados do Brasil levantado por Ayrton Baffa, os instrumentos de tortura são apresentados em seu aspecto de engenho mecânico. Trata-se de apresentar a estrutura e o funcionamento de um instrumento repressivo, concebido com o fim de provocar sofrimento. A utilização de palavras próprias da norma culta, como os advérbios "perpendicularmente" e "preferencialmente", e os adjetivos "longitudinal" e "usuais", indica a possibilidade de domínio de um repertório lexical extenso, de um modo eficiente de lidar com a linguagem, de acordo com padrões de expressão rigorosos e exigentes. A objetividade que isso indica está associada à absoluta ausência, nas descrições técnicas, de conotação emocional no sofrimento causado. Descrever a tortura em termos técnicos – mesmo que seja para fins de denúncia contra a repressão, como é o caso do documento citado – apaga as marcas do que ela teria de intolerável, assimilando-a ao domínio dos sistemas de catalogação, das classificações, das conceituações, em que tudo pode ser tornado familiar. No entanto, a descrição dos instrumentos em nada se assemelha, em procedimentos discursivos, aos depoimentos dos torturados.

Tanto no discurso dos médicos como na descrição transcrita por Baffa, a linguagem é ordenada em sintaxe convencional. Sujeito e objeto, antes e depois, todo e partes são elementos que podem ser identificados com precisão. Nas falas dos torturados a situação é diferente. Considere-se o primeiro fragmento. O sujeito da frase "Insistiram na pergunta, com socos na boca do

---

[22] José Geraldo Vasconcelos, *Memórias do silêncio: militantes de esquerda no Brasil autoritário* (Fortaleza, Editora UFC, 1998), p. 122-4.

estômago e no tórax" não é identificado. A desinência faz supor a presença de "eles", os responsáveis sem nome, que a situação não permite identificar com clareza. "Mal podendo falar, eu disse que meu nome estava na carteira de identidade." Falar sobre o próprio nome se torna uma situação de tensão dentro do processo violento. "Mal poder falar", de fato, é uma sequela comum entre os torturados. Depois dos choques, o uso de linguagem é inteiramente esvaziado: "Fiquei muda daí para a frente. Quando paravam os choques, vinham as perguntas. Mas meu silêncio continuava". Após o esvaziamento da linguagem, segue-se de imediato o esvaziamento de sentido da vida como um todo: "Eu só pensava que ali estava terminando a minha vida".

O depoimento indica comparação entre a percepção conceitual abstrata prévia da tortura e a vivência real, mostrando ser a segunda muito superior em dor. "Fui colocada no pau de arara. Conheci o terror da dor física violenta, quase insuportável, e a dor de alma diante daquele horror que eu jamais imaginara que pudesse existir, embora já tivesse lido relato sobre torturas." A agressão ao útero, associado à possibilidade de gerar vida, é sentida como extremo de invasão íntima: "Minha indignação cresceu violentamente quando resolveram queimar minha vagina e meu útero". A intensidade da violência não suscita palavras, mas silêncio, agonia calada. "E eu seguia muda. A raiva era tanta que não conseguia gritar." Perdidos o domínio da linguagem e o sentido da existência, perde-se a noção de medida de tempo. "Colocaram uma bacia no chão e o sangue continuava a cair. Não sei quanto tempo isso durou nem quantas vezes aconteceu esse ritual macabro." Sem linguagem, sem sentido, sem tempo, a torturada é levada ao esgotamento, que contrasta com a atitude trivial dos torturadores, que em nada se alteram ou se espantam. "Assombrava-me ao perceber que, nos intervalos, eles comiam, conversavam, como se há instantes não estivessem cometendo aquelas atrocidades."

No segundo fragmento, as referências são colocadas em transtorno. O uso da segunda pessoa (você, seu pescoço) em lugar de primeira pessoa projeta o interlocutor na posição de torturado. "Você nu, levando pancada, batendo com a cabeça na parede e tentando deslocar o seu pescoço." A renúncia à utilização do "eu", ao mesmo tempo em que cria uma cumplicidade inusitada entre emissor e ouvinte do depoimento, remete também à dificuldade de sustentar uma imagem clara do "Eu" em cena tão dolorosa com objetividade. Consciente de não ser o único sujeito à tortura, a voz do torturado apresenta a dor dos outros no interior do processo narrativo em que expõe a sua, suprimindo as fronteiras entre ele e os outros à sua volta, que com ele partilham o terror. "Teve também uma ameaça de introduzir um cacete de borracha no ânus, mas em mim eles não fizeram isso; em alguns dos meus companheiros, eles fizeram. Eu me lembro de um companheiro que fizeram e ele morreu por esse motivo. Parece-me que ele tinha um problema de hemorroidas."

Em analogia com o caso anterior, o torturado manifesta dificuldade de medir a passagem do tempo. "Daí perdemos a noção de tempo, não sei a que horas foi isso. Lá eram três turnos. De oito em oito horas. Mas você perde totalmente, não sabe se é de noite ou de dia, você está com o capuz, deve ser subterrâneo." Na passagem referente ao desmaio, o procedimento discursivo cria um caso de elipse temporal e subjetiva como resultado do esgotamento das condições de controlar as próprias referências de percepção. Lendo a passagem, ficamos sem saber como ouviu o grito, se já tinha perdido os sentidos. O paradoxo, que suspende a logicidade da sucessão temporal, desdobra o desmaio em partes, de modo onírico. "Uma vez eu desmaiei numa dessas celas, tinha um ar muito gelado. Quando ouvi um deles gritando que desligasse senão eu viraria picolé, mas eu já tinha perdido o sentido." A utilização da palavra "já" e do passado na conjugação do verbo "ter" antecipam a perda de sentidos com relação ao grito, o que põe em dúvida como possa ter ocorrido a escuta.

Em textos literários, como os de Renato Tapajós [*Em câmara lenta*[23]], Ivan Angelo [*A festa*[24]] e "O condomínio", de Luis Fernando Verissimo, são empregados recursos como o deslocamento do foco narrativo e a suspensão da linearidade temporal, que tornam o leitor próximo dos procedimentos expressivos dos torturados, que após viverem a dor em extremo perdem as referências precisas de constituição de sujeito, de organização de tempo, de convenções da linguagem. A importância da literatura para a consciência social nesse sentido é enorme, por conseguir, por meio de recursos de construção, certa fidelidade ao impacto da violência funda que resulta aos que viveram, direta ou indiretamente, o impacto da experiência da tortura. Um texto como "O condomínio" mostra mais, por afinidade de procedimentos discursivos, sobre a interioridade de um torturado, do que uma descrição

---

[23] Renato Tapajós, *Em câmara lenta* (São Paulo, Alfa-Omega, 1979).
[24] Ivan Angelo, *A festa* (São Paulo, Geração Editorial, 2004).

objetiva e técnica de um choque elétrico. O apagamento da memória coletiva das referências à tortura, bem como sua banalização, potencialmente reforçam as chances de naturalizá-la e ignorar a intensidade de seu impacto. O esquecimento é, nesse sentido, em si, uma catástrofe coletiva. A leitura de textos literários voltados para o tema pode contribuir para evitar a banalização. Evitar que os filhos de João e Sérgio continuem brincando juntos, sem perceber o que houve com seus pais, como alerta o final do texto de Luis Fernando Verissimo, e cresçam sem saber e sem ter como saber.

AS CILADAS DO TRAUMA: CONSIDERAÇÕES SOBRE HISTÓRIA E POESIA NOS ANOS 1970

Beatriz de Moraes Vieira

*Para Marildo Menegat, que mostra caminhos
e ensina a não calar.*

agora não se fala mais
toda palavra guarda uma cilada
e qualquer gesto pode ser o fim
do seu início
agora não se fala nada
e tudo é transparente em cada forma
qualquer palavra é um gesto
e em minha orla
os pássaros de sempre cantam assim,
do precipício:

a guerra acabou
quem perdeu agradeça
a quem ganhou
não se fala. não é permitido
mudar de ideia. é proibido.
não se permite nunca mais olhares
tensões de cismas crises e outros tempos
está vetado todo movimento
[...]
agora não se fala nada, sim. fim. a guerra
acabou
e quem perdeu agradeça a quem ganhou.

Torquato Neto, "literato cantabile"[1]

---

[1] Torquato Neto, *Os últimos dias de Pauipéria* (São Paulo, Max Limonad, 1982), p. 369-70. Há duas versões deste poema em livro (utilizo a primeira), uma vez que a obra foi organizada *post-mortem*, inclusive a partir de manuscritos. Em Heloisa Buarque de Hollanda, *26 poetas hoje: antologia* (4. ed., Rio de Janeiro, Aeroplano,

Atento à concepção concretista de que "na geleia geral brasileira, alguém tem de exercer as funções de medula e de osso"[2], Torquato Neto buscou exercer uma crítica política e cultural, tanto em sua coluna jornalística quanto em seus poemas e canções. O recurso constante à figura da ironia, aliado muitas vezes a um sentimento de silenciamento e incomunicabilidade, gera um efeito ao mesmo tempo de denúncia e pungência, como se vê no poema em epígrafe, no qual o teor marcadamente melódico sugerido pelo título destoa por completo do conteúdo tematizado. Tal descompasso aponta para a noção de armadilha e artimanha, contida na aparência e na linguagem, que o poeta reiterava em seus versos e gestos: "Uma palavra é mais que uma palavra, além de uma cilada" e, por isso, em numerosas variações, "a poesia é a mãe das artes/ & das manhas em geral", "o poeta é a mãe das armas/ & das artes em geral", "a poesia é o pai das ar/ timanhas de sempre"[3]. Nos primeiros versos de "literato cantabile", a imagem da palavra-cilada associa-se não ao que é melódico e cantável, mas, inversamente, a uma interrupção que impede o cantar: os advérbios "agora" e "mais" sublinham que não se pode falar o que antes se falava, como um *staccato* que se tornasse definitivo, e qualquer gesto iniciado pode findar incompleto, de modo análogo ao poema "Cogito", em que um homem se inicia "na medida do impossível"[4]. O tempo presente guarda armadilhas tais que toda palavra e gesto podem ser fatais a si próprios, de modo que só resta estancar em pretensa transparência o fluxo criativo e polissêmico, e não falar, não

---

2001), encontra-se a segunda versão, ainda com ligeira modificação: "toda palavra guarda uma cidade". Esta antologia, publicada em 1976, foi expressão da "nova poesia" ou "poesia marginal", que configura uma das vertentes da (contra) cultura brasileira após 1968. Não cabe aqui discutir as controvérsias que tal poesia abriga, visto que vários e heterogêneos grupos e tipos de criação poética marcaram a década de 1970 com distintas posições estéticas e políticas. Utilizo o termo "marginal", que acabou tornando-se comum, por praticidade. As ideias aqui expostas são parte de minha tese de doutorado intitulada *A palavra perplexa: experiência histórica e poesia no Brasil nos anos 70* (Programa de Pós-Graduação em História Social, Niterói, Universidade Federal Fluminense, 2007), p. 379.

[2] Cunhada em um dos manifestos do concretismo. Diz Décio Pignatari que criou a expressão "geleia geral" em 1963, e que Torquato a tornou "num miniprograma crítico criativo". Entrevista ao poeta Régis Bonvicino em 4/8/1982, em Torquato Neto, *Os últimos dias de Paupéria*, cit., páginas iniciais não numeradas.

[3] Torquato Neto, *Os últimos dias de Paupéria*, cit., p. 366, 372-3.

[4] Na primeira estrofe de "Cogito" se lê: "eu sou como eu sou/ pronome/ pessoal intransferível/ do homem que iniciei/ na medida do impossível".

mover, não mudar. "Os pássaros de sempre", voadores e canoros, signos de liberdade, internam-se, contudo, no fundo do precipício (na outra versão se lê: "os pássaros sempre cantam/ nos hospícios"), de onde, abismais e abismados como os loucos, anunciam a derrota das tensões, das crises e dos cismas – no duplo sentido – de outros tempos. Eram tempos certamente difíceis, pois "toda palavra envolve o precipício", diz um outro verso, mas eram tensões, cismares e crises oriundos da vida em movimento, eram gesto e palavra ativos, agora imobilizados em uma cilada. Os versos que iniciam a segunda estrofe indicam ambiguamente tanto que os derrotados devem agradecer aos vencedores e que não se fale disso, quanto que a gratidão não é endereçada (o verso não rima, não tem ressonância interna) e não se deve falar com os vencedores. A retomada dos versos, no final, sublinha com sarcasmo a relação entre derrota, palavra de gratidão e silêncio. O poema, circular, se fecha como inicia: com a impossibilidade de dizer, característica de uma condição traumática e melancólica[5]. Torquato foi um poeta a quem o sentido de um trauma não era estranho – e costumava associá-lo à sua vida pessoal. Mas, nesse poema, a incomunicabilidade traumática ultrapassa a dimensão pessoal, pois a referência político-militar se explicita no signo da guerra e, portanto, a derrota é coletiva e histórica.

Derivado do termo grego para designar "ferida", o trauma pode ser compreendido como o desdobramento de um sofrimento desmedido para quem o viveu, gerando uma desorganização psíquica que viola a capacidade de enfrentamento e domínio prático e simbólico da experiência dolorosa. Produz-se, por isso, um certo "apagamento" da dinâmica mental que permitiria a elaboração "cicatrizante", por assim dizer, reduzindo então o poder de ordenar, estabelecer ligações, suportar afetos e representar o acontecido, seja pela memória ou expressão. Individual ou coletivo, o trauma como uma "experiência impronunciável" ou obscura é difícil de ser apreendido, pois sua condição tardia (todo trauma compreende um período de latência

---

[5] É interessante notar que Torquato retirou, na segunda versão do poema, os versos sobre a guerra e o precipício, rearranjando-os de modo mais lapidar e mais concentrado na questão dos limites: "está vetado qualquer movimento". Talvez os tenha considerado hiperbólicos ou excessivamente irônicos ou ainda pouco passíveis de remodelagem poética, mas o fato é que os calou e, se acentuou a violência contida na impossibilidade de dizer, vigente nos hospícios e na "república do fundo", retirou as alusões aos seus porquês e seus abismos. Com isso, o sujeito lírico, também ele, cai na cilada das palavras...

e uma repetição, como uma resposta traumática) e sua irrepresentabilidade estrutural frustram a possibilidade de formação subjetiva e social (*Bildung*), vista como aprendizado também experiencial, bem como o processo de normalização contextual. Em outras palavras, as ocorrências catastróficas podem provocar grandes desarranjos psíquicos, interferindo no processo de subjetivação dos indivíduos, uma vez que desencadeiam um transbordamento de afetos e intensidades que não comportam sentido em si. Desse modo, a psique buscará soluções para dar significação àquilo que se configura como dor, o que sempre demandará uma rede intersubjetiva que dependerá tanto das possibilidades "internas" de quem sofreu o trauma quanto da sustentação propiciada pela rede sociocultural[6]. Assim, as experiências traumáticas podem ter desdobramentos menos ou mais patológicos, subjetivantes ou dessubjetivantes, isto é, quando a afetação operada chega a modificar relações sociais vigentes, acionando mecanismos psíquicos e linguísticos capazes de viabilizar a criação subjetiva e, por conseguinte, gerando sentidos e significações para o indivíduo e a coletividade – como na arte e na narrativa – então se trata de um processo subjetivante. Inversamente, quando o impacto traumático gera um efeito paralisante dos processos de simbolização e significação, seu efeito pode vir a ser aniquilador ou dessubjetivante, pois os excessos emocionais inassimiláveis e irredutíveis ao campo das significações imperantes na sociedade desafiam a memória e as possibilidades de elaboração e relato para além dos limites da integração do *self*. Desse modo, o que se vive é da ordem da violação-violência, "um campo de dor sem possibilidade de mediação", em que o efeito do choque consiste numa comoção psíquica que traz a fragmentação, a desorientação e os mecanismos de defesa, produzindo-se uma clivagem do eu. Nesses casos, é comum que se instaure o recalque e um pesado silêncio, pois nem aquele que vivenciou o trauma é capaz de criar uma rede de representações, nem a sociedade sustenta uma interlocução com ele. Antes, como o senso comum decidiu que o tempo e o silêncio resolvem por si só as feridas, produz-se o efeito cruel da solidão e da dor tornada em segredo a ser guardado, ocultado e esquecido,

---

[6] Ver Carmen Da Poian, *Formas do vazio: desafios ao sujeito contemporâneo* (São Paulo, Via Lettera, 2001); Marisa Maia, *Extremos da alma* (Rio de Janeiro, Garamond, 2003); Dominick La Capra, *Escribir la historia, escribir el trauma* (Buenos Aires, Nueva Visión, 2005); Martin Jay, *Songs of Experience, Modern American and European Variations on a Universal Theme* (Berkeley/Los Angeles/Londres, University of California Press, 2005), p. 259.

de forma que se cria uma espécie de atemporalidade ou suspensão – suspensão histórica, inclusive – do evento traumático, que não pode ser lembrado como fato vivo no tempo e no espaço. Os destinos do silenciamento são imprevisíveis, espalhando efeitos em âmbito pessoal, familiar e intergeracional e, portanto, atingindo um registro social e coletivo[7].

É nesse sentido que La Capra propõe observar o que denomina de *trauma histórico*, o qual, conjuntamente ou para além das condições pessoais e estruturais do humano, provoca cisões específicas em experiências sociais, como cesuras históricas produzidas em um dado momento em uma dada sociedade. Como as sociedades modernas não costumam possuir processos sociais e/ou rituais eficazes para elaboração de um trauma mediante o luto coletivo, as perdas históricas, como qualquer perda, geram fantasmas ou vazios, que exigiriam ser nomeados e especificados para que as feridas sanassem. Na ausência do luto coletivo, que permitiria aos sujeitos sociais elaborar a dor, configura-se a dinâmica da (quase) irrepresentabilidade traumática em âmbito sócio-histórico. A bela metáfora de um "rasgo na história", trazida por Enzo Traverso para tratar dos efeitos de Auschwitz, traduz bem o significado de um trauma histórico, em consequência do qual se produzem vítimas[8] em escala ampliada.

O testemunho daí derivado, como uma espécie de simulacro virtual do acontecimento traumático, é obscuro, apresentando um jogo de luz e som-

---

[7] O trauma subjetivante e dessubjetivante, bem como sua dimensão social, são discutidos em Marisa Maia, *Extremos da alma*, cit., parte II: Trauma ou catástrofe na experiência subjetiva. Para o trauma intergeracional, ver Diana Kordon *et al*, *Memoria y identidad: trauma social y psiquismo. Afectación inter y transgeneracional. Construcción de redes biológicas y sociales* (Buenos Aires, EATIP/Equipo Argentino de Trabajo e Investigación Psicosocial, fev. 1999). Disponível em: <http://www.eatip.org.ar>. Acessado em 30 jul. 2006.

[8] Não se trata aqui de criar uma vitimização onde ela não existe, ou de exagerar uma dinâmica traumática que é comum ao humano. La Capra sugere a distinção entre trauma estrutural, como ausências fundamentais e fundantes do ser humano, ao qual todos estamos expostos e que encontra sua formulação no mito (como Édipo, ou a Queda do Paraíso), e trauma histórico, que é específico no tempo e no espaço e produz vítimas específicas, com problemas específicos. Fazer a distinção entre vítimas e perpetradores é crucial para a compreensão e elaboração do processo traumático. A categoria de vítima, neste caso, não é psicológica, mas social, política e ética e tem desdobramentos político-culturais bem distintos da vitimização comum. Dominick La Capra, *Escribir la historia, escribir el trauma*, cit., p. 85-98, 197-8. Para a metáfora do rasgo, ver Enzo Traverso, *L'Histoire dechirée* (Paris, Cerf, 1998).

bras de grande complexidade. Configura-se uma forma discursiva em que se mesclam estranhamento e recalque, uma forte necessidade de narrar e, paradoxalmente, de calar, pois se tem certa noção da impossibilidade de construir um sentido coerente para o horror experimentado e, consequentemente, de transmitir ao outro a realidade sofrida. As formas de expressar costumam ser confusas e imprecisas, os termos vagos, os gêneros híbridos, os excessos e as hipérboles adquirem forte apelo, uma vez que significam uma recusa das normas, sentidas como especialmente restritivas. Como nesses casos a fronteira entre ficção e realidade histórica não é claramente delimitável, o testemunho subjetivo precisa frequentemente dos recursos literários, mas mobilizando um tipo peculiar de mímesis, em que a *manifestação* do vivido se sobrepõe ao *imitatio*, observa Seligmann-Silva, que propõe, para tratar dessas formas testemunhais relativas a experiências históricas de grande violência, o conceito de "teor testemunhal", como uma função ou elemento discursivo partícipe de diversos gêneros, alocado entre a literatura e a história, possibilitando levar em consideração a especificidade da experiência que o originou, bem como as modalidades de marca, rastro, índice que essa experiência imprime na escritura [9].

O teor testemunhal que se encontra na poesia surgida no Brasil nos anos 1970 – tendo em vista, como Adorno, que as formações líricas trazem simultaneamente algo de social e de pessoal, não sendo mera expressão de experiências individuais, nem mero reflexo da sociedade, mas um mergulho no individuado que supera essa dicotomia e expressa "uma corrente subterrânea coletiva", de modo que o "poema mesmo [pode ser] tomado como relógio solar histórico-filosófico" de um tempo-espaço[10] – permite-nos vislumbrar a dimensão traumática da experiência histórica sob a ditadura civil-militar. Os poemas da época, como os de Torquato, remetem a um

---

[9] Para este parágrafo, conferir Dominick La Capra, *Escribir la historia, escribir el trauma*, cit., p. 197-9, 208-12, bem como os capítulos de Seligmann-Silva no livro por ele organizado: Marcio Seligmann-Silva (org.), *História, memória, literatura: o testemunho na era das catástrofes* (Campinas, Edunicamp, 2003). O conceito de teor testemunhal é derivado de uma dupla significação: o discurso daquele que viu um fato e é capaz de assegurar sua veracidade e daquele que atravessa e sobrevive a um evento-limite, e cuja dor problematiza a relação entre a linguagem e a realidade, pois não há discurso que a esgote. Não se trata de "psicanalisar" a literatura, mas de compreender que o testemunho traz uma reivindicação de verdade, que pode conferir à ficção o caráter de documento.

[10] Theodor Adorno, "Lírica e sociedade", em Benjamin, Adorno, Horkheimer, Habermas, *Textos Escolhidos* (trad. Rubens Torres Filho e Roberto Schwarz, São Paulo, Abril Cultural, 1980, Coleção Os Pensadores), p. 201-2.

As ciladas do trauma • 157

processo de interrupção e mudança na dinâmica da cultura brasileira de grande proporção e peculiaridade. As perdas e as transformações inimagináveis, produzidas pela violenta cesura que a ditadura efetuou na experiência sociopolítica e cultural em curso no país nas décadas de 1950-1960, não foram de todo assimiladas e elaboradas pela sociedade brasileira, uma vez que o luto social requerido torna-se ainda mais difícil nesta cultura que tende à carnavalização e à autoidentificação pela alegria[11].

"Uma impossibilidade terrível nas palavras", conforme o verso de Afonso Henriques Neto[12], revela a contrapelo o grau de terror e horror na experiência a ser manifesta. A consolidação da violência de Estado, sobretudo após o Ato Institucional nº 5 (AI-5) em 1968, cimentando uma camada a mais sobre a já tão violenta história brasileira, e não apenas no campo político, mas abrangendo os espectros da vida econômica, cotidiana e simbólica, atingia as raias do insuportável. Interrompera-se o envolvimento de toda uma geração (compreendida não em seu corte biológico, mas como o conjunto heterogêneo dos que vivem e respondem a um mesmo quadro histórico) com um processo de formação social-nacional alicerçado em um projeto de transformação cultural, política e humana, em geral, que se fortalecera ao

---

[11] Durante quarenta anos permaneceram pouco visíveis para a sociedade brasileira, com exceção dos meios especializados ou particularmente interessados, os acontecimentos históricos que haviam criado impasses e exigido mudanças significativas no comportamento, na arte, no pensamento. Carlos Fico, "Versões e controvérsias sobre 1964 e a ditadura militar", *Revista Brasileira de História*, São Paulo, Anpuh, v. 24, n. 47, jan.–jun. 2004), observou o quanto foi notável, no ano de 2004, o amplo interesse despertado pelos eventos de reflexão sobre o aniversário do golpe civil-militar no país, diferentemente de dez anos antes, quando eventos sobre os trinta anos do golpe tiveram que ser cancelados ou contaram com parco público. Estudando as ditaduras militares da América Latina a partir da experiência europeia de trauma histórico, Groppo anota a impossibilidade de um total olvido social, ainda que sejam imensas as dificuldades para uma sociedade encontrar soluções satisfatórias depois da experiência traumática. Um "retorno do recalcado" só é superável quando houver o que se pode chamar de elaboração social do trauma. Deste modo, observam-se *fases ou ciclos de memória social*, em que se alternam períodos mais quietos e mais agitados, conforme fatores externos ou especificamente nacionais reativem os debates. Bruno Groppo, "Traumatismo de la memoria y imposibilidad del olvido en los países del Cono Sur", em Bruno Groppo e Patrícia Flier (orgs.), *La imposibilidad del olvido: recorridos de la memoria en Argentina, Chile y Uruguay* (La Plata, Al Margen, 2001).

[12] "Seis percepções radicais", em Afonso Henriques Neto e Eudoro Augusto, *O misterioso ladrão de Tenerife* (Rio de Janeiro, Sette Letras, 1997), p. 38.

longo do período nacional-desenvolvimentista. A experiência democrática e nacionalista dos anos 1945-1964, quando também se propagaram ideias socialistas misturadas às trabalhistas, permitiu o desenvolvimento da cidadania e a politização das massas, configurando as ambiguidades e a complexidade do populismo brasileiro, a despeito ou em virtude do qual um forte cunho anticapitalista veio a selar a formação daquela geração de intelectuais e artistas, que se tornou "interrompida". A efervescência cultural testemunhada pelos sujeitos ativos daquele processo histórico indica uma experiência de sociabilidade aprofundada, um compartilhamento de ideias, projetos e atitudes que se traduziam em expressão criativa e ação política de grande intensidade, e que foram sustados pela repressão, pela censura e pela imposição de um projeto conservador de desenvolvimento nacional: "conheço bem minha história/ começa na lua cheia/ e termina antes do fim" (Torquato Neto e Gilberto Gil, "Marginália II"[13]). A dinâmica cultural vivenciou então, como nota Roberto Schwarz, o dilema de uma "floração tardia", isto é, um amadurecimento democrático na área cultural após dois decênios de elaboração e trabalho, mas justamente sob o regime ditatorial, quando as condições sociais que o propiciaram não mais existiam, derivando em uma crise aguda da intelectualidade progressista[14]. Em depoimento sobre a época, Leandro Konder relata ter a impressão, ao olhar para trás, "de ver ruínas arqueológicas de uma cultura dizimada pelo AI-5, pela repressão, pelas torturas, pelo 'milagre brasileiro', pelo 'vazio cultural', pela disciplina tecnocrática e pela lógica implacável do mercado capitalista"[15].

A percepção melancólica de uma história brasileira que terminava inacabada ou de uma cultura arruinada possuía ampla ressonância social. O referido "vazio cultural", junto à "falta de ar", consistiram em metáforas então privilegiadas para tentar descrever o quadro cultural após o AI-5, cujo sentido se revela como um esvaziamento traumático[16], diante do fa-

---

[13] Torquato Neto, *Os últimos dias de Paupéria*, cit., páginas finais não numeradas. O sentido da interrupção, aqui tratado apenas semanticamente, se dá também mediante interrupções formais, como versos e poemas que findam abruptamente, sem que a frase temática ou melódica se conclua.

[14] Roberto Schwarz, "Cultura e política: 1964-1969", em *Cultura e política* (São Paulo, Paz e Terra, 2001), p. 50.

[15] Depoimento recolhido por Heloisa Buarque de Hollanda e Marcos Augusto Gonçalves, *Cultura e participação nos anos 60* (São Paulo, Brasiliense, 1982, Coleção Tudo É História), p. 91-2.

[16] O vazio se relaciona, em geral, às experiências de perda, sendo provocado pela falta ou possibilidade dela; a ausência relativa ao luto inacabado tende a ceder ao vazio

to de as correntes críticas e criativas dominantes no período anterior — a "nacional-popular" e a "formal-vanguardista"[17] — haverem perdido em boa parte seu espaço e sua capacidade de criar sentidos amplamente compartilháveis. Na verdade, o "vazio cultural" mostrava-se repleto de indagações, debates, criações artísticas tateantes em face das novas condições históricas. Tratava-se de um "vazio cheio", diria Zuenir Ventura, tendo em vista a inegável germinação cultural — apenas no âmbito poético, os quatro números do "Jornal de Poesia", encartados no *Jornal do Brasil*, e o evento da Expoesia I, na Pontifícia Universidade Católica do Rio de Janeiro, ambos em 1973, revelavam a existência de um vasto surto de produção poética em todo o Brasil —, ao lado da importância de um público relativamente amplo, um sistema de produção cultural que não se desmontaria sem graves efeitos econômicos, as buscas de saída para os impasses da criação[18].

O vazio-cheio consiste em uma boa imagem para explicar a metáfora asmática da "falta de ar", cujo mal-estar advém de um excesso mal processado — e não de uma ausência propriamente. Nesse sentido, as críticas ao vazio cultural do início da década de 1970, bem como à desqualificação da criação poética que se seguiu, ofereciam indícios de um processo de asfixia social que a "poesia do sufoco" — a adjetivação muitas vezes re-

---

depressivo ou ao nada melancólico. É somente por meio de uma *duração* de luto que o vazio pode tornar-se um espaço de ausência, necessário à reorganização interior dos sujeitos. Carmen Da Poian, *Formas do vazio*, cit., p. 9-10. Neste sentido, o que foi percebido como vazio cultural no início dos anos 1970 indicava uma experiência dolorosa de luto social irrealizado.

[17] Para essas correntes, como as principais vertentes artísticas e críticas do período nacional-desenvolvimentista, conferir H. B. Hollanda e M. A. Gonçalves, *Cultura e participação*, cit.; e Marcelo Ridenti, *Em busca do povo brasileiro* (Rio de Janeiro, Record, 2000).

[18] Ver artigos publicados por Ventura na revista *Visão*: "O vazio cultural", julho de 1971, e "A falta de ar", agosto de 1973, reproduzidos em Elio Gaspari *et al*, *70/80 Cultura em trânsito: da repressão à abertura* (Rio de Janeiro, Aeroplano, 2000). A questão do vazio cultural foi nomeada nestes artigos como um diagnóstico do estado da cultura brasileira naqueles anos, provocando impacto no meio artístico-intelectual. O balanço daquela "cultura anódina e insossa" oferecia "uma perspectiva sombria", pois considerava que a crise cultural não advinha apenas da censura política, mas também das próprias contradições de uma cultura em transição, para as quais os artistas não encontravam respostas. Transferir a responsabilidade somente para a censura estatal denunciava um certo arrefecimento crítico da *intelligentsia* nacional, que encobria seu "descenso estético" e qualitativo, derivado de sua perplexidade e, quem sabe, de seu próprio movimento de autocensura.

petida por Hollanda não era fortuita – tentava em alguma medida documentar, revelando o desejo de testemunhar um sofrimento social intenso embora imprecisamente percebido. A metáfora da asfixia, de uso corrente na linguagem cotidiana – "estou no maior sufoco", dizia-se, para significar dificuldades financeiras ou emocionais – não surgira à toa naquela época, nem se restringira ao âmbito da conversação ou do "bate-papo biográfico-geracional"[19] realizado pela poesia dita marginal. O discurso sociológico/historiográfico também veio a utilizá-la para designar aspectos objetivos da dinâmica socioeconômica do período, em que uma série de restrições foram planejadas e impostas para produzir as condições do "milagre brasileiro" (e depois tentar em vão controlar a crise deste, a partir de 1974), mediante uma política econômica tecnocrática que visava sanear a economia inflacionada por via de uma recessão calculada, resultando em cômputo final no "estrangulamento"[20] das condições de vida da classe trabalhadora, das pequenas empresas, das alternativas intentadas e dos canais de atuação política, uma vez que também o arcabouço jurídico foi modificado para estabelecer o controle eleitoral, a censura, a espionagem da polícia política, a repressão generalizada...

A sensação de um contexto asfixiante radica na combinação de uma esfera política autoritária-repressiva com um processo de consolidação do capital monopolista e da ordem burguesa correspondente, resultando no estreitamento do modo de existência à vida privada, mas uma vida privada que também é crescentemente atingida por dinamismos danificadores das relações humanas, uma vez que a concorrência e o particularismo dos interesses se expandem, imprimindo a lógica do direito de propriedade no

---

[19] É como Flora Süssekind, *Literatura e vida literária: polêmicas, diários & retratos* (2. ed. rev., Belo Horizonte, UFMG, 2004), define a linguagem da poesia marginal. Vale lembrar que, no dia seguinte à edição do AI-5 – portanto, em 14 de dezembro de 1968 – o *box* em que normalmente se publicava a previsão do tempo na primeira página do *Jornal do Brasil* surpreendeu o público com a mesma informação metafórica: "Tempo negro. Temperatura sufocante. O ar está irrespirável. O país está sendo varrido por fortes ventos. Máx. 38° em Brasília. Mín. 5° nas Laranjeiras". Reproduzido em Carlos Fico, "Dos anos de chumbo à globalização", em P. R. Pereira (org.), *Brasiliana da Biblioteca Nacional: guia de fontes sobre o Brasil* (Rio de Janeiro, Biblioteca Nacional/Nova Fronteira, 2001), p. 357.

[20] Sônia Mendonça, *Estado e economia no Brasil: opções de desenvolvimento* (Rio de Janeiro, Graal, 1986). O termo, ou equivalentes, são usados repetidamente para falar dos efeitos do Programa de Ação Econômica do Governo (PAEG) e dos dois Planos Nacionais de Desenvolvimento (I PND e II PND).

caráter individual, na família, nas associações sociais diversas. Nada mais evidente a esse respeito do que "Propriedade privada", um poema-relâmpago de Luis Olavo Fontes, bem típico da dicção do "sufoco", em que teoricamente o sujeito é proprietário de coisas e de si mesmo, como sugere o título, mas pode ver-se objetivamente esvaziado de bens e dons e palavras: "não tenho nada comigo/ só o medo/ e medo não é coisa que se diga"[21].

Adorno sublinha o quanto essa lógica afeta o processo de subjetivação e formação social, posto que "o olhar voltado para possíveis vantagens é o inimigo mortal da formação de relações compatíveis com a dignidade humana"[22]. Assim, o mundo da experiência vai-se tornando, mais que privado, privativo, dominado pelas relações de poder e pelo interesse pessoal, asfixiando o próprio âmbito privado que, por sua vez, restara do fechamento político. Além disso, o desenvolvimento técnico afeta também o pensamento, que, para se legitimar, tende a se submeter ao controle social do desempenho, perdendo sua complexão para se converter em solução de tarefas designadas e não mais em um pensar em si, autônomo, livre de qualquer esquema de tarefa a cumprir. À medida que o pensar se torna, então, um treinamento, um exercício, sua forma é instrumentalizada por ingerências pragmáticas e a consciência, modelada de antemão pelas necessidades sociais – as quais, vale repetir, estão perpassadas pela lógica burguesa, pelo fetichismo da mercadoria e pela tecnificação –, enfrenta obstáculos em sua relação com o real a ser pensado, o que atinge inclusive os intelectuais de oposição, provocando uma sensação geral de sufocamento na produção intelectual.

A relação imagística de cilada-vazio-asfixia apontava, desse modo, para a possibilidade de uma derrota mais profunda, para além do âmbito político, envolvendo os movimentos sociais e culturais, incluindo a "nova esquerda" e a contracultura, que haviam tentado transformar as relações privadas, sexuais, familiares, profissionais, enfim, todo o modo de pensar e viver da ordem burguesa nos anos 1960, mediante uma proposta de revolução cultural libertária, de teor marcusiano[23]. O comportamento contracultural brasilei-

---

[21] Em H. B. Hollanda, *26 poetas hoje*, cit., p. 172.
[22] Theodor Adorno, *Minima Moralia: reflexões a partir da vida danificada* (trad. Luis Eduardo Bicca, 2. ed., São Paulo, Ática, 1993), p. 27. Os aforismos 13 e 126 estão na base da reflexão deste parágrafo.
[23] Herbert Marcuse [Entrevista], "Herbert Marcuse fala aos estudantes", em Isabel Loureiro (org.), *A grande recusa hoje* (Petrópolis, Vozes, 1999), p. 64. Não atribuo aqui à "nova esquerda" uma conceituação propriamente, mantendo o uso impreciso

ro, chamado à época de "desbunde" e muito criticado (pertinentemente, em vários casos) por sua falta de seriedade e racionalidade, bem como sua tendência à despolitização[24], pode ser visto como um dos *sintomas desse processo traumático* de derrota dos projetos transformadores, que permitiriam, quiçá, a constituição de um outro tipo de razão e, por conseguinte, uma ordem outra de formação social e subjetiva. Acerca da questão, Abel Silva, escritor e letrista de canções, distinguia mais de um tipo de desbunde e destacava a especialidade de Torquato, uma vez que, em sua fragilidade e solidão, realizava uma "obra de sintoma", pessoal e cultural, que sua morte veio sacramentar como "testemunho de uma verdade", ou ao menos de uma percepção bastante disseminada: que a existência nos anos 1970 era como um barco que afundara para todos em "um momento histórico completamente original no Brasil [...] Foi o maior *trauma coletivo brasileiro*, foi a nossa guerra civil espanhola, nossa Guerra do Vietnã [...] um envolvimento total, uma implosão"[25].

---

que foi vigente naquele contexto. O poema de Adauto, "A pombinha e o urbanoide", ilustra a questão e a recoloca nos termos de uma inusitada dialética de localismo popular e cosmopolitismo: "[...] e o exterior é uma paisagem estranha/ onde está a New-Left, pombinha?/ ao café lendo meus poetas preferidos/ me pergunto a razão de tudo isso/ pombinha, a guerrilha humana ou a anarquia geral/ salvariam o povo/ mas antes era preciso organizar um imenso carnaval/ invocarmos as divindades populares/ Y botar uma BUMBA-meu-BRECHT na rua/ o sufoco acabaria, pombinha [...]". Em H. B. Hollanda, *26 poetas hoje*, cit., p. 248-9.

[24] Luiz Costa Lima, por exemplo, observa que a "poesia do desbunde", sendo fruto de um estilo de vida que glorificou a juventude, apresentava características de um processo imaturo, ainda que de conteúdo libertário. Ao estender a compreensão do mal, de início identificado à ditadura, a qualquer modo de conduta mais circunspecto, acabaram por estigmatizar qualquer seriedade e a própria forma estética, criando uma sinonímia entre forma e poder, em que ambos eram condenados. Luiz Costa Lima, "Abstração e visualidade", em *Intervenções* (São Paulo, Edusp, 2002), p. 136. A observação se aplica a boa parte dos poetas marginais "anti-intelectualistas", mas não a todos. É interessante pensar que este comportamento talvez signifique mais uma indistinção característica da reação traumática, na qual não se distingue a regra ética, legítima e flexível, fundante de qualquer forma de vida em comum, sem a qual o humano se atrofia e cai numa desorientação anômica, dos limites normativos injustos, que impingem uma normalização em nome da exploração, da falsa conciliação e da ordem autoritária. Domenick La Capra, *Escribir la historia...*, cit., p. 197-8.

[25] Entrevista de Abel Silva e Waly Salomão a H. B. Hollanda e M. A. Gonçalves, "A ficção da realidade brasileira", em Adauto Novaes (org.), *Anos 70, ainda sob a tempestade* (Rio de Janeiro, Aeroplano/Senac Rio, 2005), p. 131-2 e 136, respectivamente. Grifo meu.

Essa implosão se desdobrou, na poesia que vicejou sob a ditadura, uma série de imagens de dor e fragmentação associadas à cotidianidade, remetendo a um corte profundo que rasga várias camadas de tecido social. Na antologia *26 poetas hoje*, que gerou debates desde que foi lançada, pululam imagens de sangue, feridas, medo, "sufoco", estrangulamento, nó na garganta, solidão, suicídios, amores e dissabores cotidianos, ao lado daquelas de separação e incisão, sem mencionar as incontáveis cicatrizes: "no longe corte do peito nas tontas/ revoltas da cara [...] sobrevivo/ com muito esforço/ e as costelas partidas" (Leomar Fróes); "[...] quando a luz do sol vai entrando de novo/ dividindo o quarto num tratado de tordesilhas/ eu nervoso me olho no espelho/ me jogo no sofá me vejo cortado/ em duas postas" ou "lances assassinatos/ essa noite acredito/ cicatriz sinistra" (Adauto)[26]. O forte traço dessa geração poética, contudo, consistiu de fato em um amplo processo de subjetivação da linguagem. O retorno à primeira pessoa, de que fala Hollanda, ou a "poesia do eu", de Flora Süssekind, ou ainda aquela "poesia ruim" articulada a uma "sociedade pior", segundo Iumna Simon e Vinícius Dantas[27], entre outros, indicava uma inflexão no modo de dicção

---

[26] Em H. B. Hollanda, *26 poetas hoje*, cit., respectivamente: "Descordenada", p. 202-3; "A pombinha e o urbanóide", p. 249; e sem título, p. 252.

[27] Na leitura de Hollanda, o retorno à primeira pessoa, após os anos de experimentação formal das vanguardas, retomando uma poética mais escrita do que visual e que priorizava tematicamente a vivência da paixão e do medo, era capaz de constituir uma resposta crítica aos impasses que haviam assaltado o início da década. Heloisa Buarque de Hollanda e Carlos Alberto Messeder Pereira, *Poesia jovem: anos 70* (São Paulo, Abril Educação, 1982, Coleção Literatura Comentada). Süssekind, contrariamente, vê uma redução do horizonte literário na década de 1970, posto que os pactos subjetivos de uma "poesia do eu", centrada nas confissões pessoais e no registro de instantes cotidianos, no tom de intimidade e trivialidade dos diários, corria o risco de mimetizar as armas do próprio regime autoritário mediante uma "síndrome da prisão", ou seja, uma tendência estética personalista que, acreditando-se contra a corrente, cria um diálogo maior com a mídia do que com a série literária e revive uma opção conservadora, pouco capaz de olhar criticamente o país e de ampliar o horizonte artístico e político dos leitores. Flora Süssekind, "Literatura do eu", em *Literatura e vida literária*, cit., p. 114-47). Analogamente, Simon e Dantas consideravam que as formas antiliterárias e atitutes anticonvencionais dos marginais, imersas em uma crise de representação, adequavam-se melhor que o imaginado à linguagem simplificada e ao ritmo antitradicionalista requerido pela dinâmica cultural do mercado capitalista em expansão no país. Em prol da comunicabilidade, acabou-se por ajustar os recursos disruptivos da linguagem poética moderna à sensibilidade corrente. Resultava disto uma solução artística singela, mas deveras precária, pois "nem a experiência emotiva tem qualidade como tal, nem a experiência

e expressão, deslocando-se das formas de diálogo da e na vida pública para a esfera da vida privada e cotidiana, de efeitos duradouros. Desse prisma, a linguagem egóica e asfixiada traduzia a crise do princípio social da individuação. Na visão adorniana, a dialética do sujeito contemporâneo consiste em que o ser, já em alguma medida reduzido e degradado pelo domínio da esfera de produção sobre o corpo e os valores, é capaz de resistir enquanto essa esfera não se torna absoluta. Nesse interregno, em que um tipo de sujeito se dissolve sem que tenha dado lugar a uma forma mais elevada, a experiência individual necessariamente se apoia nos cacos restantes do antigo sujeito. O valor da experiência subjetiva na era de sua decadência, na modernidade tardia, reside em que a força do protesto passou para o indivíduo que, por um lado, havia se tornado mais enriquecido e diferenciado, mas, por outro, enfraquecido pelo esvaziamento do mundo sociopolítico, que é o outro polo condicionante da construção da subjetividade, num processo complexo que atinge seu ápice em estados ditatoriais. A manifestação subjetivada, então, funciona como um testemunho da adversidade contextual, havendo que se considerar o que não se inseriu na dinâmica de vitórias históricas e ficou a meio caminho: "os resíduos e pontos sombrios [...] é da essência do vencido aparecer em sua impotência como inessencial, marginal, ridículo"[28].

Vencidos, obrigados a "agradecer a quem ganhou", como é frequente nas ditaduras, "marginais" – e muitas vezes considerados ridículos – os poetas dos anos 1970 transitavam entre o desejo de resistência cultural e a impotência, ocupando um "entrelugar" espinhoso que se apresenta bem construído num poema de Zulmira Ribeiro Tavares, no qual um homem de meio metro de altura, mas que não se dobra nem reduz facilmente – "mas caminho ereto:/ sem quase exagero" e "Se meio-metro é medida pouca/ Ao menos que seja vária" –, constrói um relato lírico em primeira pessoa repleto de recuos, avanços e pausas como quem move com dificuldade articulações ósseas, revelando todo o tempo a inadequação ao mundo, redondo e sem arestas, do sujeito que nasce de ponta-cabeça contra a vida e vive bicudamente insone. Instado a ter que contar (para dormir) o que é infinito, pergunta por palavras qualitativas, ao que lhe retrucam: "'Mas elas são tão

---

estilística e literária pode dignificá-la". Iumna Simon e Vinícius Dantas, "Poesia ruim, sociedade pior", em *Remate de Males*, Campinas, n. 7, 1987, p. 100.

[28] Adorno, *Minima moralia*, cit., p. 133. Para o restante do parágrafo, Dedicatória, p. 8-10; aforismos 97 e 98, p. 131-3.

improváveis!'/ Impossível somá-las: diluem-se". Condenado à diluição da linguagem e da qualidade e, por conseguinte, a uma disciplina quantitativa e passiva que lhe impõem as instituições da ordem – "Feche seus olhos e aguarde", ordena o médico, ou "O infinito não é para o homem", recrimina o padre –, o sujeito lírico conclui pela impossibilidade de ser compreendido e pela incomunicabilidade entre os que se conformam à ordem e os que desejam um mundo diverso:

> Mas há engano de perspectiva.
> Sou muito difícil:
> apesar de pouco.
> Tive início quando nasci.
> E até hoje não me refiz:
> [...]
> Mas não fui eu que a quis –
> esta procura do longe.
> Quiseram-na por mim os outros.
> Escondidos.
> Pergunto:
> os outros que são
> o mundo?
> Estou só.
> Nenhum laço.
> Desatamento ao contrário.[29]

O poema artrítico – cuja articulação entre sujeito estranho/mundo harmonioso e sujeito reto/mundo estranho é árdua – retoma a imagem da solidão do sujeito romântico como figura de resistência. Todavia, como "nenhum laço" existe para atar a transmissão ou a partilha de experiência, a sensação de desamparo se avoluma à medida que o leitor percebe, por um lado, não haver resistência efetiva na solidão, como provaram os eventos históricos e, por outro, que não obtivera êxito o projeto de uma poética resistente coletiva, que Cacaso buscava dinamizar sob o nome de "poemão"[30].

---

[29] "Meio metro", em H. B. Hollanda, *26 poetas hoje*, cit., p. 104-8.
[30] Cacaso propunha o "poemão" ou "caldeirão" como um fazer coletivo, em que todos pusessem e retirassem ideias e imagens poéticas. O tema é tratado em diversas obras de Heloisa Buarque e vários artigos do próprio Cacaso. Ver Antônio Carlos Ferreira de Brito (Cacaso), *Não quero prosa*, org. e sel. Vilma Arêas (Campinas/Rio de Janeiro, Unicamp/UFRJ, 1997, Coleção Matéria de Poesia).

Assim, "Meio metro", tomado em sua representatividade geracional, demonstra o que se pode chamar de uma "resistência límbica", selada pela lide com um processo de mudanças objetivas e subjetivas, de *ethos* em esgarçamento – o *ethos* de uma geração traumatizada e coibida em sua possibilidade de narrar sua própria história, diz Hollanda[31] e, portanto, de atar os fios do tempo, passado-presente-futuro e construir sentidos de identidade e humanização –, de tão vastas proporções e tão difícil apreensão que gerava um "desatamento ao contrário" na dinâmica cultural.

Com efeito, a racionalidade cedia espaço à perplexidade e a passividade entediante substituía o que deveria ser trágico e ativo para lidar com as mudanças fáusticas conduzidas pelo projeto ditatorial de desenvolvimento nacional. Numerosas imagens que priorizam uma postura mais contemplativa que ativa ocuparam as páginas dos folhetos mimeografados e das antologias: "Quem tem janelas/ que fique a espiar o mundo" (Chico Alvim); "Quando o sol está muito forte, como é bom ser um camaleão e ficar em cima de uma pedra espiando o mundo" ou "não tenho nenhuma observação/ a fazer sobre a vista da varanda./ nenhuma" (Chacal); "[...] já não escrevo:/ Filmo uma Palavra Decomposta/ Violenta/ Amplificada// [...] / já não choro:/ Filmo um Rio de Janeiro [...]" (Maíra Parulha)[32]. O significado do tédio tem sido discutido por numerosos autores em relação à experiência da modernidade, em especial sob regimes políticos autoritários, quando a restrição da cidadania é acompanhada do arrefecimento, involuntário ou não, da ação histórica, e se tornam dominantes a rotinização da vida cotidiana, o trabalho alienado, o empobrecimento da experiência em detrimento da criatividade e aprofundamento das relações sociais que permitiriam superar as forças reificantes e, quem sabe, aprimorar a vida coletiva. Conforme se aprende de Baudelaire, figura-matriz do poeta moderno, a experiência cotidiana do *ennui,* que se desdobra na impotência do artista, relaciona-se a uma experiência histórica recalcada, sendo o tédio derivado da percepção da triste continuidade do estado de coisas vigente e da inutilidade ou impossibilidade da intervenção transformadora naquele contexto de vitória de

---

[31] Ver o Posfácio de H. B. Hollanda, em *26 poetas hoje*, cit., p. 257.
[32] Os versos de Alvim ("Com ansiedade") e Chacal ("Só dos terratenientes" e "Como é bom ser um camaleão") se encontram em H. B. Hollanda, *26 poetas hoje,* cit., p. 21, 217 e 219, respectivamente; os de Parulha, da antologia *Folha de rosto,* publicada em 1976, reproduzidos em Carlos Alberto Messeder Pereira, *Retratos de época: poesia marginal anos 70* (Rio de Janeiro, Funarte, 1981), p. 324.

valores burgueses, modernizando o mundo à sua imagem, sob a égide de um Estado autoritário[33].

O tédio, então, pode ser compreendido como o sentimento de quem está excluído do fluxo ativo da história, a sensação de uma defasagem em relação ao movimento de todo o resto. Sua presença é marcante na poesia criada sob a ditadura, em que Süssekind pôde observar "o texto, a vida, em ponto morto", em ritmo lento, sem marcos de aceleração ou mudança discursiva, gerando a impressão de uma repetição indefinida, à maneira de uma modorra, que por certa inércia se assemelha à experiência de prisão, reitera a autora, mostrando a síntese disto no poema "Diário", de Chico Alvim, de um só verso: "O nada a anotar"[34]. O deslocamento de um centro ativo para um lugar de "espiar o mundo" consiste não apenas na readequação do olhar exigida pela modernidade, mas também na readequação da (in)ação sobre o curso histórico. Isto, porém, diferia por completo da experiência do período precedente, vivido, consoante um depoimento, como "um destes raros momentos na história nos quais os cidadãos almejam superar a condição de figurantes da vida pública para se arvorarem em legítimos protagonistas. [...] para junto do povo e dentro da história"[35]. A intenção e a crença na possibilidade de imersão na história e atuação sobre seus rumos, fortemente presente ainda em fins da década de 1960 – quando estimuladas pelos movimentos de 1968 –, já se diluía contudo no decênio

---

[33] Dolf Oehler, *O Velho Mundo desce aos infernos* (São Paulo, Companhia das Letras, 1999). Segundo o autor, ao contrário da visão hegeliana de um tédio produtivo, motor de progresso, o que se viu na França após a derrota revolucionária e os massacres de 1848 foi um tédio destrutivo, provocador de desejos de extermínio, como reflexo da patologia da vida na metrópole, onde, ademais, a urbanidade degradada em banalidade social provavelmente permitiria a repetição de catástrofes. Daí a visão baudelairiana da modernidade como catástrofe permanente, turbilhão e inferno, e seu ar de dândi disfarçando o desejo de parar o curso do mundo.

[34] Flora Süssekind, *Literatura e vida literária*, cit., p. 128. Ítalo Calvino, visitando a América do Norte em fins dos anos 1950, anotou em sua viagem marítima: "a única coisa que se pode extrair desta experiência é a definição do tédio como uma defasagem em relação à história, um sentimento de ter sido cortado fora com a consciência de que todo o resto se move" (A Bordo 3/9/1959), em "A visão mais espetacular da Terra", *Folha de S.Paulo*, 27/7/2003, Caderno Mais, p. 6.

[35] Franklin Espath Pedroso e Pedro Karp Vasquez, "Questão de ordem, vanguarda e política na arte brasileira", *Acervo: Revista do Arquivo Nacional*, Rio de Janeiro, Arquivo Nacional, v. 11 (Nada será como antes, os anos 60), n. 1-2, 1998/1999, p. 74-5.

seguinte, como se vê no sentido de inoperância que Chico Alvim imprime nos versos de "Um Homem"[36]: "As estradas já não anoitecem à sombra de meus gestos/ nem meu rastro lhes imprime qualquer destino".

Tal postura ou constatação não deixava de significar um gesto de recusa dos poetas em realizarem ou endossarem a ação que modernizava o país em moldes conservadores e ditatoriais, e os sujeitos, em moldes egoístas e/ ou cínicos. Talvez exprimisse uma relação ambígua com "a indolência do coração, a acedia", de quem, movido não pela fatalidade, mas por uma empatia tristonha com os despojos da cultura, buscava desesperada e desordenadamente uma imagem histórica que não fosse aquela estampada pelos vencedores [37]. Entretanto, apontava também a dificuldade de dar conta do processo em curso, cuja escala superava o imaginável: as taxas recordistas de crescimento e desigualdade social, as obras faraônicas, o processo de desruralização progressiva do país derivado de um dos maiores êxodos rurais do mundo[38], cuja contrapartida foi o hiperinchamento das cidades, a favelização e o adensamento da multidão nas metrópoles, a mudança nas relações sociais, o crescimento da violência...

O imenso custo humano desse tipo de desenvolvimento, conferindo o caráter trágico da ação fáustica/mefistofélica sobre a história, havia sido estimado por Goethe em *Fausto*: "Sacrifícios humanos sangravam,/ Gritos de horror iriam fender a noite". O mecanismo trágico, resume Berman, reside no fato de o processo de crescimento paradoxalmente corroer os funda-

---

[36] Em H. B. Hollanda, *26 poetas hoje*, cit., p. 24.

[37] A questão da acedia é tratada por Benjamin na sétima tese sobre a história. Ver Michael Löwy, *Walter Benjamin: aviso de incêndio, uma leitura das teses "Sobre o conceito de história"*, trad. Wanda Caldeira Brandt, [das teses] Jeanne Marie Gagnebin e Marcus Muller (São Paulo, Boitempo, 2005), p. 70. Para cruzar o tema com a "alegria desesperada" daquela geração, segundo Chico Alvim, remeto à minha tese supracitada, cap. 6. Como nota Oehler, não se pode descartar uma certa "melancolia da impotência" como força literária produtiva, situação em que os sujeitos retiram das limitações sociais certo alento para um fazer estético e intelectual que, concentrando-se em seu mundo interior, pode vir a desvelar correspondências entre o universo pessoal reduzido ao silêncio e o universo sociopolítico a ser reduzido ao silêncio. Dolf Oehler, *O Velho Mundo desce aos infernos*, cit., p. 21.

[38] Entre 1960 e 1980, o total de migrantes internos no Brasil foi de 27 milhões de pessoas; somente ao longo dos anos 1970, 40% da população rural migrou para as cidades. Ver A. Camarano e R. Abramovay, "Êxodo rural, envelhecimento e masculinização no Brasil: panorama dos últimos 50 anos", *Revista do IPEA*, Texto para discussão n. 621. Disponível em: <http://www.ipea.gov.br>. Acessado em 12 jun. 2007.

mentos éticos e humanizantes do progresso, de forma que o horror trágico da ação fáustica decorre justamente dos seus objetivos mais elevados e conquistas mais eficazes, cujas contradições na forma de sofrimento e morte são inseparáveis do destino que se quer conduzir[39]. O Brasil evidentemente não ficou imune à "tragédia do desenvolvimento" que perpassa o mundo contemporâneo. Nas palavras jocosas de Cacaso: "Ficou moderno o Brasil/ ficou moderno o milagre:/ a água já não vira vinho,/ vira direto vinagre"[40]. Contudo, a profundidade do impacto da modernização conservadora, conduzida pelo Estado ditatorial, só pôde ser vista em amplitude posteriormente, como se depreende do seguinte comentário de Schwarz, publicado nos anos 1990:

> o desenvolvimentismo arrancou populações a seu enquadramento antigo, de certo modo as liberando, para as reenquadrar num processo às vezes titânico de industrialização nacional, ao qual a certa altura, ante as novas condições de concorrência econômica, não pôde dar prosseguimento. [...] Passando ao esforço nacional de acumulação, o que se vê são sacrifícios fantásticos para instalar usinas atômicas que nunca irão funcionar, estradas que não vão a parte alguma, ferrovias imensas entregues à ferrugem, edificações fantasmas que entretanto não se desmancham com as ilusões ou negociatas que as tiraram do nada. Que fazer com elas?[41]

Os efeitos desses processos modernizadores se realizaram como verdadeira colisão sobre a experiência histórica, criando conflitos e cisões que se estendem aos dias de hoje e, como se não bastasse, obstáculos para se

---

[39] Marshall Berman, "O Fausto de Goethe: a tragédia do desenvolvimento", em *Tudo que é sólido desmancha no ar: a aventura da modernidade* (São Paulo, Companhia das Letras, 1986), p. 37-84 e 67-75.

[40] "Jogos Florais I", em H. B. Hollanda, *26 poetas hoje*, cit., p. 41. O poema pertence ao livro *Grupo Escolar*, de 1974, ano em que principia a crise do "milagre econômico" brasileiro.

[41] Roberto Schwarz, "Fim de século", em *Sequências brasileiras* (São Paulo, Companhia das Letras, 1999), p. 159-60. A crítica dos poetas marginais ao desenvolvimentismo brasileiro é mencionada em diversos momentos das principais obras críticas da época, especialmente em Messeder Pereira, Schwarz, Hollanda e Cacaso. Nos países latino-americanos, a forte vinculação entre desenvolvimentismo e populismo gerou as mais variadas críticas: políticas mas não econômicas; econômicas mas não políticas; ambas; com ou sem vinculação com a cultura etc. (ou nenhuma!). Num corte diferente deste artigo, Marcelo Ridenti retoma a ideia de "cisão fáustica" entre intelectual e povo nos países subdesenvolvidos para analisar a trajetória de intelectuais e artistas brasileiros sob a ditadura, no livro *Em busca do povo brasileiro*, cit., p. 175ss.

pensar, explicar e encontrar medidas comuns que tornem realmente comensuráveis as experiências e os sentidos necessários à existência coletiva. Estavam em curso durante a ditadura civil-militar mudanças que Benjamin chamaria de catastróficas, tanto pelo que há de voragem destrutiva na vida moderna, quanto pela continuidade de diversos aspectos opressores no cotidiano e na história, como um eterno retorno do mesmo na contraface do progresso[42]. Desse modo, a velha tradição política brasileira de "mudar para não mudar" adquiria lamentável vulto; as estruturas econômicas continuavam solidamente injustas e desiguais, enquanto as relações políticas e sociais perdiam coesão, os sujeitos se encapsulavam ou fragmentavam e a esfera cultural vivia acelerado frenesi. A consolidação da ordem burguesa no país significava ao mesmo tempo a continuidade de um processo de longa duração, vigente desde os primórdios da República, e a ruptura de dinâmicas transformadoras postas em curso na curta duração. O caráter catastrófico não se deve às rupturas revolucionárias pretendidas nos anos 1960, em nenhuma de suas faces, mas às transformações trazidas justamente por sua derrota, pela interrupção de uma intenção revolucionária[43], resultando na manutenção de um ritmo de "progresso" avassalador, destrutivo e excludente como "sempre" e que, tanto por seus efeitos planejados quanto por suas sequelas inimaginadas, modificava a experiência histórica nas suas dimensões fundantes do espaço-tempo, da sociabilidade, das formas culturais.

Personagens da época apontam a "transformação cultural" ou a "mutação histórica" então ocorrida naquela "era de intensa transição", ou recorrem ainda a termos correlatos que indicam mudanças na existência e na percepção das coisas no Brasil dos anos de chumbo, tais como: "houve [...] um rompimento despercebido onde a força de revelar o futuro foi

---

[42] "Que tudo 'continue assim', isto é a catástrofe. Ela não é o sempre iminente, mas sim o sempre dado", diz Benjamin, ao comentar o "eterno retorno" em Parque Central, em Walter Benjamin, *Charles Baudelaire: um lírico no auge do capitalismo*. *Obras Escolhidas III* (3. ed., 2. reimp., trad. José Carlos M. Barbosa e Hemerson A. Baptista, São Paulo, Brasiliense, 2000), p. 174.

[43] A validade das ideias revolucionárias de então é outra história. Apesar das controvérsias sobre o tema, uma efervescência revolucionária no Brasil nos anos 1960 é reafirmada pelos militares que confirmam o caráter de contrarrevolução do golpe de 1964, bem como pelos documentos da embaixada norte-americana que justificam o "Plano de Contingência para o Brasil", visando intervir em apoio a uma "tomada militar interina", pois o Brasil "poderia virar uma segunda Cuba". Sergio Dávila, "Plano dos EUA antecipou ação dos militares", *Folha de S.Paulo*, 15/7/2007, p. A12-13, incluindo entrevista do ex-embaixador Lincoln Gordon.

substituída pela inércia de desconhecer o atual" (Herbert Daniel); ou "uma mudança estrutural se passava em nossa estrutura de classes, sem que na época se pudesse perceber com clareza" (Celso Frederico)[44]. Por sua vez, Schwarz, em artigo que analisa o documentário *Cabra marcado para morrer*, de Eduardo Coutinho, o qual retomava após a ditadura o projeto inicial desbaratado pelo golpe de 1964, notava que o fio da meada se rompera no transcurso do tempo e aqueles personagens que se reencontravam, camponeses, diretor, equipe cinematográfica, já não eram os mesmos: "esta mudança que está inscrita em bruto na matéria documentária do filme, é sua densidade e seu testemunho histórico. [...] Sob as aparências do reencontro o que existe são os enigmas da situação nova, e os da antiga, que pedem reconsideração"[45]. No âmbito da crítica literária, Antonio Candido, em debate de 1975, no qual analisava os traços formais da época e seus nexos sociais, observava uma desconfiança latente quanto à ordenação verbal do mundo que não era, a seu ver, fruto de arbítrio ou capricho autoral, mas de uma "motivação cultural muito profunda", vinculada ao "limiar desse novo ritmo de civilização" que se vivia[46].

O que se indicava, portanto, possuía a escala ou a potência de uma mudança civilizacional, não significando obrigatoriamente uma evolução. De variados modos, aqueles que testemunham ou analisam o período evocam alguma forma de mudança mais profunda ou estrutural, que faz uma cesura no transcorrer da história. Infere-se, então, *uma estranha mudança na experiência histórica*, uma transformação em processo na própria estrutura da experiência

---

[44] Trata-se das obras de: Adauto Novaes (org.), *Anos 70: ainda sob a tempestade*, cit., que reedita artigos dos anos 1970 sobre cultura, com uma revisão introdutória dos respectivos autores; de Herbert Daniel, "Contos possíveis de 1970", em *Passagem para o próximo sonho: um possível romance autocrítico* (Rio de Janeiro, Codecri, 1982), p. 70; de Celso Frederico, "A presença de Lukács na política cultural do PCB e na universidade", em J. Quartim de Moraes (org.), *História do marxismo no Brasil* (Campinas, Edunicamp, 1995, v. 2), p. 188.

[45] Roberto Schwarz, "O fio da meada", em *Que horas são? Ensaios* (São Paulo, Companhia das Letras, 1987), p. 72.

[46] Muito sucintamente, tais traços, em busca de uma ordem espaço-temporal não linear, tendiam ao esgarçamento dos nexos, passando do discurso contínuo, analógico, metafórico, realista, referencial, para o descontínuo, paranomásico, fragmentário, antimimético, obcecado pelo recurso à visualidade, à ambiguidade e à polissemia, tornando a obra aberta em condição legitimadora do literário. Ver Antonio Candido, "Vanguarda: renovar ou permanecer", em Vinicius Dantas (sel. e notas), *Textos de intervenção* (São Paulo, Duas Cidades/Editora 34, 2002, v. 1), p. 218ss.

social, segundo uma expressão de Benjamin[47]. Como se as peças de uma engrenagem funcionassem em distintos ritmos, o processo de mudança/continuidade fazia suas maiores fissuras no cerne mesmo da experiência. Não é de estranhar que a poesia de então fosse permeada de espanto e confusão.

Tal espanto se agravava, por um lado, com a imensa desproporção entre a capacidade fáustica de ação do Estado sobre o curso dos acontecimentos, garantida pelos instrumentos coercitivos, e a impotência dos indivíduos ou da sociedade civil, para os quais a mudança na relação com a história, já mencionada, desdobrava-se na (auto)destruição do sujeito histórico ativo. Este – reduzido em uma metáfora orgânico-arquitetônica, a "Arquitetura desolada -/ Restos de estômago e maxilar/ com que devoro o tempo/ e me devoro" (Chico Alvim, "Uma cidade"[48]) – se via crescentemente impedido de resolver contradições formais, objetivas e subjetivas de sua experiência à medida que a ação cedia ao apassivamento; que a sugerida antropofagia modernista redundava em autodevoração; que a espacialização achatava a experiência do tempo, reduzida à imediaticidade, seccionando a experiência histórica, que passa a ser vivida e pensada preferencialmente em sua dimensão espacial, em detrimento da temporal, num movimento característico da história quando se transforma em ruína[49].

Por outro lado, a ausência de um pensamento ou linguagem trágica – compreendendo-se a tragicidade no sentido goethiano de conflito irreme-

---

[47] Walter Benjamin, *Charles Baudelaire: um lírico no auge do capitalismo*, cit., p. 104. A despeito de suas diferenças, é possível aproximar a "estrutura da experiência social" do conceito de "estrutura de sentimento", de Raymond Williams (ver "Estruturas de sentimento", em *Marxismo e literatura*, Rio de Janeiro, Jorge Zahar, 1979), por tratarem ambos de uma articulação entre sujeito e história que se tornou central para a compreensão da subjetividade e da cultura na dinâmica histórica. Remeto ao livro de Martin Jay, *Songs of Experience*, cit.

[48] Em H. B. Hollanda, *26 poetas hoje*, cit., p. 21.

[49] Antonio Candido já observara a tendência à espacialização em 1975, num debate no Teatro Casa Grande (RJ). Ver "Vanguarda: renovar ou permanecer", cit., p. 215. Isto se confirma pelo teor da poesia que se seguiu nos anos 1980 e 1990, como aponta o trabalho de Costa Lima, "Abstração e visualidade", cit., p. 169-78. O seccionamento tempo/espaço da experiência é uma característica da modernidade, mas a prevalência do espaço sobre o tempo tem sido apontada como uma tendência da crise da modernidade ou pós-modernidade. David Harvey, *A condição pós-moderna* (São Paulo, Loyola, 1993), p. 258ss. Sobre a história espacializada e arruinada, Seligmann-Silva, "Catástrofe, história e memória em Walter Benjamin e Chris Marker: a escritura da memória", cit., p. 404.

diavelmente inconciliável, dado ao homem que se enfrenta com as aporias do destino, com as experiências-limite e com a difícil constituição do elo entre dor e conhecimento –, diante dessa mudança catastrófica derivada da "tragédia do desenvolvimento", constituía uma falta de recurso reflexivo e expressivo para dar forma ao que se vivia, levando a cilada das palavras ao paroxismo. Torquato Neto, como um para-raios de sua geração, advertira acerca da "ausência de consciência da tragédia em plena tragédia"[50], quando entrou em desacordo com o movimento tropicalista. Mas o problema dizia respeito à cultura brasileira como um todo, talhada, grosso modo, por um veio antitrágico e por uma longa trajetória de conciliações políticas. De fato, nas duas faces da modernidade do Brasil, uma "rutilante" e outra "sombria e até tenebrosa", nos termos de Roberto Vecchi, a segunda ocupou um lugar menor em comparação às representações culturais dominantes, visto que na virada do século XIX para o XX – portanto na aurora do modernismo brasileiro – teria ocorrido uma inclinação, vinculada ao nacionalismo, a se relegar os códigos trágicos nas manifestações modernas da nação, que persistiram então na forma de resíduos nos tecidos narrativos. Nesse sentido, se o modernismo desrecalcou elementos populares e étnicos, como percebe Antonio Candido, em sua versão oficial contribuiu para recalcar em nossa história cultural a compreensão trágica da existência, a lide social com os extremos e as aporias, que se mantém entre nós como cacos discursivos que eventualmente se reativam, mas desprovidos de sua profundidade genealógica[51].

---

[50] José Castello, "Torquato, uma figura em pedaços", em *No mínimo*, jornal eletrônico. Disponível em: <http://www.nominimo.com.br>. Acessado em 18/5/2005.

[51] Para o caráter antitrágico da cultura brasileira, Eduardo Sterzi, "Formas residuais do trágico: alguns apontamentos" e Roberto Vecchi, "O que resta do trágico: uma abordagem no limiar da modernidade cultural brasileira", em Ettore Finazzi-Agrò e Roberto Vecchi (orgs.), *Formas e mediações do trágico moderno: uma leitura do Brasil* (São Paulo, Unimarco, 2004), p. 103-12 e 113-26, respectivamente. Segundo Vecchi, a forma trágica passível de ser configurada na literatura brasileira mostra uma insuficiência, a insuficiência mesma da tragicidade. Para Antonio Candido, "Literatura e cultura de 1900 a 1945", em *Literatura e sociedade* (8. ed., São Paulo, T. A. Queiroz/Publifolha, 2000), p. 109-12. Soma-se a isto o fato de que a redução da força ativa do pensamento trágico – o poder de lidar com o desamparo e manter a grandeza dos atos mergulhados na incerteza, conduzindo o sujeito a investir nas potencialidades da existência humana em oposição ao mero culto da autoconservação – é um fator da condição moderna agravado na "crise da crise da modernidade", dado o domínio do capital sobre todas as esferas da vida, produzindo um mundo de coisas que assolam o indivíduo e mercantilizam ao máximo as relações sociais. Este

No seio da cultura brasileira, o pleno domínio do capital e as ingerências da vida mercantilizada vêm acentuar seu veio antitrágico e as dificuldades de se lidar com a história que se vivia. Ainda que haja uma certa delicadeza no gesto de recusa à ação fáustica – não se sabendo como agir historicamente em outros moldes, melhor seria não fazê-lo –, a ausência de recursos trágicos aponta também uma certa imobilidade traumática diante dos efeitos do acelerado e contraditório desenvolvimento nacional. Em uma (verdadeira) correspondência, Ana Cristina Cesar resumira: "o meu medo me paralisa, sim. E tensiona os ombros e os pulmões. Verbalizo de pura paralisia"[52]. A seu turno, Cacaso via na praça pública uma atmosfera surreal instaurada num horrível cenário de circo, em que "gengivas conspiram", "corpos horrendos se tocam" e "um cortejo de estátuas inaugura/ o espantoso baile dos seres". Não era melhor a praça de Roberto Piva, onde "os meninos tiveram seus testículos espetados pela multidão/ lábios coagulam sem estardalhaço [...]", nem tampouco a metamorfose dos sujeitos em bizarros entes, como o "rinoceronte improvável, flama sapientíssima" ou o "monstro cingido de totais firmamentos" de Afonso Henriques Neto, ou ainda o apequenado "Ulisses", de Roberto Schwarz, cujo horizonte se perdeu: "A esperança posta num bonito salário/ corações veteranos/ Este vale de lágrimas. Estes píncaros de merda"[53]. As metáforas, metonímias, tropos e predicados vários, em seu intuito depreciador, traduziam um "espanto poético" com o que se tornava o ser individual e social, o cidadão e as relações humanas. Não se tratava, porém, seguindo uma pista benjaminiana[54], de

---

tema frankfurtiano é desenvolvido em Marildo Menegat, *Depois do fim do mundo: a crise da modernidade e a barbárie* (Rio de Janeiro, Faperj/Relume Dumará, 2003), p. 115-21 especialmente.

[52] Carta para Cecília, 14 de maio de 1976, reproduzida em Renato Lemos (org.), *Bem traçadas linhas: a história do Brasil em cartas pessoais* (Rio de Janeiro, Bom Texto, 2004), p. 455.

[53] Ver Cacaso, "Praça da Luz"; Roberto Piva, sem título; e Roberto Schwarz em H. B. Hollanda, *26 poetas hoje*, cit., p. 47-9 e 85 respectivamente. Afonso Henriques, "Ser", em *O misterioso ladrão*, cit., p. 34-5.

[54] Walter Benjamin, "Sobre o conceito de história – 8ª Tese", em *Obras escolhidas I: magia e técnica, arte e política* (São Paulo, Brasiliense, 1994), p. 226, em que o autor observa que nenhum conhecimento decorre do assombro com os episódios do século XX, a não ser o de que "a concepção de história da qual emana semelhante assombro é insustentável". Analogamente, Adorno relata que, quando menino, já vira nos camaradas de escola a tendência ao horror fascista, de modo que, quando irrompeu o III Reich, seu juízo político foi surpreendido, mas não sua predisposição

um espanto filosófico produtor de conhecimento, ao modo, por exemplo, da dúvida *mater* cartesiana, mas de uma situação diversa e geradora de um assombro sem respostas ou nem mesmo perguntas... um "metassombro", como Sebastião Uchôa Leite intitula seu poema: "perdi todo o discurso/ minha língua é ofídica/ minha figura é a elipse"[55].

Assim, criara-se a difícil situação na qual os meios de representação da dimensão histórica pela arte se tornam exangues, uma vez que não é cabível legitimar como compreensível um processo de danificação da vida, e consequente desumanização da história, e que, por outro lado, os efeitos de choque crítico da arte moderna não bastam para desmascarar o teor desnaturado da sociedade contemporânea, velado por fenômenos complexos. Diante das aporias da representação, o que se vê então, diz Adorno, é a "tentativa desamparada de tornar comensurável a incomensurabilidade"[56], como é característico dos testemunhos traumáticos. Assim, não era absorvível naquele Brasil – e, se foi posteriormente, é todo um problema a discutir – o impacto das transformações catastróficas em curso. O espanto inqualificável e quase informe se relacionava à incomensurabilidade do que estava sendo vivido e à possibilidade de regressão, que não encontravam termos de referência nas concepções de sociedade e história até então vigentes, ainda (como até hoje, apesar das vicissitudes) profundamente pautadas pela noção de progresso.

Desse modo, a dinâmica do dizer e calar, do signo e do silêncio, como parte normal das construções linguísticas e da composição poética em particular, adquiria sentido especial e força de testemunho, com um significativo componente traumático, traduzindo-se em formas elípticas e lacunares, figuras movidas a espanto e perplexidade. De dentro da prisão, inventariando suas cicatrizes, Alex Polari havia anunciado: "Existem muitas filosofias/

---

inconsciente ao medo. Um paralelo pode ser feito com o espanto do Brasil nos anos 1970 em relação à violência, no entanto histórica e atávica. Ver Theodor Adorno, *Minima moralia*, cit., aforismo 123, p. 168.

[55] Do livro *Antilogia*, citado em Flora Süssekind, *Literatura e vida literária*, cit., p. 139.

[56] Theodor Adorno, *Minima moralia*, cit., p. 143. Seguindo o raciocínio de Adorno, os processos que afetam profundamente o sujeito, como a falta de liberdade, podem até ser conhecidos, mas não efetivamente representados; a tentativa de fazê-lo por meio do elogio da resistência heroica, como em certas narrativas políticas, acabou por discrepar de ações humanamente comensuráveis, e a representação do "puro inumano", que se mostraria como alternativa, furta-se, no entanto, à arte justamente por sua enormidade e inumanidade. Aforismos 94 e 103 para este parágrafo.

e racionalizações para tudo/ mas você verá, um dia,/ no rosto dos usuários,/ perplexidade"[57].

Como se depreende da própria palavra *per-plexo*, os sujeitos e suas obras, artísticas e críticas, ou seus pequenos gestos e palavras, haviam sido atravessados em seu centro nervoso, a lança histórica os perpassara no âmago de sua compreensão sensível. Antonio Candido já havia notado, no período pós-guerra, que "o presente momento [era] de perplexidade"[58], uma vez que a sociedade de massas trazia impasses à literariedade e à construção de uma tradição literária no país. Se já se configuravam situações de crise da palavra desde o período nacional-desenvolvimentista, o que dizer da sua consolidação com a plena vigência da indústria cultural nos anos 1960-1970, senão que se superpunham crise sobre crise e perplexidade sobre perplexidade?

É significativo que Herbert Daniel sintetizasse um conjunto de reflexões com a curta assertiva: "A palavra perplexidade resumiu tudo"[59]. Resumia, pode-se especificar, a forma que o trauma histórico adquiriu no Brasil da ditadura. Para escapar às suas ciladas, se isso é possível, seria preciso estar, como no poema de Duda Machado, "tão lúcido/ que era um suicídio"...

---

[57] "Questão de Sistema – II", em Alex Polari, *Inventário de cicatrizes* (4. ed., São Paulo, Global, 1979), p. 32.

[58] Cuja motivação ele encontrava, entre outros fatores, no fato de justamente no momento em que a literatura brasileira conseguia forjar um sistema expressivo que a ligava ao passado e ao futuro, um conjunto de tradições literárias, estas começaram a não mais funcionar como força estimulante da cultura. Ou seja, as formas de expressão e comunicação baseadas na leitura-escrita atingiram simultaneamente o auge e a crise, ante a concorrência dos novos meios expressivos fundados na palavra oral, na imagem e no som, exigindo um outro tipo de espírito e de enquadramento de público. Ver Antonio Candido, "Literatura e cultura de 1900 a 1945", cit., p. 125-6.

[59] Herbert Daniel, *Passagem para o próximo sonho*, cit., p. 64.

O PREÇO DE UMA RECONCILIAÇÃO EXTORQUIDA

Jeanne Marie Gagnebin

A construção histórica é dedicada à memória dos sem nome.[1]
Walter Benjamin

Não sou brasileira, mas simplesmente uma professora de filosofia que tenta trabalhar sobre as questões da memória e do esquecimento. Minha contribuição talvez seja menos militante do que o título sugere. Gostaria de compreender melhor as relações de ignorância e de indiferença que prevalecem em relação ao passado no Brasil, em particular em relação à ditadura, mas também à escravidão e às lutas e resistências populares em geral. Ignorância e indiferença que também dizem respeito ao presente, à tortura e à morte de tantos cidadãos, pobres, negros, pardos, sem cor nem nome; e compreender também melhor nosso medo, o nosso de classe média alta ou não, porque a violência cotidiana, se atinge primeiramente os pobres da periferia, também nos ameaça, e dela tentamos nos proteger pelo enclausuramento em condomínios cercados de muros com arame farpado e guardas, cópia obscena de outros campos. Essas relações de ignorância, indiferença e medo caracterizam, sem dúvida, várias sociedades de nossa "pós-modernidade" capitalista. Assumem, no entanto, traços específicos no Brasil que devem ser melhor analisados e explicitados, o que esse seminário pode ajudar a fazer.

Durante os últimos meses, participei de duas bancas de doutorado em filosofia, uma na Universidade de São Paulo (USP), outra na Pontifícia Universidade Católica de São Paulo (PUC-SP)[2], que tratavam, ambas,

---

[1] Dem Gedächtnis der Namenlosen ist die historische Konstruktion geweiht.

[2] Respectivamente a tese de Edson Teles, *Brasil e África do Sul: memória política em democracias com herança autoritária* (Tese de Doutorado, São Paulo, Depto. de Filosofia da FFLCH,USP, 2007) e Maria Luci Buff Migliori, *Horizontes do perdão: reflexões a partir de Paul Ricoeur e Jacques Derrida* (Tese de Doutorado, São Paulo, Depto. de Filosofia, PUC-SP, 2007).

dessas questões de *políticas* da memória. Nos dois trabalhos, foi estabelecida uma confrontação entre várias políticas de memória e de "reconciliação", notadamente a partir dos exemplos da África do Sul e do Brasil. Na África do Sul, quando saiu da prisão – onde ficou 27 anos –, Nelson Mandela instituiu a "Comissão Verdade e Reconciliação", que trabalhou durante três anos, de 1995 a 1998, para tornar públicos os crimes cometidos durante o período do *apartheid*, ouvir as vítimas e os criminosos, isto é, narrar, na medida do narrável, o que aconteceu e, depois, anistiar – ou não – os culpados. No Brasil, o próprio governo militar promulgou, em 1979, a Lei de Anistia, que deveria impor o esquecimento dos crimes de tortura dos agentes do Estado e, também, numa inclusão posterior, de "terrorismo" de esquerda, crimes não diferenciados entre eles, portanto. A discussão da revisão dessa lei ganhou nova força atualmente, no espaço restrito da imprensa escrita (não televisiva), em particular a partir de 2006, com a corajosa atitude da família Teles, que abriu uma ação cível contra o coronel reformado Carlos Alberto Brilhante Ustra, pedindo reconhecimento das práticas de tortura às quais foram submetidos os membros dessa família. O coronel Ustra foi diretor do Destacamento de Operações de Informações – Centro de Operações de Defesa Interna (DOI-CODI) em São Paulo entre setembro de 1970 e janeiro de 1974, período durante o qual houve 502 denúncias de tortura e 49 mortes nas dependências do DOI-CODI.

Vou tentar proceder aqui, porque para isso a filosofia pode realmente ser de auxílio, a algumas distinções conceituais que a leitura desses dois trabalhos, aos quais devo muito, me obrigou a pensar. Vou me apoiar nas reflexões de Ricoeur e de Derrida (ambos comentaram os trabalhos da "Comissão Verdade e Reconciliação"), como também nas de Adorno a partir da necessidade de *Aufarbeitung der Vergangenheit* (expressão que podemos traduzir por "elaboração do passado") na Alemanha pós-Segunda Guerra, em particular depois da *Shoah* [Holocausto]. Primeiro, vou distinguir entre várias formas de esquecimento, às vezes até opostas; e, num segundo momento, tentarei esclarecer a relação entre a narração do passado e aquilo que, nas palavras do grande historiador Michel de Certeau, podemos chamar de ritos de sepultamento dos mortos.

Como se sabe, no mínimo desde Freud e Proust, o esquecimento não é somente uma não-memória, um apagar dos rastros, uma página em branco. Existe também aquilo que Paul Ricoeur, na sua suma, *La mémoire, l'histoire, l'oubli*[3], chama de "esquecimento de reserva", isto é, um manancial de lembranças não conscientes, diria Proust, inconscientes, diria Freud[4], que pode se transformar num precioso aliado no processo da recordação quando o sujeito do lembrar desiste de tudo controlar no campo restrito de sua consciência. Existe igualmente, como a afirma toda filosofia de Nietzsche, uma dimensão feliz do esquecimento, uma alegria e uma leveza que permitem fazer as pazes com o passado, geralmente depois de um longo, dolorido e generoso processo de elaboração, leveza e alegria que possibilitam não carregar mais o passado como uma pedra nos ombros, mas reaprender a dançar e a inventar outras figuras de vida no presente. Esse esquecimento feliz remete, na tradição literária e filosófica, ao êxtase erótico e à embriaguez dionisíaca, na tradição religiosa ao enlevo místico, à Graça e ao Perdão que são como prefigurações da Redenção. Observemos que esse conceito de Redenção/*Erlösung*, tão essencial, por exemplo, para as reflexões de Walter Benjamin sobre a história, deriva desse radical de solução e dissolução feliz, do grego *luein*, do alemão *lösen*.

Essas dimensões positivas do esquecimento nunca negam ou apagam o passado, mas transformam seu estatuto vivido no presente, permitem que se viva sem ressentimento, diz Nietzsche, sem cair na perpétua repetição, diz Freud, permitem a instauração do novo.

Ora, a imposição do esquecimento como gesto forçado de apagar e de ignorar, de fazer *como se não houvesse havido* tal crime, tal dor, tal trauma, tal ferida no passado, esse gesto vai justamente na direção oposta dessas funções positivas do esquecer para a vida. Impor um esquecimento significa, paradoxalmente, impor uma única maneira de lembrar – portanto um não lembrar, uma "memória impedida" [*une mémoire empêchée*], diz Ricoeur[5], uma memória que vai lutar, brigar para poder voltar. Nesse contexto, todas políticas de anistia, promulgadas em várias circunstâncias por vários estados, servem, no máximo (e é isso a que geralmente pretendem), a tornar possível uma sobrevivência *imediata* do conjunto da nação enquanto tal, mas não garantem uma coexistência em comum duradoura. Essas políticas são antigas, não são nenhuma invenção de militares brasileiros, argentinos

---

[3] Paul Ricoeur, *La mémoire, l'histoire, l'oubli* (Paris, Seuil, 2000). [Ed. bras.: *A memória, a história, o esquecimento*, Campinas, Edunicamp, 2008.]
[4] Uma diferença de conceitos que, aliás, estabelece toda distinção entre Freud e Proust – mas não vou me demorar nessa análise aqui.
[5] Paul Ricoeur, *La mémoire, l'histoire, l'oubli*, cit., p. 576.

ou chilenos. Ricoeur cita[6] a famosa anistia promulgada em Atenas em 403 a.c., depois da vitória dos democratas sobre a oligarquia e o governo dos Trinta Tiranos. Todos os cidadãos atenienses[7] tiveram a obrigação de jurar que não lembrariam em público das infelicidades e dos males do passado, para tentar evitar o desastre da sedição (*stasis*) interna e do consequente enfraquecimento diante dos inimigos externos. Somente assim os membros da cidade podiam reconstruir um mínimo de paz cívica, condição da retomada da vida em comum. O mesmo objetivo é visado pelo Edito de Nantes, promulgado pelo rei francês Henrique IV, em 1598, depois das guerras fratricidas de religião, que opuseram católicos e protestantes. Ambos os exemplos são claros: a proclamação da anistia intenta a possibilidade de reconstrução de um mínimo de convivência entre duas frações importantes da nação dilacerada. Nesse contexto, aliás, podemos nos perguntar sobre o alcance da Lei de Anistia no Brasil: visava ela realmente apaziguar a memória de duas partes importantes do povo brasileiro no seu conjunto ou se tratava, como tantas vezes no Brasil, de um arranjo (precário) entre duas frações opostas da assim chamada "elite"? De qualquer maneira, a anistia configura sempre uma política de *sobrevivência imediata*, às vezes realmente necessária, mas não pode pretender ser uma política definitiva de regulamento da memória histórica. Tanto é assim que se democratas e partidários da oligarquia, católicos e protestantes não se trucidam mais, tampouco se reconciliam: empreendem, posteriormente, outros tipos de luta.

Assim, a anistia não consegue o que sua semelhança fonética com o termo de *amnésia* promete: ela não pode nem impedir nem mudar o lembrar, ela não pode ser um obstáculo à busca da "verdade do passado", como se diz, aliás de maneira bastante ambígua. Ela somente pode criar condições artificiais, talvez necessárias, que tornam possível uma retomada mínima da existência em comum no conjunto da nação. Ela configura uma trégua, uma calmaria provisória, motivada pelo desejo de continuar a vida, mas não é nenhuma solução, nenhuma reconciliação, menos ainda um perdão. Num livro anterior, Ricoeur já insistia com força no caráter *antitético* da anistia e do perdão. Ele escreve:

---

[6] Ibidem, p. 586ss.
[7] Um número bastante restrito de pessoas, portanto, calcula-se que havia cerca de 400 mil moradores em Atenas sob Péricles, mas que só 10% deles eram cidadãos (isto é, nem mulheres, nem escravos, nem crianças, nem metecos!).

Se me demoro um pouco na questão da anistia, é na medida em que, apesar das aparências, ela não prepara de jeito nenhum para a justa compreensão da ideia de perdão. Ela constitui, em muitos aspectos, sua antítese. [...] À interdição de toda ação jurídica, portanto à interdição de qualquer perseguição dos criminosos, junta-se a interdição de evocar os próprios fatos sob sua qualificação criminosa. Trata-se portanto de uma verdadeira *amnésia institucional* que induz a fazer como se o evento não tivesse acontecido. [...] O preço a pagar é pesado. Todos os *malefícios do esquecimento* estão contidos nessa incrível pretensão de apagar os rastros das discórdias públicas. Nesse sentido, a anistia é o contrário do perdão, o qual, como veremos, requer a memória. Cabe então ao historiador (cuja tarefa é tornada singularmente difícil pela instauração do esquecimento instituicional) refutar pelo discurso a tentativa pseudojurídica de apagar os fatos.[8]

Essas palavras de Ricoeur, sempre tido como um autor tão comedido, são contundentes: a anistia representa uma "incrível pretensão" de manipulação da memória pública, é uma "tentativa pseudojurídica de apagar os fatos". Poderíamos também concluir: se ela constitui em certas situações um *pis-aller* [mal menor], ela não é nenhuma solução durável, mas só uma pausa para reconstituição posterior do estabelecimento de uma verdadeira ordem político-jurídica. Ela tampouco significa perdão. Derrida[9] e Ricoeur, mesmo que de maneira bastante diferente, concordam em lembrar que o perdão se inscreve, como seu nome o diz em várias línguas, numa economia do *dom*, da dádiva, economia incomensurável a qualquer ordem jurídica, no fundo a qualquer *economia* mesma, aos acordos e compromissos político-estratégicos. Ele assinala a presença de uma esfera de relações hu-

---

[8] Paul Ricoeur, *Le juste* (Paris, Editions Esprit, 1995), p. 205-6. "Si je m'arrête quelque peu à la question de l'amnistie, c'est dans la mesure où, en dépit des apparences, elle ne prépare aucunement à la juste compréhension de l'idée de pardon. Elle en constitue à bien des égards l'antithèse. [...] À l'interdiction de toute action en justice, donc à l'interdiction de toute poursuite de criminels, s'ajoute l'interdiction d'évoquer les faits eux-mêmes sous leur qualification criminelle. Il s'agit donc d'une véritable amnésie institutionnelle invitant à faire comme si l'événement n'avait pas eu lieu. [...] Le prix à payer est lourd. Tous les méfaits de l'oubli sont contenus dans cette prétention incroyable à effacer les traces des discordes publiques. C'est en ce sens que l'amnistie est un contraire du pardon, lequel, comme on va y insister, requiert la mémoire. C'est alors à l'historien (donc la tâche est rendue singulièrement difficile par cette instauration de l'oubli institutionnel) qu'il revient de contrecarrer par le discours la tentative pseudo-juridique d'effacement des faits."

[9] De Derrida, ver, entre outros, "Le siècle et le pardon", em *Foi et Savoir* (Points, Seuil, 2000).

manas mais alta (que pode ou não se fundamentar na esfera religiosa), um território sobre o qual nenhum sistema jurídico pode pretender legiferar, justamente porque indica algo que não é da ordem da *lei*, mas que só pode ser dado, nunca imposto.

Em seu ensaio a respeito da Comissão Verdade e Reconciliação na África do Sul[10], Derrida cita uma mulher, cujo marido foi cruelmente morto, convidada a vir escutar o relato do assassino. Perguntada se ela poderá ou não perdoar, ela responde que não consegue, que nunca conseguirá, que nenhum governo nem comissão pode perdoar, somente ela, a vítima, e que ela não o consegue[11]. No entanto, o trabalho da Comissão – que se inscreve numa tentativa de procedimento jurídico – continua. O criminoso será julgado, e se for julgado que terá dito toda verdade, pode vir a ser anistiado pela Comissão: já que esta pode anistiar *quando alguém falou toda a verdade*. Isto é, exatamente o contrário daquilo que a lei brasileira de anistia pressupõe: a saber, o *silêncio*. No caso da Comissão Verdade e Reconciliação, a anistia não visa o esquecimento. Pelo contrário, visa a narração precisa, mesmo que insuportável, dos acontecimentos, e sobre essa base comum de conhecimento, deseja reconstruir a possibilidade de *Ubuntu* (essa palavra é muito difícil de ser traduzida, ela pertence "ao campo das línguas bantus, que designa 'a qualidade inerente ao fato de ser uma pessoa junto a outras pessoas'"[12], um termo que aponta para a necessária reintegração de todos na comunidade humana e política, pressupondo que alguém, mesmo o criminoso, pode e deve ainda ser uma pessoa humana). Nesse contexto, Derrida critica a apropriação hegeliano-cristã da palavra *Ubuntu* quando é traduzida por "reconciliação" [*Versöhnung*][13], porque tal palavra parece apontar muito mais para uma concepção (que não é a da filosofia europeia!) de humanidade que só se realiza na comunidade do grupo e não para uma dinâmica de culpa, arrependimento e reconciliação, como na perspectiva cristã.

---

[10] Jacques Derrida, "*Versöhnung, Ubuntu*, pardon: quel genre?", em *Le genre humain*, Seuil, nov. 2004 (número especial organizado por Barbara Cassin, Olivier Cayla e Philippe-Joseph Salazar consagrado à Comissão Verdade e Reconciliação sob o título "Vérité Réconciliation Réparation".)
[11] Ibidem, p. 138.
[12] Idem, *Le genre humain*, cit., nota 2, p. 25.
[13] Idem, "*Versöhnung, Ubuntu*, pardon: quel genre?", cit. A esse respeito, ver também as distinções de termos operadas por Maria Luci Buff Migliori, cit., p. 180ss.

Podemos, então, tentar resumir por que a anistia não pode acarretar nem reconciliação, forçada ou não, nem perdão, nem mesmo esquecimento, como tantos intérpretes da Lei de Anistia (não por acaso, a maioria dos militares que dela se beneficiam!) o afirmam. Por que só pode a anistia ajudar a restaurar as condições mínimas de uma retomada da vida em comum – portanto, uma ação de curta duração –, e nenhum benefício a longo prazo? Porque a memória efetiva não se deixa controlar, somente se deixa calar – às vezes também manipular, mas volta. Ela não se deixa controlar nem pelas ordens do eu consciente, nem pelos mandos do soberano, rei, padre ou militar. É essa independência do lembrar que sempre preocupou, certamente de diversas maneiras, tanto os filósofos quanto os políticos – e também os psicanalistas. As lembranças são como bichos selvagens que voltam a nos atormentar quando menos queremos. Por isso, dizem Freud, Nietzsche, Bergson e Proust, mais tarde Adorno e Benjamin, Ricoeur e Derrida, convém muito mais tentar *acolher* essas lembranças indomáveis, encontrar um lugar para elas, tentar *elaborá-las*, em vez de se esgotar na vã luta contra elas, na denegação e no recalque.

Por volta de dez anos depois de sua volta do exílio imposto pelo nazismo, Theodor W. Adorno escreve uma conferência intitulada "O que significa: elaboração do passado"[14]. Ele se opõe às tentativas forçadas de esquecimento do passado alemão, em particular da *Shoah*, que o *boom* dos anos 1960 na República Federal Alemã estimula sob o manto do sucesso econômico que induz ao "otimismo" (aliás, uma palavra muito em voga no Brasil atual!). Simultaneamente, Adorno não defende que se fique no registro da culpabilização perpétua e da queixa. Nesse texto ecoam muitas das reflexões de Freud, em particular as contidas num pequeno texto de 1914, intitulado "*Erinnern, wiederholen, durcharbeiten*" ["Lembrar, repetir, elaborar"]. Adorno não advoga nem uma comemoração incessante nem uma heroicização das vítimas, mas uma atividade comum de esclarecimento (*Aufklärung*, o famoso conceito do idealismo alemão), isto é, em termos mais freudianos, um trabalho de elaboração (*Durcharbeitung*, palavra muito próxima daquela que usa Adorno, *Aufarbeitung*) e de luto contra a repetição e o ressentimento. Não há nesse texto nenhuma sacralização da

---

[14] Theodor W. Adorno, "Was bedeutet: Aufarbeitung der Vergangenheit", em *Eingriffe* (Gesammelte Schriften, Wissenschaftliche Buchgesellsachaft Darmstadt, 1998, v. 10-2), p. 555-72.

memória, nenhuma vitimização, duas atitudes que só ajudam a repor mecanismos de poder, acusações e justificações recíprocas, como foi muitas vezes vivenciado pelas gerações dos pais (que participaram ou não do nazismo) e dos filhos da nova república. Para sair desse círculo infernal, a exigência de não esquecimento não significa um apelo a comemorações solenes, mas uma tarefa de análise que deveria produzir instrumentos de reflexão para esclarecer também o presente, para evitar a repetição incessante, sob novas formas, das políticas de exclusão e de genocídio: "direcionar seu pensamento e seu agir de tal forma que Auschwitz não se repita, que nada de semelhante aconteça", resume o autor na *Dialética negativa*[15].

Nesse trabalho de esclarecimento, ninguém mais do que o autor da *Dialética do esclarecimento* sabe dos seus limites. Outras mudanças, políticas e econômicas, são imprescindíveis para uma transformação da sociedade, não basta a boa vontade esclarecedora e compreensiva. Mas o trabalho da *Aufklärung* é imprescindível para tornar possível o luto e a não repetição; somente ele permite enterrar os mortos, isto é, construir um espaço verdadeiro para os vivos, que não seja ameaçado pelos fantasmas do passado.

Desde os poemas homéricos se celebra a necessidade humana de enterrar os mortos, de recolher os corpos dos guerreiros mortos, de não deixar nenhum cadáver sem sepultura adequada. Essa exigência é uma das fontes da poesia que pode muito bem ser definida como um túmulo (do grego: *sêma*, signo e túmulo) não de pedras, mas de palavras, segundo as belas análises de Jean-Pierre Vernant[16]. A história também consiste numa homenagem aos mortos do passado, na ereção de um discurso/túmulo que possa lembrá-los. O grande historiador e psicanalista francês Michel de Certeau compara as obras dos historiadores aos cemitérios de nossas cidades. A escrita da história é, segundo ele, um "rito de sepultamento"[17] que pode ser interpretado, de maneira clássica, como expressão da vontade humana de honrar a memória dos mortos, de respeitar os antepassados, de opor à fragilidade da existência singular a esperança de sua conservação na memória dos vivos – Ricoeur também diria o reconhecimento da *dívida* que nos liga ao passado. Seria um ritual ético e religioso, mesmo que secularizado, no sentido da ins-

---

[15] Theodor W. Adorno, *Negative Dialektik* (Frankfurt/Main, Suhrkamp, 1970), p. 356. [Ed. bras.: *Dialética negativa*, Rio de Janeiro, Jorge Zahar, 2009.]
[16] Jean-Pierre Vernant, *L'individu, la mort, l'amour* (Paris, Gallimard, 1989).
[17] Michel de Certeau, *A escrita da história* (Rio de Janeiro, Forense-Universitária, 1982). O original francês (*L'écriture de l'histoire*) é de 1975.

crição dos vivos de hoje na continuidade reconhecida e assumida de uma temporalidade que ultrapassa o mero espaço da atualidade imediata. Mas esse rito também permite, como aliás outras práticas de sepultamento e de luto, marcar uma separação clara entre o domínio dos mortos e o dos vivos, isto é, impedir que os mortos, invejosos ou raivosos, ou somente nostálgicos, possam voltar à luz do nosso (dos vivos) dia. Cito Certeau:

> Por um lado, no sentido etnológico e quase religioso do termo, a escrita representa o papel de *um rito de sepultamento* [*un rite d'enterrement*]; ela exorciza a morte introduzindo-a no discurso. Por outro lado, tem uma função *simbolizadora*; permite a uma sociedade situar-se, dando-lhe, na linguagem, um passado, e abrindo assim um espaço próprio para o presente. [...] A escrita não fala do passado senão para enterrá-lo. Ela é um túmulo no duplo sentido de que, através do mesmo texto, ela honra e elimina.[18]

Aqueles que não conseguimos enterrar, os *desaparecidos*, não são somente fonte de tristeza e de indignação porque não podemos lhes prestar uma última homenagem. Não sabemos como morreram nem onde estão seus restos – e isso nos impede, *a nós todos*, mesmo que especialmente a seus familiares e amigos, de poder viver melhor no presente. Precisamos, pois, enterrar os mortos para saber que nós, igualmente mortais, seremos também enterrados quando morrermos, enterrados e lembrados por aqueles que vêm depois de nós. Os mortos não sepultados como que atormentam os vivos, de maneira dolorosa seus herdeiros e descendentes, mas também e sem dúvida seus algozes passados, que, mesmo quando afirmam não se arrepender, reagem com tamanha violência e rapidez quando se alude ao passado.

Esse passado que insiste em perdurar de maneira não reconciliada no presente, que se mantém como dor e tormento, esse passado não passa. Ele ressuscita de maneira infame nos inúmeros corpos torturados e mortos, mortos muitas vezes anônimos, jogados nos terrenos baldios ou nas caçambas de lixo, como foi o caso dos três jovens do morro da Providência no Rio, em julho de 2008. O silêncio sobre os mortos e torturados do passado, da ditadura, acostuma a silenciar sobre os mortos e os torturados de hoje. Todos encarnam, mesmo que sob formas diversas, a figura sinistra "daquele que é reduzido à vida nua, isto é, de um homem que não é mais homem – ou melhor, que pode ser *morto* sem que seu assassinato seja castigado", assim a definição do *Homo Sacer* por Giorgio Agamben[19]. O não saber sobre

---

[18] Ibidem, p. 118.
[19] Giorgio Agamben, *Moyens sans fin* (Paris, Payot, 1995, coleção Rivages), p. 31.

os mortos do passado instaura na memória um lugar de indeterminação cuja transposição atual se encontra nesses espaços indeterminados de exceção, situados no seio do próprio corpo social – e cuja existência nem sequer é percebida. Podemos citar Guantánamo, mas também lugares ditos mais "normais" como os campos de refugiados, as salas de espera para os clandestinos nos aeroportos e, quem sabe, as assim chamadas periferias das grandes cidades.

Parece haver uma correspondência secreta entre os lugares vazios, os buracos da memória, esses brancos impostos do não dito do passado, e os lugares sem lei do presente, espaços de exclusão e de exceção, mas situados dentro do recinto social legítimo, como se somente a inclusão da exceção pudesse garantir a segurança da totalidade social. O preço do silêncio imposto a respeito do passado não é "só" a dor dos sobreviventes: também se paga por nossa resignação e impotência. Urge passar da resignação não só à indignação, mas a uma resistência efetiva, sem ressentimento, mas com a tenacidade e a vivacidade da vida.

BRASIL, A AUSÊNCIA SIGNIFICANTE POLÍTICA (UMA COMUNICAÇÃO)

Tales Ab' Sáber

> Já existe, felizmente, em nosso país uma consciência nacional que vai introduzindo o elemento da dignidade humana em nossa legislação. Essa consciência que está temperando a nossa alma, e há de por fim humanizá-la, resulta da mistura de duas correntes diversas: o arrependimento dos descendentes de senhores, e a afinidade de sofrimento dos herdeiros de escravos.
>
> *Joaquim Nabuco*, 1883

A nossa posição é clara: é preciso punir a tortura e os excessos contra os direitos inalienáveis do ser humano realizados na ditadura militar brasileira que se estendeu de 1964 a 1985 – e que deixou marcas profundas em nossa própria vida contemporânea.

Essa posição parece imbuída de uma racionalidade ética positiva, um dado de princípio que só pode ser fundamentado na velha ordem de esperanças emancipatórias e críticas modernas, que concebeu um mundo de valores humanos racionais e universais. Esse princípio é um ponto potencial da história que, sabemos mais ou menos, não se sustentou, dado o desequilíbrio sistemático das coisas humanas promovido pelo sistema do capital, de clivagens sociais estabelecidas que distribuem todos os valores, como os bens e os trabalhos, de modo desigual, ou, em casos como o brasileiro, de modo radicalmente desigual. É certo que toda tomada de posição diante desse mal contém um modo de conceber a história, um modo de compreender o presente, um modo de se relacionar com o espaço público e com a realidade das classes sociais no Brasil, enfim, uma ampla *subjetivação política* e, por isso, ela deve ser a mais nítida possível.

Desde já vou enunciar o problema em relação a essa questão e a essa nossa posição: como é possível que um dado óbvio de sentido da dignidade e da legitimidade de uma ordem democrática como é este – *é preciso punir os torturadores brasileiros* – não apareça para a própria vida social, para o todo de nossa ordem simbólica, como óbvio e necessário? Como é possível que nossa sociedade dispense sistematicamente tais princípios e não se mobilize por eles, na ordem da opinião pública e da ideologia geral de nosso mundo, como, de fato, é em grande parte o que ocorre entre nós? O fato de, passados vinte anos da problemática última redemocratização brasileira, o Brasil ser o único país dos que foram submetidos às grandes ditaduras pró-capitalistas latino-americanas da segunda metade do século XX que não puniu, nem disponibilizou informações a respeito das práticas de exceção hediondas cometidas por agentes públicos no período, é um dado forte o suficiente para caracterizar a nossa desmobilização real, complacente e também portadora de um momento de sadismo. Essa nossa inconsequência, evidentemente politicamente interessada, poderia perfeitamente ser caracterizada como *nossa simpatia prática* para com ditaduras e torturadores. Essa é uma situação pública e política real que simplesmente revela, como mínima mas persistente marca simbólica, a natureza de exceção e particularidade, sempre guinando ao arcaico e ao antidemocrático, do quadro humano e social geral brasileiro. Noutras palavras, esse é um dos pontos que posiciona a nossa proverbial diferença em relação às normas universais de conduta política e social a que sempre aspiramos, meio em falso.

É esse dado forte e de exceção civilizatória – diferentemente do Chile e da Argentina, o Brasil não puniu ninguém envolvido em crimes de terror de Estado, no seu processo de democratização – que pretendo pensar um pouco aqui, sob a ótica do sujeito político e seu inconsciente, que nossa específica ordem histórica produz. Para pensar essa questão que nos envolve por inteiro, como pessoas, como cidadãos e como seres humanos, vou utilizar algumas mediações do passado brasileiro ainda recente e de nossa atualidade, para intuirmos junto a outros, pensarmos com mais de um, como dizia Brecht, pensarmos com um pequeno coletivo histórico a nossa situação atual.

Nesse movimento, é possível, como veremos, que a força de pensamento e forma *dos mortos* esteja mais viva do que nós, os vivos, sejamos capazes de formular a respeito de nós mesmos.

Começo com a referência de Joaquim Nabuco trazida acima – "já existe, felizmente, em nosso país uma consciência nacional que vai introduzindo o elemento da dignidade humana em nossa legislação" – e sua esperança de longa duração desperdiçada. Como se sabe, trata-se da abertura de *O Abolicionismo*. Bem ao contrário do que supunha o monarquista liberal e abolicionista, parece não haver arrependimento histórico suficiente dos descendentes de senhores no Brasil e, ao longo do século da instabilidade política e da normalização da exceção brasileira, a afinidade de sofrimento dos herdeiros de escravos foi definitivamente dissociada e fragmentada, trocada por vantagens identitárias de ocasião, na ordem total das clivagens radicais, pequenos e máximos jogos de poder das classes brasileiras. Hoje em dia o campo dissolvente do consumo é a medida simbólica que opera também, como *continente do todo*, nas classes pobres e trabalhadoras, e não mais alguma busca de espaços mais estruturados de direitos e justiça social, democracia substantiva ou *dignidade humana*, como queriam Joaquim Nabuco e tantos outros.

O desejo de reparação e justiça em relação aos violentados e excluídos, de reconhecimento de um plano de direitos efetivos e humanizadores é algo que vem de muito longe no Brasil – do mesmo modo que a história de violências fantásticas de nossa modernidade, de origem colonial e escravocrata –, mas essa dimensão tênue do sentido, esse desejo de justiça e de reparação, historicamente, sistematicamente, *não se torna força forte, não alcança o todo*, não coordena *a produção histórica nacional*. Esse desejo é um significante virtual que não se realiza como força social real. No processo de punição aos torturadores de 1964 e 1968 estamos diante desse mesmo desejo tênue, uma espécie de muxoxo social, *que sabe bem não se realizar*.

Vamos nos deter nos efeitos dessa violência ainda não elaborada minimamente, a ditadura militar que teve início em 1964 e colocou o Brasil definitivamente no rumo atual de sua ordem de violências tradicionais, não reparadas. No Brasil de hoje, a forma de nossa violência diz respeito à catástrofe de uma sociedade de mercado total, com a nação e o espaço público capturados no império dos interesses particulares de máfias de Estado e de grandes fundos financeiros, o que alguns sociólogos até gostariam de chamar de poliarquia, com uma imensa população, cerca de cem milhões de pessoas alijadas tanto do mercado quanto de garantias cidadãs, uma população simplesmente *vulnerável a tudo*, como pesquisadores contemporâneos nomearam a sua posição[1], e com o restante da população vivendo em subempregos, *trash-jobs*, de extrema exploração da renda e da vida.

---

[1] "A dura realidade brasileira: famílias vulneráveis a tudo", de Luciene Burlandy e Rosana Magalhães, analisa a catástrofe alimentar e de renda brasileira, apesar do implemento dos programas da complementação de renda pelo governo atual. *Democracia Viva*, Ibase, n. 38, jun. 2008.

O país continua, feliz, com a pior concentração de renda do mundo[2], com vidas arruinadas pela falência programática e avançada dos valores e das estruturas públicas, com uma economia desindustrializada, ou seja, fi-

---

[2] Ver a espantosa análise de Francisco H. G. Ferreira e Julie Litchfield, "Desigualdade, pobreza e bem-estar social no Brasil – 1981/95", que demonstra como, numa década e meia de crescimento econômico no Brasil, a má distribuição de renda permaneceu absolutamente estável, sem nenhuma alteração relativa a favor dos mais pobres: "A renda média total teve uma alta de mais de 21% entre 1981 e 1995, mas nem todos os grupos se beneficiaram igualmente deste aumento do padrão de vida. As rendas médias de todas as partes da distribuição de renda cresceram ao longo do período, mas os ganhos recebidos por cada décimo da distribuição aumentam com o nível de renda: o primeiro décimo ganhou apenas cerca de 8%, enquanto o décimo do topo da distribuição, cerca de 26%. [...] Maior intuição pode ser obtida considerando-se as fatias de renda apropriada pelos diferentes décimos da população, em que se abstrai de mudanças de níveis absolutos de renda para focalizar exclusivamente a desigualdade. Entre 1981 e 1995 as fatias de renda total para todos, exceto para os 10% mais ricos, caíram, com os grupos de menor renda perdendo proporcionalmente mais que os grupos mais ricos. Entre 1985 e 1990 os 70% mais pobres continuaram a perder participação na renda total. Pelo fim dos anos 1980, as frações de todos, menos a dos 20% mais ricos, caíram, e estes ganharam principalmente à custa dos grupos mais pobres. Entre 1990 e 1995 houve alguma melhora para a maioria da população, na forma de redistribuição progressiva: a fração de renda de todos, com exceção das dos 30% mais ricos, aumentou. Entretanto, essa melhora não foi suficiente para contrabalançar as perdas dos anos 1980 e então, por volta de 1995, 90% da população estavam piores em termos relativos do que em 1981. [...] A desigualdade no Brasil está entre as maiores do mundo. O Banco Mundial consistentemente lista-a como a primeira ou a segunda (dependendo da medida empregada) e isto, combinado com a importância geográfica e econômica do país, a torna um caso de estudo importante para qualquer interessado em análise distributiva." Em Ricardo Henriques (org.), *Desigualdade e pobreza no Brasil* (Rio de Janeiro, IPEA, 2000), p. 49, 53 e 55. A Pesquisa Nacional por Amostra de Domicílios (PNAD) de 2006 classifica cerca de 12% da população brasileira – 21,7 milhões de pessoas – em condição de extrema pobreza (renda mensal de menos de um quarto do salário mínimo), número que cresceria a espantosos 21,3%, caso fossem retirados os benefícios previdenciários. Embora se comemore alguma diminuição da taxa de concentração de renda, por conta das bolsas sociais, o PNAD não mede com precisão os ganhos de capital do topo da pirâmide, de modo que há dúvidas consistentes sobre a verdade desta diminuição, ainda mais considerando que, segundo o Instituto Brasileiro de Geografia e Estatística (IBGE), de 1980 até 2003 a participação da renda do trabalho no total da renda nacional caiu de 50% para 39%. Se há aumento geral de renda, não é a renda dos trabalhadores que está aumentando. Este tipo de manipulação ideológica propagandística, apontada na ideia construída de que a concentração de renda diminui no Brasil, é exatamente o problema que a esquerda encontra ao ter que operar no interior das categorias conceituais comprometidas pelo controle conservador.

nanceirizada, e com uma infernal subjetivação geral para o mercado, sem renda mínima para realizá-la, produzindo em massa os famosos *sujeitos econômicos sem nenhuma renda*, de Robert Kurz. Da minha posição, de um tipo que busca coerência e responsabilidade com as coisas históricas, uma posição simplesmente moderna, nosso panorama macro, do ponto de vista social, é esse.

Descendo um pouco mais, em um segundo círculo de realizações de nossa civilização pós-moderna, de mercado total – para mim uma cultura totalitária de mercado, dada a falta de garantias e dignidade humana básica na vida da maioria –, podemos enfileirar outros efeitos, mais próximos do cotidiano, dessa configuração contemporânea da história brasileira: impunidade crônica para a elite endinheirada e seus vínculos mafiosos com o Estado, sempre seguramente garantidos, naquilo que Nietzsche um dia chamou de *a graça da lei*; violência sistemática e universalizada ainda sob a ordem da tortura e do desprezo aos direitos humanos para com a massa da população pobre e de excluídos, principalmente jovens[3]; cidades desenhadas pelo movimento especulativo, acumulativo e fetichista do capital[4], que não contempla as necessidades públicas e coletivas gerais, e vida geral da cultura e de problematização das coisas absolutamente rebaixada à ordem do consumo, com falência dos espaços consequentes de reflexão e de subjetivação política – seja na vida da classe média anêmica,

---

[3] "Nos últimos vinte anos a violência cresceu assustadoramente nos estados do Rio de Janeiro e São Paulo, tornando-se, inclusive, a principal causa de mortalidade para os homens entre 15 e 45 anos de idade. Em São Paulo, o número de homicídios por 100 mil habitantes passou de 54,4 em 1981 para 128,4 em 1995, no grupo dos homens jovens entre 15 e 24 anos, e de 49,3 para 106,2 para os homens entre 25 e 44 anos. Esse aumento representa um crescimento de 136% e 115% respectivamente. O Rio de Janeiro representa taxas de homicídio por 100 mil habitantes ainda maiores neste período, embora o crescimento da violência não tenha sido tão elevado quanto o observado em São Paulo. Para os homens entre 15 e 24 anos, a taxa específica de mortalidade passa de 148,9 para 275,3 entre 1981 e 1995, significando um crescimento de 85%." Monica Viegas Andrade e Marcos de Barros Lisboa, "Desesperança de vida: homicídios em Minas Gerais, Rio de Janeiro e São Paulo, no período 1981/1997", em Ricardo Henriques (org.), *Desigualdade e pobreza no Brasil*, cit. Ver também Claudio Beato F. e Ilka Afonso Reis, "Desigualdade, desenvolvimento socioeconômico e crime", em Ricardo Henriques (org.), *Desigualdade e pobreza no Brasil*, cit. Ver também o trabalho sobre a violência pública brasileira do psicólogo social Paulo Cesar Endo, *A violência no coração da cidade* (São Paulo, Escuta, 2005).

[4] Ver a respeito Mariana Fix, *São Paulo cidade global* (São Paulo, Boitempo, 2007).

seja na vida de *consumo conspícuo* da elite obscena, ou mesmo dos jovens viciados na indústria da diversão, o que poderíamos chamar facilmente de *diversão conspícua*.

Tudo se completa com o estado de irrelevância da política, como diz Chico de Oliveira, cujo fundamento real é o alinhamento geral pró-acumulação, e seu novo estatuto financeiro, de todas as forças do espectro político, inclusive os velhos arremedos sindicais, hoje parceiros do capital na gestão de fundos de pensões. Tal quadro se beneficia, por fim, da complacência generalizada dos foros de debate e reflexão, em uma máquina ideológica quase perfeita, que produz o texto edificante geral de um panorama esperançoso, esmaecidamente progressista. Roberto Schwarz observou, na dinâmica histórica mais ampla da produção dessa nossa nova ordem social, definitivamente não integrada, um amplo movimento de *dessolidarização social*, em que nosso caso específico – o do desprezo generalizado pela punição dos torturadores da ditadura militar, ato de valor público universal – é apenas mais um dado exemplar[5].

O governo Lula, por fim e ao cabo da construção desse *mundo perfeito da ideologia brasileira*, selou a suspensão final das tensões e problematizações econômicas e políticas, como se *de fato elas não existissem*, dando a contribuição de estabilidade social à direita que as classes conservadoras brasileiras jamais conseguiram por si mesmas, seduzindo finalmente a massa de excluídos, principalmente os pobres do Nordeste, para a sua inserção via baixo fascínio carismático e identificatório, e mais o esforço mínimo por uns trocados do Bolsa Família e, por fim, e principalmente, destruindo definitivamente a força política real de adensamento histórico e crítico que um dia o PT representou na política brasileira. Foi, acredito, a algo semelhante nessa ordem

---

[5] Pensando o processo histórico que nos trouxe à enrascada presente, Schwarz comenta o mundo dos valores políticos anteriores a 1964: "Seja como for, o nacionalismo desenvolvimentista armou um imaginário social novo, que pela primeira vez se refere à nação inteira, e que aspira, também pela primeira vez, a certa consistência interna: um imaginário no qual, sem prejuízo das falácias nacionalistas e populistas, parecia razoável testar a cultura pela prática social e pelo destino dos oprimidos e excluídos. De passagem seja dito que a derrocada posterior das promessas daquele período não invalidou – ao menos não por completo – o sentimento das coisas que se havia formado, reflexo agora meio irreal de uma responsabilidade histórica, cujas derrotas assinalam outros tantos avanços da nova dessolidarização social". Roberto Schwarz, "Fim de Século", em *Sequências brasileiras* (São Paulo, Companhia das Letras, 1999), p. 157.

geral de violências em que estamos instalados hoje, plenamente legitimadas pelo poder e pelo mercado, que Pier Paolo Pasolini chamou, ao fim de sua vida, de um mundo contemporâneo de *fascismo de consumo*. De fato, diante de tal mundo infernal, nossa nova ordem *de terra em transe pacificada de mercado*, poderíamos dizer que o que restou da ditadura militar foi *simplesmente tudo*. Tudo, menos a própria ditadura. O Brasil continua sendo um país extremamente excludente e fortemente autoritário, com controles particulares do espaço público, confirmando a sua incapacidade profunda de reparar a clivagem social radical de sua origem[6]. Tudo isso, o velho Brasil arcaico de uma ordem de senhores absolutos e de cidadãos que são *objetos* absolutos, hoje em dia falsos cidadãos disponíveis para tudo, em nossa origem histórica escravos, não foi, para o meu gosto, suficientemente alterado por nossa república democrática danificada, embora tenha sido recoberto por uma textura fetichista fantástica e nova, advinda do mercado internacionalizado, muito pouco estudada criticamente, o segredo geral de nosso tempo, única universalidade falsificada que se conhece: a de uma ordem de espetáculo rebaixada, que parece dar destino definitivo para o déficit de constituição de um sujeito moderno entre nós, imbuído de direitos e de práticas políticas positivas.

Desse modo, garantidas as forças autoritárias tradicionais, o desprezo profundo pela pobreza, a não necessidade de inserção social de cem milhões de pessoas e a irresponsabilidade celebrada e feliz dos ricos entre si, como dizia Machado de Assis, a ditadura militar de 1964 – instalada por esses mesmos motivos, e para esses motivos, e por ainda outros de interesse internacional no contexto geral da globalização do capital, barrado pela Guerra Fria – seria hoje totalmente desnecessária. E é exatamente nesse sentido mais amplo que a ditadura militar brasileira foi absolutamente vitoriosa, em toda linha do que importa à nossa vida social. Esse é, acredito, um dado forte de por que os militares se aferram tão seguramente à possibilidade de não haver punição alguma aos seus crimes contra os direitos humanos: o contexto ideológico geral de nossa cultura contemporânea, violenta, mas

---

[6] A consciência crítica desta imensa repetição material da exclusão brasileira é de difícil estabilização conceitual, por que é essencialmente política e ideológica. Afora os clássicos trabalhos de Caio Prado Jr. e Luiz Felipe de Alencastro a respeito, podemos citar aqui o bom trabalho de Adalberto Cardoso, "Escravidão e sociabilidade capitalista: um ensaio sobre inércia social", *Novos Estudos Cebrap*, São Paulo, Cebrap, n. 80, mar. 2008.

pacificada em uma alucinose fetichista e denegatória, de mercado, é totalmente a favor dos princípios de autoridade e violência que foram os deles próprios quando ocuparam o Estado para garantir a ordem capitalista por aqui, essa mesma que vivemos e que garante a legitimidade geral da impunidade de classe entre nós. Os militares se baseiam no desenvolvimento avançado de sua própria obra, o nosso mundo, para demandar, hoje, os privilégios desumanos que correspondem facilmente ao nosso próprio mundo de desumanidades.

Como psicanalista, quero dar um exemplo clínico simples de como tal sistema de desejos, objetos ideológicos e denegações públicas e políticas, próprio de nossa vida social presente, pode funcionar em uma neurose objetiva; um mínimo exemplo de consultório. Como todos sabemos, na semana de 15 de setembro de 2008, as bolsas de valores de todo o mundo despencaram de modo excepcional e espetacular, pois os bancos de investimento norte-americanos Lehman Brothers, Bear Stearns, Merrill Lynch, além da mega seguradora global AIG, estavam finalmente falidos.

Ao longo daquela semana excitante e problemática, em que o sistema capitalista demonstrava a potência de *um dos seus limites reais* – os jogos especulativos internos falsos que revelavam a própria incapacidade do sistema em continuar produzindo excedente e, portanto, reproduzir o capital, problema que há tempos não aparecia de fato para a consciência histórica geral, hipercontrolada pela ordem ideológica neoliberal do poder absoluto ao mercado e ao dinheiro –, naquela semana *aberta* da história eu tive grande curiosidade sobre o que uma garota muito jovem me diria sobre tudo aquilo, ela que era recém-formada em uma prestigiosa universidade de administração do país e que, há alguns meses, se divertia com o regime cotidiano de ganhos mágicos em um banco de investimento paulistano muito agressivo. O que ela me diria, ao vir à sua sessão de análise, o que ela pensaria, de seu momento histórico e de si mesma, desde o seu posto de observação privilegiado dos fatos, a respeito do *crash* de seu mundo, da falência geral do seu próprio continente simbólico?

Para minha surpresa, a moça inteligente e muito bem posta na vida brasileira preferiu utilizar a sua sessão para continuar falando, do mesmo modo como fazia nas últimas semanas, *obsessivamente feliz*, dos roteiros de sua viagem futura ao redor do mundo, que ela preparava cuidadosamente, na esperança de adquirir *experiência* e alguma formação humana real com o Outro... Sobre o fim de seu mundo mágico e onipotente, absolutamente nenhuma palavra, e ainda mais, nem mesmo algum sinal de angústia, qualquer que fosse... Ausência de toda *angústia sinal*, como dizia Freud, e de todo um senso da realidade, do mundo e de si própria... Era como se aquela realidade, que era verdadeiramente a dela, simplesmente não existisse... aquela realidade ainda precisaria ser modulada e formulada pelas máquinas simbólicas e ideológicas gerais para poder então ganhar alguma representação para aquela minha paciente, em sua nova ordem de neurose, a da violência de *ser normal*...

Acredito que é mesmo assim que funciona o sistema de denegações ideológicas objetivas, e políticas, na simbólica geral brasileira, cultivado em uma história profunda de terrores e vitórias sistemáticas do poder autoritário brasileiro sobre o desejo de uma nação moderna integrada. Quando dizemos que nossos índices sociais são, em alguns casos, africanos, que nossa polícia é a polícia que mais mata, que o desrespeito aos direitos humanos e a tortura são endêmicos em nossas delegacias e presídios, que a concentração de renda brasileira continua sendo a maior do universo econômico conhecido – ou que os bárbaros, assassinos e torturadores da ditadura militar brasileira não foram minimamente punidos, não sofreram nenhum constrangimento público ou político e estão muito bem, obrigado, aposentados, condecorados e premiados, de chinelo em casa, ou ainda na ativa no Exército brasileiro ou, o que consegue ser ainda pior, em funções públicas de Estado –, quando elencamos o rosário da face bárbara de nossa vida social real, nunca resgatada, o que é o único papel histórico verdadeiro da esquerda, a posição ideológica predominante e a defesa subjetivante política hegemônica que se observa é a recusa generalizada *em tornar esses fatos de fato plenamente conscientes*, como objetos de um trabalho do sujeito histórico, exatamente como se deu com minha jovem paciente diante da crise geral da mentira capitalista mais ampla que se escancarou espetacularmente bem à sua frente, mas que ela não viu.

Todos fechamos os olhos da consciência política cuidadosamente e continuamos com nossos planos privados de consumo, ou de mera sobrevivência, em um mercado e um mundo praticamente inviável, dependendo da posição que se habita nele, ou do que privilegiamos ou podemos olhar. A recusa de minha paciente em ver a história diante de seus pés é, para mim, a formação subjetiva ideológica por excelência do espaço público brasileiro contemporâneo. Essa recusa de ampliação da consciência pública e política para os objetos problemáticos de uma sociedade falsamente pacificada, que funciona inconscientemente modulando o pensável e o impensável diante do nosso real, é a ordem *subjetivante ideológica* maior entre nós, que funciona mesmo como *forma* do sujeito, mais do que como qualquer natureza de conteúdo político de um indivíduo estruturalmente neutro.

Desse modo, todos somos *teoricamente* a favor do desenvolvimento e do progresso social. Mas esse desejo tênue, ele mesmo ideologia pacificadora do mal, não é objeto do trabalho geral de ninguém, as mazelas de nosso próprio mundo não se realizam psiquicamente como objeto de um sujeito político, e todos vão se dedicar à sua própria viagem imaginária, subjetiva e individual, pelo mundo aplainado e ofertado, em falso, do mercado global. Essa é a prioridade do desejo, esse é o sujeito político entre nós, clivado assim sobre os próprios e difíceis assuntos nacionais, louco para dar a sua própria volta ao mundo, mundo do sistema geral das mercadorias e do consumo, e não, ainda, um sujeito da construção de um espaço público universal minimamente decente...

Devo dizer que minha paciente levou um grande susto quando lhe mostrei que o seu mundo funcionava para ela própria de modo que *ela simplesmente não podia pensá-lo,* que o seu mundo existia de modo a que ela perdesse, simultaneamente à sua própria experiência, toda uma dimensão da consciência, uma dimensão verdadeira de si mesma, a respeito daquilo que o seu próprio mundo é... se no tempo de Freud as histéricas adoeciam por não poderem pensar o lugar de sua sexualidade em seu mundo, hoje a doença dos normais é a de terem de viver em um mundo que, amplamente, não deve mais ser pensado...

Podemos nos aproximar agora de nosso objeto histórico aqui: a ditadura militar brasileira, o seu sentido e os seus limites. Como se sabe, quando Glauber Rocha realizou *Terra em transe,* entre 1965 e 1967, ele tentou esquadrinhar em profundidade os erros e ambivalências da esquerda derrotada e a natureza histórica mais profunda do golpe militar de 1964. O filme tenta mesmo desenhar uma tese de grande porte sobre *a forma do andamento da história* em um país periférico, de origem colonial e escravista como o Brasil.

Não por acaso, é muito comum estarmos à volta com o significante *terra em transe,* para definirmos algo indefinível, fantástico, absurdo e terrível que por vezes se configura entre nós, algo que se abre e se apresenta como realidade concreta, de valor político e de expressão social real. Qual é a natureza desse *transe,* que é uma forma histórica e uma forma da história, foi o grande problema do filme, que ao compreendê-lo profetiza mesmo que estaríamos instalados nesse tipo de mal, a partir do golpe militar, por mais de cem anos. Quero lembrar aqui duas passagens do filme, as que enfeixam o destino da forma circular e repetitiva da história brasileira, tal qual o filme a concebe: a da agonia final de Paulo Martins e a do discurso civilizatório de Díaz, o agente vitorioso do golpe conservador em Eldorado, o país alegórico do filme, que, como se sabe, é o Brasil.

A morte ritual de Paulo Martins – o ambíguo intelectual de esquerda –, um suicídio sacrificial, sua queda infinita em um vazio indeterminado, em uma das imagens mais rarefeitas da história do cinema, que enfeixa o começo e o final do filme, fazendo com que a narrativa contingente da história do golpe militar seja uma rememoração sem fim no interior dessa cena, configurando a forma mesmo de uma estrutura melancólica *do ponto de vista da morte* para a narrativa construída *em abismo*, que não se esgota nunca, não passa nunca, como a suspensão e a queda infinita do personagem no branco e no vazio final nunca acaba, marca a história como referida a esse lugar suspenso, lugar de descontinuidade radical, da história e do sujeito, espaço dessa indeterminação onde Paulo Martins se instala, para a morte, mas de fato para a morte em vida. Esse é o ponto da complexíssima forma do filme que me interessa aqui.

Glauber Rocha, concebendo em profundidade e com conhecimento de causa de quem esteve lá, os erros históricos materiais de 1964, aponta fortemente para um ponto de descontinuidade e desrealização do espaço histórico e subjetivo, que não avança, uma história que *não tem início,* como se pretende constantemente no sistema ideológico do filme, mas que gira em falso o seu sistema infinito de repetições, o seu circuito infernal de compulsão ao mesmo, desrealizando um sujeito, e uma possibilidade real de um salto, uma diferença, e sua marca simbólica necessária, para fora do seu sistema infernal. O corpo e o espírito da história em suspenso de Paulo Martins, ao final de tudo, nem vivo nem morto, em sua suspensão limite, ao final, ou na origem, de todo processo histórico que deságua no sempre o mesmo, é a realização em forma e pensamento do nosso déficit de marcas simbólicas de diferenciação civilizatória em nossa história de barbárie mais profunda.

Glauber aponta para a descontinuidade do adensamento de "forças mutativas" na história de uma nação periférica que instaura o circuito do sempre o mesmo: o corpo do sujeito melancólico, "caindo para sempre", como dizia Winnicott a respeito de ansiedades impensáveis primitivas humanas, é a expulsão, a desrealização, do significante que faria a diferença, e permitiria que a história ganhasse movimento, tivesse finalmente *início*, ou fim, e não se instaurasse como repetição[7].

Poderíamos aqui, em um salto de quarenta anos, nessa nossa história que muda mas continua a mesma, comentar o filme recentíssimo *Corpo* (Rosana Foglia e Rubens Rewald, 2007). *Corpo* parece dar prosseguimento ao destino da história repetitiva de *Terra em transe*, atualizando-o, tentado reconhecer as suas marcas no presente, após tudo já ter passado e a democracia brasileira ter alcançado a sua estranha estabilização atual. No filme de hoje, o jornalista intelectual e militante Paulo Martins, a consciência moderna de uma necessidade de adentrar uma história não repetitiva, se transformou em um médico-legista, funcionário público, explorado e deprimido, com a vida degradada e menor, sem perspectiva ou dimensão, própria à classe média brasileira de hoje. A natureza de sua consciência seria irônica a respeito de si e do mundo, se não fosse melancólica e impotente, definindo o aspecto doentio do filme, dimensão patológica que contamina o próprio foco narrativo. Aliás, outras obras brasileiras atuais, principalmente na literatura, se constituem claramente sob o signo de uma *patologia política*, uma doença mesmo, que diz respeito ao todo e à história, que recobre todo o espaço ficcional, e que atinge o foco narrativo, doença referida sempre ao passado não elaborado de nossa ditadura militar em nós: os trabalhos de Ricardo Lísias, os de Beatriz Bracher e mesmo a crise de degradação generalizada e violência banalizada da classe média de um Marcelo Mirisola realizam claramente o valor político e coletivo de nossa psicopatologia geral, tornada simplesmente *cotidiano*. O filme *Corpo* também articula política e psicopatologia, neurose e sociedade, hoje, como único modo verdadeiro de pensar as coisas. Se *Terra em transe* era um filme trágico, barroco, no limite da morte em vida, *Corpo* é um filme doente, expressão nítida do estado da vida mortificada, de um tempo e um progresso que aconteceu *sem acontecer*. Se *Terra em transe* ainda pensava a história, *Corpo* faz um último esforço, antes de ser totalmente sugado para o campo doentio e impotente do mero cotidiano, degradado como ele é.

---

[7] Ver a respeito a análise de Ismail Xavier do filme em *Alegorias do subdesenvolvimento*, e, principalmente, o movimento de radicalização de um discurso antiteleológico e sem esperanças a respeito do espaço nacional que foi o movimento do cinema alegórico e marginal brasileiro dos anos de 1967 a 1970, os anos de radicalização da ditadura, e que é o movimento geral do grande ensaio que representa o livro. Ismail Xavier, *Alegorias do subdesenvolvimento* (São Paulo, Brasiliense, 1993).

Sua fabulação é a seguinte: chega ao trabalho do médico, no Instituto Médico Legal de São Paulo, *um corpo de mulher de 1973*, que permanece intacto, com as marcas de tortura ainda frescas, como uma múmia preservada sem porquê. O enredo do filme, que parte desse dado fantástico, é a tentativa fracassada do médico de vida danificada de nomear e contar a história daquele corpo, destruído pela história – corpo sem nome, nem história, simplesmente *corpo*. Ele tenta contar aquela história, revelar e conceber aquele passado, que seria o equivalente a contar o não contado de nossa história geral, com a ajuda de uma jovem garota, descolada, inconsequente e *fashion*, que encena a consciência cínica própria dos inseridos e protegidos de mercado de nosso tempo, garota *moderna*, no sentido nada moderno da intimidade com o mercado e com o consumo, ambivalente, que quer e não quer saber a história daquele corpo violentado – de fato, o corpo de sua mãe biológica. Por que sua mãe atual é uma professora universitária – da nossa famigerada Faculdade de Filosofia, Letras e Ciências Humanas da Universidade de São Paulo –, que, mais preocupada com seu namoro com um aluno, também não quer contar plenamente aquela história, de cujo destino trágico ela é cúmplice e beneficiária, pois *herdou* a filha da guerrilheira morta, bem como as poucas estruturas de privilégios públicos e simbólicos que ainda restaram após a ditadura militar.

Por fim, aquele corpo sem identificação alguma, solto num vazio da história e de toda a humanidade, mais ou menos como o sacrifício ritual que cai no vazio, do corpo de Paulo Martins ao final de *Terra em transe*, corpo que representa uma história negativa que está no fundo inconsciente de todas as vidas banalizadas e violentas que se apresentam no filme, *corpo de todos nós*, ou do que falha ou falta na consciência histórica de todos nós, volta a ser enterrado, sem nenhuma identificação, nenhuma inscrição nem um princípio de humanidade básico, marca fundante mesmo de qualquer ordem civilizatória.

O filme confirma, assim, *a não inscrição de um corpo humano*, que é mesmo uma forma da história, entre nós e, mais terrível, generaliza essa ordem fascista de vantagens particulares sobre o horror brasileiro geral por todos os agentes sociais da trama, inclusive os ligados àquela história, como o falso intelectual de esquerda representado na professora bem posta nas suas pequenas vantagens históricas, ou a moça "moderna" com a existência redesenhada pelo consumo, posições que, no quadro geral de iniquidades, não deixam de ser privilégios fantásticos. Não é por acaso, desse modo, que no

Brasil se tente trocar a lei humana universal, *a justiça*, por interesses econômicos particulares e pontuais, comprando com reparações financeiras as vítimas de um crime de Estado hediondo passado, que não pode e não deve ser reconhecido: a iniquidade de mercado, particular e clientelista, deve sempre se sobrepor a qualquer ordem de valor público que altere *a natureza do poder autoritário* entre nós, e o leve a julgamento, ao escrutínio do todo.

Acredito que a posição do Exército brasileiro em relação a sua barbárie durante o regime militar tem a ver com essa exclusão de um dado central, *um significante constitutivo da história, provavelmente um corpo humano*. Ou, na ausência desse significante, a presença da repetição na história brasileira. Qual é a posição do Exército brasileiro no espaço geral da sociedade hoje? Segundo especialistas, o Exército se considera o fiador da democracia brasileira, o fiel da balança de seu destino social e ideológico. Embora aquartelado, ele reserva para si a fantasia política de que a ordem de nossa vida social nos foi doada e permitida pela instituição militar[8]. Nessa fantasia – estrutura semi-inconsciente, como a dos neuróticos, *fantasia política*, não escrita – o *continente geral de nosso espaço democrático* pertence ao Exército, e, evidentemente, desse ponto de vista, esse espaço é uma ordem social tutelada. Nenhum governo democrático enfrentou essa fantasia, de modo que todos a confirmam, criando um espaço da *fantasiação*, mais uma vez o núcleo sempre preservado da repetição, sempre algo perigoso à própria ordem democrática.

Também é interessante verificarmos como o Exército, ou as Forças Armadas, como queiram, se manifestam, quando pressionados e questionados a respeito de seus atos hediondos no período ditatorial. As formulações são, como não poderiam deixar de ser, contraditórias e, portanto, inconsistentes. Primeiro se afirma que, no espaço democrático, garantido por uma Lei de Anistia *autoconcedida*, essas questões estão superadas e são anacrônicas, que elas simplesmente não existem mais, pois a guerra acabou.

Em segundo lugar, afirma-se que, se essas questões forem colocadas de fato, como é simplesmente um direito social e cidadão fazê-lo, então a guer-

---

[8] Ver a respeito a passagem de Edmundo Campos Coelho, "Reorganização nacional e descompressão", em *Em busca de identidade: o Exército e a política na sociedade brasileira* (Rio de Janeiro, Record, 2000), p. 159. Ver também o espírito de controle, autoritário, orgânico e de tendência burocrática que definia as ações da liderança política militar da ditadura de 1964-1984 em *A ditadura derrotada* e *A ditadura encurralada*, obras de Elio Gaspari (São Paulo, Companhia das Letras, 2003 e 2004).

ra não acabou e elas representam o inimigo que tem que ser ainda e sempre derrotado, o ressentimento subversivo histórico, que deve ser derrotado novamente. A contradição entre as duas versões, "a guerra acabou" ou "a guerra não acabou" – afinal, tanto faz, mais ou menos como no caso da chaleira de Freud – apenas demonstra a lógica da justiça de Trasímaco que está por traz da coisa toda: *a justiça é a conveniência do poder*, já dizia o sofista a Sócrates. E é esse o ponto que o Exército brasileiro acentua: a afirmação pura e simples de seu próprio poder, fantasia de tutela da democracia brasileira.

Mais uma vez está excluído o corpo desumanizado e violentado da história brasileira, agora os corpos dos mortos e torturados do regime militar, em um sistema simbólico geral que enfeixa o todo, garantindo sempre uma violência *real* total sobre suas partes, de fato na grande ordem social, sobre a maior de suas partes. A lógica de força do Exército e do poder no Brasil é então a enunciada muito precisamente por Díaz, o ditador vitorioso ao final de *Terra em transe* – e trata-se da força de desenhar a consciência simbólica nacional ao seu modo, ao modo da própria força: "Aprenderão, aprenderão, hei de fazer desse lugar uma civilização, pela força, pela força, pelo poder universal dos infernos...".

Em um processo nietzschiano de desenhar a consciência e a lei pública pelas marcas do lembrável e do esquecível promovidas pela força e pela violência, o Exército brasileiro e o poder social endinheirado a ele agregado em 1964 conseguiram configurar uma sociedade definitivamente autoritária e violenta, que exclui de si, como na sua origem, o sentido da dignidade humana, aquele já evocado como busca e como trabalho necessário, em plena escravidão, por Joaquim Nabuco. A nossa democracia tutelada e limitada e a nossa consciência pública ruinosa e feliz, bem adaptada a ela, são produzidas com a exclusão das reparações necessárias referentes à *nossa* ditadura: excluindo *a dignidade humana* de sua matéria simbólica geral.

Ficam abertos os espaços legítimos – e, impensável –, para a pior concentração de renda do mundo, para a polícia pública que mais mata, para a tortura generalizada nas cadeias e a violência degradada e ressentida na relação entre as classes no Brasil. Esse é o custo de sacrificar o significante moderno da dignidade humana, o corpo dos violentados e excluídos da nação, o que a história do Brasil e seus poderes reais sempre confirmam.

Evidentemente, esse nosso déficit com as dimensões mais frágeis da modernidade, a crítica e o compromisso, diz respeito ao nosso lugar concreto no mundo, *o lugar do Brasil no mundo*, como diz Paulo Arantes, em que os descompassos históricos da posição periférica em relação ao momento contemporâneo da técnica e da produção global permite a constância de nossa inconstância simbólica e cultural, a mesma com que, também, em um influxo ao contrário, contribuímos para o sistema ideológico avançado do capitalismo tendente ao fascismo, quando aquele assume que a acumulação do capital não deve mais trabalhar com os problemas da integração social[9].

Nossa democracia, como o golpe de 1964, sacrificou mais uma vez o significante da dignidade humana. Por isso, nossa história ainda pode ser vista como um imenso sistema de repetições em que, no lugar de direitos efetivos, sempre vivemos alguma espécie de *sentido simplesmente aberto ao real do poder*, alguma espécie de *transe*.

---

[9] Ver Paulo Eduardo Arantes, "A fratura brasileira do mundo", em *Zero à esquerda* (São Paulo, Conrad, 2004).

3
A POLÍTICA DO BLOQUEIO, O BLOQUEIO DA POLÍTICA

1964, O ANO QUE NÃO TERMINOU[1]

Paulo Eduardo Arantes

1

Tudo somado, o que resta afinal da ditadura? Na resposta francamente atravessada do psicanalista Tales Ab'Sáber, simplesmente tudo. Tudo menos a ditadura, é claro[2]. Demasia retórica? Erro crasso de visão histórica? Poderia até ser, tudo isto e muito mais. Porém, nem tanto. Pelo menos a julgar pelo último lapso, ou melhor, tropeço deliberado, mal disfarçado recado a quem interessar possa: refiro-me ao editorial da *Folha de S.Paulo*, de 17 de fevereiro de 2009, o tal da "ditabranda". Não é tão simples assim atinar com as razões daquele escorregão com cara de pronunciamento preventivo, sobretudo por ser mais do que previsível que o incidente despertaria a curiosidade pelo passado colaboracionista do jornal, tão incontroversamente documentado que as pessoas esqueceram, até mesmo da composição *civil e militar* daquele bloco histórico da crueldade social que se abateu sobre o país em 1964. E como atesta o indigitado editorial, *aunque el diabo esté dormido, a lo mejor se despierta*. Quanto à descarada alegação de brandura: só nos primeiro meses de comedimento foram 50 mil presos[3]. Em julho de 1964, "os cárceres já gritavam"[4].

---

[1] Mesmo correndo o risco de *double emploi*, achei que viria ao caso lastrear minha resposta à pergunta "O que resta da ditadura?" com material colhido na contribuição de autores reunidos no presente volume.

[2] Tales Ab'Sáber, "Brasil, a ausência significante política", neste volume.

[3] No levantamento de Maria Helena Moreira Alves, *Estado e oposição no Brasil (1964-1984)* (Petrópolis, Vozes, 1985). Ver ainda Martha Huggins, *Polícia e política* (São Paulo, Cortez, 1998, ed. inglesa, 1988) e Janaína de Almeida Teles, *Os herdeiros da memória: a luta dos familiares de mortos e desaparecidos políticos no Brasil* (Dissertação de Mestrado, São Paulo, Depto. de História da FFLCH,USP, 2005).

[4] Ver o capítulo de Elio Gaspari, "O mito do fragor da hora", em *A ditadura envergonhada* (São Paulo, Companhia das Letras, 2002). Segundo o autor, desde o começo do

O fato é que ainda não acusamos suficientemente o golpe. Pelo menos não o acusamos na sua medida certa, a presença continuada de uma ruptura irreversível de época. Acabamos de evocar a brasa dormida de um passo histórico, os vasos comunicantes que se instalam desde a primeira hora entre o mundo dos negócios e os subterrâneos da repressão. Quando o então ministro Delfim Netto organiza um almoço de banqueiros no palacete do Clube São Paulo, antiga residência de dona Viridiana Prado, durante o qual o dono do Banco Mercantil passou o chapéu, recebendo em média 110 mil dólares *per capita* para reforçar o caixa da Operação Bandeirante (Oban). Não se trata de uma vaquinha, por assim dizer, lógica, inerente aos trâmites da acumulação em um momento de transe nacional, em que os operadores de turno puxam pela corda patriótica de empresários que, por sua vez, estão pedindo para se deixar amedrontar[5]. Espertezas ou não – afinal a ditadura detinha todas as chaves do cofre –, o fato é que se transpôs um limiar ao se trazer assim, pelas mãos de um ministro de Estado, os donos do dinheiro para o reino clandestino da sala de tortura: esse o passo histórico que uma vez dado não admite mais retorno, assim como não se pode desinventar as armas nucleares que tornaram a humanidade potencialmente redundante. Ruptura ou consequência? Questão menor, diante da metástase do poder punitivo que principiara a moldar a exceção brasileira que então madrugava.

Francisco Campos costumava dizer que governar é mandar prender. Para encurtar, digamos que, a partir de 1935, com a intensificação da caça aos comunistas e demais desviantes, essa escola de governo incorporou o alicate do Dr. Filinto Müller e seus derivados. Já a deportação de Olga Benário discrepa do período anterior – no qual predominava a figura do anarquista expatriado –, antecipando os sequestros da Operação Condor. Todavia, um caso ainda muito especial, como se sabe. Até mesmo as cadeias em que se apodrecia até à morte – como a colônia correcional de Ilha Grande, que foi apresentada a um Graciliano Ramos atônito como um lugar no qual se ingressa, não para ser corrigido, mas para morrer – tampouco anunciam uma

---

governo Castello Branco a tortura já era "o molho dos inquéritos". Martha Huggins também identifica nos primeiros arrastões puxados pelo golpe a evidente metamorfose da "polícia política". Cf. Martha Huggins, *Polícia e política*, cit., cap. 7.

[5] Ver Elio Gaspari, *A ditadura escancarada* (São Paulo, Companhia das Letras, 2002), p. 62-4. Para um estudo da normalização da patologia empresarial do período, o documentadíssimo filme de Chaim Litewski, *Cidadão Boilesen*, apresentado em março de 2009 na mostra É Tudo Verdade.

"Casa da Morte", como a de Petrópolis e similares espalhadas pelo país e pelo Cone Sul. Basta o enunciado macabro das analogias para se ter a visão histórica direta da abissal diferença de época[6]. O calafrio de Graciliano, ao se deparar com um espaço onde "não há direito, nenhum direito" – como é solenemente informado por seu carcereiro – ainda é o de um preso político ocasional ao se defrontar (em pé de igualdade?) com o limbo jurídico em que vegetam apagados seus colegas "de direito comum". Como se sabe, aquela situação se reapresentaria menos de quarenta anos depois. Como a ditadura precisava ocultar a existência de presos políticos, os sobreviventes eram formalmente condenados como assaltantes de banco e, como tal, submetidos ao mesmo vácuo jurídico da ralé carcerária, exilada nesses lugares, por assim dizer, fora da Constituição. Mas já não se tratava mais do mesmo encontro de classe face ao "nenhum direito", ou desencontro histórico, como sugere o filme de Lúcia Murat, *Quase dois irmãos* (2005).

O corte de 1964 mudaria de vez a lógica da exceção, tanto no hemisfério da ordem política quanto dos ilegalismos do povo miúdo e descartável. O golpe avançara o derradeiro sinal com a entrada em cena de uma nova "fúria" – para nos atermos ao mais espantoso de tudo, embora não se possa graduar a escala do horror: a entrada em cena do "poder desaparecedor", na fórmula não sei se original de Pilar Calveiro[7]. Depois de mandar prender, mandar desaparecer como política de Estado, e tudo que isso exigia: esquadrões, casas e voos da morte. Essa nova figura – o desaparecimento forçado de pessoas – desnorteou os primeiros observadores. A rigor, até hoje. Ainda no início dos anos 1980, um Paul Virilio perplexo se referia às ditaduras do Cone Sul como o laboratório de um novo tipo de sociedade, a "sociedade do desaparecimento", onde os corpos agora, além do mais – e sabemos tudo o que este "mais" significa –, precisam desaparecer, quem sabe, o efeito paradoxal do estado de hiperexposição em que se passava a viver[8].

---

[6] Episódio das *Memórias do cárcere*, de Graciliano Ramos, recentemente evocado por Fábio Konder Comparato no Prefácio à segunda edição do *Dossiê ditadura: mortos e desaparecidos políticos no Brasil, 1964-1985* (São Paulo, IEVE/Imprensa Oficial, 2009).

[7] Pilar Calveiro, *Poder y desaparición: los campos de concentración en Argentina* (3. reimp., Buenos Aires, Colihue, 2006). Sua autora, Pilar Calveiro, "ficou desaparecida" – a expressão é essa mesma – durante um ano e meio em vários campos da morte na Argentina. Para um breve comentário, Beatriz Sarlo, *Tempo passado: cultura da memória e guinada subjetiva* (São Paulo, Companhia das Letras, 2007), p. 80-9.

[8] Paul Virilio; Sylvere Lotringer, *Guerra pura: a militarização do cotidiano* (São Paulo, Brasiliense, 1984), p. 85-7.

Digamos que, ao torná-lo permanente, exercendo-o durante vinte anos, nem mesmo os principais operadores do regime se deram conta de que o velho Estado de sítio concebido pela ansiedade ditatorial dos liberais, ao fim e ao cabo já não era mais o mesmo. Aliás, desde o início, a exceção se instalara noutra dimensão, verdadeiramente inédita e moderna, a partir do momento em que "o corpo passa a ser algo fundamental para a ação do regime" e a câmara de tortura se configura "como a exceção política originária na qual a vida exposta ao terrorismo de Estado vem a ser incluída no ordenamento social e político", na redescrição dos vínculos nada triviais entre ditadura e exceção retomada ultimamente por Edson Teles, confrontado com o acintoso recrudescimento do poder punitivo na democracia parida, ou abortada, pela ditadura[9]. A seu ver, a ditadura, por assim dizer, localizou o *topos* indecidível da exceção, a um tempo dentro e fora do ordenamento jurídico, tanto na sala de tortura quanto no desaparecimento forçado, marcado também, este último, por uma espécie de não lugar absoluto. Esses os dois pilares de uma sociedade do desaparecimento. A Era da Impunidade que irrompeu desde então pode ser uma evidência de que essa tecnologia de poder e governo também não pode mais ser desinventada. Seja como for, algo se rompeu para sempre quando a brutalidade rotineira da dominação, pontuada pela compulsão da caserna, foi repentinamente substituída pelo terror de um Estado delinquente de proporções inauditas. A tal ponto que até Hobsbawm parece não saber direito em qual dos extremos do seu breve século XX incluir este último círculo latino-americano de carnificinas políticas, no qual não hesitou em reconhecer a "era mais sombria de tortura e contraterror da história do Ocidente"[10].

Outro disparate? Dessa vez cometido pela velha esquerda em pessoa? Não seja por isso. À luz dos seus próprios critérios civilizacionais, um padrão evolutivo foi irrecuperavelmente quebrado pelas elites condominiadas em 1964. Mesmo para padrões brasileiros de civilização, pode-se dizer que a ditadura abriu as portas para uma reversão na qual Norbert Elias poderia, quem sabe, identificar o que chamou por vezes de verdadeiro processo *descivilizador*. Segundo o historiador Luiz Felipe de Alencastro, tal padrão, herdado do despotismo esclarecido pombalino, pressupunha algo como o espraiamento, pru-

---

[9] Edson Teles, *Brasil e África do Sul: memória política em democracias com herança autoritária* (Tese de Doutorado em filosofia, São Paulo, FFLCH, USP, 2006), cap. 2.
[10] Eric Hobsbawm, *A era dos extremos* (São Paulo, Companhia das Letras, 1995), p. 433.

dentemente progressivo, dos melhoramentos e franquias da vida moderna, a princípio reservados à burocracia estatal e às oligarquias concernidas, ao conjunto das populações inorgânicas a serem assim "civilizadas" pela sua elite. Pois até esse processo civilizador não previsto por Norbert Elias – o monopólio da violência pacificadora são outros quinhentos nessas paragens – deu marcha à ré, ou se preferirmos, engendrou "um monstrengo nunca visto"[11]. Pensando bem, menos reversão do que consumação desse mesmo processo de difusão das Luzes, como vaticina a profecia maligna de Porfirio Díaz, no final de *Terra em transe*: "Aprenderão, aprenderão, hei de fazer desse lugar uma civilização, pela força, pelo amor da força, pela harmonia universal dos infernos". Segundo o mesmo Luis Felipe, havia paradoxalmente algo de "revolucionário" naquela ultrapassagem bárbara de si mesmo. À vista, portanto, não só daquele lapso editorial e de uma dúzia de outros pronunciamentos de mesmo quilate, pode-se dizer que os objetivos de guerra da ditadura foram plenamente alcançados, diante do que, entrou em recesso. A Abertura foi, na verdade, uma contenção continuada. Acresce que, além de abrandada, a ditadura começou também a encolher. Pelas novas lentes revisionistas, a dita cuja só teria sido deflagrada para valer em dezembro de 1968, com o Ato Institucional nº 5 (AI-5) – retardada, ao que parece, por motivo de "efervescência" cultural tolerada – e encerrada precocemente em agosto de 1979, graças à autoabsolvição dos implicados em toda a cadeia de comando da matança[12]. O que vem por aí? Negacionismo à brasileira? Quem sabe alguma variante local do esquema tortuoso de Ernst Nolte, que desencadeou o debate dos historiadores alemães nos anos 1980 acerca dos campos da morte. Por essa via, a paranoia exterminista da ditadura ainda será reinterpretada como o efeito do pânico preventivo disparado pela marcha apavorante de um Gulag vindo em nossa direção.

---

[11] Luis Felipe de Alencastro, "1964: por quem dobram os sinos?", publicado originalmente na *Folha de S.Paulo*, 20/5/1994, incluído no livro organizado por Janaína de Almeida Teles, *Mortos e desaparecidos políticos: reparação ou impunidade?* (2. ed., São Paulo, Humanitas, 2001). Para o argumento original, do mesmo autor, "O fardo dos bacharéis", *Novos Estudos Cebrap*, São Paulo, Cebrap, n. 19, 1987.

[12] Marco Antonio Villa, "Ditadura à brasileira", *Folha de S.Paulo*, 5/3/2009, p. A-3. Sem dúvida, a história é o inventário das diferenças, como queria Paul Veyne. Porém, na mesma medida em que souber reconhecer o Mesmo no Outro. Sem o que sequer saberemos quem somos ao despertar. Mas talvez seja este mesmo o desejo sobre o qual os lacanianos insistem ao qual uma sociedade derrotada como a nossa cedeu. A sintaxe pode ser arrevesada, mas o juízo não. Cf. por exemplo Maria Rita Kehl, *O tempo e o cão: a atualidade das depressões* (São Paulo, Boitempo, 2009).

Não é elucubração ociosa: a doutrina argentina dos "dois demônios", por exemplo, que se consolidou no período Alfonsín, passou por perto[13].

Nessas condições, pode-se até entender o juízo aparentemente descalibrado de Tales Ab'Sáber como uma espécie de contraveneno premonitório, e que tenha, assim, estendido até onde a vista alcança a fratura histórica na origem do novo tempo brasileiro, cuja unidade de medida viria a ser 1964, o verdadeiro ano que de fato não terminou. Um tempo morto, esse em que a ditadura não acaba nunca de passar. É assim que Tales interpreta a agonia do poeta, jornalista e conselheiro político Paulo Martins, que emenda o fecho na abertura de *Terra em transe*: uma "queda infinita do personagem no branco e no vazio final que nunca acaba". O mundo começou a cair no Brasil em 1964 e continuou "caindo para sempre", salvo para quem se iludiu enquanto despencava[14]. Será preciso alertar logo de saída? Como nunca se sabe até onde a cegueira chegou, não custa repetir: está claro que tudo já passou, que nossa terra não está mais em "transe", por mais estranha (quase na acepção freudiana do termo) que pareça a normalidade de hoje. Ainda segundo Tales, tão estranha quanto a fantasia neurotizante que nos governa, a saber: ora é fato que a guerra acabou como assegura a lei celerada da anistia, ora não acabou nem nunca acabará, pois é preciso derrotar de novo e sempre o ressentimento histórico dos vencidos, para não mencionar ainda as demais

---

[13] Ver a respeito Luis Roniger e Mario Sznajder, *O legado das violações dos direitos humanos no Cone Sul* (São Paulo, Perspectiva, 2004), p. 278-81.

[14] A verdadeira *desordem no tempo brasileiro* provocada pelo buraco negro de 1964 me parece constituir o nervo das reflexões de Ismail Xavier acerca da constelação formada por Cinema Novo, Tropicalismo e Cinema Marginal. Cf., por exemplo, Ismail Xavier, *Alegorias do subdesenvolvimento* (São Paulo, Brasiliense, 1993). Com sorte, espero rever essa mesma desordem brasileira do tempo pelo prisma da exceção. Por enquanto, apenas uma introdução. Um outro ponto cego decorrente desta mesma matriz me parece contaminar a expectativa de que a ditadura terminará enfim de passar quando o último carrasco for julgado. Fica também para um outro passo este pressentimento gêmeo acerca das ciladas do imperativo Nunca Mais que a ditadura nos impôs. Para um sinal de que não estou inventando um falso problema, veja-se as observações de Jeanne Marie Gagnebin acerca da famosa reformulação adorniana do imperativo categórico – direcionar agir e pensar de tal forma que Auschwitz não se repita. Curioso imperativo moral, nascido da violência histórica e não de uma escolha livre. Cf. Jeanne Marie Gagnebin, "O que significa elaborar o passado", em *Lembrar escrever esquecer* (São Paulo, Editora 34, 2006), p. 99-100. Pensando numa lista longa que continua se alongando, de Srebrenica a Jenin, arremata Jeanne Marie, fica difícil evitar o sentimento de que o novo imperativo categórico não foi cumprido, enquanto "as ruínas continuam crescendo até o céu".

figurações do inimigo, no limite, a própria nação, que precisa ser protegida contra si mesma[15]. A guerra acabou, a guerra não acabou: tanto faz, como no caso da chaleira de Freud, de qualquer modo devolvida com o enorme buraco que a referida fantasia nem mesmo cuida de encobrir. O que importa é que um polo remeta ao outro, configurando o que se poderia chamar de limiar permanente, sobre o qual pairam tutela e ameaça intercambiáveis.

Minha reconstituição da paradoxal certeza histórica de um psicanalista talvez pareça menos arbitrária recorrendo ao raciocínio do historiador Paulo Cunha acerca do contraponto entre moderação e aniquilamento, que percorre a formação da nacionalidade desde os seus primórdios[16]. A guerra acabou, quer dizer (deve entrar de uma vez na cabeça dos recalcitrantes): violações zeradas (na lei ou na marra), reconciliação consolidada (novamente consentida ou extorquida). Mas a guerra não acabou, de novo que se entenda: é preciso anular a vontade do inimigo de continuar na guerra, e anular até o seu colapso. Clausewitz *dixit*. Pois bem: historicamente, moderação é a senha de admissão ao círculo do poder real, cujo conservadorismo de nascença – progresso, modernização etc., são melhoramentos inerentes, porém intermitentes, ao núcleo material do mando proprietário – exige provas irretorquíveis de confiabilidade absoluta dos que batem à sua porta. Assim, sempre que as elites de turno se reconciliam, uma lei não escrita espera dos pactários – na acepção política rosiana do termo[17] – demonstrações inequívocas de convicções moderadas. Para que não haja dúvida do alcance desse pacto fundador, basta um olhar de relance para as patéticas contorções dos dois últimos presidentes do país. Em suma, refratários de qualquer procedência serão recusados. Novamente, para que não haja dúvidas: aos eventuais sobreviventes de tendências contrárias à moderação/conciliação/consolidação das instituições etc., acena-se com o espectro do supracitado aniquilamento, cuja eventualidade estratégica sempre paira no ar, que o digam a Guerra de

---

[15] Conforme advertência recente do general Luiz Cesário da Silveira Filho, despedindo-se do Comando Militar do Leste com um discurso exaltando o golpe, ao qual se referiu como "memorável acontecimento". Com efeito. *Folha de S.Paulo*, 12/3/2009, p. A-9.

[16] Paulo Ribeiro da Cunha, "Militares e anistia no Brasil: um dueto desarmônico", neste volume.

[17] Da perspectiva em que Willi Bolle estudou o *Grande sertão: veredas* – as metamorfoses do sistema jagunço como um regime de exceção permanente – as constituições do país sempre foram, antes de tudo, um pacto, não sendo muito difícil adivinhar quem leva a parte do diabo. Cf. Willi Bolle, *Grandesertão.br* (São Paulo, Editora 34, 2004).

Canudos e a Guerrilha do Araguaia. Também por esse prisma não se pode dizer sem mais que a fantasia de Tales não seja exata.

2

Mas, pensando bem, a enormidade de nosso psicanalista é quase uma evidência. Como a bem dizer está na cara, ninguém vê. Basta, no entanto, olhar para o Estado e a sua Constituição, por ela mesmo definido em 1988 como sendo democrático e de direito. O que poderia então restar da ditadura? "Nada, absolutamente nada", respondem em coro, entre tantas outras massas corais de contentamento, nossos cientistas políticos: depois do período épico de remoção do chamado entulho autoritário, passamos com sucesso ainda maior à consolidação de nossas instituições democráticas – entre elas, a grande propriedade da terra e dos meios de comunicação de massa: quem jamais se atreveria a sequer tocar no escândalo desta última instituição? –, que de tão fortalecidas estão cada vez mais parecidas com um *bunker*. Na intenção dos mais jovens e desmemoriados em geral, um trecho bem raso de crônica: o bloco civil-militar operante desde 1964 arrematou o conjunto da obra inaugurando a Nova República com um golpe de veludo, afastando Ulysses Guimarães da linha sucessória de Tancredo, o qual, por sua vez, havia negociado com os militares sua homologação pelo Colégio Eleitoral, de resto, legitimado pela dramaturgia cívica da Campanha das Diretas. Nesse passo, chegamos à próxima anomalia institucional, um Congresso ordinário com poderes constituintes. Assim sendo, poderemos ser mais específicos na pergunta de fundo: o que resta da ditadura na inovadora Constituição dita Cidadã de 1988? Na opinião de um especialista em instituições coercitivas, Jorge Zaverucha, pelo menos no que se refere às cláusulas relacionadas com as Forças Armadas, polícias militares e segurança pública – convenhamos que não é pouca coisa –, a Carta outorgada pela ditadura em 1967, bem como sua emenda de 1969, simplesmente continua em vigor. Simples assim[18].

Porém, suas conclusões não são menos dissonantes do que as repertoriadas até agora. A começar pela mais chocante de todas (se é que esse efeito

---

[18] Ver Jorge Zaverucha, *FHC, Forças Armadas e polícia* (Rio de Janeiro, Record, 2005). E mais particularmente, sua contribuição para este volume, "Relações civil-militares: o legado autoritário na Constituição brasileira de 1988". No que segue, acompanho de perto o seu modelo explicativo, extrapolando um pouco na maneira de conceituar os resultados de suas análises.

político ainda existe): a constitucionalização do golpe de Estado, desde que liderado pelas Forças Armadas, que passaram a deter o poder soberano de se colocar legalmente fora da lei. Passado o transe da verdadeira transição para o novo tempo que foi o regime de 1964, esse saiu de cena, convertendo sua exceção em norma. Tampouco o poder de polícia conferido às Forças Armadas precisou esperar por um decreto sancionador de FHC em 2001. Desde 1988 estava consagrada a militarização da segurança pública. A Constituição já foi emendada mais de sessenta vezes. Em suma, trivializou-se. Acresce que esse furor legislativo e constituinte emana de um executivo ampliado e de fronteiras nebulosas, governando rotineiramente com medidas provisórias com força de lei. Como, além do mais, o artigo 142 entregou às Forças Armadas a garantia da lei e da ordem, compreende-se o diagnóstico fechado por nosso autor: sem dúvida, "há no Brasil lei (*rule by law*), mas não um Estado de direito (*rule of law*)". Num artigo escrito no auge da desconstitucionalização selvagem patrocinada pelo governo FHC, o jurista Dalmo Dallari assegurava que, na melhor das hipóteses, estaríamos vivendo num Estado de mera legalidade formal; na pior, retomando o rumo das ditaduras constitucionais[19].

A essa altura já não será demais recordar que a expressão ditadura constitucional – revista do ângulo da longa duração do governo capitalista do mundo – foi empregada pela primeira vez por juristas alemães para assinalar os poderes excepcionais concedidos ao presidente do Reich pelo artigo 48 da Constituição de Weimar[20]. Desde então, a favor ou contra, tornou-se uma senha jurídica abrindo passagem para o que se poderia chamar de Era da Exceção, que se inaugurava na Europa como paradigma de governo diante do desmoronamento das democracias liberais, desidratadas pela virada fascista das burguesias nacionais que lhes sustentavam a fachada. Resta saber se tal Era da Exceção se encerrou com a derrota militar do fascismo. Ocorre que três anos depois de 1945, mal deflagrada a Guerra Fria, já se especulava, a propósito da emergência nuclear no horizonte do conflito – para muitos, um novo capítulo da Guerra Civil Mundial, iniciada em 1917 –, se não seria o caso de administrar, formal e legalmente, como se acabou de dizer, um tal Estado de emergência permanente mediante uma ditadura constitucional.

---

[19] Cf. Dalmo de Abreu Dallari, "O Estado de direito segundo Fernando Henrique Cardoso", em *Praga*, São Paulo, Hucitec, n. 3, 1997.

[20] Sigo em parte a recapitulação de Giorgio Agamben, *Estado de exceção* (São Paulo, Boitempo, 2004).

Na recomendação patética de Clinton Rossiter, um capítulo clássico na matéria: "nenhum sacrifício pela nossa democracia é demasiado grande, menos ainda o sacrifício temporário da própria democracia"[21]. Como a bomba não veio ao mundo a passeio nem para uma curta temporada, sendo além do mais puro *nonsense* a ideia de um controle democrático de sua estocagem e emprego, sem falar na metástase da proliferação nuclear, não haverá demasia em sustentar a ideia de que sociedades disciplinadas pelo temor de um tal acidente absoluto passaram a viver literalmente em Estado de sítio, não importa qual emergência o poder soberano de turno decida ser o caso.

Voltando à linha evolutiva traçada por Agamben: aquele deslocamento de uma medida provisória e excepcional para uma técnica de governo, baseado na indistinção crescente entre Legislativo, Judiciário e Executivo, transpôs afinal um patamar de indeterminação entre democracia e soberania absoluta – o que acima se queria dizer evocando a terra de ninguém em que ingressamos entre legalidade formal e Estado de direito. Não surpreende então que, à vista do destino das instituições coercitivas descritas há pouco e do histórico de violações que vêm acumulando no período de normalização pós-ditatorial, alguns observadores da cena latino-americana falem abertamente da vigência de um não Estado de direito numa região justamente reconstitucionalizada, notando que a anomalia ainda é mais acintosa por ser esse o regime sob o qual se vira – é bem esse o termo – a massa majoritária dos chamados *underprivileged*[22]. Não direito igualmente para o topo

---

[21] Clinton Rossiter, *Constitutional Dictatorship: Crisis Government in the Modern Democracies* (1948), citado em Giorgio Agamben, *Estado de exceção*, cit., p. 22.

[22] Cf., por exemplo, Juan Méndez; Guillermo O'Donnell; Paulo Sérgio Pinheiro (orgs.), *Democracia, violência e injustiça: o não Estado de direito na América Latina* (São Paulo, Paz e Terra, 2000). Há um tanto de inocência nesta caracterização. A começar pelo lapso tremendo – quando se pensa na consolidação da impunidade dos torturadores e "desaparecedores" – que consiste em expressar sincera frustração causada pela quebra da expectativa de que "a proteção dos direitos humanos obtidas para os dissidentes políticos no final do regime autoritário seria estendida a todos os cidadãos". De sorte que, sob a democracia, ainda prevalece um sistema de práticas autoritárias herdadas, seja por legado histórico de longa duração ou sobrevivência socialmente implantada no período anterior e não elimináveis por mera vontade política. Resta a dúvida: o que vem a ser um processo de consolidação democrática "dualizado" pela enésima vez em dois campos, um "positivo", outro "negativo"? O autor, cuja deixa aproveitamos, diria que a persistência da aliança com as instituições coercitivas assegura aos integrantes do campo positivo um *hedge* face aos riscos futuros implicados numa tal assimetria entre os "direitos"

oligárquico? No limite, a formulação não faz muito sentido: como Franz Neumann demonstrou, em sua análise da economia política do III Reich, o grande capital pode dispensar inteiramente as formalidades da racionalidade jurídica idealizada por Max Weber[23]. Olhando, todavia, a um só tempo para a base e o vértice da pirâmide, seria mais apropriado registrar a cristalização de um Estado oligárquico de direito[24]. Porém, assim especificado: um

dos primeiros e o "destino" desafortunado dos que circulam entre os campos negativos. Dúvida que também acossa os autores da referida obra coletiva: até quando democracias sem cidadania plena para a massa pulverizada das não elites? O que vem a ser "um Estado de direito que pune preferencialmente os pobres e os marginalizados"? Na gramática dos direitos humanos, como se costuma dizer, só pode ser erro de sintaxe.

[23] Franz Neumann, *Béhémoth: structure et pratique du national-socialisme* (Paris, Payot, 1987). Ver a respeito o excelente capítulo de William Scheuerman, *Between the Norm and the Exception* (Cambridge, Mass, MIT Press, 1994), cap. 5. Embora reveladora, não se tratava de uma circunstância trivialmente excepcional, como voltou a sugerir o mesmo William Scheuerman, agora a propósito da dinâmica mundializada da acumulação: a cultuada afinidade eletiva entre o capitalismo moderno e *the rule of law*, que Weber enunciara como uma cláusula pétrea, talvez tenha sido não mais que um efêmero entrecruzamento histórico. Cf. William Scheuerman, *Liberal Democracy and the Social Acceleration of Time* (Baltimore, John Hopkins U.P., 2004), p. 151-8.

[24] Estou empregando abusivamente – *et pour cause* – uma expressão original, até onde sei, de Jacques Rancière, *La haine de la démocratie* (Paris, La Fabrique, 2005). Não posso me estender a respeito, mas desconfio que o argumento geral do livro nos incluiria no pelotão dos inconformados com o presumido escândalo libertário da democracia. E, por isso, mesmo teimaríamos na absurda convicção de que "o conteúdo real de nossa democracia reside no 'Estado de exceção'" (p. 23). Daí a necessária correção de tamanho disparate: não vivemos em campos de concentração submetidos às leis de exceção de um governo biopolítico etc., pelo contrário, num Estado de direito, só que "oligárquico". Quer dizer, num Estado em que a pressão das oligarquias – de resto, como sabemos desde Robert Mitchels, a oligarquização é uma tendência inerente a toda forma de poder organizado – vem a ser justamente limitada pelo duplo reconhecimento da soberania popular e das liberdades individuais (p. 81). Nos dias que correm, impossível discordar de um tal programa garantista. E, no entanto, para início de conversa, as derrogações emergenciais do Direito, que vão configurando a exceção jurídica contemporânea, são cada vez mais a regra. A bem dizer, toda norma, mesmo constitucional, contém algo como uma cláusula suspensiva. Numa palavra, mesmo nesse exemplar Estado europeu de direito, porém oligárquico, o direito está perdendo o monopólio da regulação (cf. François Ost, *Le temps du droit*, Paris, Odile Jacob, 1999, cap. IV). Como me pareceria um igual e simétrico disparate suspeitar desse jurista, aliás belga, de ódio enrustido e ressentido da democracia, observo que o indigitado

regime jurídico-político caracterizado pela ampla latitude liberal-constitucional em que se movem as classes confortáveis, por um lado, enquanto sua face voltada para a ralé, que o recuo da maré ditatorial deixou na praia da ordem econômica que ela destravou de vez, se distingue pela intensificação de um tratamento paternalista-punitivo[25]. Se fôssemos rastrear esse arranjo social-punitivo não seria muito custoso atinar com sua matriz. Aliás, custoso até que é, tal o fascínio que ainda exerce o invólucro desenvolvimentista no qual se embrulhou a ditadura.

De volta ao foco no bloco civil-militar de 1964 que não se desfez – menos por uma compulsão atávica das corporações militares do que por inépcia das elites civis na gestão da fratura nacional, consolidada por uma transição infindável, sem periodicamente entrar em pânico diante de qualquer manifestação mais assertiva de desobediência civil, como uma greve de petroleiros ou de controladores de voo –, a democracia meramente eleitoral em que resvalamos, continua Zaverucha, se perpetua girando em falso, círculo vicioso alimentado pela ansiedade das camadas proprietárias, pois ainda não estão plenamente convencidas, como nunca estarão, de que o tratamento de choque da ditadura apagou até a memória de que um dia houve inconformismo de verdade no país.

Agamben não está dizendo coisa muito diferente desse diagnóstico do "estado de urgência" em que ingressamos com a absorção do direito pelo imperativo gestionário. E o curioso é que Rancière também não, quando reflete sobre as patologias da democracia consensual. Pois então: a "exceção" normalizada de agora se confunde, desde seu renascimento histórico, com a ampliação dos poderes governamentais desencadeada durante a Primeira Guerra Mundial, mesmo entre os não beligerantes, como a Suíça, com a quebra da "hierarquia entre lei e regulamento, que é a base das constituições democráticas, delegando ao governo um poder legislativo que deveria ser competência exclusiva do Parlamento" (Giorgio Agamben, *Estado de exceção*, cit., p. 19).

[25] Para esta caracterização do novo Estado "dual", ver, por exemplo, entre tantos outros, Loïc Wacquant, *Punir os pobres* (Rio de Janeiro, Freitas Bastos, 2001). Um Estado de direito tão punitivo quanto o regime que o precedeu, ou engendrou, funciona como uma polícia de fronteira. No caso, a fronteira mesma do direito, que deixa de sê-lo quando atravessado por uma divisória apartando amigos e inimigos. Para um estudo recente do funcionamento desse Estado "bifurcado" na periferia da cidade de São Paulo, ver Gabriel de Santis Feltran, "A fronteira do direito: política e violência na periferia de São Paulo", artigo posteriormente incorporado em sua tese de doutoramento, *Fronteiras de tensão: um estudo sobre política e violência nas periferias de São Paulo* (Tese de Doutorado, Campinas, IFCH/Unicamp, 2008).

3

Ao inaugurar seu primeiro mandato anunciando que encerraria de vez a Era Vargas, o professor Fernando Henrique Cardoso deveria saber, pelo menos, que estava arrombando uma porta aberta. Pois foi exatamente essa a missão histórica que a ditadura se impôs, inclusive na acepção propriamente militar do termo "missão". Erraram o alvo em agosto de 1954; reincidiram em novembro de 1955; deram outro bote em 1961, para finalmente embocar em 1964, arrematando o que a ciência social dos colegas do futuro presidente batizaria de "colapso do populismo".

Aliás, foi esse – dar o troco ao getulismo – o mandato tácito e premonitório que a endinheirada oligarquia paulista delegara à Universidade de São Paulo, por ocasião da sua fundação, em 1934. No que concerne à Faculdade de Filosofia, entretanto, a encomenda não vingou. Pelo contrário, muito à revelia, nela prosperou uma visão do país decididamente antioligárquica, desviante da moderação conservadora, e que Antonio Candido chamaria de "radical", redefinida como um certo inconformismo de classe média, nascido do flanco esquerdo da Revolução de 30, para se reapresentar encorpado, depois da vitória da aliança antifascista na Segunda Grande Guerra, na forma de uma "consciência dramática do subdesenvolvimento" a ser superado com ou sem ruptura, conforme as variações da conjuntura e das convicções predominantes, ora de classe ou mais largamente nacionais, e cujo ímpeto transformador foi precisamente o que se tratou de esmagar e erradicar em 1964. Quiseram, no entanto, as reviravoltas do destino que aquele antigo voto piedoso fosse enviesadamente atendido, quem diria, pelo que havia de mais avançado na sociologia de corte uspiano, que passou a atribuir o sucesso acachapante do golpe à inconsistência de uma entidade fantasmagórica chamada populismo. Só recentemente esse mito começou a ser desmontado, e redescoberto um passado de grande mobilização social das "pessoas comuns", trabalhadores surpreendentemente sem cabresto à frente[26]. É bom insistir: foi justamente a capacidade política de organização daquelas "pessoas comuns" o alvo primordial do arrastão aterrorizante que recobriu o país a partir de 1964. E o continente. Num estudo notável, Greg Grandin recuou essa data para 1954, marcando-a com a deposição

---

[26] Cf. Jorge Ferreira (org.), *O populismo e sua história* (Rio de Janeiro, Civilização Brasileira, 2001), em particular, Daniel Aarão Reis Filho, "O colapso do colapso do populismo". E, ainda, do mesmo Jorge Ferreira, *O imaginário trabalhista* (Rio de Janeiro, Civilização Brasileira, 2005).

de Jacobo Arbenz na Guatemala, estendendo a ação dissolvente do terror branco, desencadeado desde então, no tempo e espaço latino-americano, até os derradeiros genocídios na América Central insurgente dos anos 1980. A seu ver, ao longo de mais de três décadas de contrarrevolução – é este o nome – no continente, perseguiu-se de fato um só objetivo: extinguir "o poder formativo da política enquanto dimensão primordial do encaminhamento das expectativas humanas". A Guerra Fria latino-americana (se fizermos questão de manter a nomenclatura consagrada) girou basicamente em torno desse eixo emancipador[27].

Como falei em contrarrevolução, é preciso sustentar a nota. Começo por uma evocação. Até onde sei, uma das raras vozes na massa pragmático-progressista da ciência social uspiana a não se conformar com o fato consumado na transição pactuada com os vencedores, mas sobretudo a contrariar a ficção da democracia consolidada, foi a de Florestan Fernandes. Trinta anos depois do golpe, ainda teimava em dizer que a ditadura, como constelação mais abrangente do bloco civil-militar que a sustentara, definitivamente não se dissolvera no Brasil. O que se pode constatar ainda relendo sua derradeira reflexão a respeito, enviada ao seminário organizado por Caio Navarro de Toledo[28]. Não estou desenterrando essa opinião dissonante apenas para registrar a dissidência ilustre que nos precedeu na resposta à pergunta "O que resta da ditadura?". É que sua visão daquela novíssima figura da exceção – nos termos de nossa problematização de agora –, segundo o paradigma da contrarrevolução preventiva (aliás, quanto à terminologia mais adequada, é bom lembrar que os próprios generais golpistas nunca se enganaram a respeito), entronca numa respeitável, porém soterrada pelo esquecimento, tradição explicativa da guerra social no século passado, que uma hora próxima interessará ressuscitar, quanto mais não seja por vincular a normalidade de agora à brasa dormida do terror branco que varreu a América Latina por três décadas, como se acabou de sugerir. Refiro-me ao estudo pioneiro de Arno Mayer, *Dinâmica da contrarrevolução na Europa (1870-1956)*[29]. Relembro, a propósito, que um ano depois, em 1972,

---

[27] Cf. Greg Grandin, *The Last Colonial Massacre: Latin America in the Cold War* (Chicago, Chicado UP, 2004).
[28] Cf. Caio Navarro de Toledo (org.), *1964: Visões críticas do golpe* (Campinas, Edunicamp, 1997).
[29] Arno Mayer, *Dinâmica da contrarrevolução na Europa (1870-1956)* (São Paulo, Paz e Terra, 1977; edição norte-americana de 1971).

Marcuse publicava um livro com o título *Contra-revolução e revolta*[30], cujas páginas de abertura, escritas no rescaldo repressivo na virada dos anos 1960 para os anos 1970, principiam evocando a nova centralidade da tortura na América Latina (Pinochet e a Junta Argentina ainda não haviam entrado em cena...), as novas leis de exceção na Itália e na Alemanha, para assinalar então o paradoxo de uma contrarrevolução se desenrolando a todo vapor na ausência de qualquer revolução recente ou em perspectiva. Enigma logo explicado quando começaram a pipocar as revoluções em Portugal, no Irã, na Nicarágua etc. Está claro que Marcuse sonhava alto: sendo largamente preventiva, a contrarrevolução em curso antecipava a ameaça de uma ruptura histórica cuja precondição dependia da interrupção do *continuum* repressivo que irmanava, na concorrência, o socialismo real ao progressismo capitalista, já que só assim a esquerda poderia se desvencilhar do fetichismo das forças produtivas.

Retomando o fio, Arno Mayer estava sobretudo interessado em descartar o conceito encobridor de totalitarismo, bem como o que chamava de eufemismo da "Guerra Fria", cuja função era escamotear o verdadeiro conflito em curso no mundo desde que as "potências" vitoriosas na Primeira Guerra Mundial formaram uma outra Santa Aliança sob liderança norte-americana para esmagar a revolução europeia iniciada em 1917 e que nos anos 1920 já assumira as proporções de uma Guerra Civil Mundial em que se confrontavam revolução e contrarrevolução, para além da mera rivalidade de sistemas em disputa por uma supremacia imaginária[31]. Pois bem: a tese inovadora de Greg Grandin mencionada acima está ancorada nessa visão, cujos possíveis limites não são por certo os do estereótipo. Sobretudo o clichê que costuma colocar na vasta conta da Guerra Fria e seu efeito colateral mistificador dito "guerra suja" o complexo social-punitivo que se consolidou com a generalização do Estado de exceção contemporâneo na segunda metade do século XX latino-americano[32]. Concedendo o que deve ser concedido a essa fantasia de contenção ou concorrência letal entre ca-

---

[30] Tradução francesa de 1973 pela Editora Seuil. [Ed. bras.: *Contra-revolução e revolta*, Rio de Janeiro, Jorge Zahar, 1985.]
[31] Para a genealogia da expressão Guerra Civil Europeia e, depois, Mundial, ver Luciano Canfora, *A democracia: história de uma ideologia* (Lisboa, Edições 70, 2007), cap. XII.
[32] O constructo Guerra Fria já foi desmontado, por exemplo, entre outros, por Mary Kaldor, *The Imaginary War* (Cambridge, Blackwell, 1990) e Noam Chomsky, *Contendo a democracia* (Rio de Janeiro/São Paulo, Record, 2003).

pitalismo e comunismo, a longa guerra social latino-americana, como seria mais correto dizer, em lugar de afirmar que a Guerra Fria fez isto ou aquilo nesse ou naquele país, foi sim uma fase mais ampla e intensificada daquela Guerra Civil Mundial, devendo portanto ser entendida como revolução e contrarrevolução. Sabemos quem venceu e como. A pálida sombra de democracia que hoje passa por tal em nosso continente, segundo Grandin, é o real legado do terror contrarrevolucionário. E, como Greg Grandin escrevia no auge do projeto para um Novo Século Americano, não se pode deixar de observar: a definição de democracia que hoje se vende mundo afora como a melhor arma na Guerra contra o terror é ela mesma um produto do terror. Estudando os casos do Chile e da Nicarágua, William Robinson chega a uma conclusão análoga quanto à "baixa intensidade" dessas democracias pós-terror contrarrevolucionário[33]. No capítulo argentino de seu livro *O Estado militar na América Latina*[34], Alain Rouquié, por sua vez, esbarra na mesma perplexidade a que aludimos várias vezes ao longo do presente inventário de violações e patologias positivadas: a violência sem precedentes históricos – e estamos falando da Argentina –, desencadeada pelo golpe de março de 1976, que o aproxima de uma verdadeira ruptura contrarrevolucionária. Mesmo assim, como entender a persistência desse verdadeiro golpe de Estado permanente cuja máquina de matar continua a todo vapor mesmo depois da guerrilha ter sido militarmente anulada? Ainda mais espantoso, prossegue Rouquié, é menos a dimensão terrorista contrarrevolucionária dessa última metamorfose da violência policial-militar do que a convivência sem maiores *états d'âme* da classe política tradicional com a demência assassina do aparelho repressivo.

Portanto, tem lá sua graça meio sinistra que os ideólogos do regime dito trivialmente neoliberal acenassem com o espantalho do populismo econômico dos... militares para implantar reformas desenhadas nada mais nada menos do que pela engenharia anti-Vargas do Estado de exceção fabricado nos laboratórios do Plano de Ação Econômica do Governo (PAEG), por Roberto Campos e Octávio Gouvêa de Bulhões (1964-1967). Assim, começando pelo fim, ao contrário da opinião corrente tanto à direita quanto à esquerda (esquerda biograficamente falando), a celebrada

---

[33] Cf. Willian Robinson, *Promoting Poliarchy* (Cambridge, UP, 1996).
[34] Alain Rouquié, *O Estado militar na América Latina* (São Paulo, Alfa-Omega, 1984), p. 325-6.

Lei de Responsabilidade Fiscal – criminalizante para os entes subnacionais, "excepcionando", porém, a União no que tange principalmente ao serviço da dívida pública –, longe de iniciar uma nova fase das finanças públicas brasileiras, simplesmente arremata um processo iniciado pela ditadura nos anos 1970, como se demonstra no breve e fulminante estudo de Gilberto Bercovici sobre a persistência do direito administrativo gerado pela tábula rasa do golpe[35]. Do Banco Central ao Código Tributário, passando pela reforma administrativa de 1967, a Constituição de 1988 incorporou todo o aparelho estatal estruturado sob a ditadura. É preciso voltar a lembrar também que o discurso da ditadura era o da ortodoxia econômica, que o mesmo Estado delinquente, cujos agentes executavam uma política de matança seletiva, se declarava, nas constituições outorgadas, meramente subsidiário da iniciativa privada, e que assim sendo as estatais deveriam operar não só com a eficiência das empresas privadas mas também com total autonomia em relação ao governo "oficial", mas não em relação ao sorvedouro dos negócios privados. Vem da ditadura a consagração da lógica empresarial como prática administrativa do setor público. A única inovação da celebrada reforma gerencial do Estado foi "trazer como novidade o que já estava previsto na legislação brasileira desde 1967". Até as agências reguladoras – cuja captura é perseguida por todo tipo de formações econômicas literalmente fora da lei, numa hora de flexibilização jurídico-administrativa totalmente *ad hoc,* o que vem a ser a lógica mesma da exceção – podem ser surpreendidas em seu nascedouro, o Decreto-Lei 200/1967, editado com base nos poderes excepcionais conferido pelo Ato Institucional nº 4.

Restauração "neoliberal" do governo de exceção por decretos administrativos? Seria trocar uma mistificação ideológica – o presumido verdadeiro fim da Era Vargas – por uma equívoco conceitual: como não houve interrupção, da Lei de Anistia ao contragolpe preventivo Collor/Mídia, passando pelo engodo de massas das Diretas, a ideia de uma restauração não se aplica. "Neoliberal", além de ser uma denominação oca para a reconfiguração mundial do capitalismo, dá a entender coisa pior, que a ditadura, tudo

---

[35] Cf. Gilberto Bercovici, "'O direito constitucional passa, o direito administrativo permanece': a persistência da estrutura administrativa de 1967", neste volume. Ver ainda Gilberto Bercovici e Luiz Fernando Massonetto, "A Constituição dirigente invertida: a blindagem da Constituição financeira e a agonia da Constituição econômica", *Boletim de Ciências Econômicas,* Coimbra, Universidade de Coimbra, v. XLIX, 2006.

somado, teria sido "desenvolvimentista". Acrescentando assim, à vitória da contrarrevolução, uma capitulação ainda mais insidiosa: do primeiro golpe, afinal, nos refizemos, à medida que a carapaça autoritária foi se tornando um estorvo até para o *big business*; quando nos preparávamos para o reencontro – democrático, é claro, apesar de todas as pactuações – com o nosso destino de desenvolvimento e *catching up*, veio um segundo golpe, se possível mais letal, pois neoliberalismo e "desmanche" são equivalentes, já que, em contraste, a ditadura não deixou de "institucionalizar"... É bom esfregar os olhos, pois a mesma narrativa prossegue: também nos recuperamos do golpe neoliberal, cuja substância terminou de derreter sob o sol da última crise, tudo somado novamente, reatamos com a normalidade dos nossos índices históricos de crescimento etc. O que foi contrabandeado nesse rodeio todo – percorrido no sentido anti-horário da esquerda, digamos, histórica – é que, no fundo, a ditadura foi um ato de violência contornável e cuja brutalidade se devia muito mais ao cenário de histeria da Guerra Fria. Com ou sem golpe, a modernização desenvolvimentista cedo ou tarde entraria em colapso, de sorte que, a rigor, o regime militar nada mais foi do que o derradeiro espasmo autoritário de um ciclo histórico que se encerraria de qualquer modo mais adiante, e não o tratamento de choque que partiu ao meio o tempo social brasileiro, contaminando pela raiz o que viria depois. Seria o caso de observar que o giro argumentativo evocado acima é ele mesmo um flagrante sintoma da sociedade "bloqueada" que a grande violência do século XX brasileiro nos legou: no referido reconto, refeito ora com a mão esquerda ora com a mão direita, o *trauma econômico* simplesmente desapareceu, ele também[36]. E quando aflora, assume invariavelmente a forma brutal da idiotia política costumeira. Por exemplo, toda vez que um sábio levanta a voz para dizer que o país carece urgentemente de um "choque de capitalismo" – e logo numa ex-colônia que nasceu sob o jugo absoluto de um nexo econômico exclusivo.

---

[36] A ideia de uma sociedade assombrada por um grande "bloqueio", reforçado pelos mais diversos mecanismos de denegação e banalização dos conflitos, pode ser rastreada nos escritos recentes de Maria Rita Kehl e Vladimir Safatle. É deste último a fórmula e o argumento de que a monstruosa profecia nazi da violência sem trauma acabou se cumprindo neste quarto de século de normalidade brasileira restaurada. Cf. Vladimir Safatle, "A profecia da violência sem traumas", *O Estado de S. Paulo*, 6/7/2008, p. D-6, a propósito do filme *Corpo*, de Rossana Foglia e Rubens Rewald, que, a seu ver, desenterraram a "metáfora exata desse bloqueio".

4

Há, todavia, um grão de verdade na percepção de época de um descompasso entre o golpe encomendado e o regime de exceção realmente entregue. Conservadores e simplesmente reacionários tinham como horizonte retrospectivo a decretação de um amplo Estado de sítio nos moldes do constitucionalismo liberal, com suspensão de garantias em defesa da ordem jurídica de mercado, contra o tumulto das "classes perigosas" e sua crescente indisciplina quanto à subordinação do trabalho ao capital[37]. Receberam

---

[37] No argumento histórico amplamente desenvolvido por Gilberto Bercovici, o constitucionalismo não veio propriamente para "liberalizar" o absolutismo, substituindo o discurso da razão de Estado pelo discurso iluminista das garantias e proteções, mas para conter o poder constituinte de um novo ator político que entrou em cena com as revoluções atlânticas do século XVIII, e um século antes, durante a grande rebelião Inglesa: "o povo, incontrolável e ameaçador". Como a revolução permanente não é possível, a construção positiva que a sucede, ao reduzir a legitimidade à legalidade, carece de uma forma institucional que normalize tal redução, tornando legal a "exceção" encarnada outrora pela razão de Estado, quando o poder soberano era exercido como um poder transgressor do direito em nome da salvaguarda do Estado: com o constitucionalismo liberal, a provisão de poderes excepcionais destina-se à salvaguarda do mercado "constitucionalizado" contra o eventual ressurgimento do poder constituinte do povo. Entre marchas e contramarchas da luta de classe ao longo da Guerra Civil Europeia da primeira metade do século XX, o poder constituinte popular vai aos poucos arrancando dos partidos da ordem constituições sociais de compromisso, até o ponto em que uma nova geração de direitos limite seriamente a ordem constitucional na sua capacidade de garantir o mercado. A exceção é então reciclada, não mais para garantir o Estado ou o Mercado, mas o próprio capitalismo enquanto norma social pétrea. Foi a ponta do *iceberg* que emergiu em Weimar e ameaçou consolidar-se para sempre no apocalipse do III Reich. Cf. Gilberto Bercovici, *Soberania e Constituição* (São Paulo, Quartier Latin, 2008). Para o debate constitucional na República de Weimar, ver do mesmo autor *Constituição e Estado de exceção permanente: atualidade de Weimar* (Rio de Janeiro, Azougue Editorial, 2004). Depois é o que se sabe, brevemente evocado a propósito do paradigma das "ditaduras constitucionais" e seus derivados. Na maré baixa de hoje, o dito *iceberg* está banalmente visível de corpo inteiro: último modelo, as sucessivas arremetidas da Comissão Europeia de Bruxelas para impingir uma Constituição sem poder constituinte popular e desvinculada do Estado, mera convenção garantidora da norma capitalista enquanto tal. Outra convenção de mesma ordem abortada na undécima hora, o Acordo Multilateral de Investimentos (MAI). Ou a nossa "Constituição dirigente invertida", na formulação de Bercovici e Massonetto citada e à qual voltaremos logo mais: nela, direitos sociais e econômicos estão garantidos, porém suspensos no ar de uma excepcionalidade permanente. No rumo desse *iceberg*, o Titanic de hoje é o próprio Estado de direito, para o qual

uma outra pancada, um pacote de reformas (administrativa, fiscal, financeira, monetária etc.) – cuja surpreendente persistência acabamos de sinalizar –, mudanças institucionais discricionariamente impostas destinadas a "modernizar" a engrenagem da acumulação no país: decididamente um outro regime de exceção, muito diverso do finado Estado de sítio, aplicado a torto e a direito pelos liberais-conservadores da velha ordem republicana.

Mas o que de fato estamos querendo saber agora é no que deu aqueles vinte anos de violência contrarrevolucionária inaugurada no continente pelo golpe brasileiro e para a qual não dispúnhamos de conceito, mesmo, ou sobretudo, no âmbito das salvaguardas da ordem mediante poderes excepcionais de emergência desencadeados em nome da defesa da sociedade. Numa palavra, legados estruturais à parte, a exceção brasileira de hoje não só não é mero decalque da anterior, mas a excede em esferas inéditas de tutela, embora sua genealogia remonte àquela matriz do novo tempo brasileiro. Um capítulo inédito, portanto, das afinidades eletivas entre capitalismo e exceção.

O trauma econômico varrido para debaixo do tapete encontra-se, por certo, no elenco de violações legado pela ditadura, junto com os demais

---

não há alternativa à vista, ou talvez por isso mesmo, cada vez mais anulado em sua capacidade reguladora por força de crescente inefetividade normativa, no interior da qual vão se multiplicando áreas de autonomia reguladora *ultra legem* quando não descaradamente *contra legem*. Cf. Danilo Zolo, "Teoria e crítica do Estado de direito", em Pietro Costa e Danilo Zolo (orgs.), *O Estado de direito* (São Paulo, Martins Fontes, 2006). Como espero voltar ao ponto, fica o registro sumário: a mesma escalada das metamorfoses do Estado de exceção, do Iluminismo ao último capítulo da contrarevolução deflagrada no inicio dos anos 1970 com a assim chamada retomada da hegemonia do dólar, culminando no "bloqueio" (Bercovici e Massonetto) das cláusulas sociais das constituições, pode-se observar na atual involução do direito penal – o domínio da exceção por excelência. Pois o horizonte cada vez mais rebaixado deste último aponta para o direito penal do inimigo, no qual o que conta é justamente a reafirmação da vigência da norma e, em plano subsidiário, a tutela dos bens jurídicos fundamentais, sendo que o inimigo no caso é uma sorte de não pessoa, por definição alguém intrinsecamente refratário ao direito, não oferecendo nenhuma garantia de que vai continuar fiel à norma. Relembro que Danilo Zolo identificava o "bloqueio" do Estado de direito na "tendência da legislação estatal perder o requisito da generalidade e abstração e se aproximar sempre mais, na substância, das medidas administrativas" ("Teoria e crítica do Estado de direito", cit., p. 73). Sobre o direito penal do inimigo, ver E. Raul Zaffaroni, *O inimigo no direito penal* (Rio de Janeiro, Revan, 2007), cap. V; Jesus-Maria Silva Sánchez, *A expansão do direito penal* (São Paulo, Revista dos Tribunais, 2002), cap. VII; e ainda o artigo de Luiz Flávio Gomes, "Direito penal do inimigo (ou inimigos do direito penal)", *Revista Jurídica Eletrônica UNICOC*, Ribeirão Preto, ano II, n. 2, 2005. Disponível em: <http://www.revistajuridicaunicoc.com.br/midia/arquivos/ArquivoID_47.pdf>.

choques da nova exceção que perdura e queremos identificar. Por agora, na faixa da desgraça econômica fundamental. Arrisquemos uma fórmula na qual inscrever a mutação que nos interessa verificar: também seria o caso de se dizer que, a partir da ditadura, a criação voluntária de um Estado de emergência permanente tornou-se uma das práticas essenciais do Estado que dela emergiu, ainda que eventualmente, não declarado no sentido técnico – para completar a paráfrase de um enunciado de Giorgio Agamben.

"Criação voluntária" não tem nada a ver com conspiração ou coisa que o valha: simplesmente decorre do teor existencialmente decisionista do ato declaratório da emergência, mediante o qual o poder soberano se reafirma em sua força suspensiva derivada da mera violência, algo como um ato despótico originário de subordinação direta. O imperativo gestionário da segurança abriga hoje uma tipologia indefinidamente elástica de urgências pedindo intervenções ditas "cirúrgicas" regidas pela lógica do excesso – na base de tais providências encontraremos sempre alguma desproporção da ordem do incomensurável. (Mas não é preciso, ainda, referir o ponto extremo a que chegamos, ou por outra, do qual não cessamos de partir, pois se trata do marco zero do novo tempo do mundo, o Estado de exceção permanente em vigor há 42 anos nos territórios ocupados da Cisjordânia.)

Recapitulamos mais uma vez, sempre na intenção de atinar com o que resta do trauma econômico que se estendeu pelos primeiros vinte anos do "choque capitalista" de nossa era, digamos, pós-nacional. A mancha de óleo se alastrando desde a origem – da insurreição de Paris de junho de 1848 até a Comuna, não por acaso desencadeada pela capitulação burguesa na guerra franco-prussiana – é a da contenção, pela imposição da ficção jurídica do Estado de sítio, da turbulência ameaçadora dos não cidadãos enquadrados pelo recente sistema de fábricas. Quando eclode a Primeira Guerra Mundial e, ato contínuo, os governos beligerantes acrescentam ao estado de guerra declarado a decretação do Estado de sítio interno em caráter não só permanente enquanto perdurarem as hostilidades, mas estendem ao período de paz subsequente a prática da legislação excepcional por meio de decretos, não poderia mais haver dúvida de que a guerra social havia se convertido em uma Guerra Civil Europeia – como ficaria claro depois de 1917, não custa repetir[38]. A

---

[38] Duas amostras eloquentes: "No dia 2 de agosto de 1914, o presidente Poincaré emitiu um decreto que colocava o país inteiro em Estado de sítio e que, dois dias depois, foi transformado em lei pelo Parlamento. O Estado de sítio teve vigência até 12 de outubro de 1919". Giorgio Agamben, *Estado de exceção*, cit., p. 25-6. "Após a

esse primeiro amálgama entre a emergência suprema que vem a ser a guerra e o Estado de sítio político de salvaguarda da ordem constitucional do mercado ante os assaltos recorrentes da luta de classe, veio juntar-se uma terceira dimensão da emergência: a emergência econômica, quer dizer, o derradeiro patamar do Estado de exceção como garantia do capitalismo, como se viu no roteiro histórico do constitucionalismo segundo Bercovici. Numa palavra, os primórdios da era da exceção econômica permanente[39]. A Grande Depressão

---

Primeira Guerra Mundial, o gabinete Lloyd George defende a ideia de instituir uma legislação permanente na Inglaterra para lidar com as circunstâncias excepcionais, inspirada na legislação de guerra. O motivo dessa preocupação teve origem nos choques entre a indústria de mineração e os sindicatos. Com a aprovação do *Emergency Powers Act*, em 29 de outubro de 1920, foi autorizado ao governo proclamar o Estado de emergência dentro de determinadas condições geradas a partir de tumultos internos e greves". Gilberto Bercovici, *Soberania e Constituição*, cit. p. 308.

[39] De volta à França: em março de 1924, o gabinete Poincaré gozava novamente de plenos poderes "para a reestruturação financeira da França, para a possibilidade de instituir uma reforma administrativa, a restrição fiscal, a redução do déficit público e a reforma financeira por causa da queda do franco no mercado internacional. Os decretos foram utilizados por Poincaré (*décrets d'économie*) até 1926, como medidas excepcionais para salvar o franco e sair da crise econômica. Com o agravamento da crise econômica e da crise política no final da década de 1930, a utilização dos poderes de emergência será contínua, com a França sendo governada praticamente por decreto entre 1938 e 1940, durante o governo de Eduard Daladier", ibidem, p. 309. Outro cenário de atualidade familiar, no pano de fundo o espantalho da hiperinflação: no início dos anos 1920 foi estabelecida na Áustria uma legislação de plenos poderes "em direta conexão com uma ação internacional para o saneamento das finanças deste país [...] a convenção internacional exigia que o governo austríaco solicitasse uma lei de plenos poderes para tomar as medidas necessárias sem intervenção parlamentar" (Ibidem, p. 309). No mesmo ano, Mussolini também recorria a uma lei de plenos poderes para solucionar a crise econômica e financeira que assolou todo o entreguerras europeu – lembrando sempre que fascismo e nazismo eram ditaduras constitucionais, ou, se se preferir, guerras civis legais. A propósito destas e outras circunstância é que Agamben costuma chamar atenção para o fato de que é justamente através dos dispositivos de exceção que as constituições democráticas se transformam no seu oposto, sem que os cidadãos se deem conta. Dispositivos de exceção exponenciados hoje pelo horizonte biopolítico da segurança: para as consequências paradoxais da noção de *segurança humana* levada ao seu limite, como a banalização da privação de direitos em favor de garantias totais contra a vulnerabilização do indivíduo considerado mera função vital, ver a conclusão do livro de Frédéric Gros, *États de violence* (Paris, Gallimard, 2006). Voltando ao argumento de Agamben: "Não é compreensível como pôde ocorrer o nazismo sem observar que, nos anos que precederam a ascensão de Hitler ao poder, a Alemanha vivia um Estado de exceção. A República de Weimar se entendeu no tempo e, quando Hitler

fundira num só bloco emergencial guerra, comoção interna e crise econômica. Logo mais, a proliferação nuclear, cujo epicentro foi a identificação do capital com a sua carapaça protetora exterminista, a bomba, estabilizará esse quadro emergencial como tecnologia de governo, sob cujo guarda-chuva, como já foi dito, se abrigarão a epidemia de riscos extremos gerados por um sistema autodestrutivo, para ficarmos nesse mínimo lógico. Por essa mesma lógica, toda declaração de guerra, tanto literal como metafórica, qualquer que seja seu alvo oficial, tende a perpetuar o inimigo – droga, crime, pandemias, chuva radiativa, derretimento financeiro, desemprego, hiperinflação etc. – suscitando necessidade de plenos poderes renovados, os quais, evidentemente, não vivem de brisa nem produzem excedentes de qualquer espécie, ou por outra, detendo o monopólio da tributação, organizam o território de modo que o excedente gerado na sua base econômica real corra atrás das taxas de proteção securitárias estipuladas pelas organizações coercitivas de turno – se está correta a hipótese geral de Charles Tilly acerca das afinidades históricas entre Estado e crime organizado[40].

De volta ao Brasil, veremos nossa pergunta admitir então uma nova resposta, em linha com o argumento desenvolvido até aqui, a saber: o que resta da ditadura não são patologias residuais, contas a pagar em suma, mesmo o acerto com a impunidade é ele mesmo um imperativo barrado por um bloco

---

tomou o poder, o Parlamento alemão não se reunia havia dois anos. Quero dizer: não se entende a história contemporânea, como são possíveis as imprevistas transformações da democracia em ditadura, sem levar em conta a influência dos dispositivos de exceção. Eles não podem conviver longamente com uma Constituição democrática. Este risco hoje vem à tona no uso que se faz do paradigma de segurança: palavra de ordem dos estados chamados democráticos" (Entrevista a Elisa Byington, *Carta Capital*, 31/3/2004, p. 76). Retomando o fio pela ponta simétrica, não custa lembrar que o *New Deal* foi a consagração definitiva, dado o amplo espectro do consenso, da ideia de emergência econômica. Para um apanhado geral da consolidação desta ideia, ver ainda o quarto capítulo do livro de William Scheuerman, *Liberal Democracy and the Social Acceleration of Time*, cit. Para um resumo, seu artigo na *Cardozo Law Review*, v. 21, 2000, "The Economic State of Emergency". Arrematando toda uma era – o *New Deal* numa ponta, sua paródia na outra –, convém não deixar de registrar que, pelo menos, a máquina de sugar fundos públicos, montada pelo governo Bush depois do 15 de setembro de 2008, e aperfeiçoada por seu sucessor, atende justamente pelo nome de Ato Emergencial de Estabilização Econômica.

[40] Cf. Charles Tilly, "War Making and State Making as Organized Crime", em Peter Evans; Dietrich Rueschemeyer; Theda Skocpol (orgs.), *Bringing the State Back* (Cambridge, Cambridge UP, 1985).

histórico com dinâmica própria, porém em estrita continuidade com tudo aquilo que, até então impensável, uma era de plenos poderes tornou possível e afinal realizou quando o capitalismo tomou o rumo predador financeirizado que se sabe. O encadeamento de choques é ele mesmo uma primeira evidência desse sistema de afinidades históricas. O choque exterminista como política de Estado estava no seu auge quando o poder norte-americano quebrou o padrão dólar-ouro, expondo de um só golpe o novo patamar de violência do dinheiro mundial: o choque dos juros e a crise da dívida eram uma questão de tempo, de permeio dois choques do petróleo e, no fim do túnel, o flagelo punitivo da inflação. Numa palavra, o tratamento de choque prosseguia por outros meios. A mesma tecnologia de poder – o governo pelo medo, inaugurado pelo golpe – transfere-se para a gestão da desordem irradiada pelo encilhamento financeiro crescente ao longo dos anos 1970. Por assim dizer, a Doutrina da Segurança Nacional – hoje no estágio da segurança urbana e seus inimigos fantasmáticos – estendeu-se até a segurança econômica, regida todavia pela mesma lógica do Estado de sítio político: salvaguardados os mecanismos básicos da acumulação, todos os riscos do negócio recaem sobre uma população econômica vulnerabilizada e agora, consumado o aprendizado do medo, desmobilizável ao menor aviso de que a economia nacional se encontra à beira do precipício, pelo qual certamente despencaria não fosse a prontidão de um salvador de última instância, munido, é claro, de plenos poderes. Normalizada a violência política – graças sobretudo à impunidade assegurada pela Lei de Anistia –, a ditadura redescobrira seu destino: o Estado de emergência econômico permanente. Tudo somado, uma reminiscência de guerra.

Não creio estar forçando a nota se afirmar ser essa a resposta da economista Leda Paulani à pergunta "O que resta da ditadura?"[41]. Com alguns retoques, é claro, que aliás espero não ter borrado realçando a imunidade histórica do arcabouço da ditadura. A obsolescência do AI-5 é um fato, não um argumento. Se não me engano, o que Leda pode estar dizendo, por exemplo, é que a revogação das leis de exceção pela própria ditadura gerou uma bizarra normalidade jurídica, tão "normal" que passou a exigir um inédito Estado de emergência econômico permanente. Num artigo ou-

---

[41] Leda Paulani, *Brasil Delivery: servidão financeira e Estado de emergência econômico* (São Paulo, Boitempo, 2008). Ver ainda da autora artigo não recolhido neste livro, "Capitalismo financeiro e Estado de emergência econômico no Brasil", disponível em: <http://www.ucm.es/info/ec/jec10/ponencias/713Paulani.pdf>.

sado, que a bem dizer traça todo um programa de pesquisa e intervenção, escrito em conjunto com Christy Pato[42], é retomada a vertente da tradição crítica brasileira inaugurada pelo capítulo fundador de Caio Prado Jr., "O sentido da colonização" – nascemos como um negócio, como se há de recordar, porém não um negócio qualquer, mas o elo mais violento e rentável da cadeia produtiva da acumulação primitiva. E isso, paradoxalmente, numa hora letárgica de esgotamento daquela mesma tradição, não por falta de inspiração, mas por falta do principal: o combustível político. No caso, o horizonte entreaberto pela expectativa de superação da condição colonial de puro território-mercadoria, horizonte que encurtou, se é que não se fechou de vez, justamente no momento em que, na visão contra-intuitiva dos autores, se cumpriu o sentido da nossa industrialização. A saber: com um século de "atraso", medido pela Segunda Revolução Industrial, tornamo-nos uma economia industrial plena na hora exata em que a ditadura estava encerrando sua operação-limpeza. Com um porém monumental, no entanto: como no antigo sentido economicamente extrovertido e heteronômico da colonização, industrializamo-nos para nos reprimarizar, reciclados agora na função de primário-exportadores de ativos financeiros de alta rentabilidade, ao lado da monocultura extensiva, da mineração, das *commodities* energéticas etc. Seria demais acrescentar que, afinal, também foi esse o sentido da ditadura? Do qual, é claro, ela sequer teve notícia, enquanto a "bagunça" corria solta.

Essa bagunça entre aspas vale uma digressão – porém ainda no coração de nosso assunto, se não for presumir demais. Pelo que se viu até agora, em matéria de juízos extravagantes não tenho muita autoridade para estranhar os alheios. Parece-me ser o caso da narrativa de Elio Gaspari, segundo a qual Geisel e Golbery "fizeram a ditadura e acabaram com ela". A ideia dessa provocação de arquivista é impedir que se veja racionalidade onde não houve; ideologia, em lugar da brutalização direta da política. Aliás, uma visão mais do que plausível quando se trata de uma dominação *sans phrase*, voz de comando em vez de discurso – tirante, é claro, a preponderância exclusiva dos estratagemas daqueles dois personagens. De algum modo, todavia, a imaginação desperta quando chegamos aos motivos que levaram os dois demiurgos a desmontarem sua criatura: "porque o regime militar, outorgando-se o monopólio da ordem, *era uma grande bagunça*" – grifo meu.

---

[42] Leda Maria Paulani; Christy Ganzert Pato, "Investimentos e Servidão Financeira", em Leda Paulani (org.), *Brasil Delivery* (São Paulo, Boitempo, 2008).

Foi o que ocorreu com a imaginação sociológica de Chico de Oliveira. Não sei mais se em resenha ou conversa, Chico achou que seria o caso, tomadas todas as preocupações de praxe nessas analogias em curto-circuito, de converter em conceito aquela "grande bagunça" sanguinária à luz dos esquemas do *Behemoth* de Franz Neumann, já evocado a propósito da relativização do dogma weberiano acerca do espírito racional-jurídico entranhado no capitalismo. A seu ver, Neumann também demonstrara, a contrapelo do lugar comum sobre o monolitismo totalitário, que o horror do III Reich havia sido igualmente uma "grande bagunça", guardadas as devidas desproporções entre desordem à brasileira e caos alemão, ambos, de resto, letais. Num caso, uma desordem com um pé colonial na acumulação primitiva, no outro, o cipoal de regimes de decretos administrativos exercidos sobre uma Nova Ordem Europeia – nome oficial da expansão territorial de Hitler no continente europeu, que, no final de 1941, se estendia do oceano Ártico à orla do Atlântico, um imperialismo continental mais do que tardio e por isso mesmo desprovido da alavanca colonial que sustentara a institucionalização liberal de seus concorrentes. A anomalia selvagem do III Reich ocupante consistiu em tratar como povos coloniais os ocupados europeus. Daí a desordem "colonial" da Europa nazificada, governada por um enxame de sátrapas, clientes e colaboracionistas envolvidos por uma teia administrativa costurada por toda sorte de arbitrariedades e negócios paralelos[43]. Franz Neumann simplesmente reportou esse quadro à sua matriz geradora "metropolitana". Por trás da fachada de granito do III Reich, um monstro de quatro cabeças, quatro blocos investidos de plenos poderes – com Judiciário próprio, inclusive –, desconectados e mortalmente rivais, a saber: o partido/movimento, a alta burocracia de Estado, o Exército e o *big business*, ditando o próprio direito, o direito de exceção no caso, se é que isso existe. Do que resultava uma depuração essencial do Estado de exceção permanente: a mais aterrorizante anomia recoberta pelo teatro alucinante de uma rigidez administrativa sem brechas. Assim, até mesmo, ou sobretudo, a mais demoníaca célula constitutiva do sistema, o campo, se caracterizava justamente por uma "devastadora ausência de normas", como Jeanne Marie Gagnebin descreveu o cerne da administração nazista do campo: uma ordem tão rígida quanto aleatória e que enredava sua população desesperada numa trama tão arbitrária quanto incompreensível de prescrições descum-

---

[43] Cf. Mark Mazower, *Continente sombrio: a Europa no século XX* (São Paulo, Companhia das Letras, 2001).

pridas apenas enunciadas[44]. Aliás, comentando o mencionado livro de Pilar Calveiro, Beatriz Sarlo vai na mesma direção: àquela altura desenhava-se na Argentina uma sociedade concentracionária com suas leis e exceções, "com os espaços entregues ao impulso dos desaparecedores e os espaços regulamentados até nos detalhes mais insignificantes"[45]. Notemos que a interpretação de Franz Neuman também abalava, de quebra, além do paradigma das afinidades eletivas weberianas entre capitalismo e *rule of law*, a certeza frankfurtiana (Pollock, Horkheimer etc.) do III Reich como emblema premonitório da "sociedade totalmente administrada" do futuro, e gerida por um Estado capitalista, senhor das contradições de uma ordem antagonista congelada pela dominação sem maiores mediações.

Assim sendo, como trocar em miúdos a sugestão de Chico de Oliveira de que se relesse a tirada de Elio Gaspari acerca da verdadeira "bagunça" que foi a ditadura precisamente nessa chave do *Behemoth*, a da exceção nazi como pulsão exterminista induzida pelo caos normativo gerado pelo regime – "colonial", relembraria Hannah Arendt[46] – de decretos? Se uma tal analogia faz pensar, seria então o caso de reabrir o capítulo da economia política da exceção brasileira de 1964-1985 justamente pela página dos grandes escândalos da administração pública que pipocaram nos desvãos mais escabrosos das históricas reformas modernizantes de um Estado já nascido "degenerado" e cuja anatomia José Carlos de Assis esmiuçou em dois livros preciosos[47]. Não por acaso, dessa vez em coautoria com a economista Maria da Conceição

---

[44] Cf. sua apresentação para a edição brasileira do livro de Giorgio Agamben, *O que resta de Auschwitz* (São Paulo, Boitempo, 2008).
[45] Beatriz Sarlo, *Tempo passado*, cit., p. 87.
[46] Cf. *Imperialismo: a expansão do poder* (Rio de Janeiro, Documentário, 1976), p.169-70. "É verdade que todos os governos usam decretos numa emergência, mas, nesses casos, a própria emergência é uma nítida justificação e uma automática limitação. No governo burocrático, os decretos surgem em sua pureza nua, como se já não fossem obras de homens poderosos, mas como se encarnassem o próprio poder, sendo o administrador seu mero agente acidental." Quanto ao paradigma do *régime des décrets*, Hannah Arendt remete ao sistema colonial francês. *Et pour cause*. Num livro recente, Olivier Grandmaison, *Coloniser, exterminer* (Paris, Fayard, 2005), reconstituiu a gênese concomitante do Estado colonial e do Estado de exceção: o que parecia um regime exclusivo de uma remota zona residual de anomia ultramarina foi, na verdade, o laboratório do qual se extraiu o modelo de colonização interna das classes então laboriosas e perigosas metropolitanas, como se viu depois dos massacres de junho de 1848.
[47] *A chave do tesouro* (Rio de Janeiro, Paz e Terra, 1983) e *Os mandarins da República* (Rio de Janeiro, Paz e Terra, 1984). Desnecessário lembrar que o mandarim mais gordo com sua chave-mestre continua ativíssimo.

Tavares, o mesmo autor daquelas investigações desbravadoras sobre a delinquência de um Estado civil-militar a um tempo "comerciante, especulador e normalizador" publicou um estudo sobre a economia política da ditadura, *O grande salto para o caos*[48], o conjunto de tais políticas econômicas arrematado pelo encilhamento financeiro que se sabe, ou melhor, continuamos sabendo, com dívida securitizada e tudo. Patologia normalizada pela exceção nos passos da outra "degenerescência", esmiuçada no livro citado de Martha Huggins, o da polícia política reconfigurada com a arregimentação paramilitar do lúmpen local à medida que a segurança norte-americana se internacionalizava e que se embrutecia, por sua vez, como demonstrado pela selvageria da contra-insurgência que comandou na América Central e registrado noutro estudo do mesmo Greg Grandin, ao reparar que os *neocons* que traçaram a rota para o Iraque e a Ásia Central eram organizadores veteranos daqueles últimos massacres[49]. Repetindo: se um tal termo exorbitante de comparação for capaz de pelo menos atiçar a imaginação à míngua – ao que parece ainda não encaixamos o golpe, e um golpe bem-sucedido enquanto matriz abominável da fratura ultramoderna de agora –, talvez se reapresente igualmente a ocasião de reler por novo prisma o não menos inovador livro de Ernst Fraenkel, *The Dual State*[50]: por exemplo, como o "continuísmo ditatorial" (ver neste volume artigo de Flávia Piovesan) que restou da exceção da transição gerou igualmente um Estado bifronte, de "direito" para os integrados e penal-assistencial para a "ralé", na acepção estrutural que o sociólogo Jessé Souza deu ao termo[51]. Pois, segundo Fraenkel, a lógica dual que regia o direito nazi contemplava, por um lado, os *diktats* intempestivos da elite nazi com medidas facilitadoras *ad hoc*, por outro lado, os negócios correntes da esfera civil continuavam regulados por um sistema normativo, digamos ordinário: no entanto, a frágil convivência entre essas duas esferas se dava evidentemente em favor da supremacia de um Estado-de-prerrogativas centrado na evidência politicamente violenta e violadora de uma emergência perene, sobre um anêmico Estado, regido por um tênue *rule of law*, quanto mais não seja porque a Alemanha fascista continuava, ao fim e ao cabo, capitalista[52].

---

[48] José Carlos de Assis; Maria da Conceição Tavares, *O grande salto para o caos* (Rio de Janeiro, Jorge Zahar, 1985).
[49] Cf. Greg Grandin, *Empire's Workshop* (Nova York, Metropolitan Books, 2006).
[50] Ernst Fraenkel, *The Dual State* (New Jersey, The Lawbook Exchange, 2006).
[51] Cf. Jessé Souza, *A construção social da subcidadania* (Belo Horizonte/Rio de Janeiro, UFMG/IUPERJ, 2006).
[52] Cf. William Scheuerman, *Between the Norm and the Exception*, cit., p. 128.

Pois esse sentido da ditadura se consumou num Estado de emergência que se instalou de vez nada mais nada menos – outra ironia objetiva – na primeira hora da democratização pós-ditadura, quando sucessivos planos de estabilização por decreto-lei consolidaram, junto com as instituições da nova democracia, o sentimento oficial de uma economia literalmente sitiada por ameaças de toda sorte: intensificações ou retorno da inflação, desequilíbrio fiscal, crise cambial, ataques especulativos contra a moeda nacional etc. Uma transição de fato estava em curso, porém de novo a "necessidade" era a fonte da "lei": a definição mesma da exceção, decidida no caso por um soberano avulso, digamos, a autoridade monetária usando e abusando de expedientes administrativos com força de lei. Acresce que uma força além do mais disciplinadora operando indiferentemente à esquerda e à direita, não surpreendendo vê-las em pouco tempo correndo indistintas pelo mesmo trilho. Assim, a um Plano Cruzado "progressista" correspondia o simétrico pró-sistêmico Plano Real, a cartilha da exceção já era a mesma, o decisivo era que, mal ou bem-sucedido, debelada a ameaça da hora, os dispositivos de emergência se estabilizassem como norma corriqueira. Por aí se chega, por exemplo, à nova geração de escândalos da exceção econômica – cuja genealogia chega aos ancestrais imediatos no regime militar já mencionados –, como o da Carta Circular nº 5 do Banco Central, algo como a decretação informal e "inconstitucional" (mas qual o significado disso, com ou sem aspas?) da completa liberdade de se enviar recursos ao exterior, buraco negro jurídico que até hoje não transitou em julgado. Nenhuma surpresa, afinal herdamos uma tecnologia de poder destinada agora a garantir a segurança jurídica da plataforma de valorização financeira em que nos convertemos no quadro da atual divisão internacional do trabalho da acumulação. Daí porque um aparato produtivo de segunda geração industrial foi congelado para produzir a renda real sugada por intrincada rede de acesso aos fundos públicos.

Um primeiro regime de violência foi assim acionado num momento crucial da guerra contra a organização política das "pessoas comuns", passando, a seguir, a lastrear as novas hierarquias sociais sem as quais não se reproduz o segundo regime de violência no qual ingressamos, um regime de acumulação sob dominância financeira "marcado pela discricionariedade, pelo compadrio e pelo privilégio". Nada a ver com a corrupção rotineira, como já não era o caso com os escândalos da ditadura, os Coroa-Brastel, Tucuruí, Capemi da vida. Violência de uma acumulação por espoliação que exige a implicação mútua de um novo ambiente político de negócios, instituições coercitivas e organizações administrativas. Uma fusão cuja evolução poderia ser acompanhada de modo exemplar na metamorfose do Supremo Tribunal Federal, que, ao ser "excepcionado" pela ditadura, foi armazenando jurisprudência até se tornar o principal órgão gestor do capitalismo brasileiro de cupinchas, em bom português *crony capitalism*, espécie originária dos vários milagres autoritários asiáticos[53]. No resumo de Leda Paulani, a predação rentista se exprime por "um conjunto de práticas discriminatórias e permanente açambarcamento da riqueza social por uma aristocracia capitalista privilegiada e bem postada junto ao e no Estado". Incluindo-se nessas práticas o próprio discurso da emergência, por natureza performativo, pois ele cria a situação de risco que enuncia, como sabe qualquer operador de mercados futuros.

Como vimos – isto é, se o diagnóstico de Bercovici e Massonetto procede –, as origens da ordem financeira da Constituição de 1988 remontam também à estruturação econômica-financeira da ditadura, iniciada com o PAEG. Podemos ser mais precisos agora, acrescentando que ao Estado de emergência econômico perene, cuja genealogia acabamos de evocar, responde justamente a "blindagem financeira" da Constituição, responsável, tal amarração de segurança máxima, pelo "bloqueio efetivo" dos direitos econômicos e sociais, esterilizados na condição de mera "norma programática". Isto quer dizer simplesmente que a ordem normativa-econômico social, assegurada pela Constituição, está com efeito em vigor, porém suspensa, suspensa no vácuo da mais completa inefetividade. Simples assim, a armadura do nosso Estado oligárquico de direito, estando em plena vigência o sublime instituto do *habeas corpus*, desde que as conexões sejam as boas. Um dos segredos reside na mudança de função do orçamento público, cuja matriz nossos autores rastreiam novamente até a ditadura, que sequestrou a definição orçamentária, excluindo-a de qualquer deliberação pública. A rigor, a guinada rentista do

---

[53] Nas "conexões" (*guanxi*, em mandarim) que formam a malha do "capitalismo de cupinchas" não dá mais para distinguir quem compra e quem se vende, o homem de negócios e o operador político. Há mesmo quem defina tal sistema pela conversão do mundo privado dos negócios num feudo da elite política. Não é difícil identificar nos célebres "anéis burocráticos", que moviam a economia política da ditadura, o primeiro elo histórico na atual cadeia alimentar da acumulação brasileira por espoliação. Para um rápido apanhado geral do argumento e da literatura concernente, Paulo E. Arantes, "A viagem redonda do capitalismo de acesso", em *Extinção* (São Paulo, Boitempo, 2007).

capital encontrou a mesa posta e a casa arrumada pela "bagunça" da ditadura. Com a supremacia do orçamento monetário sobre as despesas sociais – cujo torniquete aperta ao menor sinal de alarme –, confiscaram-se os instrumentos financeiros que confirmariam o declarado (no vazio) papel dirigente da Constituição. A blindagem financeira do orçamento público, continuam nossos autores, é a garantia de que o Estado tem mesmo por função estabilizar o valor dos ativos das classes proprietárias. Na violência econômica que o Estado de emergência sanciona graças ao aumento progressivo da capacidade normativa do Poder Executivo e ao consequente eclipse da Constituição como sede primeira do direito financeiro, exprime-se a nova função do poder público – aliás, nova apenas se referida a uma política de pleno emprego que jamais foi consensual entre os capitalistas brasileiros[54] –, a saber, a tutela ju-

---

[54] A propósito, um lembrete – colhido novamente no artigo de Bercovici e Massonetto sobre a Constituição dirigente invertida –, pelo menos para assinalar a passagem do tempo social quando se responde à pergunta "O que resta da ditadura?". Como se há de recordar e não custa insistir, poderes econômicos de emergência entraram em cena no entreguerras, antes de mais nada, como uma arma voltada contra o movimento das classes trabalhadoras, sob pretexto de debelar uma urgência sistêmica. Governa-se por "decretos de economia" para regular a turbulência da força de trabalho por meio de um outro tipo de violência disciplinadora. Uma válvula emergencial de salvaguarda do sistema calibra ora a manutenção do pleno emprego (foi assim com as políticas fiscais keynesianas de emergência), ora a manutenção do desemprego, graças ao manejo, digamos, letal para a classe trabalhadora, da política monetária. Relembrando as objeções clássicas dos capitalistas ao regime de pleno emprego, nossos dois autores recordam, acompanhando o raciocínio de Michal Kalecki, que a principal delas referia-se à quebra da disciplina de fábrica e o fortalecimento da posição social dos trabalhadores diante de empregadores de mãos atadas (em termos). "Com a elevação da taxa de juros, surge uma alternativa ao investimento privado, que não mais precisa ser reinvestido necessariamente no setor produtivo e manter assim o pleno emprego." Até aqui, Kalecki. Ora, a partir do momento (anos 1970, no Brasil e no mundo) em que a alta dos juros se aliou ao controle dos gastos públicos via blindagem da "Constituição financeira", o capital privado encontrou finalmente uma alternativa mais rentável, santuarizando, por sua vez, a lógica destrutiva de "manutenção do desemprego". Criou-se assim um círculo virtuoso para o capital fundado no desemprego. Sem apelar para o humor negro, pode-se dizer que a ditadura – teoricamente... – teve o mérito de remover as objeções capitalistas ao regime de pleno emprego. Um Estado controlado por um cartel coercitivo-negocista não só elimina a incerteza política como endurece a disciplina da fábrica. Com o recesso do regime militar, elevou-se a busca do pleno emprego ao céu das ideias, convertida em princípio constitucional. Ato contínuo, e na mesma Constituição, a desvinculação entre Constituição financeira e econômica, como se viu, reativou por outros meios aqueles pré-requisitos que inspiram os argumentos

rídica da renda do capital[55]. O resto, que é simplesmente tudo, é gestão punitiva e social-compensatória de uma sociedade de mercado condenada pelo desassalariamento sistêmico a emitir sinais alarmantes de convulsão possível, o quanto basta para acionar poderes econômicos de emergência, fechando-se o círculo vicioso do controle[56]. O golpe abriu e fechou esse círculo, que hoje continua a rodar.

---

capitalistas contra o pleno emprego, excetuando-se o Estado de exceção. Por isso, como assinalou Leda Paulani, a normalização em ambiência rentista exige o Estado de emergência econômica, assegurador da renda mínima do capital por meio da criação de uma dívida pública de alta rentabilidade.

[55] Além do artigo citado, "A Constituição dirigente invertida", ver ainda a tese inédita de Luís Fernando Massonetto, *O direito financeiro no capitalismo contemporâneo* (Tese de Doutorado, São Paulo, Depto. de Direito Econômico-Financeiro da Faculdade de Direito, USP, 2006).

[56] Cf. Maria Célia Paoli, "O mundo do indistinto: sobre gestão, violência e política", em Francisco de Oliveira e Cibele Rizek (orgs.), *A era da indeterminação* (São Paulo, Boitempo, 2007).

DO USO DA VIOLÊNCIA CONTRA O ESTADO ILEGAL

Vladimir Safatle

A meu pai

Ele expulsou a cena da memória.
Era uma lembrança falsa.
George Orwell, *1984*

Os fascistas fizeram de Auschwitz o paradigma da catástrofe social. Contra ele, o século XX cunhou o imperativo "fazer com que Auschwitz nunca mais ocorra". Mas talvez não seja supérfluo perguntar, mais uma vez: o que exatamente aconteceu em Auschwitz que sela este nome com o selo do que nunca mais pode retornar? É verdade que, diante da monstruosidade do acontecimento, colocar novamente uma questão desta natureza pode parecer algo absolutamente desnecessário. Pois, afinal, sabemos bem o que aconteceu em Auschwitz, acontecimento que sela este nome com a marca do nunca visto. Todos conhecem a resposta padrão. Auschwitz é o nome do genocídio industrial, programado como se programa uma meta empresarial quantitativa. Ele é o nome do desejo de eliminar o inumerável de um povo com a racionalidade instrumental de um administrador de empresas.

Mas, se devemos recolocar mais uma vez esta questão é para insistir na existência de um aspecto menos lembrado da lógica em operação nos campos de concentração. Até porque, infelizmente, a história conhece a recorrência macabra de genocídios. Começo com este ponto apenas para dizer que é bem provável que a dimensão realmente nova de Auschwitz esteja em outro lugar. Talvez ela não esteja apenas no desejo de eliminação, mas na articulação entre esse desejo de eliminação e o desejo sistemático de apagamento do acontecimento. Devemos ser sensíveis ao caráter absolutamente intolerável do *desejo de desaparecimento*. Lembremos, neste sentido, desta frase trazida pela memória de alguns sobreviventes dos campos de concentração, frase que não terminava de sair da boca dos carrascos: "Ninguém acreditará que fizemos o que estamos fazendo. Não haverá traços nem memória". O crime será perfeito, sem rastros, sem corpos, sem memória. Só fumaça saída das câmaras de gás que se esvai no ar. Pois o crime perfeito é aquele que não deixa cadáveres e o pior cadáver é o sofrimento que exige justiça. Valeria trazer, a este respeito, uma frase precisa de Jacques Derrida: "O que a ordem da representação tentou exterminar não foi somente milhões de vidas humanas, mas também uma exigência de justiça, e também nomes: e, primeiramente, a possibilidade de dar, de inscrever, de chamar e de lembrar o nome"[1].

Foi neste sentido que Auschwitz teve o triste destino de expor como o núcleo duro de todo totalitarismo se transforma em ação ordinária. Pois o totalitarismo não é apenas o aparato político fundado na operação de uma violência estatal que visa a eliminação de todo e qualquer setor da população que questiona a legalidade do poder, violência que visa criminalizar sistematicamente todo discurso de questionamento. Na verdade, o totalitarismo é fundado nesta violência muito mais brutal do que a eliminação física: a violência da eliminação simbólica. Neste sentido, ele é a violência da imposição do desaparecimento do nome. No cerne de todo totalitarismo, haverá sempre a operação sistemática de retirar o nome daquele que a mim se opõe, de transformá-lo em um inominável cuja voz, cuja demanda encarnada em sua voz não será mais objeto de referência alguma. Este inominável pode, inclusive, receber, não um nome, mas uma espécie de "designação impronunciável" que visa isolá-lo em um isolamento sem retorno. "Subversivo", "terrorista". A partir desta designação aceita, nada mais falaremos do designado, pois simplesmente não seria possível falar com ele, porque ele, no fundo, nada falaria, haveria muito "fanatismo" nestes simulacros de sons e argumentos que ele chama de "fala", haveria muito "ressentimento" em suas intenções, haveria muito "niilismo" em suas ações. Ou seja, haveria muito "nada". Claro está que este inominável nada tem a ver com as estratégias (tão presentes na política do século XX) de recusar o nome atual, o regime atual de nomeação, isto a fim de abrir espaço a um nome por vir[2]. Antes, ele é a redução daquele colocado na exterioridade à condição de um inominável sem recuperação ou retorno[3].

---

[1] Jacques Derrida, *Força de lei* (São Paulo, Martins Fontes, 2007), p. 140.

[2] Para esta discussão, ver Alain Badiou, *Éthique: essai sur la conscience du mal* (Paris, Nous, 2003).

[3] Se levarmos a sério a centralidade desta operação de desaparecimento do nome em todo totalitarismo, será necessário um certo complemento à crítica de Giorgio Agamben à desagregação normativa própria ao lugar de exceção do poder soberano. Agamben demonstra como a definição de Carl Schmitt sobre a soberania ("É soberano quem

Que a violência simbólica do desaparecimento do nome, da anulação completa dos traços seja o sintoma mais brutal do totalitarismo, eis algo que explica porque, no momento em que a experiência da democracia ateniense começava a chegar ao fim, o espírito do povo produziu uma das mais belas reflexões a respeito dos limites do poder. Ela é o verdadeiro núcleo do que podemos encontrar nesta tragédia que não cessa de nos assombrar, a saber, *Antígona*[4].

Muito já se foi dito a respeito desta tragédia, em especial seu pretenso conflito entre as leis da família e as da pólis. No entanto, vale a pena lembrar como no seu seio pulsa a seguinte ideia: o Estado deixa de ter qualquer legitimidade quando mata pela segunda vez aqueles que foram mortos fisicamente, o que fica claro na imposição do interdito legal de todo e qualquer cidadão enterrar Polinices, de todo e qualquer cidadão reconhecê-lo como sujeito apesar de seus crimes. Pois não enterrá-lo só pode significar não acolher sua memória através dos rituais fúnebres, anular os traços de sua existência, retirar seu nome. Uma sociedade que transforma tal anulação em política de Estado, como dizia Sófocles, prepara sua própria ruína, elimina sua substância moral. Não tem mais o direito de existir enquanto Estado. E é isto que acontece a Tebas: ela sela seu fim no momento em que não reconhece mais os corpos dos "inimigos do Estado" como corpos a serem velados.

É neste sentido que algo de fundamental do projeto nazista e de todo e qualquer totalitarismo alcançou sua realização plena na América do Sul. A Argentina forneceu uma das imagens mais aterradoras desta catástrofe social: o sequestro de crianças filhas de desaparecidos políticos. Porque a morte física só não basta. Faz-se necessário apagar os traços, impedir que aqueles capazes de portar a memória das vítimas nasçam. E a pior forma de impedir isto é entregando os filhos das vítimas aos carrascos. O desaparecimento deve ser total, ele deve ser objeto de uma solução definitiva. Não são apenas os cor-

---

decide pelo Estado de exceção") expõe a maneira com que o ordenamento jurídico é assombrado pela possibilidade legal de sua suspensão. Aproveitemos o que outros disseram e afirmemos: "É soberano aquele que define quem é terrorista", ou seja, quem será excluído da possibilidade mesmo de ser sujeito de direitos. O uso extensivo e pouco rigoroso do termo em contextos os mais inacreditáveis (chama-se atualmente de terrorista até integrantes do MST, operadores de rádios piratas e grupos neossituacionistas) apenas demonstra o caráter eminentemente político de seu uso.

[4] Para uma leitura mais articulada da tragédia, remeto a Vladimir Safatle, "Sobre a potência política do inumano: retornar à crítica ao humanismo", em Adauto Novaes (org.), *Mutações: a condição humana* (Rio de Janeiro, Agir, 2008).

pos que desaparecem, mas os gritos de dor que têm a força de cortar o contínuo da história. "Não haverá portadores do seu sofrimento, ninguém dele se lembrará. Nada aconteceu", são as palavras que as ditaduras sul-americanas não cansaram de repetir àqueles que elas procuraram exterminar.

No entanto, na maioria dos casos, esse desejo de desaparecimento não teve força para perdurar. Na Argentina, por exemplo, amplos setores da sociedade civil foram capazes de forçar o governo de Nestor Kirchner a anular o aparato legal que impedia a punição de torturadores da ditadura militar. A justiça não teve medo de novamente abrir os processos contra militares e de mostrar que era possível renomear os desaparecidos, reinscrever suas histórias no interior da história do país. Da mesma forma, no Chile, graças à mobilização mundial produzida pela prisão de Augusto Pinochet em Londres, carrascos como Manuel Contrera foram condenados à prisão perpétua. O Exército foi obrigado a emitir nota oficial em que reconheceu não se solidarizar mais com seu passado. Em uma decisão de forte significado simbólico, até mesmo o soldado que assassinou o cantor Víctor Jara no Estádio de Chile também será processado. Neste sentido, o único país que realizou de maneira bem-sucedida as palavras dos carrascos nazistas foi o Brasil: o país que realizou a profecia mais monstruosa e espúria de todas. *A profecia da violência sem trauma.*

Toda violência se equivale?

Levando em conta tais questões, trata-se neste artigo de discutir a seguinte tese, tão presente nos últimos meses nos principais meios de comunicação deste país: o esquecimento dos "excessos" do passado é o preço doloroso pago para garantir a estabilidade democrática. Não se trata simplesmente de insistir na falsidade patente, na ausência completa de amparo histórico desta tese. Antes, trata-se de mostrar como ela, longe de ser a enunciação desapaixonada e realista daqueles que sabem defender a democracia possível, é apenas o sintoma discreto de uma profunda tendência totalitária da qual nossa sociedade nunca conseguiu se livrar. Por isso, a aceitação tácita dessa tese é, na verdade, a verdadeira causa do caráter deformado e bloqueado de nossa democracia. Assim como em Tebas, ela será o início da nossa ruína.

Antes de discuti-la, vale a pena, no entanto, dar às palavras seu verdadeiro lugar. Ao invés de falar do "esquecimento dos excessos do passado", talvez seja o caso de falar em "amnésia sistemática em relação a crimes de um Estado ilegal". Certamente, tal formulação não será aceita imediatamente por todos. Pois os defensores, brandos, amedrontados ou ferrenhos do Partido da Amnésia costumam utilizar dois argumentos, de acordo com a conveniência do momento.

Primeiro: "não houve, no Brasil, tortura e assassinato como política sistemática de segurança de Estado; logo, não houve crime". Alguns, como o coronel Carlos Alberto Brilhante Ustra, em processo impetrado contra ele pela família Teles, declaram aos autos que simplesmente nunca torturaram, que tudo isso é uma invenção de ressentidos esquerdistas. Os casos isolados de tortura e assassinato (se houver, já que ninguém até hoje foi obrigado pela justiça a reconhecê-los perante os tribunais) teriam sido casos que ocorreram sem o consentimento do comando militar que dirigia o país. São casos a respeito dos quais o Estado brasileiro não poderia ser responsabilizado.

No entanto, se lembrarmos que há farta documentação internacional a respeito da participação do governo brasileiro na montagem da Operação Condor, aparato responsável pelo assassinato de opositores aos regimes militares sul-americanos, documentação que mereceria ao menos uma investigação séria, nada disso será ouvido. Da mesma forma, de nada adianta lembrar que, pela primeira vez na história, ex-presidentes da República brasileira (como João Baptista Figueiredo) estão sendo julgados em processo referente a crimes contra a humanidade que tramita atualmente na Itália[5], que torturadores internacionais declarados (como o general francês Paul Aussaresses) já disseram ter estado no Brasil à época para "treinamento militar", que um ex-espião do serviço secreto uruguaio declarou ter envenenado um ex-presidente brasileiro (João Goulart) dando detalhes assustadores. De nada adianta porque, como diziam os partidários de Pinochet à ocasião de sua prisão na Inglaterra, tudo isto é um complô internacional de esquerdistas. Os mesmos esquerdistas que possivelmente inventariam histórias horrendas sobre tortura, talvez a fim de simplesmente receber indenizações compensatórias.

Mas é interessante perceber como o primeiro argumento ("não houve, no Brasil, tortura e assassinato como política sistemática de segurança de Estado") é enunciado ao mesmo tempo que um outro argumento: "Houve

---

[5] Processo em que Figueiredo e mais dez civis e militares brasileiros de alta patente são acusados de corresponsabilidade no desaparecimento de oitos cidadãos de origem italiana em 1980, ou seja, depois da anistia de 1979.

tortura e assassinato, mas estávamos em uma guerra contra 'terroristas' [como disse, por exemplo, o sr. Tércio Sampaio Ferraz, não em 1970, no auge da Guerra fria, mas em 2008[6]] que queriam transformar o país em uma sucursal do comunismo internacional". "O outro lado não era composto de santos", costuma-se dizer.

Ao utilizar tal argumento, trata-se principalmente de tentar passar a ideia de que toda violência se equivale, que não há diferença entre violência e contraviolência ou, ainda, e aí em um claro revisionismo histórico delirante, que a violência militar foi um golpe preventivo contra um Estado comunista que estava sendo posto em marcha com a complacência do governo Goulart. Lembremos como alguns ainda falam atualmente em "contrarrevolução" a fim de caracterizar o que teria sido o golpe de 1964. O que não escapa da tendência clássica de todo golpe de Estado procurar se legitimar ao se colocar como "contrarrevoluçao".

Vale a pena, inicialmente, lembrar que, em qualquer país do mundo, os dois argumentos ("Houve tortura" e "Não houve tortura") seriam vistos como exemplos clássicos e patéticos de contradição, o que mostraria claramente a inanidade intelectual de uma posição que precisa, a todo momento, bailar entre argumentos contraditórios. No entanto, como se não bastasse, o segundo argumento é simplesmente uma aberração inaceitável àqueles para quem a ideia de democracia não é simplesmente uma palavra vazia. E, se levarmos em conta a situação atual em que se encontra, no Brasil, o debate a respeito do dever de memória, fica clara a necessidade de insistir na natureza aberrante de tal argumento.

Vejamos, por exemplo, a reação de setores do Supremo Tribunal Federal a respeito do debate sobre a modificação da interpretação da Lei de Anistia. Note-se bem, estamos falando de simples modificação de interpretação e não de revisão do texto da lei. Trata-se de fazer valer a letra do artigo 1º, parágrafo II da Lei nº 6.683, em que se lê: "Excetuam-se dos benefícios da anistia os que foram condenados pela prática de crimes de terrorismo, assalto, sequestro e atentado pessoal" – propõe-se lembrar que sequestros e atentados pessoais de toda ordem cometidos por membros do regime militar *nunca foram objeto de anistia* (sequer na lei que os próprios militares se autoconcederam). Isso sem falar que uma lei que fala em crimes de terrorismo não pode se furtar a condenar crimes de terrorismo de Estado.

---

[6] Tércio Sampaio Jr., "Anistia ampla, geral e irrestrita", *Folha de S.Paulo*, 16/08/2008.

No entanto, um dos arautos da ala conservadora do STF, presidente atual do referido tribunal, chegou ao limite de evocar o artigo 5, inciso 44, da Constituição nacional a fim de justificar que, caso militares fossem julgados por tortura, assassinato, sequestro, atentado pessoal e ocultação de cadáveres, então antigos membros da luta armada deveriam ter o mesmo destino. Em um destes lapsos reveladores e patéticos em que o enunciador não percebe o que realmente diz, o referido ministro fundava sua argumentação no seguinte texto da lei constitucional: "Constitui crime inafiançável e imprescritível a ação de grupos armados, civis ou militares, contra a ordem constitucional e o Estado democrático"[7].

Como se vê, o texto constitucional é de uma clareza cristalina. Sua ideia é: o Estado democrático, este no qual os princípios democráticos fundamentais estariam assegurados e implementados, compreende como crime imprescritível a tentativa de grupos armados (ou das próprias Forças Armadas, como sempre foi o caso no Brasil) em destruí-lo. Que um ministro do STF compreenda que isto implica também a condenação constitucional de ações armadas contra o Estado militar que vigorou no Brasil entre 1964 e 1984 só pode significar que, para ele, *não há diferença estrutural entre Estado democrático e Estado ditatorial, ou que simplesmente não havia ditadura no Brasil naquele período*. Ou seja, a lei é muito clara na sua função de defender o Estado Democrático, esse mesmo Estado cujos rudimentos foram destruídos pelo golpe militar de 1964. O que a lei visa tornar crime inafiançável e imprescritível são raciocínios como este, tão bem exposto em manchete do *Jornal do Brasil,* de 6 de abril de 1964: "Pontes de Miranda diz que Forças Armadas violaram a Constituição para poder salvá-la!"[8]. O que ela procurava bloquear é a afirmação de que, em situações "excepcionais" seria possível romper a lei para garantir o funcionamento da lei. No entanto, o referido ministro, em um salto mortal rumo à sofística, entendeu que a lei constitucional procurava criminalizar aqueles que lutaram contra uma ditadura militar.

Às vezes, perdemos a capacidade de enxergar o caráter absurdo de exceção que sela o destino do nosso país. Como se não bastasse o fato do Brasil ser o único país da América Latina onde a Lei de Anistia vale para acober-

---

[7] Ver, por exemplo, *Folha de S.Paulo*, 4/11/2008.
[8] Mesmo que, como bem mostrou Jorge Zaverucha em artigo neste volume, a Constituição de 1988 continue dando espaço legal para que as Forças Armadas sejam vistas como poder de exceção.

tar crimes contra a humanidade, como o terrorismo de Estado, a tortura e a ocultação de cadáveres, o único país onde as Forças Armadas não fizeram um mea-culpa sobre o regime militar, onde os corpos de desaparecidos ainda não foram identificados porque o Exército teima em não dar tais informações, descobrimos que, caso a anistia contra tais carrascos seja suspensa, ministros do STF estariam dispostos a condenar também militantes da luta armada contra o regime militar por assassinato e tortura.

Duas perguntas devem ser postas aqui a respeito do argumento de que "os dois lados têm crimes contra a humanidade". A primeira é: qual o caso de tortura feito por "terroristas"? Como simplesmente não há (e mesmo se houvesse, vale a pena lembrar que a Lei de Anistia não prescreveu os ditos crimes de sangue, tanto foi assim que guerrilheiros que assaltaram bancos e participaram de atentados continuaram na prisão após 1979), criou-se um argumento de circunstância que consiste em dizer que os sequestros também eram crimes contra a humanidade. Como não adianta lembrar que crimes contra a humanidade são crimes perpetrados pelo Estado contra seus cidadãos e não ações feitas contra um Estado ilegal e seu aparato de defesa, alguns generais de reserva chegaram a dizer que o sequestro de 78 horas do embaixador norte-americano Charles Elbrick equivalia a tortura e assassinato. O detalhe é que Elbrick, ao ser solto, não procurou um hospital por algum tipo de sequela, mas se resumiu a dizer: "Ser embaixador nem sempre é um mar de rosas". Não há notícias de que algum torturado tenha reagido desta forma, *et pour cause*.

A segunda pergunta que devemos colocar aqui é: se o raciocínio de reciprocidade, que fundamenta essa posição, é realmente algo a ser levado a sério pelo saber jurídico, então, por exemplo, por que o Tribunal de Nuremberg não condenou os resistentes franceses contra o governo de Vichy? Pois, diga-se de passagem, é bom lembrar que tais resistentes cometeram assassinatos, torturas bárbaras e sabotagens não apenas contra um Estado nacional constituído comandado pelo antigo herói de guerra, marechal Pétain, mas também contra cidadãos franceses. Qual era o princípio jurídico adotado neste caso? *Ele não consistia em dizer que a violência sistemática do Estado contra o cidadão em hipótese alguma equivale à violência do cidadão contra um Estado ilegal e seus aliados?* Ou ainda, que devemos compreender a importância de desenvolver um conceito como "Estado ilegal"?

Anatomia do Estado ilegal

A fim de procurar colocar tal questão em seu solo adequado, devemos lembrar que a tradição política liberal (note-se bem, a tradição liberal, e não apenas revolucionária de esquerda) admite, ao menos desde John Locke, o direito que todo cidadão tem de se contrapor ao tirano e às estruturas de seu poder, de lutar de todas as formas contra aquele que usurpa o governo e impõe um Estado de terror, de censura, de suspensão das garantias de integridade social[9]. Isto demonstra como, *mesmo a partir do ponto de vista dos princípios do liberalismo político*, o argumento que visa retirar a legitimidade da violência contra o aparato repressivo da ditadura militar brasileira é inaceitável. Ou seja, essa é uma batalha que não separa esquerda e liberais, mas que se fundamenta no reconhecimento de uma espécie de campo comum entre as duas posições. Insistamos neste aspecto: mesmo do ponto de vista da tradição liberal, a situação brasileira é uma completa aberração intolerável.

Devemos levar esse ponto a sério e perder o medo de dizer em alto e bom som: *toda ação contra um governo ilegal é uma ação legal*. Um Estado ilegal não pode julgar ações contra si por ser ele próprio algo mais próximo de uma associação criminosa. E devemos dizer ainda mais: do ponto de vista estritamente jurídico-normativo, o regime militar brasileiro era mais ilegal que o Estado nazista alemão. Como bem lembra Giorgio Agamben, do ponto de vista técnico, Hitler não pode ser chamado de ditador. Ele era chanceler do Reich legalmente designado após uma eleição na qual seu partido venceu, respaldado pela Constituição liberal da República de Weimar (o que demonstra quão pouco uma Constituição liberal pode garantir)[10]. Contrariamente aos generais brasileiros, ele não depôs ninguém e não suspendeu a Constituição. O que ele fez foi utilizar o artigo 48 da Constituição de Weimar, que previa a decretação do Estado de emergência, e governar sob Estado de sítio durante 12 anos. A comparação serve *apenas* (e gostaria de insistir no sentido limitador deste "apenas") para ilustrar o caráter claro do Estado ilegal brasileiro que imperou no Brasil entre 1964 e 1984.

Devemos insistir nesta questão. Pois podemos dizer que dois princípios maiores fundam a experiência de modernização política que caracteriza a tradição da qual fazemos parte. O primeiro destes princípios afirma

---

[9] John Locke, *Two treatises of Government* (Cambridge, Cambridge University Press, 1988), p. 398-405.
[10] Giorgio Agamben, *Estado de exceção* (São Paulo, Boitempo, 2004).

que um governo só é legítimo quando se funda sobre a vontade soberana de um povo livre para fazer valer a multiplicidade de interpretações a respeito da própria noção de "liberdade". Um governo marcado por eliminação de partidos, atemorização sistemática de setores organizados da sociedade civil, censura, eleições de fachada marcadas por casuísmos infinitos, além de assassinato e exílio de adversários como política de Estado certamente não cabe neste caso (diga-se de passagem, isto vale tanto para ditaduras de direita quanto para revoluções populares em estado de degenerescência, regimes totalitários burocráticos ou despotismo oriental travestido de esquerda).

Neste sentido, podemos estabelecer, como princípio, que a legalidade de todo e qualquer Estado está ligada à sua capacidade de criar estruturas institucionais que realizem a experiência social da liberdade. Ele deve, ainda, levar em conta que a própria determinação do sentido do conceito de "liberdade" é *o objeto por excelência* do embate político. "Liberdade" é o nome do que expõe a natureza conflitual da sociedade. Não estamos de acordo a respeito do que significa "liberdade", já que, para ela, convergem aspirações advindas de tradições políticas distintas. Podemos afirmar que liberdade é indissociável do "igualitarismo radical" e do "combate à exploração socioeconômica". Ou podemos insistir que a liberdade é indissociável do "direito à propriedade". No entanto, bloquear a possibilidade política de combate em torno de processos e valores e, com isto, ignorar a natureza conflitual do vínculo social, é sempre a primeira ação de um Estado ilegal[11].

Por isso, podemos dizer que o segundo princípio que constitui a tradição de modernização política da qual fazemos parte afirma que o direito fundamental de todo cidadão é o direito à rebelião. Quando o Estado se transforma em Estado ilegal, a resistência por todos os meios é um direito. Neste sentido, eliminar o direito à violência contra uma situação ilegal gerida pelo Estado significa retirar o fundamento substantivo da democracia[12]. Que a

---

[11] Por isso, só podemos estar de acordo com uma definição precisa de Claude Lefort: "O Estado democrático excede os limites tradicionalmente atribuídos ao Estado de direito. Experimente direitos que ainda não lhe estão incorporados, é o teatro de uma contestação cujo objeto não se reduz à conservação de um pacto tacitamente estabelecido mas que se forma a partir de focos que o poder não pode dominar inteiramente". Claude Lefort, *A invenção democrática* (São Paulo, Brasiliense, 1983), p. 56; ou seja, a verdadeira democracia conhece a dissociabilidade entre política e ordenamento jurídico.

[12] Em um ato de profunda má-fé, alguns procuram aproximar as ações armadas que ocorreram no Brasil durante a ditadura militar e o que ocorreu na Europa, à mesma época, por meio das mãos de grupos como Brigadas Vermelhas, Baader-Meinhof,

democracia deva, a partir deste problema, confrontar-se com "o problema do significado jurídico de uma esfera de ação em si extrajurídica", ou ainda, com a "existência de uma esfera da ação humana que escapa totalmente ao direito"[13], que ela deva se confrontar com uma esfera extrajurídica, mas nem por isso ilegal, nem por isso equivalente à exceção própria ao poder soberano, eis um dos elementos maiores a exigir nossa criatividade política.

Não creio ser necessário aqui fazer a gênese da consciência da indissociabilidade entre defesa do Estado livre e direito à violência contra um Estado ilegal. No que diz respeito ao Ocidente, é bem provável que sua consciência nasça da reforma protestante com a noção de que os valores maiores presentes na vida social podem ser objeto de problematização e crítica. Ela está presente, por sua vez, no artigo 27 da Declaração dos Direitos do Homem e do Cidadão de 1793, documento fundador da modernidade política. Artigo que afirma "que todo indivíduo que usurpe a soberania seja assassinado imediatamente pelos homens livres"[14]. Ainda hoje, ela aparece

---

PAC, Ação Direta etc. Trata-se de um amálgama profundamente desonesto e distorcido. As ações que ocorreram no Brasil foram dirigidas contra um Estado ilegal. Este não era o caso da Alemanha, da França e da Itália nos anos 1970, o que demonstra o caráter profundamente imperdoável, repugnante e medonho do que fizeram tais grupos. Um Estado ilegal não se confunde, em absoluto, com uma semidemocracia ou com uma democracia com imperfeições. Há uma discussão muito instrutiva de Michel Foucault a este respeito em *O nascimento da biopolítica* (São Paulo, Martins Fontes, 2009). Tentar confundir os dois é um argumento que acaba apenas por reforçar a tentativa de setores conservadores de dissolver o caráter excepcional de nossa ditadura militar. Por outro lado, nenhum grupo armado brasileiro sequestrou aviões, implementou política de atemorização sistemática de população civil ou absurdos do gênero. Pois afirmar que *toda ação contra um Estado ilegal é uma ação legal* significa exatamente aquilo que a afirmação quer dizer, ou seja, que se trata de ações contra a estrutura do Estado e, em hipótese alguma, contra populações.

[13] Ibidem, p. 24.

[14] À sua maneira, o texto dos revolucionários franceses recupera uma das ideias fundamentais da Declaração da Independência dos Estados Unidos: "Consideramos essas verdades como evidentes por si mesmas, que todos os homens foram criados iguais, foram dotados pelo Criador de certos direitos inalienáveis, que entre estes estão a vida, a liberdade e a busca da felicidade. Que a fim de assegurar estes direitos, governos são instituídos entre os homens, derivando seus justos poderes de consentimento dos governados; que, sempre que qualquer forma de governo se torne destrutiva de tais fins, cabe ao povo o direito de alterá-la ou aboli-la e instituir um novo governo, baseando-o em tais princípios e organizando-lhe os poderes pela forma que lhe pareça mais conveniente para realizar-lhe a segurança e a felicidade". Marco Mondaini, *Direitos humanos* (São Paulo, Contexto, 2006), p. 51.

no artigo 20, parágrafo V da Constituição alemã como "direito à resistência" (*Recht zum Widerstand*). Encontramos um direito similar enunciado em várias constituições de estados norte-americanos (New Hampshire, Kentucky, Tennesse, Carolina do Norte, entre outros)

No entanto, não devemos compreender a ideia fundamental deste direito à resistência simplesmente como o núcleo de defesa contra a dissolução dos conjuntos liberais de valores (direito à propriedade, afirmação do individualismo etc.). Na verdade, em seu interior encontramos a ideia fundamental de que o bloqueio da soberania popular (e temos todo o direito de discutir o que devemos compreender por "soberania popular") deve ser respondido pela demonstração soberana da força.

Este é o solo adequado para compreendermos o que está em jogo na negação brasileira do reconhecimento da incomensurabilidade entre a violência do Estado ditatorial e a violência contra o Estado. Este é o solo adequado para apreendermos o sentido da tentativa de desaparecimento do nome daqueles que participaram da luta armada contra a ditadura. Pois podemos dizer, neste sentido, que os jovens que entraram na luta armada aplicaram o direito mais elementar: o direito de levantar armas contra um Estado ilegal, fundado por meio da usurpação pura e simples do poder graças a um golpe de Estado e ao uso sistemático da violência estatal. Desconhecer este direito é, este sim, o ato totalitário por excelência.

Nesse sentido, não devemos tolerar o argumento de que nos países socialistas também havia terrorismo de Estado e era isto que a luta armada procurava implantar no Brasil. Os nazistas tentavam desqualificar seus opositores como serviçais da ordem bolchevique. Galtieri, Videla, Contreras também tentaram. No entanto todos eles foram ou estão presos. O que mostra como o Brasil deve ser o único país no mundo onde este argumento vale. Pois o resto do mundo sabe que aqueles que lutam contra um Estado ilegal são vistos inicialmente como exercendo um direito maior que é o fundamento de toda democracia real: o direito de dizer "não", nem que seja por meio das armas. Não é por outra razão que países como a França tratam comunistas que participaram da resistência, como Jean Cavaillès e Guy Moquet, como heróis nacionais.

Devemos lembrar aqui de um dado claro e fundamental. *Não havia luta armada de esquerda antes do golpe militar de 1964*. Não há nenhum caso registrado de grupo guerrilheiro atuante antes do golpe[15], embora houvesse,

---

[15] O principal grupo de luta armada contra a ditadura militar, a ALN, foi criado em 1966 e não consta que seu líder, Carlos Marighella, tenha se envolvido em ações ar-

de maneira reiterada, sublevações militares conservadoras contra governos eleitos que não tinham vínculo algum com a esquerda revolucionária (como as sublevações de Jacarecanga e Aragarças no governo Juscelino Kubitschek) e tentativas de golpe desde o segundo governo Vargas. Isso demonstra como a luta armada esteve vinculada *primeiramente* à recusa legítima ao regime militar, ao caráter insuportável que ele adquiriu para vários setores da população nacional. Esta recusa não pode ser deslegitimada, mesmo que devamos criticar o projeto de sociedade que vários destes grupos pensavam em implementar. De toda forma, a multiplicidade política de trajetórias de ex-membros da luta armada (encontramos vários deles em partidos cujo espectro vai do Psol ao PSDB) mostra retrospectivamente como eles eram unidos principalmente pela recusa, e não pela partilha, de um projeto positivo claramente delimitado. Vale a pena insistir neste ponto: o que unia todos os que entraram na luta armada não era um projeto comum, mas uma recusa comum.

Como se não bastasse tudo isso, devemos lembrar dos inúmeros casos de assassinatos de pessoas que absolutamente nada tinham a ver com grupos comunistas, que eram apenas opositores do regime militar, como foi o caso dramático do ex-deputado federal Rubens Paiva, sem contar casos clássicos como o do jornalista Vladimir Herzog. Apenas estes casos já serviriam para colocar em xeque o argumento geralmente utilizado pelo pensamento conservador nacional de que julgar os crimes da ditadura é insensato porque significaria julgar ações do Estado na guerra de defesa contra a "ameaça comunista". Mesmo em uma situação de guerra (o que não era o caso, mas podemos assumir o argumento apenas para mostrar como seus defensores perdem o jogo no tabuleiro que eles mesmos escolhem), se integrantes do Exército deliberadamente assassinam inocentes, eles são processados.

Por fim, cabe aqui lembrar que o processo político presente na esquerda brasileira pré-1964 estava muito mais próximo da dinâmica que redundou,

---

madas antes desta data. Diz-se que, a partir da criação do PCdoB, em 1962, *preparava-se* um foco de luta armada no Brasil. As indicações são, de fato, plausíveis. No entanto, nenhum historiador até hoje indicou o registro de alguma forma qualquer de ação armada antes do golpe militar. É sempre bom lembrar que faz parte da retórica de todo golpe militar ou regime totalitário insistir na imagem do "perigo potencial" debelado graças à rapidez da "ação preventiva". Na ausência de fato concreto, a luta se dá sempre contra tendências virtuais, tendências simplesmente irrelevantes se comparadas aos processos políticos que ocorriam à época no campo das esquerdas.

anos depois, na eleição de Salvador Allende, no Chile, do que de algo parecido com a lógica revolucionária cubana. Tratava-se de um processo de conquista gradual de maiorias políticas no interior da democracia parlamentar. Processo que visava permitir a sustentação institucional para a realização de políticas amplas de reformas e de modernização estrutural das sociedades latino-americanas. Mas, para o pensamento conservador, era exatamente esse o processo mais perigoso. Pois ele demonstraria a viabilidade de uma esquerda, ao mesmo tempo, profundamente transformadora e capaz de assumir processos próprios às democracias parlamentares, modificando seu sentido "por dentro". Esquerda capaz de recuperar o sentido concreto da noção de democracia para além da catástrofe totalitária própria à experiência dos países da órbita soviética. Nesse sentido, a esquerda latino-americana estava destinada a romper a polaridade entre social-democracia de escopo reformista limitado e comunismo totalitário. Seu lugar no interior da história da esquerda mundial era substantivo. Podemos mesmo dizer que essa terceira alternativa, em gestação na América do Sul, era o verdadeiro alvo da Guerra Fria entre nós.

A exceção brasileira

Se são insustentáveis os dois argumentos contraditórios utilizados para invalidar que as palavras corretas que descrevem o que acontece atualmente entre nós é a incitação à amnésia sistemática a respeito de crimes de um Estado ilegal, então podemos abordar o último problema e perguntar: seria tal amnésia o preço doloroso exigido para a estabilidade democrática? Como mostra o exemplo bíblico da mulher de Ló, aqueles que olham demais para trás não correriam o risco de se transformarem em estátuas de sal?

Esta pergunta merece duas respostas. Uma "regional" e outra "estrutural". A resposta "regional" consiste em simplesmente lembrar que nossa democracia não é estável nem progride em direção ao aperfeiçoamento. Ao contrário, ela tropeça nos mesmos problemas e é incapaz de superar os impasses que a atormentam há 25 anos. Não vivemos em um período de estabilidade democrática. Vivemos em um período de desagregação normativa com suspensão de dispositivos legais devido à interferência de interesses econômicos no Estado (vide caso Daniel Dantas), bloqueio da capacidade de participação popular nos processos de gestão do Estado (já que tal participação se reduz à construção periódica de conscientes eleitorais em eleições nas quais *todos os partidos vencedores* se viabilizam financeiramente por meio de expedientes fora da lei), denúncias sucessivas de "mar de lama" desde a primeira eleição presidencial e, por fim, o fato aberrante de uma Constituição que, vinte anos depois de ser promulgada, possui um conjunto inumerável de artigos de lei que simplesmente não vigoram, além de ter recebido mais de sessenta emendas – como se fosse questão de continuamente flexibilizar as leis a partir das conveniências do momento. Vivemos em um país cujo primeiro presidente pós-ditadura sofreu um *impeachment*, o segundo presidente eleito comprou sua reeleição subornando deputados e cujo procurador-geral respondia pela alcunha nada simpática de "engavetador-geral", e onde o terceiro continuou o mesmo tipo de relação com o Congresso e com os operadores econômicos. Há algo de obsceno em chamar tal situação de "consolidação da normalidade democrática".

De qualquer forma, nada disto deveria nos impressionar, já que, por nunca ter feito um tribunal contra a ditadura, o Brasil nunca disse claramente rechaçar as práticas político-administrativas típicas dos operadores de regimes totalitários como o brasileiro, um *regime cínico* por fazer questão de mostrar não levar a sério as leis que ele mesmo enunciava. Regime que era capaz de assinar tratados de defesa dos direitos humanos enquanto torturava e desaparecia com os corpos. É da incapacidade de lidar com nosso passado que vem o caráter deteriorado da nossa democracia.

Levemos em conta uma das características mais decisivas da ditadura brasileira: sua legalidade aparente ou, para ser mais preciso, sua capacidade de *reduzir a legalidade à dimensão da aparência*. Tínhamos eleições com direito a partido de oposição, editoras que publicavam livros de Marx, Lenin, Celso Furtado, músicas de protesto, governo que assinava tratados internacionais contra a tortura, mas, no fundo, sabíamos que tudo isto estava submetido à decisão arbitrária de um poder soberano que se colocava fora do ordenamento jurídico. Quando era conveniente, as regras eleitorais eram modificadas, os livros apreendidos, as músicas censuradas, alguém desaparecia. Em suma, a lei era suspensa. Uma ditadura que se servia da legalidade para transformar seu poder soberano de suspender a lei, de designar terroristas, de assassinar opositores, em um arbítrio absolutamente traumático. Pois nesse tipo de situação, nunca se sabe quando se está fora da lei, já que o próprio poder faz questão de mostrar que pode embaralhar, a qualquer momento, direito e ausência de direito, dentro e fora da lei. O que nos demonstra como a verdadeira função da ditadura brasileira era gerir a generalização de uma situação de anomia que ele mesmo alimentava.

Por fim, vale a pena terminar insistindo em uma resposta "estrutural" aos arautos do Partido da Amnésia. Ela consiste em lembrar que nenhum país conseguiu consolidar sua substância normativa sem acertar contas com os crimes de seu passado. Se há algo que deveríamos apreender de uma vez por todas é: não há esquecimento quando sujeitos sentem-se violados por práticas sistemáticas de violência estatal e de bloqueio da liberdade socialmente reconhecida. Se há algo que a história nos ensina é: os mortos nunca se calam. Aqueles cujos nomes o poder procurou anular sempre voltam com a força irredutível dos espectros. Pois, como dizia Lacan, aquilo que é expulso do universo simbólico, retorna no real. Por mais que todos procurem se livrar dos mortos, matando-os uma segunda vez, matando-os com essa morte simbólica que consiste em dizer que a morte deles foi em vão, que seu destino é a vala comum da história, que seus nomes nada valem, que não merecem ser objetos de memória coletiva, os corpos retornam. Os nazistas descobriram isso, os militares argentinos e chilenos também. Chegará o tempo em que o Brasil descobrirá. Pois não haverá perdão enquanto não houver reconhecimento do crime. Essa suspensão do perdão, talvez a única possibilidade para tentarmos constituir uma verdadeira democracia, nos levará a cunhar um imperativo tão forte quanto aquele que o século XX cunhou contra Auschwitz: "Impedir que os mortos sejam mortos uma segunda vez". Desde Antígona, esse é o limite que nos separa da simples barbárie.

OS FAMILIARES DE MORTOS E DESAPARECIDOS POLÍTICOS E A LUTA POR "VERDADE E JUSTIÇA" NO BRASIL

Janaína de Almeida Teles

> O que despoja a vítima é o silêncio.
>
> Jon Sobrino[1]

No Brasil, o acerto de contas com o passado de ditadura (1964-1985) não está concluído. A radiografia dos atingidos pela repressão política ainda está por ser completada. Prevalecem a ocultação dos acontecimentos, a negação do direito à verdade e de acesso à justiça, o que limita a articulação e a transmissão da herança daqueles anos de violência. O processo de reparação econômica às vítimas da ditadura conduzido por meio de leis federais[2] e estaduais de indenização e da ampliação da Lei dos Mortos e Desaparecidos (Lei 9.140/95) não contempla a restituição da verdade jurídica, a recuperação dos restos mortais dos militantes assassinados e a punição dos responsáveis por estes crimes[3]. A Lei de Anistia de 1979, produto do Estado de exceção então vigente, embora parcial, foi considerada "recíproca". Deixando como herança um texto que, apesar de não ter anistiado os crimes dos torturadores e de seus mandantes, na prática impediu que eles fossem levados ao banco dos réus em função de uma redação ambígua

---

[1] Citado em Belisário dos Santos Jr., "A justiça restaurativa de El Salvador", *Le Monde Diplomatique Brasil*, jul. 2009, p. 32-3.

[2] Ver a Lei 6.683/79 e suas modificações em: <http://www.planalto.gov.br/CCIVIL/leis/L6683compilada.htm>.

[3] De acordo com o livro *Dossiê ditadura*, foram levantados os nomes de 257 mortos e 169 desaparecidos por motivos políticos, vítimas da ditadura instalada em 1964, totalizando 426 pessoas. Na sua maioria, foram mortas sob tortura ou desapareceram em virtude de ações dos órgãos de repressão política. Desses, 22 são brasileiros que morreram no exterior, muitos dos quais vítimas da Operação Condor; 13 morreram das sequelas de torturas, suicídio, acidentes suspeitos ou são casos cujas mortes não foram esclarecidas. Cf. Criméia Alice Schmidt de Almeida, Janaína de Almeida Teles, Maria Amélia de Almeida Teles e Suzana Lisboa. *Dossiê ditadura: mortos e desaparecidos políticos no Brasil, 1964-1985* (São Paulo, IEVE/Imprensa Oficial, 2009).

e uma conveniente interpretação da lei: esta considerou a tortura crime conexo aos crimes políticos cometidos pelos dissidentes!⁴

Desde 1974, ainda durante a vigência do Estado de exceção, os familiares de mortos e desaparecidos políticos têm protagonizado a luta por verdade e justiça, mas as dificuldades não cessaram no período democrático. No campo judiciário, poucas ações, quase todas cíveis, foram iniciadas visando garantir o *direito à verdade* em relação aos crimes cometidos pelo terrorismo de Estado durante a ditadura. Mas as ações judiciais promovidas pelos familiares desde os anos 1970 têm sido encaminhadas de forma muito lenta pela justiça brasileira. O Estado, contudo, vem sendo responsabilizado por seus crimes. Na maioria das vezes, porém, a produção de provas ocorreu com muitas limitações, pois o Estado negou os fatos e negou-se a apresentar informações que fundamentassem suas alegações. Afinal, a Lei dos Desaparecidos, de 1995, impôs às vítimas o ônus da prova!

Não foi possível testemunhar em juízo o que teriam a dizer as vítimas e os responsáveis por crimes tão violentos como a tortura e o desaparecimento forçado. As leis e decretos que continuam impedindo amplo acesso às informações públicas tornam ainda mais candente e relevante a necessidade de se ouvir os testemunhos de sobreviventes da violência do Estado ditatorial. Não por acaso, teve grande repercussão a divulgação das denúncias dos presos políticos na Justiça Militar registradas no livro *Brasil: nunca mais*, publicado em 1985⁵.

De acordo com o direito internacional e a jurisprudência interamericana, em caso de graves violações de direitos humanos, como as que ocorreram nesse período, o Estado tem o dever de investigar e punir. No Brasil, porém, essa obrigação foi deixada de lado em nome de uma suposta reconciliação nacional. As ambiguidades da transição política negociada no Brasil e a impunidade decorrente estão intimamente ligadas às dificuldades políticas relacionadas à adesão e aplicação do direito internacional dos direitos

---

[4] Janaína de Almeida Teles, *Os herdeiros da memória: a luta dos familiares de mortos e desaparecidos políticos por "verdade e justiça" no Brasil* (Dissertação de Mestrado em História Social, São Paulo, Depto. de História da FFLCH,USP, 2005).

[5] Cerca de 25% dos presos políticos tiveram as denúncias das torturas que sofreram ou testemunharam registradas, na Justiça Militar, durante o período ditatorial, conforme o livro *Brasil: nunca mais*. Cf. Dom Paulo Evaristo Arns (org.), *Brasil: nunca mais* (Petrópolis, Vozes, 1985). Foram vendidos mais de 215 mil exemplares desse livro em trinta edições. Jorge Antônio Barros, "Toda a memória da repressão", *Jornal do Brasil* (RJ), 12/4/87, Caderno B Especial, p. 8.

humanos no país. Essa situação, porém, dificulta a formação de uma postura de escuta dos sobreviventes, o desfecho de um ciclo e o trabalho de luto dos familiares de mortos e desaparecidos políticos e da sociedade em geral. A manutenção do segredo sobre os crimes da repressão política tem sido prática de todos os governos civis instaurados desde o fim da ditadura. No período democrático, poucas medidas foram adotadas para garantir o conhecimento da verdade jurídica e a justiça. Apesar de algumas iniciativas dos poderes Executivo e Legislativo no sentido de garantir alguma reparação às vítimas, mantém-se o veto ao acesso aos documentos públicos contidos nos arquivos dos órgãos de informação daquele período e, principalmente, os das Forças Armadas. Tanto a lei 9.140/95 quanto a lei 11.111/05 (a última lei que trata do acesso aos arquivos)[6] foram iniciativas do Executivo, votadas em rito de urgência, sem que houvesse apresentação de emendas. Se, com a redemocratização, asseguraram-se os direitos políticos, considerando-se que vivemos hoje numa democracia[7], um limite claro se efetivou em relação aos direitos civis, entre os quais se destaca o *direito à justiça*, que estabelece o direito de defender e afirmar todos os outros direitos em termos de igualdade, e o devido encaminhamento processual[8].

Neste texto procuro traçar um histórico das lutas dos familiares por "verdade e justiça" no Brasil, ressaltando seu papel como protagonistas na luta de resistência à ditadura e na construção da democracia.

Os desaparecidos políticos e a estrutura repressiva

O ano de 1973 foi marcado por intensa repressão política e censura à imprensa. O aparato repressivo, mesmo impondo sucessivas derrotas à esquerda revolucionária, evoluiu para uma atuação cada vez mais centralizada, optando pelo extermínio de vários militantes. A ditadura, aos poucos,

---

[6] Ver a Lei 11.111/2005 e o tema do direito à verdade e à informação na página "Desarquivando o Brasil", do site <www.desaparecidospoliticos.org.br>; e a introdução do livro *Dossiê ditadura*, cit.

[7] A exemplo do que ocorre nos Estados Unidos (Patriot Act etc.), as democracias contemporâneas têm se caracterizado pela convivência de traços do Estado de exceção com outros, do Estado de direito.

[8] Ver T. H. Marshall, *Cidadania, classes sociais e status* (Rio de Janeiro, Jorge Zahar, 1967), p. 63-4. O Pacto Internacional de Direitos Civis e Políticos da ONU é de 19/12/66. Entrou em vigor em 1976, quando foi atingido o número mínimo de adesões (35 estados), mas o Brasil o ratificou apenas em 6/7/1992.

implementou uma dinâmica de práticas que se movimentavam entre esconder e mostrar a violência da repressão política, mesclando a necessidade de se legitimar com a de difundir o medo.

Entre os anos de 1969 e 1971, o Estado de exceção constituiu uma rede de unidades secretas, em relação ao seu próprio quadro legal, do aparato repressivo. Em julho de 1970, o ministro do Exército, Orlando Geisel, definiu que o Exército assumiria o comando das atividades de segurança e, dois meses depois, criou os Destacamentos de Operações de Informações-Centros de Operações de Defesa Interna (DOI-CODI)[9]. Tal rede se formou em decorrência da necessidade constante da ditadura de buscar a legitimidade e a sua institucionalização por meio da aplicação seletiva do poder coercitivo sobre a sociedade civil[10]. Este controle seletivo se estabeleceu desde 1964, ainda que, no princípio, não tenha ocorrido de forma muito organizada. A quantidade de dissidentes mortos, formados majoritariamente de lideranças políticas e "quadros" da luta armada, indicam a seletividade da repressão política[11]. Na sua condução prevaleceu a centralização e a hierarquia militar[12].

Desde o início de 1971, a face secreta da repressão política se utilizou de casas de tortura em diversos estados, como a "Casa da Morte", em Petrópolis, e de cemitérios públicos, como o cemitério Dom Bosco, em Perus, na cidade de São Paulo, para enterrar ativistas e guerrilheiros assassinados com identidades falsas. O uso de valas comuns para enterrar indigentes, algumas vítimas do Esquadrão da Morte e dissidentes políticos assassinados não se restringiu à cidade de São Paulo. Isso ocorreu também em pelo menos três cemitérios do Rio de Janeiro e em um de Recife (PE)[13].

Diferentemente do que ocorreu na Argentina, após o golpe de 1976, cujo "eixo da atividade repressiva deixou de girar ao redor dos cárceres para passar a estruturar-se em torno do sistema de desaparição de pessoas", orga-

---

[9] Elio Gaspari, *A ditadura escancarada* (São Paulo, Companhia das Letras, 2002), p. 176.
[10] Maria Helena Moreira Alves, *Estado e oposição no Brasil (1964-1984)* (Petrópolis, Vozes, 1985), p. 186.
[11] Cf. *Dossiê ditadura*, cit.
[12] João Roberto Martins Filho, "A ditadura revisitada: unidade ou desunião?", em *Seminário 1964-2004, 40 anos do golpe: ditadura militar e resistência no Brasil* (Rio de Janeiro, Faperj/7Letras, 2004), p. 106 e 114.
[13] Ver a seção sobre a Vala de Perus no site <http://www.desaparecidospoliticos.org.br>; e *Dossiê ditadura*, cit., p. 25-9 e 723.

nizado por meio dos campos de concentração e extermínio, pelas instituições militares[14], no Brasil, a mudança substancial de estratégia da repressão política foi a utilização do desaparecimento forçado sistematicamente em 1973, método que conviveu com o sequestro e a prisão de milhares de pessoas em todo o país[15]. A seletividade e a condução de diversas formas de repressão ao mesmo tempo, as que fizeram uso da legalidade de exceção e aquelas mantidas em segredo, caracterizaram a administração do poder e suas disputas durante a ditadura brasileira.

A necessidade da difusão da "cultura do medo" auxiliou no estabelecimento de critérios para a ocultação ou divulgação das notícias sobre a tortura, os mortos e os desaparecidos políticos. A tortura garantiu, em larga medida, a eficiência não somente como método de interrogatório, mas como forma de controle político. A censura e o domínio exercido sobre as instituições culturais como universidades, cinemas, teatro, TV e jornais impuseram o silêncio e estimularam a autocensura, difundiram a sensação de isolamento e descrença e foram fortes elementos dissuasivos[16]. A morte de alguns e o desaparecimento de outros pode ser pensada dentro de uma política global, cuja intenção era ocultar a realidade da tortura institucionalizada do regime e, também, forjar casos exemplares e uma permanente ameaça a todos.

Os exilados e os banidos mobilizaram a mais ampla cobertura da mídia internacional em torno das denúncias dos crimes da ditadura brasileira. No final dos anos 1960 e início dos anos 1970, as trocas de prisioneiros políticos por diplomatas sequestrados pelas organizações guerrilheiras inauguraram o que viria a ser o eixo principal da luta no exílio: a denúncia das torturas, mortes e desaparecimentos políticos e do terrorismo de Estado em

---

[14] Calveiro estima que haja entre 15 mil e 20 mil desaparecidos políticos na Argentina, mas alerta para o risco de que, diante dessas cifras, a massificação deste fenômeno pode torná-lo uma questão de estatística e desumanizá-lo. Como assinala Todorov, "um morto é uma tristeza, um milhão de mortos é uma informação". Pilar Calveiro, *Poder y desaparición: los campos de concentración em Argentina* (3. reimp., Buenos Aires, Colihue, 2006), p. 29-30. Tradução livre da autora.

[15] Segundo o Ministério da Justiça, cerca de 62 mil pedidos de anistia ou indenizações, em função de perseguições políticas durante a ditadura, foram apresentados à Comissão de Anistia. Desde sua criação, entre os 38 mil casos julgados, 25 mil foram deferidos. Desses, dez mil tiveram direito a reparação econômica. Ver Comissão de Anistia em <http://www.mj.gov.br>.

[16] Maria Helena Moreira Alves, *Estado e oposição no Brasil*, cit., p. 169.

vigor no país. Tratava-se da defesa dos direitos humanos, embora o discurso então articulado pela esquerda revolucionária estivesse distante da *gramática dos direitos humanos* a ser forjada anos mais tarde[17], que para muitos se sedimentou com a luta pela *anistia ampla, geral e irrestrita*.

A Igreja católica, a partir de 1969, começou lentamente a se engajar na luta em defesa dos direitos humanos. A Comissão Justiça e Paz nacional e a de São Paulo – esta criada em 1972 – foram importantes instrumentos de solidariedade aos presos políticos e familiares de mortos e desaparecidos. Em janeiro de 1972, a oposição consentida, o Movimento Democrático Brasileiro (MDB), já havia se retirado do Conselho de Defesa dos Direitos da Pessoa Humana (CDDPH) alegando que ali não se apurava nenhuma das denúncias apresentadas. Em setembro daquele ano foram divulgadas as denúncias de tortura e abusos aos direitos humanos no Brasil, no Relatório da Anistia Internacional. O governo brasileiro respondeu com a proibição de qualquer divulgação a respeito[18].

Ainda em 1972, a movimentação em torno da sucessão presidencial articulada pelo general Golbery do Couto e Silva, em curso desde junho de 1971[19], tinha como estratégia a construção de uma representação de Ernesto Geisel como um estadista moderado, procurando aproximá-lo dos setores de centro e combatendo os polos à esquerda e à direita, seguindo a teoria das "sístoles e diástoles". Seus principais objetivos eram indicar que mantinha o controle do poder, aparentar independência política e que representaria uma mudança de rota e procedimentos em relação ao governo Médici.

Em 1973, o general Ernesto Geisel, candidato da ditadura à presidência da República, mudou o *slogan* governamental de "desenvolvimento com segurança" para "continuidade sem imobilidade". Sua política de "abertura lenta, gradual e segura" pretendia criar mecanismos que permitissem a sustentação do poder no Estado de Segurança Nacional[20]. Mas começavam a ficar evidentes as dificuldades do "milagre econômico". O projeto de conciliação pelo alto foi influenciado, em certa medida, por essa crise, quando

---

[17] Denise Rollemberg, *Exílio: entre antenas e radares* (Rio de Janeiro, Record, 1999), p. 35-9, 95.
[18] Ettore Biocca, *Estratégias do Terror: a face oculta e repressiva do Brasil* (Lisboa, Iniciativas Editoriais, 1974), p. 8-9.
[19] Elio Gaspari, *A ditadura escancarada*, cit.
[20] Maria Helena Moreira Alves, *Estado e oposição no Brasil*, cit., p. 186.

o primeiro choque do petróleo iniciado em outubro com a Guerra do Yom Kipur abalou os mercados financeiros e revelou, mais tarde, a manipulação dos índices inflacionários, desestabilizando a confiança de setores das classes médias, parte considerável da base de sustentação do regime.

Naquele ano de 1973, verificou-se um significativo aumento na quantidade de desaparecidos políticos no país. Num total de 73 militantes assassinados, 38 deles se tornaram desaparecidos e 35 compuseram a estatística dos chamados "mortos oficiais". No ano anterior, num total de 68 dissidentes políticos assassinados, 44 foram mortos e 24 desapareceram[21]. Diminuíam os assassinatos mascarados pela versão de suicídio ou tiroteio e surgia com força a figura do *desaparecido*: não mais havia a notícia da morte, um corpo, atestado de óbito – essas pessoas perderam seus nomes, perderam a possibilidade de ligação com seu passado, dificultando a inscrição dessa experiência na memória e o trabalho de luto.

Em outubro de 1972, as Forças Armadas suspenderam o combate à Guerrilha do Araguaia com tropas regulares e passaram a utilizar os procedimentos que já vinham sendo aperfeiçoados nas cidades, como a infiltração nas organizações revolucionárias, além do uso massivo da tortura para municiar o trabalho de informações e inteligência. Manteve-se a eliminação dos dissidentes, mas de modo velado, *desaparecendo* com os que faziam oposição aberta ao regime. Não interessava divulgar a existência de uma guerrilha patrocinada por comunistas no sul do Pará. Somente em 1993 as Forças Armadas a reconheceram oficialmente.

Em 1974, ano da posse de Ernesto Geisel, 54 militantes desapareceram e sabe-se apenas do registro de um "morto oficial"[22]. Desse modo, garantia-se a representação de moderado a Geisel e ao seu governo, a forma encontrada para lidar com os problemas de legitimidade enfrentados pela ditadura, relacionados com o declínio do "milagre econômico" e o aumento das denúncias sobre os abusos aos direitos humanos, dentro e fora do país. Durante o governo Geisel arquitetou-se também uma ofensiva declarada contra o Partido Comunista Brasileiro (PCB), quando a repressão política voltou-se contra jornalistas, policiais militares e sindicalistas do partido. E

---

[21] Cf. *Dossiê ditadura*, cit.
[22] Seu nome é Afonso Henrique Martins Saldanha, militante do PCB que morreu em 8 de dezembro de 1974, em consequência das torturas sofridas, quando já havia sido libertado. Além disso, Frei Tito de Alencar Lima se suicidou na França, em 7 de agosto do mesmo ano, devido às sequelas de tortura. Cf. *Dossiê ditadura*, cit., p. 600.

contra o que restara do Partido Comunista do Brasil (PCdoB), assassinando dirigentes do partido na Chacina da Lapa, em São Paulo, em dezembro de 1976. Continuaram, contudo, as simulações de suicídios e mortes em tiroteio. Geisel tinha como objetivo emitir sinais claros de que eliminaria qualquer ameaça à realização da transição política controlada. A vitória do MDB nas eleições de 1974, no entanto, punha em xeque as possibilidades dos militares de controlarem esse processo.

"Eliminar, sem deixar vestígios"

Em 24 de março de 2004 a revista *IstoÉ* publicou a reportagem "A ordem é matar", de Amaury Ribeiro Jr.[23], baseada em documento encontrado nos pertences do general Antônio Bandeira, que comandou as Forças Armadas até o fim da II Campanha contra a Guerrilha do Araguaia (1972-1974). Bandeira participou de uma reunião com os generais Ernesto e Orlando Geisel, Milton Tavares e o então presidente da República, general Emílio G. Médici, cujo conteúdo registrou em ata. A reunião ocorreu em maio de 1973, quando se discutiu as diretrizes da repressão política, descritas no documento, cujo objetivo principal era "[...] a utilização de todos os meios para eliminar, sem deixar vestígios, as guerrilhas rurais e urbanas, de qualquer jeito, a qualquer preço".

De acordo com a reportagem, foram constituídos "[...] dois grupos ultra-secretos – um no CIE [Centro de Informações do Exército] de Brasília e outro no DOI-CODI de São Paulo –, formados por pelo menos dez pessoas. Estavam autorizados a assassinar e sumir com os corpos e foram responsáveis pelo desaparecimento de cerca de oitenta presos políticos entre 1973 e 1975". Em depoimento cedido à *IstoÉ*, um general que não quis se identificar e atuou na área de informações, ligado ao ex-presidente Geisel, explicou: "Em 1973, concluímos que ou a gente matava todo mundo ou essas guerrilhas nunca mais teriam fim".

O ex-sargento do DOI-CODI/SP, Marival Dias Chaves do Canto, em entrevista publicada na reportagem "Os matadores", na mesma edição de 24 de março de 2004 de *IstoÉ*[24], divulgou os nomes de alguns dos envolvidos no extermínio: os coronéis do Exército Paulo Malhães, José Brant Teixeira e Audir Santos Maciel, além dos ex-cabos Félix Freire Dias e José Bonifácio Carvalho.

---

[23] Amaury Ribeiro Jr., "A ordem é matar", *IstoÉ*, São Paulo, 24/3/2004.
[24] Idem, "Os matadores", *IstoÉ*, São Paulo, 24/3/2004.

Segundo a revista, o CIE se encarregou da repressão à Guerrilha do Araguaia e dos militantes perseguidos no Cone Sul da América Latina. Os responsáveis pelas ações do CIE foram os coronéis Paulo Malhães (*Dr. Pablo*) e José Brant Teixeira (*Dr. César*). Conforme a mesma reportagem, Malhães era ligado à Direção de Inteligência Nacional (DINA), a polícia política chilena, e ganhou o codinome *Pablo* quando participou dos interrogatórios no Estádio Nacional de Santiago, após o golpe contra Salvador Allende, em 11 de setembro de 1973. Diz a revista:

> Comandando uma rede de informantes do CIE, Doutor César e Doutor Pablo, segundo Marival, também foram responsáveis pelo planejamento e execução de uma megaoperação em inúmeros pontos do país para liquidar, a partir de 1973, os militantes das várias tendências da Ação Popular (AP), movimento de esquerda ligado à Igreja Católica. Segundo o ex-agente, entre os mortos estão Fernando Santa Cruz Oliveira, Paulo Stuart Wright, Eduardo Collier Filho e Honestino Monteiro Guimarães, militantes da Ação Popular Marxista-Leninista (APML) [...]. Irmão do reverendo Jaime Wright, Paulo Stuart foi preso e morto em São Paulo, em 1973. Os demais militantes também tombaram naquele ano e em 1974, no Rio.

O grupo do DOI-CODI/SP deveria exterminar os militantes do PCdoB e o Comitê Central do PCB. De acordo com a reportagem "Traição e extermínio", publicada na revista *IstoÉ* em 31 de março de 2004[25], os desaparecimentos dos dirigentes do PCB faziam parte de uma investida contra o partido, cujo comando da operação ficou a cargo do coronel Audir dos Santos Maciel, que, a partir do início de 1974, passou a comandar o DOI-CODI/SP, e utilizava o codinome *Dr. Silva*. A missão consistia em:

> [...] prender e executar os membros do Comitê Central do PCB, sem deixar pistas. Os assassinatos ocorreram em chácaras clandestinas para facilitar a ocultação de cadáveres. [...] Apelidada de "Operação Radar", resultou na morte de onze membros do Comitê Central. Além de destruir as gráficas clandestinas do partido, a repressão desmantelou seus diretórios nos estados, em operações que prenderam 679 pessoas.

A importância do documento e dos testemunhos citados é inegável, pois confirmam a intenção deliberada da cúpula das Forças Armadas e da ditadura de eliminar aqueles considerados "irrecuperáveis" sem chamar a

---

[25] Amaury Ribeiro Jr.; Eugênio Viola; Tales Faria, "Traição e extermínio", *IstoÉ*, São Paulo, 31/3/2004.

atenção da sociedade. A ata dessa reunião documenta um momento preciso em que os militares brasileiros – no mesmo momento em que se organizaram de forma centralizada e secreta, prendendo milhares de militantes e utilizando a Justiça Militar para condená-los por supostos crimes cometidos contra a segurança nacional – optam por uma política de assassinato e desaparecimento seletivos dos dissidentes[26].

Neste período, porém, começavam também a crescer e se ampliar as redes de solidariedade e resistência à ditadura e a difusão das denúncias contra as violações dos direitos humanos no país e no exterior.

As denúncias no país e no exterior

As campanhas de divulgação das denúncias de tortura no país e no exterior foram fundamentais para a luta dos familiares de mortos e desaparecidos e de resistência à ditadura. No início dos anos 1970, o Conselho de Defesa dos Direitos da Pessoa Humana (CDDPH) foi utilizado como instância para os que tentavam divulgar essas denúncias no país. Criado em março de 1964, por decreto assinado pelo presidente João Goulart, e instalado em novembro de 1968, o CDDPH era formado por nove membros, parlamentares e dirigentes de organizações corporativas da sociedade civil. Sua existência era mais uma demonstração das ambiguidades da ditadura, o regime não podia negar à oposição o direito de denunciar casos como o de Olavo Hansen, preso no dia 1º de maio de 1970. Líder sindical e militante trotskista do Partido Operário Revolucionário-Trotskista (PORt), Olavo foi preso na praça dos esportes da vila Maria Zélia, em São Paulo. Seu assassinato sob tortura, mascarado pela versão de suicídio, foi denunciado no Congresso Nacional por representantes das federações dos bancários e dos químicos e de 21 sindicatos de São Paulo, pela Igreja, intelectuais, estudantes e organizações sindicais latino-americanas. O inquérito aberto no Conselho para apurar possíveis irregularidades, no entanto, concluiu pelo suicídio, após dois meses de investigação[27].

---

[26] Caso venha a ser divulgada a cópia fac-símile desse documento na íntegra, ficaria patente a opção pela cúpula do regime militar por uma política de extermínio completo das dissidências, homóloga em certa medida à decisão pela "Solução Final", o extermínio dos judeus nas câmaras de gás, estabelecida na reunião de Wansee, em 1942, na Alemanha nazista.

[27] Ver Janaína de Almeida Teles, *Os herdeiros da memória*, cit., p. 77ss.

Em 1970, a Comissão Interamericana de Defesa de Direitos Humanos (CIDH) da Organização dos Estados Americanos (OEA) encaminhou várias denúncias de tortura ao governo brasileiro. A CIDH, porém, não obteve autorização para investigar indícios de tortura no país. A Comissão apreciou oito denúncias de violações aos direitos humanos que ocorreram entre 1969 e 1974, que envolviam assassinato e desaparecimento forçada de militantes da esquerda no Brasil. Mas o caso em favor da família de Olavo Hansen, o de nº 1.683, cuja petição foi apresentada em 1970 e solicitou a investigação sobre seu assassinato na prisão, foi o único que prosperou e alcançou repercussão internacional, criando jurisprudência para outros países atingidos por ditaduras, como o Chile[28]. O governo negou-se a investigar o caso. A CIDH recomendou em resolução que os responsáveis pela morte de Olavo, decorrente de tortura, fossem levados à justiça e sua família, indenizada. Devido à forte censura ainda vigente, esta resolução, divulgada em fevereiro de 1974, não foi difundida no país[29].

Na época, o Brasil não era signatário da Convenção Americana de Direitos Humanos[30] e essas petições se fundamentaram na Declaração de Direitos e Deveres do Homem.

A detenção arbitrária, tortura e assassinato do padre Antônio Henrique Pereira Neto, em 27 de maio de 1969, em Recife (PE), também foi denunciada em junho de 1970, e o caso ganhou o nº 1.684. A CIDH, por maioria de votos, recomendou ao governo do Brasil que investigasse as denúncias e solicitou informações sobre os resultados e a punição dos responsáveis, em maio de 1972. O governo, novamente, opôs resistência a qualquer inves-

---

[28] Ver Organization of American States (OAS), *General Assembly: Annual Report of the Inter-American Commission on Human Rights*, Fourth Regular Session, mar. 1974, p. 38-52 citado em James N. Green, "Clérigos, exilados e acadêmicos: oposição à ditadura militar brasileira nos Estados Unidos, 1969-1974", em *Projeto História, Cultura e poder: o golpe de 1964 – 40 anos depois*, São Paulo, n. 29, tomo I, dez. 2004, p. 25. Sobre o Chile, ver James N. Green, *Apesar de vocês: oposição à ditadura nos Estados Unidos (1964-1985)* (São Paulo, Companhia das Letras, 2009). Ver também Cecília MacDowell Santos, "A Justiça a serviço da memória: mobilização jurídica transnacional, direitos humanos e memória da ditadura", em Cecília MacDowell Santos; Edson Teles; Janaína de Almeida Teles (orgs.), *Desarquivando a ditadura: memória e justiça no Brasil* (São Paulo, Hucitec, v. II, 2009).

[29] Resumo do caso na OEA, Arquivo da CIDH. Agradeço a James N. Green por disponibilizar esses dados.

[30] A Convenção Americana sobre Direitos Humanos/Pacto de San José da Costa Rica foi ratificada pelo Brasil por meio do decreto nº 675, de 6/11/92.

tigação das responsabilidades, insistindo que não havia nenhuma violação aos direitos humanos no país e que as bases da presunção dessas violações eram frágeis e insuficientes. A partir de então, a CIDH decidiu publicar no seu relatório anual recomendações endereçadas ao governo brasileiro reiterando que havia indícios de práticas de tortura no país e que o Brasil se recusava a adotar as medidas recomendadas. Esta resolução foi aprovada na sua 31ª Sessão e comunicada ao Brasil em janeiro de 1974[31].

Outros seis casos foram submetidos à CIDH, destacando-se o de número 1.788, no qual foram denunciados 104 assassinatos, encaminhado em outubro de 1973. Entre outros, denunciava a prisão de Ivan Akselrud Seixas e o assassinato de seu pai, Joaquim Alencar de Seixas, em 1971. O caso nº 1.789, de 30 de outubro de 1973, pediu a investigação do desaparecimento de Paulo Stuart Wright. O caso 1.844, de 15 de junho de 1974, solicitou a investigação do desaparecimento de Fernando de Santa Cruz Oliveira e Eduardo Collier. Somente em dezembro de 1975 o governo brasileiro respondeu às solicitações da CIDH, definindo como "inverídica" a denúncia de prisão dos dois desaparecidos. Segundo o governo, Eduardo Collier tinha um mandado de prisão e encontrava-se foragido e Fernando era procurado sem ter processo, mas estava clandestino. A correspondência de seus familiares com a CIDH ocorreu entre junho de 1974 e agosto de 1984, mas a petição não logrou obter desdobramentos que dessem publicidade às violações de direitos humanos e garantissem a sua proteção[32]. Não se avançou muito além de um discreto constrangimento político e moral enfrentado pelo Estado brasileiro. A Comissão Interamericana, estranhamente, optou por não publicar em seu relatório anual as conclusões e recomendações a respeito destas denúncias[33].

Entre 1974 e 1976, comunicações apresentadas à Organização das Nações Unidas (ONU) sobre violações de direitos humanos no Brasil foram objeto de consideração nos procedimentos confidenciais da instituição.

---

[31] Sobre o caso 1.684, ver Resolução OEA/Ser.L/V/II.28, doc.14, Maio 3, 1972, em *Ten Years of Ativities: 1971-1981*, p. 121, citado em Flávia Piovesan, *Direitos humanos e o direito constitucional internacional* (São Paulo, Max Limonad, 1996).

[32] Os casos são: 1.683, 1.684, 1.788, 1.789, 1.844 e 1.897, que denunciam o assassinato ou desaparecimento de oito dissidentes políticos. O caso 1.897 trata do desaparecimento dos militantes da ALN Wilson Silva e Ana Rosa Kucinski, em 22/4/1974. Ver "Inter-American Comission on Human Rights Index", em Organization of American States (OAS), *Resumo dos casos na OEA*, Arquivo da CIDH, San José da Costa Rica.

[33] Flávia Piovesan, *Direitos humanos e o direito constitucional internacional*, cit.

Muitos anos depois, em 1995, os familiares dos desaparecidos da Guerrilha do Araguaia retomaram as práticas da mobilização jurídica transnacional[34] e apresentaram denúncia sobre este caso na Comissão Interamericana de Direitos Humanos da OEA. Desde então, aguardam o julgamento da petição que tramitava na CIDH visando obter informações sobre as circunstâncias das mortes, a ocultação dos cadáveres e a localização dos restos mortais dos guerrilheiros. Em 26 de março de 2009, o caso foi encaminhado para a Corte Interamericana de Direitos Humanos da OEA, impulsionando novamente as investigações sobre o paradeiro dos guerrilheiros desaparecidos[35].

O desaparecimento do deputado federal cassado Rubens Beirodt Paiva, em 20 de janeiro de 1971, foi outro caso que ganhou grande repercussão. Neste mesmo dia, sua esposa Eunice Paiva e sua filha Eliana também foram presas por agentes do DOI-CODI/RJ. O caso foi apresentado ao CDDPH, obtendo uma sindicância na reunião de 13 de julho de 1971. Quase um mês depois, em 10 de agosto, porém, decidiu-se pelo seu arquivamento. O deputado Oscar Pedroso Horta, líder do MDB na Câmara, defendeu a investigação mas, além dele, os votos vencidos foram os dos conselheiros Danton Jobim, José Cavalcanti Neves e Nelson Carneiro. O então ministro da Justiça Alfredo Buzaid, presidente do Conselho, desempatou a votação, decidindo-se pelo indeferimento do pedido[36].

Nesta mesma reunião, o advogado Heleno Fragoso encaminhou uma representação ao Conselho requerendo a investigação sobre o desaparecimento de Stuart Edgard Angel Jones, ocorrido em maio daquele ano. Zuzu Angel, sua mãe, assassinada em março de 1976 pela repressão política, acompanhou a sessão, em Brasília, quando também foi apresentado o caso de Celso Gilberto de Oliveira. O Conselho era composto por Alfredo Buzaid, Carlos Calero Rodrigues, Joaquim Justino Ribeiro, Raymundo

---

[34] Cecília MacDowell Santos, "A Justiça a serviço da memória", cit.
[35] Ver o relatório *Demanda perante a Corte Interamericana de Direitos Humanos*. Caso 11.552, Julia Gomes Lund e outros (Guerrilha do Araguaia) contra a República Federativa do Brasil. Washington-DC, CIDH da OEA, 26/3/2009. Disponível em: <http://www.cidh.org/demandas/11.552%20Guerrilha%20de%20Araguaia%20 Brasil%2026mar09%20ESP.pdf>. Ver, mais à frente, análise sobre a ação judicial dos familiares da Guerrilha do Araguaia.
[36] Ver o *Livro de Atas do CDDPH*, Arquivo do Ministério da Justiça, Brasília/DF, p. 17-9; e Janaína de Almeida Teles, *Os herdeiros da memória*, cit., p. 78-80.

Faoro, Pedro Calmon, Filinto Müller, Benjamin Albagli e Geraldo Freire, os quais alegaram "falta de elementos" para prosseguir a investigação. Neste momento, o Conselho já havia sido modificado, pois o general Médici alterara a composição do CDDPH de forma a garantir a maioria para o governo, e suas reuniões passaram a ser secretas.

O deputado Oscar Pedroso Horta ainda protocolou denúncia sobre a morte de Odijas Carvalho de Souza, morto sob tortura em 8 de fevereiro de 1971, cujo assassinato foi presenciado por muitas testemunhas. O caso, porém, foi arquivado em 16 de agosto de 1972, com o voto vencido de José Cavalcanti Neves, que propôs a remessa de cópias das peças dos autos ao procurador-geral do estado de Pernambuco para as providências cabíveis.

Na reunião do Conselho de 25 de outubro de 1972, o caso de Celso Gilberto de Oliveira, militante da Vanguarda Popular Revolucionária (VPR) desaparecido desde dezembro de 1970, foi arquivado por unanimidade. Desde março de 1972, o MDB já havia se retirado do Conselho alegando que ali não se apuravam as denúncias apresentadas e que sua permanência com uma representação legitimava a ditadura[37].

A última reunião registrada nas atas do CDDPH é de 28 de novembro de 1973. O conselho não se reuniu durante todo o governo Geisel e sua reativação se deu em 2 de maio de 1979, quando o MDB trabalhava pela anistia e a instalação da CPI dos Direitos Humanos. O partido manteve sua decisão de não participar do Conselho e manifestou repúdio ao caráter sigiloso de suas reuniões. Os familiares de mortos e desaparecidos políticos tentaram ainda apresentar denúncias. No dia 12 de dezembro de 1979, no entanto, o Conselho aprovou a decisão de apurar somente as denúncias de violações aos direitos humanos cometidas a partir daquele momento[38].

As missas de protesto na catedral da Sé

No início dos anos 1970, o isolamento no qual viviam as famílias dos mortos e desaparecidos políticos e o cerceamento de qualquer informação

---

[37] Ver o *Livro de Atas do CDDPH*, cit., p. 21-2 e p. 25; e Janaína de Almeida Teles, *Os herdeiros da memória*, cit., p. 83. Em 1992, foram encontrados nos arquivos do DOPS/RJ documentos que confirmam a prisão de Celso Gilberto de Oliveira. Ver *Dossiê ditadura*, cit., p. 215.

[38] Ver o *Livro de Atas do CDDPH*, cit.; e "CDDPH mantém silêncio sobre questões graves"; "Quércia pede por 47 desaparecidos"; "MDB poderá aprovar CPI dos direitos", *Folha de S.Paulo*, 10/5/1979, p. 8.

não impediram a realização de variados atos de resistência ao medo imposto pela ditadura. A reação ao arbítrio se fez de modo contundente quando os familiares e amigos de Luiz Eduardo da Rocha Merlino – dirigente do Partido Operário Comunista (POC) assassinado sob tortura em 19 de julho de 1971 – organizaram em sua homenagem a missa de trigésimo dia na catedral da Sé, com a presença de centenas de jornalistas, seus colegas de profissão, no dia 28 de agosto daquele ano[39].

Em março de 1973, o assassinato do estudante de geologia da Universidade de São Paulo (USP) Alexandre Vannucchi Leme, militante da Ação Libertadora Nacional (ALN), impulsionou protestos que não puderam ser silenciados. A atitude corajosa dos familiares de Alexandre exigindo investigações sobre o caso – afinal, foram divulgadas duas versões oficiais sobre sua morte – tornou possível a articulação de setores da igreja e do incipiente movimento estudantil, que se reorganizava na USP. Dom Paulo Evaristo Arns realizou uma missa de sétimo dia em sua homenagem, na catedral da Sé, com a presença do cantor Sérgio Ricardo, que interpretou a música "Calabouço" e de três mil pessoas, apesar da intensa repressão policial[40]. A indignação e reação causada por sua morte fez com que setores da sociedade civil ocupassem espaços institucionais antes sufocados pela repressão política e a "cultura do medo".

A conjuntura de intensa repressão política era diferente da que, posteriormente, gerou a repercussão em torno do assassinato sob tortura do jornalista Vladimir Herzog no DOI-CODI/SP, cuja missa realizada na catedral da Sé, em outubro de 1975, contou com a presença de oito mil pessoas. Esta reação foi possível graças à articulação entre estudantes, o nascente movimento de defesa dos direitos humanos e o Sindicato dos Jornalistas, onde a oposição havia conquistado a diretoria pouco tempo antes. O caso abalaria a opinião pública de tal forma que permitiu à família recorrer à Justiça. Seus familiares obtiveram a corajosa sentença do juiz federal Márcio José de Moraes, em 27 de outubro de 1978, na qual declarou a União responsável pela prisão e morte de Herzog e a sua obrigação de indenizar a família por danos morais e materiais[41].

---

[39] Ver *Dossiê ditadura*, cit., p. 259-62 e 298.
[40] Caio Túlio Costa, *Cale-se. A saga de Vannucchi Leme. A USP como aldeia gaulesa. O show proibido de Gilberto Gil* (São Paulo, Girafa, 2003); e entrevista concedida à autora com Sérgio Gomes da Silva em São Paulo, 29/1/2009, 11/3/2009 e 14/8/2009.
[41] Paulo Brossard, *O caso Herzog* (Brasília, Senado Federal, 1978), p. 65. A família não

A coragem da sentença, de Clarice Herzog e das testemunhas inspirou outras ações cíveis como a dos familiares do operário Manoel Fiel Filho, assassinado sob torturas no DOI-CODI/SP em janeiro de 1976, e os de Mário Alves de Souza Vieira, dirigente do Partido Comunista Brasileiro Revolucionário (PCBR), desaparecido em 1970. O caso deste último, porém, envolvia uma questão diferente, pois se tratava de uma morte sem corpo e sem atestado de óbito, mas que tinha várias testemunhas da prisão e das torturas a que foi submetido[42].

No década de 1970, novos movimentos sociais surgiam, entidades e sindicatos eram reorganizados e, em especial, fortaleceram-se os movimentos sindical e estudantil e o apoio às greves dos metalúrgicos. No dia 30 de outubro de 1979, o operário Santo Dias da Silva foi executado com um tiro a queima-roupa, disparado pelo soldado da PM Herculano Leonel, em frente à fábrica Sylvania, em São Paulo, quando tentava impedir que policiais militares continuassem agredindo um outro metalúrgico. Santo Dias era líder da Oposição Sindical, membro da Pastoral Operária da zona sul e das comunidades de base de vila Remo, além de representante operário na Conferência Nacional dos Bispos do Brasil (CNBB). Sua morte comoveu o país e, no dia seguinte, compareceram cerca de trinta mil pessoas às exéquias. Uma missa de corpo presente foi celebrada por D. Paulo, na Catedral da Sé, com a presença de mais de dez mil pessoas[43].

Essas missas impulsionaram e alimentaram a luta pela redemocratização do país. A luta por "verdade e justiça", simbolizada nessas missas, após a conquista da anistia parcial de 1979 e a reorganização dos partidos políticos ficou, em grande medida, restrita aos familiares de mortos e desaparecidos.

---

requereu a indenização, aceitando apenas o pagamento da reparação estipulada pela Lei 9.140/95. Ver também Mário Sérgio de Moraes, *O ocaso da ditadura: o caso Herzog* (São Paulo, Barcarolla, 2006).

[42] "Mulher de jornalista quer apurar torturas que teriam causado a morte do marido", arquivo da família de Mário Alves de Souza Vieira, p. 15, s/d; "Juíza responsabiliza União pela prisão e morte de Mário Alves", *Jornal do Brasil* (RJ), 20/10/1981; "Desaparecidos: reconhecendo os culpados", *IstoÉ*, 28/10/81, p. 10; *Sentença da Ação Declaratória de Dilma Borges Vieira contra a União*: Processo nº 2678420 – Vara 01, juíza Tânia de Melo Bastos Heine. Ver também o caso do operário Manoel Fiel Filho, "A decisão do caso Fiel: juiz manda União indenizar família de operário morto", *O Globo* (RJ), 18/12/1980.

[43] Ver Janaína de Almeida Teles, *Os herdeiros da memória*, cit.

A Crise dos Desaparecidos e a CPI dos Direitos Humanos

Os familiares começaram a se organizar, em 1974, em torno dos casos de desaparecidos políticos. A inexistência de um corpo ou de uma notícia a respeito da morte aumentava o desespero dos familiares, tornando impossível o esquecimento. O silêncio introduzido pelo terror do *desaparecimento* cria uma situação sem um fim, perpetuando a tortura que é vivenciar a ausência de seus corpos e de informações. "A não existência de um momento único de dor e de obrigações morais sobre o morto, associada ao desconhecimento das formas de morte, constitui uma nova figura: a da privação da morte. A categoria desaparecido representa esta tripla condição: a falta de um corpo, a falta de um momento de luto e a falta de uma sepultura"[44]. Mata-se a morte, faz-se "[...] reinar a morte da morte, infectando com isso a vida, que perde assim todo sentido outro que a força pura"[45]. Ao tornarem anônima a morte, roubaram da morte o significado de desfecho de uma vida realizada, informando que nem a morte pertence ao desaparecido e que ele não pertenceria a ninguém[46].

A vivência do desaparecimento assume uma dimensão tal que apaga tudo o que ocorreu antes e tudo o que aconteceu depois. Isso implica um "perfuramento" do próprio campo (geográfico, simbólico e semântico) da morte: esta, devido à sua onipresença, deixa de ocupar o seu papel na organização simbólica; ela não orienta mais a distinção entre o aqui e o além. Desse modo, não emergem representações de um corte, de um antes e um depois[47].

Em agosto de 1974, pouco antes das eleições daquele ano, o presidente Ernesto Geisel usou pela primeira vez a palavra "distensão" para definir um processo controlado de abertura política. No dia 7 de agosto, D. Paulo Arns e familiares de desaparecidos políticos reuniram-se com o general Golbery do Couto e Silva, chefe da Casa Civil da Presidência da República, para solicitar informações sobre seus parentes. Esta reunião foi organizada em sigilo

---

[44] Ludmila Catela, *Situação-limite e memória: a reconstrução do mundo dos familiares de desaparecidos na Argentina* (São Paulo, Hucitec, 2001), p. 150.
[45] Claude Rabant, citado em Márcio Seligmann-Silva, "A história como trauma", em Arthur Nestrovski; Márcio Seligmann-Silva (orgs.), *Catástrofe e representação: ensaios* (São Paulo, Escuta, 2000), p. 93.
[46] Celso Lafer, *A reconstrução dos direitos humanos: um diálogo com o pensamento de Hannah Arendt* (São Paulo, Companhia das Letras, 2001), p. 111.
[47] Ludmila Catela, *Situação-limite e memória*, cit., p. 148-9.

por iniciativa de D. Paulo na sede da CNBB, em Brasília. Estavam presentes Cândido Mendes de Almeida e José Carlos Dias, além dos familiares de treze desaparecidos: Valter Ribeiro de Novaes, Luiz Maranhão Filho, João Massena de Melo, Jaime Amorim Miranda, Joaquim Pires Cerveira, David Capistrano, Fernando de Santa Cruz Oliveira, Eduardo Collier Filho, José Roman e Mário Alves Vieira, entre outros. Golbery ouviu caso a caso as histórias, recebeu um a um seus dossiês relatando os dados obtidos sobre as prisões e sequestros de 22 desaparecidos. O clima foi tenso. O acerto era que o Golbery daria uma resposta a D. Paulo até 27 de agosto. Quando expirou o prazo, D. Paulo convocou a imprensa para relatar a reunião[48].

Desde o desaparecimento de David Capistrano Costa, José Roman e outros dirigentes do PCB, em março de 1974, seus familiares começaram a se reunir regularmente no escritório do advogado Modesto da Silveira, no Rio de Janeiro. Os familiares de militantes da AP-ML e ALN, como Fernando de Santa Cruz Oliveira, José Carlos da Mata Machado, Ieda Santos Delgado, Ana Rosa Kucinski, entre outros, buscavam denunciar os desaparecimentos por meio de pedidos de *habeas corpus*, cartas às autoridades brasileiras e estrangeiras e a entidades e instituições de defesa dos direitos humanos de todo o mundo. Desse modo, organizou-se a Comissão de Familiares com objetivo de denunciar e apurar esses crimes e obter apoio da sociedade civil.

Algum tempo depois, os familiares conseguiram que Tristão de Athayde publicasse um artigo sobre os desaparecidos no *Jornal do Brasil*, em 23 de outubro de 1974, cujo título era "Os esperantes". Não obstante, em diversas ocasiões encontraram dificuldades para publicar suas denúncias nos jornais. Alguns conseguiram divulgar apenas anúncios de pessoas desaparecidas com fotos de seus parentes. O período era de medo e as famílias se conheciam em encontros na Comissão Justiça e Paz, no Rio de Janeiro e em São Paulo, ou nos escritórios dos advogados.

Os familiares continuaram e se engajaram na campanha pela anistia, quando D. Paulo Evaristo Arns surgiu com esta proposta numa reunião próxima do Natal de 1974, na Cúria Metropolitana de São Paulo. Em janeiro de 1975, D. Paulo declarou que, devido à falta de resposta do governo, decidira empreender uma investigação "paróquia por paróquia" sobre 22 desaparecidos dos quais não se tinha notícia desde 1974. Em seguida, fa-

---

[48] Ver Janaína de Almeida Teles, *Os herdeiros da memória*, cit., p. 92-5.

miliares divulgaram uma carta ao general Geisel, cuja repercussão, no Brasil e no exterior, fez com que o ministro da Justiça, Armando Falcão, divulgasse uma nota oficial a respeito dos desaparecidos. Pouco antes da reabertura do Congresso, em 30 de janeiro, as famílias foram a Brasília pedir apoio aos deputados. Compareceram à reunião do MDB, onde pediram a instalação da Comissão Parlamentar de Inquérito (CPI) para apurar as violações dos direitos humanos.

A resposta do governo aos apelos dos familiares resultou numa nota e um pronunciamento do ministro da Justiça em cadeia nacional, no dia 6 de fevereiro, quando forneceu explicações vagas a respeito de 27 pessoas. O ministro não quis esclarecer nenhuma informação, desmoralizando o governo Geisel logo no início de seu mandato.

As críticas às explicações evasivas de Armando Falcão partiram das famílias, da Ordem dos Advogados do Brasil (OAB), da Igreja e do jornal *O Estado de S. Paulo*, que em editorial afirmou: "O tom geral da nota ficou na razão inversa do interesse do público". A OAB se manifestou por meio de uma nota oficial, defendendo a volta dos direitos humanos. Os familiares então redigiram um apelo ao MDB pedindo para que continuassem as investigações sobre o destino dos desaparecidos e criassem a CPI para apurar as torturas, assassinatos e desaparecimentos políticos[49].

O MDB se dividiu, mas Lysâneas Maciel, deputado *autêntico* do partido pelo Rio de Janeiro, em dois dias, obteve a assinatura de 138 parlamentares do seu partido. O ministro da Justiça, porém, divulgou na televisão a investigação sobre as pretensas ligações entre o articulador da CPI e o Partido Comunista Brasileiro. A Polícia Federal forjou um "flagrante" de apreensão de material "subversivo" na gráfica do PCB, comprometendo-o. No dia 13 de janeiro de 1975, o CIE, por meio da Operação Radar, realizara a apreensão da gráfica do jornal *Voz Operária*, do PCB, no bairro de Campo Grande, no Rio de Janeiro, e o sequestro e desaparecimento de diversos dirigentes e militantes do partido, interrogados em diversos centros de tortura do país. Neste momento, a repressão desmantelou diretórios do partido nos estados, em operações que prenderam 679 pessoas[50].

---

[49] Ver Janaína de Almeida Teles, *Os herdeiros da memória*, cit., p. 99-100.
[50] Os dirigentes e militantes do PCB desaparecidos neste período são: Walter de Souza Ribeiro, David Capistrano da Costa, José Roman, João Massena Melo, Luiz Ignácio Maranhão Filho, Hiram de Lima Pereira, Elson Costa, Jayme Amorim Miranda, Nestor Veras, Itair José Veloso, Alberto Aleixo, José Ferreira de Almeida,

O líder do governo na Câmara, deputado José Bonifácio de Andrada (Arena-MG), transmitiu a acusação de que 22 deputados eleitos pelo MDB teriam o apoio do PCB. Em seguida, 108 dos deputados signatários do requerimento para a constituição da CPI retiraram suas assinaturas. O projeto não foi levado à votação no plenário. A bancada do MDB decidiu, então, convocar o ministro da Justiça, medida rejeitada pela Arena. O silêncio foi o desfecho da crise[51].

A luta no Judiciário

Em 13 de agosto de 1973, no auge da repressão política e da operação de extermínio de dissidentes do regime promovida pela cúpula das Forças Armadas, a viúva de Manoel Raimundo Soares, Elizabeth Challup Soares, iniciou uma ação na Justiça Federal do Rio Grande do Sul requerendo a reparação integral por danos de natureza moral e material. Soares fora assassinado em agosto de 1966 por órgãos da repressão.

Militante do Movimento Revolucionário 26 de Março (MR-26), o ex-sargento Manoel Raimundo Soares[52] foi preso no dia 11 de março de 1966, em Porto Alegre (RS), por dois militares à paisana da 6ª Companhia da Polícia do Exército (PE), por ordem do comandante dessa guarnição, capitão Darci Gomes Prange. Conduzido em um táxi à PE, foi submetido a torturas.

Mais tarde, os mesmos militares o entregaram ao DOPS/RS com a recomendação de que só poderia ser solto por ordem do major Renato da PE. No DOPS, Manoel foi novamente torturado.

Após uma verdadeira *via crucis* pelos órgãos de repressão, o corpo de Manoel Raimundo Soares foi encontrado no dia 24 de agosto de 1966, em estado de putrefação, com os membros atados às costas, boiando no rio Jacuí, nas proximidades de Porto Alegre. Este episódio ficou conhecido como "Caso das mãos amarradas".

José Maximino de Andrade Neto, Pedro Jerônimo de Souza, José Montenegro de Lima, Orlando da Silva Rosa Bonfim Júnior, Neide Alves dos Santos, Vladimir Herzog, Manoel Fiel Filho. Em 1972, foram assassinados Ismael Silva de Jesus e Célio Augusto Guedes. Ver *Dossiê ditadura*, cit.

51 Reinaldo Cabral; Ronaldo Lapa (orgs.), *Desaparecidos políticos: prisões, sequestros, assassinatos* (Rio de Janeiro, Opção/CBA, 1979), p. 256-59 e p. 38; e Chico de Assis e outros, *Onde está meu filho? História de um desaparecido político* (Rio de Janeiro, Paz e Terra, 1985), p. 43.

52 Ver *Dossiê ditadura*, cit., p. 101-4.

O assassinato de Manoel Raimundo foi investigado por uma CPI da Assembleia Legislativa do Rio Grande do Sul que, junto com o relatório do promotor de Justiça Paulo Cláudio Tovo, comprovou a tortura a que foi submetido, responsabilizando o major Luiz Carlos Mena Barreto, o delegado José Morsch e outros membros de suas equipes. De acordo com as provas que serviram de base para o deferimento da CPI e seu relatório final em 19 de junho de 1967, ele foi morto quando era submetido ao "caldo" ou "afogamento" e seu corpo foi posteriormente "desovado".

Era comandante do III Exército, à época do crime, o general Orlando Geisel, que se tornaria ministro do Exército no governo Garrastazu Médici e era irmão do futuro presidente, o general Ernesto Geisel.

Na ação judicial, a viúva Elizabeth Challup Soares requereu a responsabilização da União, do estado do Rio Grande do Sul e dos agentes públicos pela morte de seu marido. A responsabilização pessoal dos agentes públicos foi a estratégia jurídica adotada, uma iniciativa diferente das seguidas nas ações ajuizadas por familiares de mortos e desaparecidos políticos posteriormente. No decorrer do processo, entretanto, a autora desistiu de citar o estado do Rio Grande do Sul e os agentes; contudo, oito deles não puderam ser excluídos da ação, pois já haviam sido citados. Durante anos, a autora solicitou a produção de provas, o que se conseguiu em parte, com muita dificuldade.

Finalmente, em 11 de dezembro de 2000, o juiz federal da 5ª Vara de Porto Alegre (RS), Cândido Alfredo Silva Leal Júnior, proferiu importante sentença favorável à autora, quando julgou parcialmente procedente a ação e condenou a União Federal a pagar à autora uma pensão mensal vitalícia, desde 13 de agosto de 1966 (no valor da remuneração integral de segundo-sargento do Exército); uma indenização por danos morais; e o ressarcimento das despesas de funerais, luto, despesa de viagem e jazigo perpétuo.

Na sentença, o juiz Leal Júnior responsabilizou os agentes do DOPS major Luiz Carlos Mena Barreto e os delegados Itamar Fernandes de Souza e José Morsch pela morte de Manoel Raimundo Soares, corroborando as conclusões da CPI da Assembleia Legislativa gaúcha e do "Relatório Tovo". Além disso, concluiu ter ficado evidenciada "[...] a vinculação que existia entre os agentes do DOPS e a União Federal". Estes agentes públicos, no entanto, não figuram como réus nesta ação[53].

---

[53] O juiz considerou apenas os agentes que ainda persistem no processo, excluídos aqueles contra os quais a autora já havia desistido de citar. São eles: Luiz Alberto

Naquele momento, o juiz afastou a tese sustentada pelo Ministério Público Federal segundo a qual não poderia ser imputada aos agentes públicos a responsabilidade pela morte e, consequentemente, a condenação no pagamento de indenização em função de sua atuação ter sido conduzida pelo "[...] estrito cumprimento do dever legal, a mando de seus superiores". Mas concluiu que "A petição inicial é [...] precária na indicação e detalhamento da contribuição de cada um dos réus para a morte". E assim julgou improcedente o pedido, pois "Não poderiam as pessoas físicas apontadas como rés serem condenadas tão somente com base na responsabilidade objetiva"[54].

A ação, porém, continua tramitando e não obteve decisão definitiva, em função dos diversos recursos que a União Federal interpôs, conforme Acórdão do TRF da 4ª Região, de 5 de outubro de 2005. Nesta data, a desembargadora relatora do caso, Vânia Hack de Almeida, confirmou a sentença do juiz Leal Júnior, assegurando a tutela antecipada, que determinou o pagamento imediato de pensão vitalícia à viúva, ao considerar seu longo tempo de espera[55]. A decisão, contudo, não alcançou a repercussão nacional que o caso merece, permanecendo o dano irreparável sem qualquer medida da justiça para atenuá-lo e compensar a espera de mais de 35 anos[56].

Essa corajosa ação judicial foi iniciada em 1973, numa conjuntura política muito difícil e bastante diferente da que, posteriormente, gerou a repercussão do caso Herzog. A atuação isolada da viúva Elizabeth Chalupp Soares, sem uma articulação maior com o movimento de defesa dos direitos humanos e demais familiares de mortos e desaparecidos políticos, não obte-

---

Nunes de Souza, Itamar de Matos Bones, Joaquim Atos Ramos Pedroso, Theobaldo Eugenio Behrens, Enio Cardoso da Silva, Ênio Castilho Ibañez, Carlos Otto Bock e Nilton Aguaidas.

[54] Sentença 1719/2000, da Ação ordinária do Processo 88.0009436-8, proferida pelo juiz federal da 5ª Vara de Porto Alegre/RS, Cândido Alfredo Silva Leal Júnior.

[55] A juíza destacou que o § 1º, do artigo 5º da Constituição Federal, determina a aplicabilidade imediata das normas definidoras dos direitos e garantias fundamentais, como no caso em questão. Voto da relatora juíza Vânia Hack de Almeida sobre a Apelação Cível nº 2001.04.01.085202-9/RS.

[56] Cf. *Dossiê ditadura*, cit., p. 104; Jacques D'Onellas, *Tortura e morte do sargento Manoel Raimundo Soares* (Brasília, Centro de Documentação e Informação da Câmara de Deputados, 984); discurso pronunciado pelo deputado Jacques D'Onellas em 28/5/1984; Relatório do promotor de Justiça Paulo Cláudio Tovo; Márcio Moreira Alves, *Torturas e torturados* 2. ed., Rio de Janeiro, Idade Nova, 1967), p. 218-21; Acórdão da 3ª turma do TRF da 4ª Região, de 5 de outubro de 2005.

ve ampla divulgação e não gerou uma repercussão que influenciasse outras famílias a adotar a mesma iniciativa.

Passados tantos anos, em junho de 2009 morreu, no Rio de Janeiro, aos 72 de idade, a viúva de Manoel Raimundo Soares. A filha de criação do casal, Fátima, pretende habilitar-se como sucessora. Sem ter recebido todos os seus direitos e o reconhecimento da responsabilidade do Estado pela morte de Soares por parte do Judiciário, a filha pretende denunciar o Estado brasileiro à Comissão Interamericana de Direitos Humanos por violação do Pacto de San José e por crime contra a humanidade[57].

Nos anos 1970, outras ações judiciais foram propostas, como a de Mariana Lanari Ferreira, mãe de Raul Amaro Nin Ferreira, morto em 12 de agosto de 1971, que ajuizou uma ação declaratória contra a União em 1979, alegando que ele faleceu em decorrência das torturas a que foi submetido. No processo foi anexado o depoimento de um ex-soldado do Exército, Marco Aurélio Guimarães, que na época prestava serviço no DOI-CODI/RJ e viu Raul Amaro sendo torturado nas dependências daquele órgão, e os depoimentos dos ex-presos políticos Alex Polari de Alverga e Aquiles Ferreira, que o viram no DOPS/RJ. A ação obteve sentença favorável em primeira instância, na 9ª Vara da Justiça Federal do Rio de Janeiro, no dia 31 de agosto de 1982. A União, entretanto, somente foi responsabilizada pela prisão, tortura e morte de Raul no dia 7 de novembro de 1994. Sua família não quis receber a indenização determinada pela ação. Posteriormente, a responsabilidade do Estado pela morte de Raul foi reconhecida pela Lei dos Mortos e Desaparecidos e, nesta conjuntura, a família aceitou a indenização[58].

---

[57] Elizabeth Challup Soares teria direito a pensão vitalícia, retroativa a 1966, com base na remuneração integral de segundo sargento, compensando-se os valores que ela já recebia mensalmente, pela morte do marido. Com a tutela antecipada neste item, a viúva receberia a correção monetária anual do pensionamento. A reparação pelos danos morais foi de R$ 222.720,00, valor nominal, a ser corrigido monetariamente. A correção retroagiria à data da sentença (dezembro de 1995) e os juros de mora de 12% ao ano seriam contados desde a data do crime até hoje. Até morrer, ela recebeu R$ 1.500,00 de pensão mensal. Ver "Morre a viúva do sargento das 'mãos amarradas' sem receber a indenização", *Espaço Vital*, 26/6/2009.

[58] Raul era engenheiro mecânico e não tinha militância conhecida. Ver *Dossiê ditadura*, cit., p. 267-8; e "Tortura e morte no DOI-CODI: o soldado viu", *Jornal da Tarde*, 3/6/1982; "Ex-soldado depõe e confirma tortura contra engenheiro", *Folha de S.Paulo*, 3/6/1982; "Mãe processa União por tortura e morte do filho", *O Estado de S. Paulo*, 15/6/1982; "União culpada pela morte de Raul Ferreira", *Folha de S.Paulo*,

Em 1983, Felícia Soares, esposa de Ruy Frazão Soares, militante do PCdoB desaparecido em maio de 1974, também iniciou uma ação civil declaratória. Em 26 de março de 1991, a Justiça Federal de Pernambuco responsabilizou a União pela prisão, morte e ocultação de cadáver de Ruy Frazão, mas o desfecho do processo ainda não ocorreu, sendo alvo de diversos recursos por parte da União Federal[59].

Outro tipo de apelo ao Judiciário foi efetuado com relação ao caso do militante da ALN Luiz Eurico Tejera Lisbôa, que também obteve grande repercussão na imprensa em 1979. Tendo sido o primeiro desaparecido político encontrado, a notícia tornou-se capa da revista *IstoÉ* na semana seguinte à votação da Lei de Anistia, em 22 de agosto de 1979. Sua esposa, Suzana Keniger Lisbôa, tentou reabrir o inquérito policial de investigação do caso e instaurar uma ação penal contra os responsáveis pelo seu assassinato.

Na época, devido à ampla divulgação, foi possível localizar o inquérito feito na 5ª DP de São Paulo (nº 582/72), que tratava do suposto "suicídio", em 2 de setembro de 1972, de *Nelson Bueno*, o codinome utilizado por Luiz Eurico durante sua atuação política na clandestinidade. As fotos do inquérito mostravam Luiz Eurico deitado na cama do quarto da pensão, com um revólver em cada mão, e marcas de disparos na parede e no armário. De acordo com os peritos, Luiz Eurico teria disparado quatro tiros do revólver. O IPM concluiu que o morto teria disparado alguns tiros antes de embrulhar uma das armas na colcha que o cobria para abafar o tiro que daria em sua própria cabeça. O laudo necroscópico, assinado pelos legistas Octávio D'Andréa e Orlando Brandão, médicos acusados de falsificar laudos de dissidentes assassinados, apenas confirmou a versão de suicídio.

Em processo iniciado na 1ª Vara de Registros Públicos de São Paulo, em 25 de outubro de 1979, foi solicitada a reconstituição da identidade e retificação do registro de óbito (1.288/79). O pedido inicial foi deferido em 7 de novembro de 1980. O promotor do caso se limitou a elogiar o trabalho policial e a ratificar a versão de suicídio. As circunstâncias da morte de Luiz

---

1/9/1982; Severino Albuquerque, "Ex-soldado decide falar sobre torturas a presos políticos", *Folha de S.Paulo*, 19/9/1986.

[59] Ver *Dossiê ditadura*, cit., 576-78; e "Juiz decide hoje caso de desaparecido", *Jornal do Brasil* (RJ), 15/10/1986; Alexandre Rodrigues, "Decisão do STJ mantém indenização milionária a família de desaparecido. Viúva e filho de Ruy Frazão podem receber R$ 6,5 milhões da União", *O Globo* (RJ), 17/10/2002; "Família de preso é indenizada", *Jornal do Brasil* (RJ), 17/10/2002.

Eurico não foram restabelecidas. O aparato repressivo montado pela ditadura ainda estava intacto em 1980. Na época, Romeu Tuma (atual senador pelo DEM) era diretor do DOPS/SP e respondeu aos insistentes ofícios do juiz da 1ª Vara informando que nada constava sobre o caso nos arquivos da instituição. Em 1992, após a abertura dos arquivos do extinto DOPS/SP, a Comissão de Familiares de Mortos e Desaparecidos Políticos descobriu que, em 1978, antes da família encontrar o corpo de Luiz Eurico, um documento intitulado "Retorno de exilados", endereçado a Romeu Tuma, informava sua morte, em setembro de 1972.

Em 1982, Harry Shibata (legista envolvido no caso Herzog acusado de falsificar laudos e auxiliar na tortura a presos políticos) ainda era diretor do IML e os ossos encontrados foram examinados sob sua responsabilidade. Ele próprio entregou os restos mortais à família, que foram trasladados para Porto Alegre, em 2 de setembro de 1982. Luiz Eurico foi enterrado após homenagem na Assembleia Legislativa do Rio Grande do Sul e a inauguração de uma rua com seu nome, mas nada se avançou na investigação no campo do Judiciário[60].

Outro caso, o do operário Santo Dias da Silva, se diferenciou do caminho adotado pela maioria dos familiares de mortos e desaparecidos políticos que procuraram estabelecer a luta no âmbito judicial. Santo foi assassinado friamente pela PM paulista quando comandava um piquete de greve no dia 30 de outubro de 1979, em frente à fábrica Sylvania, em Santo Amaro, bairro da região sul de São Paulo. O assassinato teve repercussão nacional. Tendo o assassinato ocorrido em uma conjuntura de grande organização do movimento sindical e de diversos movimentos sociais, como o Movimento Contra a Carestia, a pressão decorrente possibilitou que o soldado Herculano Leonel fosse processado e condenado em uma ação penal, na Justiça Militar, como o autor do disparo que matou Santo.

No dia 5 de dezembro de 1979, Leonel foi preso e, em 7 de abril de 1982, julgado e condenado a seis anos de reclusão. Um recurso do acusado foi aceito pelo Superior Tribunal Militar, em agosto de 1982, que anulou a sentença. A promotoria recorreu, mas o juiz relator manteve a decisão. Depois de vários recursos, a Procuradoria Geral do Estado entrou com recurso extraordinário junto ao STF, mas a corte arquivou o processo em setembro de 1984. Mais uma vez prevaleceu a impunidade.

---

[60] Ver *Dossiê ditadura*, cit., 367-71.

Outra ação iniciada nos anos 1980 merece destaque, pois se tornou a primeira que exigia a responsabilização do Estado brasileiro pelo crime de desaparecimento forçado. Esta ação tratava do caso referente a Mário Alves de Souza Vieira, dirigente do PCBR desaparecido em janeiro de 1970, no Rio de Janeiro. Em 25 de junho de 1979, a viúva, Dilma Borges Vieira, postulou a abertura de inquérito para apurar as torturas sofridas pelo marido. Na ocasião, a prisão dele foi novamente desmentida pelo comandante do I Exército, general Gentil Marcondes Filho. Finalmente, em fevereiro de 1982, a petição inicial foi aceita[61].

Mário Alves havia saído de casa no dia 16 de janeiro de 1970, dizendo que voltaria logo. Nunca mais voltou. Ao longo dos meses que se seguiram, graças a denúncias feitas por vários presos políticos perante a Justiça Militar, sua esposa e a filha souberam da prisão ilegal e das torturas a que Mário Alves fora submetido nas dependências do 1º Batalhão da Polícia do Exército, na rua Barão de Mesquita, na cidade do Rio de Janeiro. Sua prisão foi ilegal, como a de Herzog e de tantos outros, pois não ocorreu em flagrante delito e nenhum encarregado de inquérito deu ciência de sua prisão a qualquer autoridade judiciária[62].

Dilma requereu, em 12 de março de 1970, ordem de *habeas corpus* perante o Superior Tribunal Militar. Recebeu a seguinte reposta: Mário Alves "não está e jamais esteve preso". Em 20 de julho de 1970, porém, dois presos políticos do PCBR denunciaram o sequestro, prisão, tortura e morte de Mário Alves na Justiça Militar[63]. Como no caso Herzog, a União negou a prisão e sua posterior condução ao Hospital do Exército. Alegou também que as autoras não provaram o dano e nem a relação entre este e o Estado. A União argumentou ainda que Mário Alves fora condenado à revelia, possivelmente por manter-se na clandestinidade. As autoras juntaram aos autos

---

[61] A interpelação feita perante o STF, em abril de 1981, pelos advogados Paulo César Fonteles, Luiz Eduardo Greenhalgh e Francisca Abgail Paranhos, à época dirigentes do Comitê Brasileiro pela Anistia, decorreu da ausência de resposta àquela feita em 1979. Os advogados que encaminharam a ação foram Francisca Abgail Barreto Paranhos, Artur e Ana Müller.

[62] Estas exigências constavam da legislação de exceção do período: artigo 153, § 12, da Constituição Federal; artigo 59 da LSN; artigo 221, 222, 224 e 225 do Código do Processo Penal Militar. *Sentença da Ação Declaratória de Dilma Borges Vieira contra a União*, cit., p. 24.

[63] Ibidem, p. 1-5.

mais de 150 páginas de documentos e os depoimentos de quatro testemunhas, enquanto a União não produziu provas[64].

A juíza Tânia Heine considerou procedente o pedido jurídico, pois estava claro na inicial que pleiteavam a declaração da existência de relação jurídica entre as autoras e a União, consistindo esse vínculo na obrigação de indenizar, proveniente da declaração de sua responsabilidade civil pela prisão ilegal, tortura, morte e ocultação do cadáver de Mário Alves. Afirmou também que as autoras estavam cientes de que, para conseguir a indenização, teriam de ingressar novamente em juízo para obter uma sentença condenatória. A juíza considerou existente o interesse de agir, pois era necessário declarar a existência dessa relação jurídica para tornar-se possível considerar Mário Alves morto e não ausente ou desaparecido. Somente assim as autoras poderiam reputar-se viúva e órfã[65].

De acordo com as declarações das testemunhas, Mário Alves foi torturado durante toda a noite entre os dias 16 e 17 de janeiro. Puderam ouvir os gritos e espancamentos a que foi submetido, bem como o interrogatório dos torturadores, posto que estavam presos na cela ao lado, cuja parede que as separava não chegava ao teto. Designados para limpar sua cela pela manhã, puderam reconhecê-lo e constatar seu estado lamentável. Viram quando foi levado por quatro homens. Alguns torturadores chegaram a lhes dizer que ele tinha sido encaminhado para o Hospital do Exército[66]. Diante desses depoimentos, a juíza considerou que as informações do comandante do 1º Batalhão de Polícia do Exército e o expediente do comandante do I Exército negando a prisão de Mário Alves não constituíam "prova suficiente capaz de elidir a prova testemunhal produzida em juízo". Afirmou ainda que, conforme o § 14 do artigo 153 da Constituição Federal vigente no período, se impunha às autoridades o "respeito à integridade física e moral do detento e do presidiário".

---

[64] Ibidem, p. 8.
[65] Ibidem, p. 12 e 15.
[66] Ibidem, p. 23-5. Antônio Carlos Nunes de Carvalho, Raimundo José Barros Teixeira Mendes, José Carlos Brandão e Manuel João da Silva testemunharam em juízo. René Louis Laugerry de Carvalho, Paulo Sérgio Granado Paranhos e Miguel Batista dos Santos denunciaram sua prisão, à época, perante as Auditorias Militares. Eles identificaram pela voz o tenente Correia Lima, o tenente paraquedista Magalhães e Timothéo Luís de Lima como os responsáveis pelas torturas infligidas a Mário Alves.

Ao final, argumentou a juíza, presumindo-se que Mário Alves tivesse se restabelecido e passado a viver na clandestinidade, como dirigente de um partido, necessariamente entraria em contato. Como chefe de família procuraria transmitir notícias à esposa e à filha. A abertura política e a Lei de Anistia propiciaram o retorno de exilados e banidos ao país e o abandono da clandestinidade por parte dos dissidentes. Familiares de desaparecidos políticos enterrados sob nomes falsos estavam recuperando as identidades de seus parentes. Diante deste contexto, não seria admissível que Mário Alves não reaparecesse.

A juíza Tânia Heine, ao reafirmar que o juiz está adstrito às provas dos autos e ao que consta no processo, considerou que após sofrer prisão ilegal e ser torturado, Mário Alves foi levado para a enfermaria e desapareceu. Sua conclusão foi a de que ele faleceu em decorrência dos maus-tratos sofridos no DOI-CODI/RJ. Para a juíza, restou comprovado o dano e a relação de causalidade e, portanto, a responsabilidade da União pela morte de Mário Alves. "Com relação à entrega de seus restos mortais às autoras [...] resultou o não surgimento de elementos suficientes para a localização do cadáver; o que gera a impossibilidade material de se determinar sua devolução"[67]. Em dezembro de 1987 foi julgada a apelação da União, dando ganho de causa às autoras. Este foi o primeiro caso de um desaparecido político cuja responsabilidade do Estado pela morte foi reconhecida na Justiça[68].

As semelhanças no formato das ações e o conteúdo das contestações da União merecem destaque, pois ficam evidentes as dificuldades de produção de provas na busca pela verdade jurídica. Esta forma de encaminhamento da luta política por "verdade e justiça" trouxe vitórias importantes para as famílias que obtiveram sentença definitiva – a maioria ainda aguarda o desfecho de suas ações judiciais – e para as lutas de reparação e pela democratização do país. A via judicial, contudo, provocou muita frustração, sentimento de impotência e sérias dificuldades para a concretização do luto entre os familiares de mortos e desaparecidos políticos e a sociedade. A análise das sentenças destaca que a principal característica de todas essas iniciativas é a de que a recuperação dos fatos envolvendo os crimes cometidos

---

[67] Ibidem, p. 27, 29 e 34.
[68] Comissão de Familiares de Mortos e Desaparecidos Políticos, *Dossiê dos mortos e desaparecidos políticos a partir de 1964* (São Paulo, Imprensa Oficial, 1996), p. 352-4.

durante a ditadura ocorreu de forma muita restrita, impedindo o país de conhecer parte considerável de seu passado recente de violência política[69].

A campanha pela anistia ampla, geral e irrestrita

A luta pela *anistia ampla, geral e irrestrita* se constituiu num movimento eminentemente político que recebeu certo apoio popular e cuja adesão ocorreu, em grande medida, em função da extensa divulgação pública das denúncias a respeito dos crimes cometidos pela ditadura. Desde o início do processo de formação dos Comitês Brasileiros pela Anistia (CBAs) houve uma preocupação com a necessidade de popularização dessa bandeira de luta, pois tal passo significaria a formação de um vigoroso movimento contra a ditadura, que já apresentava sinais de enfraquecimento. Os CBAs assumiram esse compromisso unindo-o aos princípios do movimento: o esclarecimento circunstanciado das torturas, mortes e desaparecimentos políticos; a devolução dos restos mortais às famílias; a atribuição das responsabilidades e a devida punição dos torturadores e assassinos de presos políticos; o desmantelamento do aparelho repressivo e o fim das chamadas "leis de exceção".

Os CBAs buscaram encaminhar a luta pela anistia juntamente com a reorganização dos movimentos sociais. Um exemplo desse esforço ocorreu na comemoração do 1º de maio, Dia do Trabalho, de 1979. No paço municipal de São Bernardo do Campo (SP) teve lugar a "missa do trabalhador" com a participação de cerca de 30 mil pessoas, entre operários, artistas, estudantes, líderes partidários e comunitários. Em seguida, um grande ato no estádio de Vila Euclides contou com mais de 100 mil pessoas. Um panfleto distribuído pelo CBA estampava a frase: "Tem gente de menos neste 1º de Maio", alusão aos exilados, aos presos e aos mortos e desaparecidos políticos que poderiam estar ali, mas não estavam, impedidos pelas circunstâncias[70].

---

[69] Nos mesmos moldes da ação impetrada pela família Herzog, além das ações judiciais já citadas, os familiares das seguintes vítimas iniciaram processos: Rubens Beirodt Paiva (desaparecido desde 1971); Lincoln Bicalho Roque (morto em 1973); Helio Navarro Magalhães e Pedro Alexandrino de Oliveira Filho (desaparecidos em 1974); Fernando Augusto de Santa Cruz Oliveira (desaparecido desde 1973); Honestino Monteiro Guimarães (desaparecido em 1973); Fernando Augusto Fonseca (morto em 1972); Flávio de Carvalho Molina (desaparecido desde 1971) e Francisco Tenório Cerqueira Júnior (desaparecido na Argentina em 1976).

[70] Marcos Napolitano, *O regime militar brasileiro: 1964-1985* (São Paulo, Atual, 1998), p. 75.

Essas reivindicações transformaram-se no impasse crucial intrínseco ao movimento e no aspecto que expôs os limites da "abertura política" proposta pelo governo e os do próprio movimento. Impasse que se traduziu nas contradições da Lei de Anistia de 1979 apontadas pelos CBAs: a suposta reciprocidade da lei, a questão do esclarecimento das mortes e desaparecimentos políticos e da tortura. O movimento contribuiu para a construção de *outras memórias* e *discursos*, mas esbarrou na proposição de que era necessário criar uma ampla aliança contra a ditadura visando obter seu desgaste político. Um processo marcado pela perspectiva da conciliação[71].

Os CBAs apresentaram-se como um movimento legal, cujo objetivo declarado era o enfrentamento direto contra a ditadura e o seu arcabouço ideológico, a Doutrina de Segurança Nacional. A conquista da anistia foi considerada por muitos um passo efetivo e indispensável ao estabelecimento do Estado de direito e da ordem democrática[72]. O movimento enfrentou, entretanto, o dilema de estabelecer uma mediação capaz de lidar com as negociações no espaço institucional sem perder seu caráter crítico, evitando permanecer somente no nível reivindicatório, e manter intacta sua autonomia, seu caráter *instituinte* e político. A dualidade do movimento se apresentava, de um lado, com uma face voltada para o passado e, de outro, direcionado para a aliança no presente, dando ênfase ao movimento popular que se fortalecia[73]. Os limites e a dualidade apontados levaram à não solidificação dessa aliança.

O movimento pela *anistia ampla, geral e irrestrita*, porém, percebendo o impulso adquirido desde a criação dos CBAs, em 1978, e buscando ampliar suas relações com a sociedade civil, propôs também a articulação de uma frente parlamentar em favor da anistia. No dia 5 de março de 1979, uma caravana formada por vários CBAs foi ao Congresso Nacional levando a *Carta Aberta da Comissão Executiva Nacional* contendo denúncias sobre torturas e assassinatos de presos políticos. Foi entregue um *memorandum* exigindo o esclarecimento dos casos de desaparecidos e a atribuição de responsabilidades dos crimes cometidos pela ditadura. Na ocasião, o MDB assumiu publicamente o compromisso com a proposta de formação dessa

---

[71] Heloísa Amélia Greco, *Dimensões fundamentais da luta pela anistia*, Tese de Doutorado em História, Belo Horizonte, FAFICH/UFMG, 2003.

[72] *Anistia*, órgão oficial do CBA-RJ, n. 6, jul. 1979, p. 8; "Anistia é questão de honra para a SBPC", *O Estado de S. Paulo*, 12/8/1979.

[73] Ver Heloísa Amélia Greco, *Dimensões fundamentais da luta pela anistia*, cit.

frente parlamentar. No documento, o movimento cobrava também a formação de uma CPI para apurar a tortura e os abusos aos direitos humanos. A proposta defendida pelo *autêntico* Lysâneas Maciel (MDB-RJ), em 1975, foi recuperada por Airton Soares (MDB-SP) em 1979.

O movimento pela anistia realizou, então, o levantamento de subsídios e o encaminhamento de denúncias aos parlamentares, com destaque para a questão dos mortos e desaparecidos políticos. E, juntamente com os familiares, foi a Brasília pressionar pela instalação da CPI. O MDB acabou votando a favor do projeto no dia 10 de maio, quando ocorreu a Convenção Nacional do partido. O resultado foi de 69 votos favoráveis e 57 contrários, em uma reunião agitada que durou seis horas e teve apartes de cinquenta deputados. A vitória dessa proposta ocorreu, em grande medida, por influência dos depoimentos de três familiares: Egle Maria Vannucchi Leme, mãe de Alexandre Vannucchi Leme; Ivan Akselrud Seixas, filho de Joaquim Alencar de Seixas; e Rosalina Santa Cruz Leite, irmã de Fernando de Santa Cruz de Oliveira. Seus depoimentos foram ouvidos em profundo silêncio e emocionaram os presentes.

Egle disse chorando, ao final de seu depoimento: "Não temos ilusões sobre suas limitações [as da CPI], mas é uma forma de luta e todos nós precisamos continuar lutando". Rosalina Santa Cruz concluiu sua fala com as seguintes palavras: "[...] é fácil dizer que devemos esquecer tudo em nome da conciliação nacional, enquanto existem tantas famílias procurando seus filhos, sem saberem se estão vivos e onde, se estão mortos e em quais cemitérios. Não queremos vingança, queremos justiça".

Sabia-se das dificuldades para aprovar a proposta de CPI, pois muitos consideravam a possibilidade dela comprometer o processo de abertura política. Os que a defendiam, acusados de revanchistas ou ingênuos, tinham a opinião de que não era possível trazer os torturadores ao banco dos réus, mas com sua instauração seriam registradas as violências contra os direitos humanos. Jorge Ueked, Freitas Diniz, João Cunha, Francisco Pinto, Elquisson Soares, Marcus Cunha, Cristina Tavares, Edson Khair, Odacir Klein e João Gilberto eram alguns dos principais defensores da CPI, no MDB.

O projeto foi derrotado pela Arena e inviabilizado devido ao pedido antecipado do líder da maioria na Câmara Federal, Nelson Marchezan (Arena), propondo uma CPI para examinar os problemas da indústria farmacêutica, completando, dessa forma, o limite constitucional que permitia o funcionamento simultâneo de cinco CPIs. No início de 1982, outra tentativa de retomar a proposta de apuração das violações aos direitos humanos no Congresso Nacional nem sequer conseguiu ser apresentada[74].

A ação judicial dos familiares de desaparecidos da Guerrilha do Araguaia

A ação cominatória proposta por 22 familiares de desaparecidos da Guerrilha do Araguaia guarda muitas semelhanças com as ações judiciais já mencionadas, mas contém diferenças importantes, principalmente em relação aos seus desdobramentos. Além da sua duração, quase tão longa quanto a ação judicial referente ao assassinato de Manoel Raimundo Soares, do total de pessoas que a iniciaram, a maioria já faleceu. Iniciada em fevereiro de 1982, a ação tramitou até dezembro de 2007, quando finalmente se esgotaram as possibilidades da União de recorrer e interpor embargos. Na ação, as famílias solicitaram a indicação das sepulturas de seus parentes mortos e os respectivos atestados de óbito, o traslado dos seus restos mortais e o fornecimento do relatório final do Ministério do Exército sobre a operação de repressão à guerrilha, datado de 5 de janeiro de 1975.

Entre os anos de 1982 e 1993, o processo discutiu a arguição da União Federal a respeito da impossibilidade jurídica do pedido; da legitimidade dos autores; da inexistência de interesse processual; da impropriedade da via cominatória e da prescrição quinquenal, sem discutir o mérito da ação. Rejeitadas as alegações preliminares, o juiz deferiu a produção de prova documental e testemunhal, determinando à União que fornecesse a relação de civis mortos, a relação das atividades desenvolvidas e o destino dos corpos, bem como todos os documentos, oficiais ou não, relativos às baixas civis, com a indicação de autoria e responsabilidade pelos referidos textos. A União limitou-se a anexar aos autos parecer da Consultoria Jurídica do Ministério do Exército. Os autores, em contrapartida, juntaram farta documentação e diversos depoimentos[75].

---

[74] Ver Janaína de Almeida Teles, *Os herdeiros da memória*, cit.
[75] Depoimentos de Cyrene Moroni Barroso, Julia Gomes Lund, Helena Pereira dos Santos, Alzira da Costa Reis, Consueto Ferreira Callado e Antônio Pereira de Santana. E ainda José Genoino Neto, Fernando Antônio Torres Portela, Wladimir Ventura Torres Pomar, Haroldo Borges Rodrigues de Lima, Aldo da Silva Arantes, Paulo César Fonteles de Lima, Criméia Alice Schmidt de Almeida, Danilo Carneiro, Dower Moraes Cavalcante, Glênio Fernandes de Sá e Elza de Lima Monerat. *Sentença da Ação Ordinária dos familiares de desaparecidos da Guerrilha do Araguaia*, Processo nº I-44/82-B, juíza Solange Salgado, 20/6/2003, p. 4-6.

Em 1993, o Tribunal Regional Federal reconheceu o direito "subjetivo público do indivíduo de sepultar e homenagear seus mortos, segundo sua crença religiosa", bem como entendeu ter a parte direito à prova, dando aplicação à norma do artigo 24 da Lei 8.159/91, que dispõe sobre a política nacional de arquivos públicos e privados, facultando ao Poder Judiciário, em qualquer instância, determinar a exibição reservada de qualquer documento sigiloso, sempre que indispensável à defesa de direito próprio ou esclarecimento de situação pessoal à parte. O TRF adotou o entendimento do Superior Tribunal de Justiça de que: "Se a pretensão dos autores depende de produção de prova requerida, esta não lhe pode ser negada, nem reduzido o âmbito de seu pedido, sob pena de configurar-se uma situação de autêntica denegação de justiça"[76].

Como no caso de Manoel Raimundo Soares, a União sustentou o esvaziamento da pretensão dos autores diante do advento da Lei dos Mortos e Desaparecidos (Lei 9.140/95). Os autores ressaltaram a obstinação da União em negar-se a cumprir mandado judicial e requereram a apresentação de prova conforme a aplicação da norma. A decisão judicial assinalou o prazo de trinta dias para a União apresentar o Relatório da Guerrilha, "sob pena de serem reputados verdadeiros os fatos aludidos". A União reafirmou que o aludido relatório de 1975 não existe[77].

No julgamento do mérito, a juíza Solange Salgado reconheceu que, diante de inúmeras provas presentes nos autos, tem-se que a ocorrência da Guerrilha do Araguaia é fato incontestável. E que o procedimento administrativo instaurado pela Lei 9.140/95 não é capaz de satisfazer a pretensão dos autores, que se referem a alguns dos direitos fundamentais como o direito à verdade, o direito à proteção da família e o direito de prestar aos extintos culto de tradição.

A União sustentou que os autores não demonstraram a presença efetiva de seus familiares "subversivos" na região do Araguaia e sua participação em conflito com os órgãos de segurança. E que, portanto, não seria devedora

---

[76] Ibidem, p. 7. A juíza Celene Maria Almeida concedeu uma liminar atendendo a apelação feita pelos autores para analisar o mérito da ação. "TRF obriga Exército a abrir arquivos sobre desaparecidos", *Correio Braziliense*, 18/8/1993, p. 4; Evannildo Mendes, "TRF determina abertura de arquivo sobre guerrilha", *O Estado de S. Paulo*, 18/8/1993, p. 11; "Forças Armadas terão que localizar corpos", *Folha de S.Paulo*, 18/8/1993, p. 11.

[77] Ibidem, p. 8-9. Baseado no artigo 359 do Código de Processo Civil.

de obrigação alguma com relação aos autores[78], desconsiderando, assim, o que já havia sido reconhecido pela Lei dos Mortos e Desaparecidos. A juíza, como nas sentenças dos casos citados, utilizou-se da Constituição de 1988, na qual está definido no artigo 37, § 6º, que: "As pessoas jurídicas de direito público e as de direito privado prestadoras de serviços públicos responderão pelos danos que seus agentes, nessa qualidade, causarem a terceiros, assegurando o direito de regresso contra o responsável nos casos de dolo ou culpa"[79].

A juíza Solange Salgado considerou a norma constitucional para determinar a responsabilidade do Estado quanto às violações dos direitos fundamentais e à garantia do pleno exercício dos direitos humanos. Ponderou, utilizando-se do Direito Internacional de Direitos Humanos, que o desaparecimento forçado constitui-se numa violação de caráter permanente, que está acontecendo no presente a torturar as famílias das vítimas, e que esta violação cessa apenas quando se desvenda o destino da vítima e se esclarecem as circunstâncias em que os fatos ocorreram. Em consonância com o entendimento das cortes Europeia e a Interamericana de Direitos Humanos, a juíza observou, no entanto, que se trata de uma violação múltipla e contínua de muitos direitos reconhecidos na norma constitucional brasileira e que surte efeitos prolongados no tempo. O desaparecimento forçado é um crime contra a humanidade particularmente cruel que, ademais, é destinado a elidir a lei[80].

A justiça reputou comprovada a existência da Guerrilha do Araguaia, em função também da apresentação de documentos de conteúdo probatório como o *Relatório da caravana dos familiares à região da Guerrilha do Araguaia*, de 1980. A natureza dos delitos e as circunstâncias em que foram praticados, no entanto, impedem a produção de prova nos moldes tradi-

---

[78] Ibidem, p. 12. Note-se que os militares não mudaram sua forma de tratar os dissidentes políticos.

[79] Ibidem, p. 15.

[80] Essas violações são: do direito à vida; à integridade pessoal; à liberdade e segurança pessoais; do direito a não ser detido ou preso arbitrariamente; a não ser submetido a torturas ou tratamentos cruéis, desumanos ou degradantes; ao reconhecimento da personalidade jurídica perante a lei; do direito a um recurso eficaz perante os juízes ou tribunais nacionais; direito a um juízo independente e imparcial e ao devido processo legal. Ibidem, p. 19. A definição de desaparecimento forçado, considerado crime contra a humanidade, rompe o limite da prescrição, pois este crime atenta contra seus familiares também. Ibidem, p. 15-21.

cionais. A forma de repressão que gera o desaparecido caracteriza-se pela supressão de todo elemento que permita comprovar a detenção arbitrária e o destino das vítimas, cuja intenção é justamente dissimular as provas. Por isso, a Corte Interamericana de Direitos Humanos "tem admitido, além da prova testemunhal ou documental, também a prova circunstancial, fundada em indícios e presunções, quando deles possam ser inferidas conclusões consistentes sobre os fatos"[81].

A longa duração da ação reitera que o Estado tem se negado a fornecer informações aos familiares ou proceder sérias investigações sobre o paradeiro das vítimas, o que a juíza Solange Salgado descreveu como "a opressão do silêncio fabricado".

Com base nesses fundamentos, a juíza julgou suficientes e consistentes as provas quanto à existência de prática do Exército de identificar os corpos dos guerrilheiros mortos, o seu desaparecimento e a responsabilidade da União. Ainda de acordo com a juíza, a Lei dos Mortos e Desaparecidos reconheceu a existência de uma política de Estado de desaparecimento forçado de dissidentes políticos e determinou o pagamento de indenizações. Contudo, segundo seu entendimento, o que se pleiteia na ação é o exercício do direito à verdade, bem como o direito de cultuar os mortos. Considerando o amplo alcance das obrigações do Estado em relação aos direitos fundamentais previstos no ordenamento jurídico brasileiro, de acordo com a decisão judicial, são grandes as possibilidades de medidas serem adotadas para garantir o respeito aos direitos humanos.

A indenização simbólica paga aos familiares das vítimas representa uma parcela pequena dessas obrigações[82]. A juíza esclareceu ainda que, entre os direitos fundamentais garantidos no artigo 5º da Constituição Federal de 1988 está incorporado o *direito à verdade*. A norma constitucional admite, no entanto, uma exceção. Essa hipótese ocorre ao se tratar de aspectos da defesa militar, estratégias comerciais e de política exterior ou atividades de

---

[81] Ibidem, p. 24-5. Cita o julgamento do caso Blake contra a República da Guatemala e o caso Godínez Cruz contra Honduras, apontando que a Corte entendeu não ser necessária uma prova direta que apontasse os causadores do desaparecimento como agentes governamentais, admitindo apenas uma conjunção de indícios relevantes para fundamentar a presunção judicial. De acordo com estes julgamentos, conferir o ônus da prova somente aos familiares das vítimas é perpetuar a injustiça.

[82] Ibidem, p. 25-31 e 37. Citou os casos Caballero Delgado, Velásquez Rodríguez, Neira Alegria e outros julgados na Corte Interamericana, que tratam das consequências e do sofrimento que o desaparecimento forçado acarreta às famílias.

inteligência da polícia. O pedido de informações dos familiares de desaparecidos não se enquadra na referida exceção, pois não se pode falar em risco algum à segurança da sociedade e do Estado decorridos tantos anos após a Guerrilha do Araguaia.

A juíza ressaltou ainda que:

> [...] não revelar as circunstâncias em que se deram os desaparecimentos, detalhando os fatos e suas motivações a fim de que possam ser descobertos os paradeiros das vítimas ou encontrados seus restos mortais, é fazer durar a ausência que tortura os familiares; corresponde a auxiliar aqueles que cometeram os delitos, fazendo perfeitos os seus crimes. [...] O direito a resgatar a verdade dos fatos ultrapassa as pessoas dos familiares e alcança toda a sociedade, a qual não interessa que tais barbáries sejam reproduzidas.

Solange Salgado entendeu que os relatórios militares entregues à Comissão de Representação Externa de Busca dos Desaparecidos Políticos do Congresso Nacional, em 1993, são concludentes quanto à existência de informações detalhadas sobre a Guerrilha do Araguaia[83].

Após 21 anos do início do processo, a Justiça considerou procedente o pedido dos familiares e determinou a quebra de sigilo das informações militares relativas a todas as operações de combate à guerrilha; determinou o prazo de 120 dias para a União informar onde estão sepultados os restos mortais dos guerrilheiros e proceder ao traslado dos mesmos e que sejam fornecidos os dados para serem lavrados os atestados de óbito; e ainda o prazo de 120 dias para a União apresentar todas as informações relativas à totalidade das operações militares relacionadas à guerrilha. Além disso, estabeleceu também que, para o cumprimento da decisão, faz-se necessário proceder à rigorosa investigação no âmbito das Forças Armadas para obter um quadro preciso e detalhado das operações realizadas na Guerrilha do Araguaia[84].

Desde a divulgação da sentença, entretanto, o governo brasileiro interpôs diversos recursos e embargos para impedir sua execução, argumentando que a decisão da juíza Solange Salgado estabeleceu exigências que foram além do pedido dos familiares na petição inicial de 1982. A diferença fundamental dessa ação de conhecimento em relação às demais citadas é que ela solicita a localização dos corpos dos desaparecidos políticos e os documentos que comprovam tais crimes. Procedendo como nas outras ações, os

---

[83] Ibidem, p. 40-1.
[84] Ibidem, p. 45-6.

governos civis do período democrático não forneceram qualquer tipo de informação referente aos crimes cometidos durante a ditadura.

Em resposta à sentença proferida, o governo federal ainda instituiu uma Comissão Interministerial, através do decreto 4.850, de 2 de outubro de 2003, cuja finalidade seria obter informações que levassem à efetiva localização dos restos mortais dos desaparecidos da Guerrilha do Araguaia. Após três anos e cinco meses de funcionamento, a referida comissão encerrou seus trabalhos com a divulgação de um relatório, em 28 de março de 2007.

No relatório, a Comissão indicou que seu objetivo "[...] não era fazer uso das informações para a revisão da chamada Lei de Anistia". O foco do seu trabalho seria a responsabilidade humanitária de restituir os restos mortais às famílias; e estabelecer a versão oficial do Estado brasileiro. "Tratava-se de buscar quem foi morto, onde foi enterrado e como isso ocorreu, sem explicar necessariamente os nomes dos perpetradores." As Forças Armadas alegaram não possuir documentos sobre a Guerrilha do Araguaia e ainda que estes "[...] foram destruídos sob o respaldo das legislações vigentes em diferentes períodos"[85]. As Forças Armadas, então, "[...] foram encarregadas de realizar investigações internas, resguardadas as prerrogativas legais das pessoas que se dispusessem a prestar informações ou depoimentos a respeito dos possíveis locais de ocultação dos corpos dos desaparecidos no episódio".

Os militares, então, entregaram quatro relatórios, os quais apresentaram a localização genérica dos sepultamentos. Utilizaram como fontes entrevistas realizadas com militares da ativa e da reserva, sem apresentar qualquer documentação a respeito. Duas expedições foram organizadas em agosto de 2004 para tentar encontrar os locais precisos onde estariam os restos mortais dos guerrilheiros, mas sem o conhecimento e acompanhamento da sociedade[86]. Em dezembro de 2006 nova expedição foi organizada, mas esta também "[...] não encontrou indícios de sepultamento"[87].

---

[85] Relatório da Comissão Interministerial criada pelo decreto nº 4.850, de 02/10/2003, como vistas à identificação dos desaparecidos da "Guerrilha do Araguaia", Brasília, 8/3/2007, p. 4. A Comissão foi coordenada pelo então ministro da Justiça, Márcio Thomaz Bastos, e inicialmente composta por José Dirceu, chefe da Casa Civil; José Viegas Filho, ministro da Defesa; Nilmário Miranda, chefe da Secretaria Especial dos Direitos Humanos; e assistida pelos três comandantes das Forças Armadas.

[86] Ibidem, p. 5.

[87] Ibidem, p. 6. Além disso, o relatório destacou a formação de um banco de dados de DNA, em setembro de 2006, que já coletou amostras de 75 parentes consanguíneos de 51 mortos e desaparecidos políticos.

A título de conclusão, o relatório, sem tornar públicos os dados e circunstâncias das investigações citadas, recomendou ao governo federal a utilização do instituto da "restauração de autos" do direito processual civil, considerando como dado a alegada destruição dos documentos militares. A Comissão recomendou também que o presidente da República desclassifique "[...] de qualquer grau de sigilo sobre qualquer documento público relativo ao objeto e período em tela, assim como o seu recolhimento ao Arquivo Nacional [...]"; e a revisão da legislação sobre o acesso e sigilo de informação e documentos públicos. Ao constatar que os depoimentos dos militares foram insuficientes, recomendou ainda ao Ministério da Defesa que mantenha instância permanentemente aberta para a oitiva de seus membros, com o fim de fornecer dados sobre a localização e identificação dos restos mortais dos guerrilheiros. Se estas propostas revelarem-se inócuas, a Comissão *sugere* ao presidente da República que determine às Forças Armadas a realização de "rigorosa investigação"[88], o que seria de esperar da Comissão Interministerial desde o início de seus trabalhos! Após 32 anos de espera, essas famílias deveriam continuar aguardando que o governo federal determinasse uma rigorosa investigação![89]

Em junho de 2007, o Superior Tribunal de Justiça (STJ) anulou a decisão do Tribunal Regional Federal da 1ª Região (TRF1), de 2004, a qual havia determinado a realização de uma audiência com ministros e autoridades militares sobre abertura dos arquivos a respeito da Guerrilha do Araguaia. O STJ, contudo, manteve o principal aspecto da decisão judicial: o governo deveria abrir os arquivos referentes à guerrilha num prazo de 120 dias.

Em setembro do mesmo ano, o presidente do STF, Joaquim Barbosa, decidiu retirar o *habeas corpus*, que desobrigava os ministros e autoridades militares a comparecerem à referida audiência, da pauta do Supremo depois que o advogado-geral da União, José Antônio Toffoli, comunicou-lhe verbalmente a decisão do STJ de anular a determinação da audiência. No dia 5 de novembro, a Advocacia Geral da União (AGU) recorreu ao STF, novamente, alegando inconstitucionalidade na decisão judicial de 2004. O ministro Ricardo Lewandowski julgou prejudicado o recurso, cuja decisão foi publicada no *Diário Oficial* de 5 de dezembro de 2007. Assim, desde

---

[88] Ibidem, p. 8-9.
[89] "Familiares não creem em versão sobre documentos do Araguaia", *O Globo Online*, 29/3/2007.

esta data, os autos foram enviados à primeira instância – o TRF da 1ª região, em Brasília. Em março de 2009, a AGU solicitou os autos da ação. Por determinação do presidente, coube ao Ministério da Defesa tomar as providências cabíveis.

A ação coletiva dos familiares da Guerrilha do Araguaia apresenta outra diferença em relação às demais aqui analisadas. Em 1995, os autores, ao considerarem que a justiça brasileira demorava em produzir uma resolução do caso, apresentaram uma petição à Comissão Interamericana de Direitos Humanos da OEA solicitando as informações sobre os desaparecidos da Guerrilha do Araguaia. Em março de 2001, a Comissão divulgou seu Relatório de Admissibilidade da petição e passou a analisar o mérito da solicitação[90].

Conforme mencionado, somente em 26 de março de 2009 o caso foi encaminhado para a Corte Interamericana de Direitos Humanos da OEA por esta considerar insuficientes as respostas fornecidas pelo Estado brasileiro.

Em seguida, no dia 29 de abril, o ministro da Defesa publicou uma portaria (nº 567/MD) que, sobrepondo-se à Lei 9.140/95, criou um grupo de trabalho com a finalidade de coordenar "as atividades necessárias para a localização, recolhimento e identificação dos corpos dos guerrilheiros e militares mortos no episódio conhecido como Guerrilha do Araguaia". Coordenada pela Exército, esta comissão foi constituída sem a participação da Comissão Especial de Mortos e Desaparecidos e da Secretaria Especial de Direitos Humanos (CEMDP), sem a presença de familiares dos guerrilheiros desaparecidos e do Ministério Público Federal.

No dia 2 de junho, familiares de desaparecidos da guerrilha, juntamente com Marco Antônio Barbosa e Belisário dos Santos Jr., presidente e membro da CEMDP, respectivamente, estiveram em audiência com Nelson Jobim, no Ministério da Defesa, em Brasília. Na ocasião, o ministro apresentou seu programa de trabalho para as buscas dos restos mortais dos guerrilheiros, tendo ao seu lado, "o general Brandão, do CIE". Jobim afirmou que os familiares poderiam participar como "observadores ativos" das buscas, pois dessa forma "legitimariam este trabalho".

A posição dos familiares foi a de recusar esta proposta, o que foi comunicado ao presidente Lula em carta entregue a ele, em 21 de junho de 2009, no Rio de Janeiro, na qual argumentaram que as Forças Armadas jamais

---

[90] Ver o relatório em Janaína de Almeida Teles (org.), *Mortos e desaparecidos políticos: reparação ou impunidade?* (2. ed., São Paulo, Humanitas/FFLCH/USP, 2001), p. 363-81.

poderiam coordenar esse tipo de trabalho, tendo em vista a magnitude da repressão que desencadearam na região, quando da Guerrilha do Araguaia. Denominada Tocantins e composta de 29 membros, a expedição de busca teve início no mês de julho e novamente os familiares protestaram:

> Esperávamos não ser convidados como meros "observadores ativos" das "ações de âmbito militar" dentro de uma árdua luta que nós encabeçamos há tantos anos. [...] É desesperador [...] saber que informações e pistas importantes acerca de nossos familiares podem estar sendo destruídas, já que na coordenação do grupo de trabalho está um general de brigada [Mário Lúcio Araújo], que declarou ao [jornal] *O Norte de Minas* sua defesa do golpe militar de 31 de março de 1964, data em que, segundo o general, "o exército brasileiro atendendo a um clamor popular foi às ruas contribuindo substancialmente e de maneira positiva, impedindo que o Brasil se tornasse um país comunista".[91]

No dia 21 de junho de 2009, em reportagem de Leonencio Nossa para *O Estado de S. Paulo*, divulgou-se informações dos arquivos pessoais do major Sebastião Curió Rodrigues de Moura, um dos principais repressores da Guerrilha do Araguaia. Os documentos contidos nesses arquivos informam que 41 guerrilheiros foram executados depois de presos – o que representa mais de 60% do total dos combatentes – e fornece dados sobre os momentos finais de vida de dezesseis deles, sobre os quais não se tinha nenhuma informação. Agora há a confirmação de um oficial militar comprovando as execuções!

Em 7 de julho de 2009, a Secretaria Especial dos Direitos Humanos da Presidência da República (SEDH/PR) e a Comissão Especial de Mortos e Desaparecidos Políticos confirmaram a identificação dos restos mortais do guerrilheiro Bergson Gurjão Farias, desaparecido na guerrilha em 1972, por meio de um exame de DNA feito pelo Laboratório Genomic. Seus restos mortais haviam sido retirados do cemitério pela Missão de Buscas de Restos Mortais organizada pela CEMDP em 1996, com a participação de familiares e de peritos da Equipe Argentina de Antropologia Forense (EAAF). Apesar das recomendações do relatório dos antropólogos forenses apresentado à época e de diversos pedidos dos familiares para que continuassem as

---

[91] Carta Aberta "Em resposta ao Governo Federal", 9/7/2009, assinada por 67 familiares de mortos e desaparecidos políticos e oito entidades de defesa dos direitos humanos. Segundo entrevista a Leonencio Nossa, o general declarou que "O Exército é o mesmo de antes, apenas se adapta a novas realidades", *O Estado de S. Paulo*, 11/7/2009, p. A8.

pesquisas das ossadas em laboratório, depois de descartada a possibilidade de que as ossadas fossem do guerrilheiro João Carlos Haas Sobrinho, a SEDH somente tomou providências muito tempo depois[92].

No dia 9 de julho, o ministro da Defesa, Nelson Jobim, declarou à Comissão de Direitos Humanos da Câmara Federal que a participação dos familiares foi vetada porque "[...] são parte interessada como autores [do processo] contra a União", bem como a dos membros do Ministério Público. De acordo com o jornal *O Estado de S. Paulo*, o ministro declarou ainda: "Não aceito revisionismo de um grande acordo político feito no País em 1979, que resultou na anistia. [...] Não haverá juízo de valor sobre a conduta dos militares na guerrilha"[93].

Diante da situação relatada acima, a execução da sentença judicial está comprometida e a cobrança por justiça, astuciosamente confundida com o ato de emitir "juízo de valor" sobre a tortura, os sequestros, os assassinatos, os crimes de violação de corpos (cabeças de guerrilheiros foram decepadas e mãos cortadas) e a ocultação de cadáveres. O que destaca ainda mais a importância assumida pela normativa internacional na proteção aos direitos humanos e a influência que pode exercer no ordenamento jurídico nacional. Contudo, passados catorze anos do envio da petição inicial à OEA, o Sistema Interamericano de Proteção dos Direitos Humanos, de modo simi-

---

[92] Secretaria Especial de Direitos Humanos da Presidência da República. *Identificados os restos mortais de Bergson Gurjão Farias*. Nota, 7/7/2009, SEDH/PR. Maria Lúcia Petit também foi encontrada no cemitério de Xambioá em 1991, durante os trabalhos organizados pela caravana composta por familiares e Comissão Justiça e Paz/SP, e identificada em 1996. Há a possibilidade de que os guerrilheiros mortos na I e II Campanha contra a Guerrilha do Araguaia, de 1972, estejam enterrados neste cemitério. Os nomes são: *Kleber Lemos da Silva, Idalísio Soares Aranha, Miguel Pereira dos Santos, Antônio Carlos Monteiro Teixeira, Francisco Manoel Chaves, José Toledo de Oliveira, Ciro Flávio Salazar Oliveira, João Carlos Haas Sobrinho, Manoel José Nurchis*, Juarez Rodrigues Coelho (camponês), Lourival de Moura Paulino (cemitério de Marabá); Sabino Alves da Silva (camponês – cemitério de Marabá), Helenira Rezende de Souza Nazareth (Oito Barracas). Os nomes em *itálico* indicam os mais prováveis de terem sido enterrados no cemitério de Xambioá. Ver *Dossiê ditadura*, cit.

[93] Vannildo Mendes, "Jobim veta parente de vítima em escavação no Araguaia", *O Estado de S. Paulo*, 10/7/2009, p. A6. Em função da repercussão negativa foi constituída uma Comissão de Supervisão, sob o comando Ministério da Defesa, formada pelo ministro Paulo Vannuchi e membros da CEMDP. Insatisfeitos com a condução dos trabalhos, a maior parte dos familiares encaminhou ao Procurador Geral da República uma representação solicitando a presença do MPF nas buscas para evitar que as provas dos crimes sejam destruídas.

lar ao que ocorre em âmbito nacional, tem demorado em demasia para julgar o mérito da demanda dos familiares de desaparecidos da Guerrilha do Araguaia, pouco contribuindo para tornar efetivos esses direitos.

Interrogando o presente: o encontro entre memória, história e justiça

Em outubro de 2004, três fotos desconcertantes de um homem nu e humilhado no cárcere, supostamente de Vladimir Herzog, foram publicadas no jornal *Correio Braziliense*. As fotos desenterraram da memória do país a história de um assassinato brutal e tornaram-se alvo de uma nota do Exército favorável à ação repressiva do período ditatorial, definida como "resposta à violência dos que recusaram o diálogo". A crise gerada pela posição inicial dos militares levou à renúncia do então ministro da Defesa, José Viegas. Entretanto, nenhum membro das Forças Armadas foi atingido. Clarice Herzog exigiu a apuração de tudo e declarou: "Ficar à mercê do jogo político é a única coisa que me mete medo." Logo depois, documentos da Agência Brasileira de Inteligência (Abin) foram mostrados à viúva e confirmou-se que as fotos não eram de Herzog, o que reacendeu o debate sobre a abertura dos arquivos públicos.

Nesta ocasião, Clarice Herzog falou da dificuldade de cicatrizar as feridas constantemente reabertas, que prolongam a dor de um luto inconcluso, mesmo passados tantos anos desde a vitória da ação judicial que responsabilizou o Estado pela morte de Herzog em 1978. Ao confirmar que as fotos eram de outra pessoa, Clarice desabafou: "Por um lado, foi um tremendo alívio ver que o homem nu, com o relógio no pulso, não era o meu marido no cárcere. Mas o saldo de toda essa confusão é a reabertura de feridas não cicatrizadas, é o viver de novo sentimentos terríveis, é a constatação de que todo esse passado sombrio precisa ser esclarecido"[94].

Desde os anos 1970, ainda durante a ditadura, diversos embargos e procedimentos burocráticos postergaram decisões judiciais e a sua execução sobre os casos de mortos e desaparecidos políticos, denegando o direito à verdade e à justiça, e impedindo a cicatrização dessas feridas. Essa luta ju-

---

[94] Tratava-se do padre canadense Leopold d'Astous, cuja prisão ilegal ocorreu em 1974 e foi conduzida pelo extinto Serviço Nacional de Inteligência (SNI). Laura Greenhalgh, "Fotos não são de Vlado, admite Clarice", *O Estado de S. Paulo*, 29/10/2004, p. A11.

rídica se confrontou com a interpretação de que a Lei de Anistia de 1979 fora *recíproca*, impedindo que os torturadores fossem levados aos bancos dos réus[95].

Enfrentando este obstáculo jurídico e político, em 2006 teve início uma ação civil declaratória movida pela família Almeida Teles contra Carlos Alberto Brilhante Ustra (comandante do DOI-CODI de São Paulo entre 1970 e 1974). Entre 1972 e 1973, Maria Amélia e César Teles, eu e meus irmão, Edson Luis, então com cinco e quatro anos respectivamente, e Criméia A. Schmidt de Almeida (grávida de sete meses), irmã de Maria Amélia, fomos sequestrados e torturados[96]. Presenciaram o assassinato do amigo, Carlos Nicolau Danielli, dirigente do PCdoB, nas dependências do DOI-CODI. De acordo com a ação, Ustra "[...] foi pessoalmente responsável pelas perseguições e torturas contra os cinco Autores, não só por ter chefiado a famigerada operação Oban [Operação Bandeirante], e por ter comandado o DOI-CODI do II Exército, mas também e, sobretudo, por ter praticado pessoalmente os atos de tortura". A ação requer o reconhecimento da ocorrência desses fatos e a responsabilização do réu sem exigir indenização pecuniária.

Em setembro de 2006, o juiz Gustavo Santini Teodoro, da 23ª Vara Cível de São Paulo, acolheu a ação declaratória impetrada contra Ustra – fato inédito no que diz respeito à responsabilização de torturadores no Brasil – por entender que a ofensa aos direitos humanos não está sujeita a prescrição. Em novembro ocorreu a primeira audiência, quando foram ouvidas as testemunhas de acusação. O réu não compareceu. As testemunhas indicadas por ele foram ouvidas nos respectivos estados onde residem, uma maneira de retardar o andamento do processo.

Em 9 de outubro de 2008, o juiz proferiu uma sentença que declarou o coronel Ustra torturador quando era comandante do DOI-CODI/SP, ao reconhecer sua responsabilidade pelo uso de violência contra a família

---

[95] O Conselho Federal da OAB contestou esta interpretação por meio da Arguição de Descumprimento de Preceito Fundamental (ADPF) nº 153, apresentada ao STF em novembro de 2008. Recuperei o debate jurídico travado em torno dessa interpretação entre os anos 1979 e 1982, momento em que diversos advogados e juristas já apontavam o erro ressaltado pela ADPF. Ver Janaína de Almeida Teles, *Os herdeiros da memória*, cit.

[96] O companheiro de Criméia, André Grabois, é desaparecido da Guerrilha do Araguaia desde 1973. Fábio Konder Comparato, Aníbal Castro de Sousa e Marília Barbour são os advogados da família.

Almeida Teles. Ao definir o DOI-CODI como "casa dos horrores", tomou decisão histórica e inédita no Brasil.

Em 4 de abril de 2008, foi apresentada à Justiça de São Paulo outra ação civil declaratória, sem pedido de indenização, contra o coronel Ustra, acusado por várias testemunhas de ser o principal responsável pela morte de Luiz Eduardo da Rocha Merlino, dirigente do Partido Operário Comunista (POC), em 19 de julho de 1971, após ser torturado no DOI-CODI/SP. A ação tem como autoras a ex-companheira de Merlino, Ângela Mendes de Almeida, e sua irmã, Regina Merlino Dias de Almeida. Em 23 de setembro de 2008, contudo, o Tribunal de Justiça de São Paulo acatou o agravo de instrumento impetrado por Ustra que pedia a suspensão do andamento do processo, argumentando carência de agir por parte das autoras, pois a Ação Declaratória não seria o meio processual para discutir o pedido feito (reconhecimento da tortura sofrida por Merlino). Por dois votos a um, a 1ª Câmara de Direito Privado do TJ paulista deu provimento ao recurso e extinguiu o processo contra o ex-coronel. Fábio Konder Comparato e Aníbal Castro de Sousa, advogados dos familiares de Merlino, recorreram da decisão. De acordo com Comparato, não há razão para a extinção do processo, já que a ação declaratória seria um caminho adequado para alcançar o pedido formulado pela família de Merlino, existindo precedente no Judiciário para tanto[97].

Essas ações promovidas por familiares de militantes assassinados pela repressão política destacam um aspecto ético da luta por "verdade e justiça": o direito de presenciar e ouvir, publicamente e com as garantias da Justiça, as narrativas doloridas de quem esteve nos cárceres da ditadura e de seus algozes. Desse modo, as vítimas vislumbram algum conforto ao ouvir os testemunhos diante do juiz.

Um outro tipo de ação, inédita e corajosa, foi proposto em 14 de maio de 2008 pelo Ministério Público Federal em São Paulo, que ajuizou uma ação civil pública contra a União e os coronéis reformados Carlos Alberto Brilhante Ustra e Audir Santos Maciel, ex-comandantes do DOI-CODI/SP no período de 1970 a 1976. O MPF pede que os dois ex-chefes do órgão sejam pessoalmente responsabilizados pela tortura, morte e desaparecimento de 64 pessoas naquele órgão de repressão no referido período. O MPF

---

[97] Eduardo Ribeiro de Moraes, "TJ-SP extingue processo contra coronel acusado de tortura", *Boletim Última Instância*. Disponível em: <http://ultimainstancia.uol.com.br/noticia/56486.shtml>.

pretende que as Forças Armadas revelem o nome de todas as vítimas do DOI-CODI/SP, as circunstâncias das prisões e das violências que sofreram, além de tornarem públicos todos os documentos sobre o órgão. Pede a declaração de que Ustra e Maciel comandaram um centro de prisões ilegais e que sejam condenados a não mais exercerem função pública. A ação pretende ainda que os dois militares sejam obrigados a reembolsar à União os custos das indenizações pagas às famílias das 64 vítimas, cujo valor estimado é de dez milhões. A ação é assinada pelos procuradores da República Eugênia Augusta Gonzaga Fávero, Marlon Alberto Weichert, Adriana da Silva Fernandes, Luciana da Costa Pinto, Sergio Gardenghi Suiama e Luiz Fernando Gaspar Costa[98].

No âmbito internacional, impulsionados por uma campanha promovida por Argentina e França, 59 países assinaram a *Convenção contra a Desaparecimento Forçado*, em 7 de fevereiro de 2007, colocando sob o manto do direito internacional um dos crimes que apresentam um quadro de maior impunidade nas últimas décadas[99]. O Brasil, embora tenha assinado este e diversos outros tratados internacionais de defesa dos direitos humanos, insiste em não enfrentar o assunto dentro de suas próprias fronteiras.

Durante a ditadura, a aparência de normalidade, traço significativo nos regimes totalitários para viabilizar sua eficácia, visava impedir o reconhecimento de que vivia-se num regime arbitrário e de exceção. A visão de que a tortura teria sido incidental nesse período ainda se manifesta no uso de um vocabulário revelador de um parasitismo com a linguagem da ditadura, tal como o de que a prática violenta e cotidiana da repressão política não passou de "excesso" ou "acidente de trabalho"[100] no combate a "terroristas" ou de que o país era comandado por generais divididos entre "radicais" e "moderados"[101].

---

[98] Outras ações, penais, foram propostas pelo MPF/SP referentes ao assassinato de Luiz José da Cunha e Manoel Fiel Filho, mas apenas a de Fiel Filho foi aceita pela justiça, após julgamento de recurso apresentado pelo MPF/SP. Ver site: <http://www.prr3.mpf.gov.br/index.php?option=com_content&task=view&Itemid=184>.

[99] "AL defende 'verdade' como direito humano", *Folha de S.Paulo*, 14/3/2005, p. A10; Eduardo Febbro, "Un gran día para la condición humana", *Página 12*, Buenos Aires, 7/2/2007. Ver a Lei 11.111/2005 e o tema do direito à verdade e à informação na página "Desarquivando o Brasil" do site <http://www.desaparecidospoliticos.org.br>.

[100] Jacob Gorender, *Combate nas trevas: a esquerda brasileira, das ilusões perdidas à luta armada* (5. ed., São Paulo, Ática, 1998), p. 259-61.

[101] Idelber Avelar, *Alegorias da derrota: a ficção pós-ditatorial e o trabalho do luto na América Latina* (Belo Horizonte, Humanitas, 2003), p. 81.

O esquecimento é impossível para aqueles que viveram situações-limite como o assassinato sob tortura e o desaparecimento forçado. A atuação dos familiares, desde o início de suas buscas, se caracterizou pela organização de diversos *dossiês* sobre seus parentes. Tornaram-se, assim, colecionadores das marcas do passado. À semelhança do "colecionador" de Walter Benjamin[102], indicam uma perspectiva que propõe mais do que o combate ao impedimento à memória sobre nosso passado recente. Ao constituírem os *dossiês*, em que constam as marcas das vidas e as das mortes que delimitam suas perdas, estabelecem novas bases de ordenação e arranjo do seu mundo e de seu entorno. Realizam uma aproximação íntima e privada, mas constroem também uma maneira de "provar" seu legado e as responsabilidades dos que cometeram esses crimes. Assim, os familiares provocam, perturbam, interrogam e redimensionam o presente. Como sobreviventes de um tempo difícil de rememorar, ao colecionarem os fragmentos que fazem lembrar os seus, assumem-se como os herdeiros da dor.

As famílias guardam e resguardam a memória dos seus, sonham de maneira apaixonada com os caminhos de um mundo melhor, mais justo, livre da impunidade e menos submetido à humilhação das propostas que orbitam em torno da utilidade das razões de Estado. Razões que sempre alegam a estabilidade institucional, invocada a cada crise supostamente gerada pelas denúncias dos crimes cometidos durante a ditadura ou diante das ameaças de retorno da violência militar do passado.

A busca desses familiares está carregada das dimensões ética e política. Ainda que não possamos recuperar muitos dos eventos da luta revolucionária ou da resistência à ditadura, essas histórias reiteradamente contadas e modificadas irrompem no presente e delas podemos extrair seus tesouros, que o tempo sedimenta. Por meio da luta dos familiares de mortos e desaparecidos por "verdade e justiça", eles traçam e retraçam os limites de suas (nossas) identidades e da sua incessante busca por delinear o encontro consigo e com os outros, bem como as fronteiras entre memória, história e justiça[103].

---

[102] Hannah Arendt, "Walter Benjamin (1892-1940)", em *Homens em tempos sombrios* (São Paulo, Companhia das Letras, 1987).

[103] Sobre a relação complementar existente entre memória, história e justiça, ver Paul Ricoeur, *A crítica e a convicção* (Lisboa, Edições 70, 1997). Cecília MacDowell Santos destaca o potencial transformador das mobilizações jurídicas transnacionais, como é o caso das lutas jurídicas pelo direito à memória política, mesmo que não desafiem diretamente o sistema capitalista. Ver Cecília MacDowell Santos, "A Justiça a serviço da memória", cit.

ENTRE JUSTIÇA E VIOLÊNCIA: ESTADO DE EXCEÇÃO NAS DEMOCRACIAS DO BRASIL E DA ÁFRICA DO SUL

Edson Teles

O século XX assistiu ao conflito de um movimento contraditório nas várias encenações do discurso público dos direitos humanos. A efetivação dos direitos em políticas institucionais e nas normas do direito internacional caminhou conjuntamente ao uso indiscriminado da violência por parte dos estados. A humanidade conheceu um novo regime político, o totalitarismo, no qual a vida passou a ser o elemento determinante da ação de governo. O fenômeno totalitário constituiu o estado máximo de deformação da condição humana e o terror reduziu o indivíduo a um objeto, incapacitando-o para a ação política. É nesse cenário que direitos como o da imprescritibilidade dos crimes contra a humanidade – sem extinção por tempo e sem limites nacionais – surgem nos debates sobre o dever de memória e justiça das novas democracias. O que há de biológico no humano configura-se como elemento fundamental da política e também das declarações de direitos humanos: o fato de sermos seres viventes aquém e além de qualquer cidadania.

As democracias nascidas nas últimas décadas surgem como herdeiras de regimes autoritários ou totalitários. Assim foi no Leste Europeu após a queda dos governos pró-soviéticos, e igualmente com as poucas democracias substitutas do colonialismo tardio na Ásia e na África. Na América Latina, ocorreu algo semelhante: o fim das ditaduras militares foi o momento originário da política democrática. A marca do novo regime político é a promessa de desfazer a injustiça do passado. Tanto o Brasil, após a ditadura, quanto a África do Sul, em seguida ao *apartheid*, são países que buscam construir a democracia dos direitos humanos.

No Brasil, tivemos uma longa ditadura instaurada com o golpe militar de 1964 e que, desde seu início, optou por reprimir brutalmente os opositores e praticar violações aos direitos humanos. Milhares de pessoas tiveram seus direitos políticos e civis cassados, uma nova Constituição foi outorgada (1967) e a censura estabelecida. As instituições da democracia de apenas dezenove anos (1945-1964) foram substituídas ou assimiladas pelo Estado autoritário fundado sob a Doutrina de Segurança Nacional. O Preâmbulo do primeiro Ato Institucional, assinado em 9 de abril de 1964, proclamava um regime de exceção legitimado em uma situação de emergência e dotado da *força de lei*[1] revolucionária, "de maneira a poder enfrentar, de modo direto e imediato, os graves e urgentes problemas de que depende a restauração da ordem interna". O regime somente viria a terminar com o retorno dos civis em 1985, via Colégio Eleitoral. Em sua substituição, engendrou-se a atual democracia ordenada por uma Constituição (1988) avaliada como uma das mais avançadas em termos de direitos civis e sociais. Aparentemente, a transição conciliou o país no esforço de remoção do "entulho autoritário"[2] e de esquecimento do trauma passado, estabeleceu o rodízio de partidos no governo e possibilitou o *impeachment* de um presidente eleito. Um regime discricionário e violento, com um modo autoritário de ação e de controle sobre a vida, daria lugar ao regime do consenso normativo de respeito à vida e de superação das injustiças do passado, tanto das violações da ditadura recente quanto as da catequização dos índios ou da escravidão. Seria o processo de consolidação das instituições democráticas.

---

[1] A *força de lei* segue uma tradição no direito romano e medieval e tem o sentido geral de capacidade e eficácia de obrigar e designa, a partir da Revolução Francesa, também a impossibilidade de anulação ou modificação da lei, sua condição de inalterável, mesmo diante do poder soberano. Tal possibilidade de exceder o direito sem dele sair, insere-se na ideia da "força de lei" – a vigência da lei sem sua aplicação. Na aplicação da exceção não ocorre apenas a interrupção na administração da justiça, mas desaplica-se o próprio direito – como indica o termo jurídico do direito romano *iustitium* (interrupção, ou suspensão do direito). Em situações nas quais não se pudesse mais garantir o bem comum e o bom ordenamento, a tradição romana abandonava o direito e a sua aplicação; quando este se tornava um entrave, era suspenso por meio de um *iustitium*, o que permitia o uso da violência contida em potência na "força de lei". Giorgio Agamben, *Estado de exceção* (São Paulo, Boitempo, 2004), p. 79. Cf. Jacques Derrida, *Força de lei* (São Paulo, Martins Fontes, 2007).

[2] O "entulho autoritário" refere-se às várias instituições e leis utilizadas pela ditadura militar, assim nomeadas nos anos de transição. Entre elas, podemos citar os DOI-CODIs, os DOPS estaduais, a Lei Falcão, entre outras já inexistentes, e outras que permaneceram até os dias atuais, como, por exemplo, a Febem, o controle militar da segurança pública, as leis de Imprensa e de Segurança Nacional.

Já na África do Sul, o regime de segregação racial começou ainda sob a colonização e se configurou como uma das piores experiências políticas da humanidade. Em 1948, o *apartheid* se transformou em princípio da Constituição nacional e, durante a década de 1960, intensificou a separação territorial e de direitos civis entre brancos e negros. Começava a classificação da sociedade em *white*, *black* e *colored* (estes últimos asiáticos e indianos ou os nascidos da miscigenação entre os grupos anteriores). Após cerca de quarenta anos de imposição violenta do regime de segregação racial, abrem-se as negociações visando ultrapassar os anos de violência política e opressão em busca de um processo de reconciliação. Um regime de separação violenta entre os homens foi substituído pela nova democracia, cuja Constituição "estabeleceu um ponto histórico entre o passado de uma sociedade profundamente dividida, marcada pela luta, pelo conflito, sofrimentos não ditos e injustiça e um futuro fundado sobre o reconhecimento dos direitos dos homens, sobre a democracia e uma vida tranquila lado a lado"[3].

Os casos do Brasil e da África do Sul apresentam alguns aspectos similares e outros bem distintos, que nos permitem levantar uma série de questionamentos sobre o que é a ação política no presente, especialmente nas democracias com legado autoritário: qual o papel desempenhado pelo passado no tempo presente e, em especial, o papel da memória dos anos autoritários na ação política atual? É possível nos esquecermos dos horrores vividos e nos voltarmos para um futuro sem violência? Ou a memória hiperbólica da tortura e da manipulação do corpo continua a habitar o cenário da democracia, fazendo parte do elo entre a rua e a casa, entre o político e o biológico?

A vontade geral e o corpo do opositor

No que concerne à razão de Estado, as medidas de exceção não estão fora da jurisdição da estrutura legal, pois, em princípio, são medidas soberanas de governos forçados a atitudes extremas diante de situações emergenciais. A medida de emergência se assemelha ao direito à legítima defesa, que deveria ser considerado dentro de situação de legalidade e, em favor desta, ser acionado. De fato, mais importante do que a "verdadeira" necessidade é quem a diz, quem decide sobre a exceção. Não há necessidade objetiva em si; há um dizer sobre ela, subjetivo, que foi do rei, no Estado

---

[3] "Epílogo" da Constituição Provisória da transição na África do Sul. O texto integral está disponível em: <http://www.doj.gov.za/trc/trc_frameset.htm>.

absoluto, depois dos militares, nas ditaduras, e, no Estado de direito, é do Congresso Nacional e do Poder Executivo.

A situação gerada pela exceção não se classifica nem como de fato, nem como de direito. Está excluída das normas jurídicas, mas não é somente um fato, pois se origina no direito. A figura do soberano não atua para controlar o grau ou características da exceção, mas para criar e determinar o lugar e as condições de ação do ordenamento jurídico-político. Portanto, o soberano não está restrito ao que está dentro ou fora da normalidade, tampouco sobre o momento da exceção, mas a estabelecer o limiar entre uma situação e outra, entre o interno e o externo, situando-se "naquelas complexas relações topológicas que tornam possível a validade do ordenamento"[4]. O limite no qual se dá a indiferença entre externo e interno, exclusão e inclusão é sempre renovado nas decisões do soberano, fato que reafirma um indecidível.

Os anos de Guerra Fria incrementaram o uso permanente das declarações de Estado de exceção, trocando-as por doutrinas de segurança nacionais e técnicas de governo. No Brasil, a Doutrina de Segurança Nacional surge nas Forças Armadas a partir dos contatos com os militares norte-americanos, desde as ações da Força Expedicionária Brasileira (FEB), ainda na Segunda Guerra Mundial. Sua elaboração e divulgação em discurso ideológico ficaram sob o encargo da Escola Superior de Guerra (ESG), uma das instituições que mais formaram militares para os principais postos de comando na ditadura. Antes do golpe de 1964, a ESG já articulava os vínculos entre empresários e militares e, logo em seguida, criou o Serviço Nacional de Informações (SNI), fortalecendo o setor que viria a ser peça-chave do regime.

Os militares instrumentalizaram uma apropriação peculiar do conceito de representação política, permitindo uma inversão de sua prática durante a ditadura: "é porque se governa que se é representante"[5]. No Ato Institucional nº 1 é estabelecida por decreto a relação entre o governo e a vontade geral do país:

> A revolução se distingue de outros movimentos armados pelo fato de que nela se traduz, não o interesse e a vontade de um grupo, mas o interesse e a vontade da nação. A revolução vitoriosa se investe no exercício do Poder Constituinte. Este se manifesta pela eleição popular ou pela revolução. Esta é a forma mais expressiva e mais radical do Poder Constituinte. Assim, a revolução vitoriosa, como Poder Constituinte, se legitima por si mesma.

---

[4] Giorgio Agambem, *Estado de exceção*, cit., p. 26.
[5] Marilena Chaui, "A tortura como impossibilidade da política", em Branca Eloysa (org.), *I Seminário do Grupo Tortura Nunca Mais* (Petrópolis, Vozes, 1987), p. 32.

Segundo a lógica instituída, o ordenamento jurídico é precedido por uma ordem, a democrática, e demanda, devido ao risco de sua degeneração, o estabelecimento de uma outra ordem, aquela legitimada pelo "Poder Constituinte". Se, eventualmente, a ordem sofrer alterações ou perturbações, caberá ao soberano o julgamento sobre as condições de anormalidade. Consequentemente, também nas mãos dele estará a decisão sobre o Estado de exceção, definindo aquilo que se exclui do ordenamento por um mecanismo interno à própria política: a necessidade de manutenção da ordem. As normas se relacionam com a exceção por meio de sua própria suspensão, de modo que o excluído se inclui na ordem interrompida, adiada para outro momento. Não esqueçamos a promessa do golpe de 1964: o restabelecimento da ordem, por meio de uma nova norma, em movimento caracterizado como provisório por seus autores. Ao tomar o Estado, os militares passaram a representantes da sociedade, identificando o governo com a vontade geral, expressa pelo signo da Doutrina de Segurança Nacional e do Estado de exceção.

Na história do Brasil, o Estado de exceção surgiu como estrutura política fundamental, prevalecendo enquanto norma quando a ditadura transformou o *topos* indecidível em localização sombria e permanente nas salas de tortura. Segundo Marilena Chaui, quando a tortura foi incluída na normalidade e o governo militar constituiu-se no único sujeito absoluto da nação, a política tornou-se o controle da vida e do corpo:

> No caso do regime de 64, à moda do terror do nazifascismo e da monarquia medieval, a representação sofreu uma inversão profunda: é porque se governa que se é representante. Este aspecto é fundamental para que compreendamos porque a tortura foi institucionalizada. Em outras palavras: governar transforma alguns em representantes que é preciso saber o que representam. Representam o governo o qual, representando-se a si mesmo, identifica-se com a vontade geral, isto é, com a nação sob o signo da Segurança Nacional. Uma vez que representam a Segurança Nacional, os membros do governo consideram-se providos do direito e do dever de defendê-la e, nessa defesa, institucionalizam a tortura. Em outros termos, recuperam do terror e da monarquia absoluta o direito de vida e morte sobre toda a sociedade.[6]

Normalmente localizada entre as celas do sistema prisional e como parte integrante dos modos de penalização, a sala de tortura, entretanto, não se encontra nem dentro nem fora da ordem jurídica. A tortura não se inscreve

---

[6] Idem.

na norma, mas projeta-se como um dentro e fora do ordenamento e atinge a sociedade por meio de seu simbolismo do terror. Diferente de um espaço de detenção – normatizado pela lei –, a sala de tortura, lugar absoluto da exceção, dilacera a ligação entre localização e ordenamento. As decisões do soberano ditatorial estavam, via mecanismo de inversão da representação, legitimadas por uma alteração de valores políticos tacitamente aceita por grande parte da sociedade. A institucionalização da tortura foi uma das principais características da força de lei dos atos institucionais e indicou a relação de distância e proximidade entre a exceção e a ordem.

A violência do Estado de exceção se tornou organizada e institucionalizada e a letra da lei foi suspensa em sua aplicação e mantida vigente sob a forma de uma força necessária e legítima, como descreveu Jacob Gorender em *Combate nas trevas*:

> Para começar, lembremos a militarização dos julgamentos por crimes capitulados na Lei de Segurança Nacional, a partir do Ato Institucional nº 2, de outubro de 1965. Depois de entregues aos tribunais militares, os acusados de crimes políticos tiveram suspensa a prerrogativa do *habeas corpus*, a partir do Ato Institucional nº 5, de dezembro de 1968. A processualística dos julgamentos pela Lei de Segurança Nacional de setembro de 1969 se tornou arbitrária, sem que a letra da lei valesse de alguma coisa aos advogados dos réus.[7]

Figura jurídica anômala da constitucionalidade do Estado autoritário, seu produto mais discricionário no Brasil foi o Ato Institucional nº 5 (AI-5)[8], assinado em 13 de dezembro de 1968. Esse decreto ampliou os poderes de exceção do cargo de presidente ao estender-lhe o direito de decretar Estado de sítio e fechar o Congresso Nacional (artigos 1º, 2º e 7º), concedendo o domínio absoluto sobre os estados da Federação (artigos 3º e 6º) e extinguindo vários direitos civis e políticos (artigos 4º, 5º e 8º), especialmente o *habeas corpus* (artigo 10º). O Ato Institucional nº 14, de 14 de outubro de 1969, instituiu a pena de morte. De fato, investiu

---

[7] Jacob Gorender, *Combate nas trevas: a esquerda brasileira, das ilusões perdidas à luta armada* (São Paulo, Ática, 1987), p. 226.

[8] Decretado pelo presidente Arthur da Costa e Silva, o AI-5 foi aprovado e coassinado pelo Conselho de Segurança Nacional, composto dos seguintes membros: Luís Antônio da Gama e Silva, Augusto Hamann Rademaker Grunewald, Aurélio de Lyra Tavares, José de Magalhães Pinto, Antônio Delfim Netto, Mário David Andreazza, Ivo Arzua Pereira, Tarso Dutra, Jarbas Passarinho, Márcio de Souza e Mello, Leonel Miranda, José Costa Cavalcanti, Edmundo de Macedo Soares, Hélio Beltrão, Afonso de A. Lima e Carlos F. de Simas.

o Estado da prerrogativa de manipulação dos corpos e, portanto, da vida dos cidadãos.

O corpo passa a ser fundamental para a ação do regime. Se a sala de tortura tem como resto de sua produção um corpo violado e se o assassinato político produz o corpo sem vida, o desaparecimento de opositores fabrica a ausência do corpo. No caso do desaparecido político, sabe-se da existência de um corpo (desaparecido) e de uma localidade (desconhecida). O significativo aumento de desaparecidos políticos a partir do AI-5[9] estabeleceu esta peça jurídica como a implantação do Estado de exceção permanente.

A ampliação dos domínios da Doutrina de Segurança Nacional, via AI-5, garantiu a impunidade aos agentes da repressão e criou o terrorismo de Estado. Lê-se em um de seus artigos: "excluem-se de qualquer apreciação judicial todos os atos praticados de acordo com este Ato Institucional e seus Atos Complementares, bem como os respectivos efeitos" (artigo 11). O AI-5 foi extinto em dezembro de 1978, mas alguns de seus dispositivos foram, ao longo dos dez anos de sua existência, inseridos na Constituição e na Lei de Segurança Nacional.

O controle social da soberania sobre o corpo do opositor foi incluso também na prática judicial da ditadura, denotando uma política articulada, pois combina os desaparecimentos com uma grande quantidade de processos judiciais. Segundo o pesquisador norte-americano Anthony Pereira, o controle social também se efetiva com o uso do direito, inclusive para se legitimar:

[...] o Brasil foi o [país] que viveu menos justiça de transição após a transição democrática, em parte porque a legalidade autoritária – gradualista e conservadora – de seu regime militar envolveu a participação de boa parte do *establishment* jurídico e continuou a ser legitimada sob a democracia.[10]

A prática de uma ação estatal de repressão planejada fica explícita quando observamos os números judiciais da repressão. Se no Brasil desapareceram ou morreram pouco mais de 400 pessoas, na Argentina foram aproximadamente 20 mil e, no Chile, 5 mil. Por outro lado, o Brasil abriu 7.378 processos, enquanto nos tribunais argentinos esta cifra chega a irrisó-

---

[9] Cf. <http://www.desaparecidospoliticos.org.br>. Acessado em maio de 2009.

[10] Anthony Pereira, "Sistemas judiciais e repressão política no Brasil, Chile e Argentina", em Cecília MacDowell Santos, Edson Teles e Janaína de Almeida Teles (orgs.), *Desarquivando a ditadura: memória e justiça no Brasil* (São Paulo, Hucitec, 2009), p. 219.

rios 350 processos[11]. O mais impactante da "judicialização" foi o legado de uma estrutura autoritária no sistema jurídico, burocratizada e inoperante, alimentando a cultura de impunidade presente no Estado de direito.

O *apartheid* biológico

O regime de segregação racial na África do Sul principia durante a colonização. Conhecida dos europeus, oficialmente, desde 1497, momento em que o navegador português Vasco da Gama fundou a localidade de Porto Natal, somente entrou no processo da colonização de fato a partir de 1652, quando os primeiros colonos holandeses (os bôeres) a serviço da Companhia Holandesa das Índias Orientais desembarcaram na Cidade do Cabo, no extremo sul do país.

Em 1795, os ingleses, com poderio militar superior, invadiram e tomaram posse do território, submetendo bôeres e africanos. Em 1834, o Parlamento britânico aboliu a escravatura, os bôeres se viram, então, em situação delicada, pois sua produção dependia da exploração do trabalho escravo. Fugindo do domínio inglês, os bôeres começaram a se deslocar em direção ao norte e a fundar repúblicas independentes da Grã-Bretanha, as nações africâneres. No entanto, a descoberta de ricas minas de diamante e ouro fez com que a Inglaterra iniciasse o conflito conhecido como Guerra dos Bôeres. Cerca de 26 mil bôeres, inclusive mulheres e crianças, morreram em campos de concentração ingleses. O domínio soberano dos ingleses foi garantido por meio do controle da vida matável no sul da África.

Em 1902, foi assinado o acordo de paz que incorporou as repúblicas independentes ao Reino Unido. Durante todos esses anos, os africanos mantiveram sua resistência aos colonos, mas cada vez com menos força. A descartabilidade da vida continuou, de outros modos, na série de instrumentos fabricados para o controle biológico do ser político. Com forte presença demográfica entre os brancos, os bôeres pressionaram pelo acordo com os ingleses e fundaram, em 1910, a União Sul-Africana. Com direito à formação de um governo autônomo do Reino Unido, na nova nação o negro não foi considerado cidadão. Pela primeira vez na história do país é utilizado o termo *apartheid* (segregação, do inglês *apartness*), na campanha

---

[11] Exceção à política de judicialização brasileira foi o caso da Guerrilha do Araguaia, episódio no qual nenhum dos detidos foi processado e quase todos se encontram na situação de mortos ou desaparecidos (cerca de setenta pessoas).

do Partido Trabalhista para o Parlamento sul-africano. A partir de então, a nova nação começa a estabelecer uma série de medidas visando aumentar a exploração dos negros. É o caso do *Natives Land Act*, de 1913, obrigando os africanos, 67% da população, a habitar em somente 7% do território nacional. Nos anos 1940, o Partido Nacional africâner passa a monopolizar o poder, cria o *apartheid* como regime político e o transforma em princípio da Constituição nacional.

Ao incluir a vida e o seu controle como questão central da política do país, o regime segregacionista instituiu a indefinição sobre o que está dentro e fora do ordenamento: o ser vivente negro. Grande parte da população somente está incluída no ordenamento como elemento a ser descartado, o que constitui a maior característica da presença permanente do Estado de exceção no *apartheid*. Os limites do espaço ocupado pelo soberano impõem a compreensão da topologia, no paradoxo inclusão/exclusão, do ordenamento jurídico e da política. O espaço, elemento de poder, aparece em 1951, quando são criados os governos das regiões exclusivas de negros, *homelands*, nas quais os habitantes poderiam escolher seus administradores e ter certa "cidadania" sem, no entanto, ter qualquer direito fora das suas fronteiras.

A transição do consenso

No Brasil, há uma identificação quase automática entre Estado de exceção e ditadura militar, e pouco se aprofunda nas pesquisas a questão do *topos* da exceção na política democrática. O argumento de fundamentação do Estado de exceção encontra-se na ideia de "estado de necessidade", uma razão maior do que as estabelecidas pelo ordenamento político e, especialmente, o jurídico. Por localizar-se em um espaço indefinido entre a rua e a instituição, ou entre a política e o direito, tem-se dificuldade de reconhecer sua presença na democracia.

O filósofo italiano Giorgio Agamben, no livro *Estado de exceção*, coloca duas questões de destaque na compreensão da exceção: a primeira é a dificuldade em definir os limites entre ação política e ordenamento jurídico, o lugar provável da exceção; a segunda, que neste artigo ganha em importância, é identificar a exceção como modo de agir em democracia. "Se a exceção é o dispositivo original graças ao qual o direito se refere à vida e a inclui em si por meio de sua própria suspensão"[12], então, se faz necessário pen-

---

[12] Giorgio Agambem, *Estado de exceção*, cit., p. 12.

sar em como o Estado democrático relaciona vida e política, especialmente nas condições de um legado autoritário e de violência. Refletir sobre qual o estatuto da ação política na democracia demanda o trato sobre certa continuidade do autoritário nas relações democráticas.

A transição brasileira começou a ser formulada pelos militares já em 1974, com o início da presidência do general Ernesto Geisel (1974-1978), por meio de uma *abertura lenta, gradual e segura*. Estava em questão o estatuto político da nova democracia e, principalmente, que se mantivesse o poder político e o controle das Forças Armadas sobre o sistema de segurança pública e policial[13]. Ainda em 1977, o governo impôs o Pacote de Abril, fechando o Congresso Nacional por quinze dias e outorgando uma série de medidas para limitar as possibilidades de ruptura na *abertura*: eleição indireta para governadores incorporada à Constituição; seis anos de mandato presidencial; senadores biônicos, eleitos indiretamente; entre outras. O governo mantém as medidas de abertura gradual nas ações de outubro de 1978, quando extingue a capacidade do presidente de fechar o Congresso Nacional e de cassar direitos políticos, restitui o *habeas corpus*, suspende a censura prévia e abole a pena de morte. Logo em seguida, no mês de dezembro, é tornado extinto o AI-5.

O reforço da exceção como momento originário da democracia entra definitivamente no ordenamento com a volta, ainda no regime ditatorial, do direito a apresentar seu corpo livremente à sociedade, via *habeas corpus*. O corpo incluído na lei acentua sua própria exclusão da lei com o corpo ausente do desaparecido político, o corpo violentado da vítima de tortura, o da testemunha imolada pelas incompreensíveis narrativas do trauma, e mantém-se hoje inscrito nas salas de tortura das delegacias e nos corpos matáveis pelas *balas perdidas*.

O paradoxo da democracia dos direitos humanos, fundada na inclusão do sujeito na política e em sua exclusão pela violência, fica mais evidente com o *habeas corpus* na medida em que, no momento de sua restituição, em 1978, tratava-se de assegurar a vida do corpo oposicionista ou vítima da repressão do Estado, mas na forma consolidada pela democracia se transforma em obrigação para o Estado, levado a exibir o corpo detido. "*Corpus* é um ser bifronte, portador tanto da sujeição ao poder soberano quanto das

---

[13] Cf. Jorge Zaverucha, "Relações civis-militares: o legado autoritário da Constituição de 1988", neste volume.

liberdades individuais."[14] Da mesma forma que na esfera do direito o corpo se reveste de relevância e de certa subjetividade com a volta do *habeas corpus*, no âmbito político a ausência do corpo desaparecido e o silêncio do corpo torturado ganha visibilidade.

No caso dos mortos e desaparecidos, a lei instituiu um atestado de paradeiro ignorado, com morte presumida, eximindo o Estado de apuração das circunstâncias dos crimes ou mesmo do paradeiro dos corpos. O crime de desaparecimento forçado simplesmente não foi tema de discussão, nem mesmo para objetivamente ser esquecido. É a lembrança de uma presença que não sabemos onde se encontra e que está sujeita a ser apagada, mas cuja existência é ativada a cada nova referência aos crimes da ditadura.

Como rastro do passado, o desaparecimento forçado ganha maior relevância ao simbolizar a tentativa de apagar o ocorrido – não poderia restar nada, nem mesmo os ossos –, em um presente no qual esse crime se constitui como recordação incessante da violência. A ausência de um *topos* para o desaparecido – um túmulo – impede a realização do luto e não permite ao que foi perdido vir a ser substituído por algo alocado em memórias periféricas. A permanência do rastro dos desaparecidos traz às novas democracias a imprescritível lembrança da repressão: "o rastro pode se voltar contra aquele que o deixou e até ameaçar sua segurança"[15].

Torturar e matar para depois desaparecer com os corpos foi um dos primeiros atos de memória da ditadura e a presença dessa memória na vida pública brasileira é signo da mudez da democracia em relação a sua herança autoritária. A *abertura* militar fundamentava-se na lógica do consenso e a anistia ainda não era considerada como parte das ações do processo. Quando nos anos de 1977-78 foram montados os primeiros pacotes de reformas da *abertura*, falava-se no máximo em revisões de algumas penas, como a dos banidos[16].

---

[14] Giorgio Agamben, *Homo Sacer: o poder soberano e a vida nua* (Belo Horizonte, UFMG, 2002), p. 130.
[15] Jeanne Marie Gagnebin, *Lembrar escrever esquecer* (São Paulo, Editora 34, 2006), p. 115.
[16] Os banidos foram os presos políticos trocados por diplomatas estrangeiros sequestrados pelas organizações da luta armada. Em 1978, havia 130 banidos do território brasileiro.

A transição negociada e o "verdadeiro" Estado de exceção

Em 1994[17], após mais de quarenta anos de imposição violenta do regime de segregação racial, é eleito presidente o líder oposicionista Nelson Mandela, que havia permanecido preso entre os anos de 1962 e 1990. Visando ultrapassar a violência política e a opressão, em busca de um processo de reconciliação, foi proposta a criação de uma organização autônoma do Estado, com apoio das instituições políticas e dos tribunais de justiça, e que tomasse a frente do processo de reconciliação. Assim, foi criada em 1995, começando a operar em 1996, a Comissão de Reconciliação e Verdade (*Truth and Reconciliation Commission*)[18]. Com a apuração das violações aos direitos humanos por meio da narrativa das vítimas e, também, via confissão dos responsáveis pelos crimes, a punição seria trocada pela anistia diante da confissão dos crimes.

Alguns objetivos gerais nortearam os trabalhos da reconciliação, entre os principais estava o diálogo entre as vítimas e os criminosos. A ideia era promover a reconciliação na esfera comunitária, que se encontrava esgarçada ao fim do *apartheid*. Segundo Ilan Lax, um dos membros da Comissão de Verdade e Reconciliação, "dizer a verdade permitiu se ver uns aos outros de outra maneira"[19]. A verdade e as aproximações de reconciliação se deram, em destaque, nas audições públicas, em que os relatos se responsabilizavam pelo passado com desculpas públicas, gesto que, associado ao

---

[17] Em abril de 1994, a África do Sul realizou sua primeira eleição. Entretanto, há alguns que afirmam ser 1990 o ano final do regime, começo das negociações públicas; outros, novembro de 1993, data de adoção da Constituição provisória; para alguns é o mês de outubro de 1996, momento inicial da Constituição definitiva; ou ainda, há os que adotam o ano de 1999, com as primeiras eleições sob a nova Constituição. A imprensa sul-africana convencionou 1994 como o ano de fim do regime.

[18] Durante os trabalhos, a Comissão se dividiu em três comitês: 1) *Human Rights Violations Committee*, encarregado de ouvir as vítimas e os criminosos durante as audições públicas, configurando-se como a parte pública e dramática da Comissão; 2) *Reparations and Rehabilitation Committee*, responsável pela reintrodução das vítimas na sociedade, por meio de indenizações, ajuda material e apoio psicológico; 3) *Amnesty Committee*, com a função de orientar os pedidos de anistia, recomendar audições públicas a certos pedidos e aceitar ou não os pedidos, a depender da confissão completa do testemunho do criminoso e da comprovação de motivação política dos atos de violência.

[19] Cf. Ilan Lax, "Le témoignage d'um commissaire. Juger les demandes d'aministie et promouvoir la réconciliation", em Barbara Cassin; Olivier Cayla; Philippe-Joseph Salazar (orgs.), *Vérité, reconciliation, reparation* (Paris, Seuil, 2004), p. 292.

reconhecimento público das vítimas, procurou criar uma cultura democrática e de respeito aos direitos humanos.

Nos tribunais tradicionais, como nos processos recentes contra militares na Argentina e no Chile, as vítimas apresentam sua demanda por justiça, mas o primeiro a ser ouvido é o réu. Além da prioridade à vítima, colocando o acusado em segundo plano, o ato de reconciliação sul-africano começou com o fortalecimento da cidadania para as vítimas, conferindo-lhes um novo espaço social ao mostrar publicamente seu sofrimento, sua condição de injustiçadas e ajudando "as pessoas a restaurarem sua dignidade humana e a fazer a paz com seu passado difícil"[20]. Aqui se encontra um dos elementos mais inovadores dos trabalhos da Comissão: a inclusão da instância psicológica, o que faz do processo de reconciliação algo que vai além do direito, da pura lei.

A anistia de reconciliação, concedida em troca do desvelar da verdade dos fatos, ocorreria considerando os crimes cometidos pelo *apartheid* e os contra o *apartheid*. O objeto da anistia foram os atos criminosos, agraciados via indivíduos. Um mesmo indivíduo podia ser anistiado de determinado ato, mas não conseguir a graça para um outro crime. Portanto, a anistia foi para o ato criminoso, não para um tipo de crime ou para um coletivo; e pessoal, na medida em que um ato sempre tem um autor (ou vários). A questão da anistia foi o ponto mais debatido na transição, sofrendo a oposição dos movimentos de libertação, desejosos de processar os criminosos do *apartheid* em um tribunal e, por outro lado, dos membros do antigo regime, apoiadores da anistia geral, com amnésia social e sem apuração da verdade. A Comissão de Verdade e Reconciliação, até então única instituição de reconciliação com poder de anistiar os atos do passado, combinou uma medida da ordem jurídica com o trabalho de investigação e a criação de uma dimensão pública para as narrativas. Tal combinação objetivou fornecer a possibilidade de obter relatos mais detalhados por parte dos criminosos. A força da Comissão, ao gerar a suspensão do ordenamento jurídico ordinário em favor da necessidade de reconciliação, mobilizou uma ação de ruptura e exceção.

[A reconciliação] não é uma promessa revolucionária, mas a aparição de um momento de invenção; tampouco uma conquista miraculosa da subjetividade,

---

[20] "Relatório final", *Truth and Reconciliation Commission*, v. V, cap. 9, § 3. Disponível em: <http://www.doj.gov.za/trc/trc_frameset.htm>.

mas a expressão da contingência que fornece o tom da relação a um outro; nem o perdão, mas a ocasião de deliberar sobre o que pode e deve ser perdoado; nem mesmo a paz, mas a criação de um quadro no qual se aborda a questão do que viver em paz quer realmente dizer.[21]

A partir da reconciliação, propunha-se o nascimento de uma nova ordem, já que a África do Sul de Nelson Mandela tinha pouco em comum com a do *apartheid*. Mesmo assim, a todo momento os atos da Comissão e do processo de transição falavam em "um povo", ou em "refundação da nação", levantando a hipótese de que se tratava de uma retomada de algo que não foi bem-sucedido. De algum modo, o "passado em comum" e a memória da violência foram levados em conta na construção da nova democracia.

Considerando-se que o principal objetivo da Comissão sul-africana era o de colocar fim a uma situação de violência, para depois priorizar o desmanche do *apartheid*, as instituições de negociação da transição fizeram da mistura de modalidades clássicas do direito e de ações políticas inusitadas a receita para a publicidade do trauma.

Para que a vítima viesse a ser o sujeito político de suas ações, o processo de reconciliação iniciou uma série de transformações institucionais no país, assegurando a passagem de um regime político a outro, de uma norma a outra. Se o "lento" na transição brasileira indicou o controle do processo por parte dos militares, na África do Sul foi o valor do tempo investido nas etapas da reconciliação e no caráter negociado de encerramento do *apartheid*. O fim do regime ocorreu nos moldes das diretrizes da nova Constituição: nos relatos das vítimas, nas confissões dos perpetradores, em proveito da República.

O ponto de partida foi a constatação da condição conflituosa e violenta como ocorreu a transição. O processo de reconciliação nasceu com a herança "de ódio, de medo, de culpa e de vingança", a qual o "Epílogo", desfecho do *apartheid*, alude ao desenlace do passado de terror. Desmembrando a palavra título, epílogo, temos no *epi_* a alusão ao que circunscreve a questão, os determinantes de lugar, tempo e circunstâncias do ocorrido. Em *_logo* temos o discurso que dá razão, sentido, valor e fundamento ao processo

---

[21] Erik Doxtader, "La réconciliation avant la réconciliation: la 'précedence' sud-africaine", em Barbara Cassin; Olivier Cayla; Philippe-Joseph Salazar (orgs.), *Vérité, réconciliation, reparation*, cit., p. 257.

de reconciliação. Tal como em um novo contrato social, o "Epílogo" aponta os princípios fundadores do novo pacto e funciona mais como os preâmbulos das constituições republicanas ao propor caminhos a serem seguidos pela nação e pelos seus membros. Na transição sul-africana, o preâmbulo à Constituição Provisória se apresenta justamente no epílogo das negociações entre os movimentos de libertação e o governo racista. É o fim do *apartheid* e o início da República democrática.

Após os crimes raciais cometidos na África do Sul e seguindo um ordenamento jurídico normal, teríamos a apuração, o julgamento e a condenação dos responsáveis, de algum modo fazendo justiça às vítimas. No entanto, a aplicação de um procedimento emergencial de suspensão das normas interrompeu a administração da justiça e o próprio direito. O procedimento normal da ordem jurídica poderia levar o país pós-*apartheid* a uma cadeia de vinganças. Parece que a Comissão de Verdade e Reconciliação se instaura por um Estado de exceção expresso no processo de reconciliação, quando o ordenamento suspende os atos de justiça e troca a punição aos responsáveis pela apuração da verdade[22].

O que separa um estado de necessidade ou emergência de uma condição normal é a catástrofe ou, no caso, a narrativa da catástrofe, o não lugar da indeterminação entre anomia e direito, o espaço de procura da verdade e da reconciliação. Há um duplo movimento, aparentemente contraditório, no qual a sociedade sul-africana se dirige às violências do passado para experimentar, em uma visão prospectiva, o compromisso em construir uma nova história.

O caráter indecidível do lugar da exceção, no passado, no futuro e no presente, expresso pela indistinção entre a exceção e a norma nos atos de reconciliação, diz sobre o momento em que a exceção torna-se a própria nor-

---

[22] Antes e depois da anistia de reconciliação houve dois outros momentos de exceção ligados à impunidade dos criminosos. No primeiro, com as *Indemnity Acts*, a anistia decretada pelo presidente De Klerk, em 1992, três leis livraram de qualquer julgamento milhares de criminosos, salvo no caso de assassinato. Nesta primeira anistia não houve a troca pela confissão e pelo esclarecimento dos crimes, e suas consequências foram desconsideradas pelo processo de reconciliação. São leis aprovadas pelo Legislativo, ainda no regime segregacionista, no momento em que se iniciavam e desenvolviam as negociações entre os representantes do antigo regime e seus opositores. O segundo momento de anistia instituída pelo Estado, em maio de 2002, foi a graça presidencial de 33 militantes dos movimentos de libertação que tiveram, nos anos 1990, seus pedidos de anistia recusados pela Comissão.

ma. A presença de uma força efetiva na experiência de conflito e ruptura foi colocada por Walter Benjamin, em *Sobre o conceito de história*:

A tradição dos oprimidos nos ensina que o "estado de exceção" em que vivemos é na verdade a regra geral. Precisamos construir um conceito de história que corresponda a essa verdade. Nesse momento, perceberemos que nossa tarefa é originar um verdadeiro estado de exceção; com isso, nossa posição ficará mais forte na luta contra o fascismo.[23]

Se, para Walter Benjamin, a exceção se daria pela tomada do poder pelos próprios "oprimidos", no caso sul-africano a origem de um "verdadeiro Estado de exceção" ocorreu por meio dos atos de publicidade dos traumas e de anistia gerados pela Comissão. Era preciso compreender que o contrato social da reconciliação comportava o sacrifício do acesso à justiça em troca da saúde do corpo social. A nova democracia sul-africana transgrediu também os ordenamentos jurídicos internacionais que já haviam classificado o *apartheid* como crime contra a humanidade. Perante a legislação internacional, as vítimas têm o direito de conhecer sua história, serem reconhecidas como parte dela, processar seus algozes e obter reparação.

A absoluta novidade da experiência sul-africana está em se apoiar nos antigos moldes do direito, transformados pela valorização das subjetividades. Entretanto, a proposta apresenta alguns limites. Talvez o maior deles, paradoxalmente, tenha sido seu maior trunfo: ao trocar o ilícito, os crimes contra a humanidade, pelo lícito, o amparo da anistia, sob a condição da verdade, a nova nação sul-africana iniciou a reconciliação, ao mesmo tempo em que deixou de punir os responsáveis pelos crimes do passado. Foi o momento inaugural das novas relações democráticas pela suspensão dos atos de justiça.

Após cerca de dois anos de trabalho, nos quais a Comissão ouviu o testemunho de mais de 29 mil pessoas[24], um relatório de 3.500 páginas foi entregue ao poder Executivo. Propôs-se nesse relatório, sustentado pelas narrativas e investigações, o indiciamento criminal de autoridades, instituições políticas e empresários, o que avançou pouco durante a democracia,

---

[23] Walter Benjamin, *Obras escolhidas I: magia e técnica, arte e política* (São Paulo, Brasiliense, 1994), p. 226.

[24] Das 29 mil testemunhas, cerca de 7 mil eram agentes da repressão – policiais, oficiais militares e políticos –, dos quais apenas 17% foram anistiados (pouco mais de 1.100 pessoas), já que o restante prestou falso ou incompleto testemunho.

além da reparação às vítimas (incluindo indenizações e tratamento psicológico). No entanto, a Comissão não tinha poderes para obrigar a execução de suas recomendações. Se, por um lado, os trabalhos de apuração da verdade tiveram a capacidade de traduzir o sofrimento das graves violações para um discurso universal dos direitos humanos, por outro, a homogeneização desta tradução[25] criou um silenciamento das várias formas de opressão racista do *apartheid*.

A exceção democrática brasileira

Encontramo-nos diante do problema de como conviver com um passado doloroso em um presente democrático, administrando conflitos que não se encerraram com a mera passagem institucional de um governo autoritário para um democrático. Por que passadas mais de três décadas dos crimes e após vinte anos do fim da ditadura brasileira, há reclamação por justiça? Deve-se julgar e punir os responsáveis pelas violações aos direitos humanos? Ou eles podem ser anistiados em nome da reconciliação nacional?

O argumento de que a retomada do assunto nos dias de hoje poderia causar algum dano às instituições democráticas não convence. De acordo com pesquisa realizada em diversos países, incluindo o Brasil e a África do Sul, coordenada pela cientista política norte-americana Kathryn Sikkink, da Universidade de Minnesota, os países que julgaram e puniram os criminosos dos regimes autoritários sofrem menos abusos de direitos humanos em suas democracias. O estudo atesta que a impunidade em relação aos crimes do passado implica em incentivo a uma cultura de violência nos dias atuais[26].

Se alguns países latino-americanos se dedicaram à criação de novos investimentos em direitos humanos, o Brasil manteve-se como modelo de

---

[25] A tradução refere-se tanto ao uso de certos procedimentos de classificação das narrativas, como uma base de dados produzida pela Comissão, quanto à tradução das onze línguas nativas utilizadas nas audiências para o inglês. Para saber mais sobre a crítica da tradução das narrativas de violações para o discurso dos direitos humanos, cf. artigo de Rebecca Saunders, "Sobre o intraduzível: sofrimento humano, a linguagem de direitos humanos e a Comissão de Verdade e Reconciliação da África do Sul". *Revista Sur*, São Paulo, Conectas Direitos Humanos, ano 5, n. 9, dez. 2008, p. 53-76.

[26] Uma síntese desta pesquisa no que se refere aos casos da América Latina pode ser lida no artigo de Kathryn Sikkink e Carrie Booth Walling, "The Impact of Human Rights Trials in Latin America", *Journal of Peace Research*, Los Angeles, Sage Publications, v. 44, n. 4, 2007, p. 427-45.

impunidade e não seguiu sequer a política da verdade histórica. Houve aqui uma extensa ditadura, mas os arquivos públicos não foram abertos e as leis de reparação somente ouviram o reclamo das vítimas por meio de frios documentos; não deram direito à voz e não apuraram as circunstâncias das mortes e desaparecimentos.

Nas leis brasileiras de reparação, o ônus da prova dos crimes ficou a cargo das vítimas, ainda que fosse o Estado o responsável pelos arquivos e informações da repressão. Além de ter sido a vítima obrigada a provar sua própria condição, a democracia brasileira não criou uma esfera institucional para o testemunho, seja na dimensão pública com liberdade de expressão, seja em processos judiciais. De modo distinto à maioria das novas democracias latino-americanas, não houve, no Brasil, um único processo penal contra os criminosos da ditadura. A importância de tais procedimentos institucionais, políticos e jurídicos, fica evidente quando se observa que os principais documentos de denúncia dos crimes da ditadura tiveram como fonte os processos jurídicos e administrativos[27].

Resta algo da ditadura em nossa democracia que surge na forma do Estado de exceção e expõe uma indistinção entre o democrático e o autoritário no Estado de direito. A violência originária de determinado contexto político mantém-se seja nos atos ignóbeis de tortura ainda praticados nas delegacias, seja na suspensão dos atos de justiça contida no simbolismo da anistia, aceita pelas instituições do Estado como recíproca, agindo em favor das vítimas e dos opositores, bem como dos torturadores[28]. A memória de

---

[27] Cf. Dom Paulo Evaristo Arns (org.), *Brasil: nunca mais* (Petrópolis, Vozes, 1985). Neste trabalho, as histórias de violações dos direitos humanos durante a ditadura são construídas com base nos vários processos que a repressão montou contra seus opositores, seja contra a própria vítima ou contra outros que decidiram testemunhar os crimes ainda nos tribunais militares. Cf. Criméia Alice Schmidt de Almeida, Janaína de Almeida Teles, Maria Amélia de Almeida Teles e Suzana Lisboa. *Dossiê ditadura: mortos e desaparecidos políticos no Brasil, 1964-1985*. Apresentação de D. Paulo Evaristo Arns e Introdução de Fábio Konder Comparato (São Paulo, IEVE/ Imprensa Oficial, 2009). O *Dossiê* foi editado com base nos documentos dos arquivos dos Deops, de processos administrativos das Comissões de Anistia e de Mortos e Desaparecidos Políticos do Ministério da Justiça, depoimentos, notícias publicadas na grande mídia e material familiar (cartas, fotos, testemunhos etc.).

[28] A questão sobre se a Lei de Anistia de 1979 anistiou ou não os torturadores da ditadura é tema de uma ação, protocolada no Supremo Tribunal Federal (STF), pela Ordem dos Advogados do Brasil (OAB) contestando sua extensão aos funcionários do estado que cometeram crimes contra a humanidade. O Executivo, por meio da

Entre justiça e violência • 317

tais atos, por terem sido silenciados nos debates da transição, delimita um lugar inaugural de determinada política e cria valores herdados na cultura e que permanecem, tanto objetivamente quanto subjetivamente, subtraídos dos cálculos da razão política.

A aceitação simbólica da anistia como uma lei de anulação das possibilidades de justiça se configurou, seguindo à sala de tortura, como parte da exceção política originária na qual a *matabilidade* da vida exposta ao terrorismo de Estado vem a ser incluída no ordenamento social e político. A prioridade quanto à anistia, do ponto de vista dos condutores da *abertura*, era impedir sua efetivação de modo amplo, geral e irrestrito, aprovando uma lei o mais parcial possível. José Sarney, que viria a ser o primeiro presidente civil após a ditadura e é o atual presidente do Senado[29], advertiu sobre o perigo de almejar uma anistia além do permitido:

> Esse assunto não pode ser tema de radicalização nem de julgamento da Revolução sob pena de não haver anistia e de não cumprir os objetivos da conciliação. A discussão não pode ser levada como ponto fundamental, sob pena de comprometer todo o processo de abertura.[30]

Sarney, em 1978, já indicava os limites da anistia a ser concedida: não poderia haver julgamento da ditadura sob a ameaça de não se concretizar a transição. Fatos da democracia como a impunidade gerada na Lei de Anistia, a insuficiência de leis posteriores de reparação ou de indenização para fazer justiça, a não abertura dos arquivos militares surgem como paradigmas silenciosos do espaço político e da memória, dos quais nos é profícuo aprender a reconhecer os limites e alcances da ação política contemporânea. Em uma sociedade carente de vários direitos (saúde, alimentação digna, educação de qualidade, água etc.) e repleta de vítimas das mais variadas violências por parte do Estado, a incerteza coloca em dúvida a

---

Advocacia-Geral da União (AGU), decidiu, ao ser consultado pelo STF, que encaminhará posições ambíguas de seus vários ministérios e não adotará qualquer ação política sobre o assunto. Fica a pergunta: será que a impunidade dos torturadores de ontem é um assunto exclusivo do ordenamento jurídico, ou há também neste caso uma indistinção entre direito e política que tende a incluir um elemento autoritário nas relações democráticas?

[29] José Sarney foi eleito presidente do Senado Federal no dia 2 de fevereiro de 2009, com apoio da base política do presidente Lula.

[30] "Sarney adverte que anistia pode prejudicar a abertura", *Jornal do Brasil* (RJ), 22/2/1978, p. 4.

própria ação política: o agir é um ato de transformação social ou torna-se apenas uma terapia para suprir carências básicas? Incluída a vida no ordenamento jurídico-político por meio do Estado de exceção, a presença do elemento biológico na política democrática dissemina a intromissão da vida no público e vice-versa. Essa é a força do projeto político da democracia e também o seu elemento violento: ao fazer da vida uma das grandes apostas do conflito social, cada corpo individual, tornado sujeito político, passa a ser incluído na conta do poder político, ainda que essa inclusão tenha ocorrido no Brasil sob o silêncio diante dos crimes do passado.

Não é possível pensar a violência da ditadura sem assumirmos o compromisso de responder aos atos de violência e tortura dos dias atuais. E também o contrário: não eliminaremos as *balas perdidas* se não apurarmos a verdade dos anos de terror de Estado de modo a ultrapassarmos certa cultura da impunidade. Pois a *bala perdida* é, como o silêncio e o esquecimento, o ato sem assinatura pelo qual ninguém se responsabiliza.

DEZ FRAGMENTOS SOBRE A LITERATURA CONTEMPORÂNEA NO BRASIL E NA ARGENTINA OU DE COMO OS PATETAS SEMPRE ADORAM O DISCURSO DO PODER

Ricardo Lísias

UM

Antes de tudo, devo esclarecer que vou tratar da literatura produzida no Brasil e na Argentina por escritores que começaram sua obra quando as ditaduras nos dois países já estavam superadas, ou ao menos viviam seus últimos anos. O recorte é meramente ocasional, e faço questão de deixar a ressalva de que diversos outros países latino-americanos estão produzindo uma literatura interessante e sintomática de suas inquietações, com destaque talvez para o Chile de Augusto Pinochet, e o Peru, que discute esteticamente o caso do Sendero Luminoso (pode-se ler, entre outros, Santiago Roncagliolo e Alonso Cueto). Ressalto também que, apesar de considerá-los fundamentais, não são o foco das minhas reflexões autores que consolidaram suas obras durante as ditaduras, ou mesmo antes. Assim, não é o caso aqui de discutir nomes como Caio Fernando Abreu e Antonio Callado. No lado argentino, por sua vez, alguém como Julio Cortázar também me parece fazer parte de outra época, bem como Ernesto Sábato. Esclareço também que o objeto de análise é apenas a ficção em prosa, ficando de lado textos memorialísticos. Conheço as hipóteses que aproximam memória de ficção, mas continuo achando que existe uma série de diferenças entre elas, sendo uma o detalhe de que a ficção não exige a participação, direta ou indireta, do escritor com o fato narrado, caso óbvio da memória. Ainda assim, eu gostaria de destacar um texto memorialístico de grande vigor estético, *Retrato calado*, de Luiz Roberto Salinas Fortes. Infelizmente, esse livro não ocupa o lugar de destaque que merece nos estudos de nossa memorialística. Aqui, mesmo afastado do objeto, deixo minha primeira conclusão sobre os estudos literários recentes no Brasil: a incrível teimosia, com algumas exceções, em sempre dar atenção para os textos menos importantes.

DOIS
(advertência)

Para não correr o risco de generalização indevida, ressalto que no Brasil existe um pequeno número de escritores que tenta contornar o estado que vou descrever, bem como alguns críticos literários sérios e atentos ao que de fato deveria ser importante. Mas, como eu disse, é um grupo pequeno, de pouco destaque e, se considerarmos que a literatura sempre foi também lida como um movimento coeso, fora de qualquer ambiente organizado. Dessa forma, quando digo literatura brasileira contemporânea, adoto esse procedimento de coesão, tendo claro conhecimento dos poucos resistentes[1]. A minha generalização, portanto, faz sentido.

Não tentei aprofundar nenhuma das análises e evitei, a todo custo, fazer citações, optando apenas por indicações de leitura e mantendo a crítica de forma fragmentária. Tudo aqui, portanto, precisa ser melhor esclarecido e mais bem aprofundado, o que pretendo fazer em breve.

A "advertência" talvez seja o lugar adequado, ainda, para uma observação levemente constrangedora, mas necessária: o principal risco que um trabalho como esse corre é o de criar uma espécie de grupo de "boas pessoas", todas contra a tortura e em defesa de ideais nobres e dignos. É sempre bom fixar uma imagem como essa... Para além, creio que a iniciativa será estéril se o próprio meio intelectual não for confrontado. Não é o caso de listar aqui a possível cumplicidade que setores da universidade tiveram com a ditadura militar. Ela existiu e é bem conhecida, bem como o seu contrário. Todos sabemos da resistência empreendida por outros setores, por sua vez. Mas creio ser preciso pesar o que ainda continua vigorando como herança do período autoritário. A ampla elitização do ensino, por exemplo. Dados do último vestibular demonstram que só tem crescido, nos anos recentes, a presença das classes mais altas no corpo discente das nossas principais universidades públicas, o que as torna uma espécie de extensão, com as exceções confirmadoras de sempre, dos colégios de segundo grau de elite. Se o corporativismo acadêmico e o seu pacto com a elite continuarem sem discutir abertamente essa questão, terão colaborado para a continuidade do regime autoritário. É imperativo dizer que por enquanto é o que tem acontecido. Desculpem o constrangimento: é chato mesmo...

---

[1] Servem como exemplo Beatriz Bracher e Marcelo Mirisola.

TRÊS

Mais ou menos a partir da década de 1980, Brasil e Argentina começaram a discutir com liberdade o que fazer com a herança dos anos de exceção. A literatura brasileira vivia, como acabei de citar, o previsível *boom* memorialístico, com o impacto de lançamentos de, entre outros, *O que é isso, companheiro?*, de Fernando Gabeira, e *Os carbonários*, de Alfredo Syrkis, ainda no comecinho da década de 1980 (para ser exato, *O que é isso, companheiro?* é de 1979). Parecia haver certa excitação no ar, animada com o retorno dos artistas e intelectuais exilados. As discussões, em germe, prometiam que os próximos anos trariam os textos de ficção sobre o período. Uma sociedade madura sempre metaforiza suas inquietações. A Argentina, por sua vez, viu, ao lado das memórias, a publicação de um texto que desde o início foi reconhecido por sua alta qualidade literária: *Os pichicegos*, de Rodolfo Fogwill. Trata-se de um romance sobre a Guerra das Malvinas, em que a estratégia militar argentina é tratada mais ou menos como foi: uma enorme estupidez, com os militares tentando manter-se no poder e, especialistas táticos que são, conseguindo o contrário. Fogwill os trata como os desastrados (para usar uma palavra leve) que de fato eram e seu narrador adere à solidariedade popular aos soldados rasos, verdadeiras vítimas da catástrofe que foi a invasão das Malvinas. Com isso, o escritor se colocava imediatamente contra a política dos quartéis. Ressalto que até hoje, 45 anos depois do golpe, até onde sei, não existe nenhum romance de peso que analise a vida de caserna brasileira. Não vá alguém dizer que nossos militares não se prestam à sátira: as recentes declarações de um deles, de patente elevadíssima, chamando atenção para o perigo de que os índios que moram na reserva Raposa Serra do Sol representam para a unidade nacional são um prato cheio para nossos ficcionistas, mas aposto que ninguém vai aproveitar. Aqui, citando ainda os romances argentinos *Villa*, de Luis Gusman, e *Duas vezes junho*, de Martín Kohan, chamo atenção para uma diferença entre as duas literaturas em questão: na Argentina, um esforço para criticar as instituições. No Brasil, as instituições continuam intocáveis, talvez com exceção da corrupção policial. Mesmo nesse caso, pensando melhor, é preciso certo cuidado: um romance como *O invasor*, de Marçal Aquino, por exemplo, mostra uma polícia corrupta, mas em um meio em que todo mundo é. Para a literatura brasileira contemporânea, as instituições estão à altura do cidadão. Elas, assim, não são questionáveis e se corromperam porque merecemos, já que seríamos todos corruptos. Esse pensamento é conservador.

QUATRO

Restava esperar que a década de 1990 no Brasil assistisse ao lançamento da ficção que, enfim, discutiria os traumas nacionais. Na Argentina, foi o que se viu, podendo-se acrescentar aos livros já citados a sutil crítica à opressão política cunhada por Juan José Saer e Ricardo Piglia, indiscutivelmente dois dos melhores escritores do mundo contemporâneo. Aliás, seus romances de maior impacto estético, ambos tendo o clima de opressão como cenário sutil e alusivo, saíram ainda antes de a ditadura terminar: *Respiração artificial*, de Piglia, e *Ninguém nada nunca*, de Saer, são de 1980. Os argentinos, portanto, não aguardaram as memórias para fazer ficção. A literatura no Brasil, porém, simplesmente esqueceu a ditadura militar, deixando-a relegada a poucos textos, no mais das vezes de fôlego estético reduzido. Ao contrário, o que surgiu aqui foi a recriação ficcional da chamada violência urbana, uma espécie de assombração das classes médias e altas e um problema real para as classes baixas. Dizendo sem meias palavras: os privilegiados no Brasil vivem com medo de levar um tiro, quando na verdade o tiroteio quase que só se dá em lugares onde eles nunca irão (São Paulo é tão violenta quanto a Faixa de Gaza se você estiver no Capão Redondo; se estiver na Vila Madalena, aí a cidade é tão segura quanto a Bélgica). A violência que atinge as classes médias e altas no Brasil é residual. Bombástica mesmo só para a imprensa. A história, por sua vez, via entre nós a confirmação de que nem os militares e nem a força policial deveriam ser julgados pelos abusos, até porque são eles que garantem a continuidade da paranoia com relação à violência, repito que apenas um artifício para esconder a mais selvagem opressão econômica. Aqui posso citar vários autores, como o próprio Marçal Aquino ou, por exemplo, Fernando Bonassi. A lista é longa. Os anos 1990 na Argentina foram outros: militares torturadores começaram a ser levados à justiça. A literatura por lá, no entanto, vem repetindo desde aquela época: é pouco, somos historicamente alienados. Aliás, um romance recente, *Ciências morais*, de muito sucesso por lá, afirma categoricamente: os argentinos não prestam atenção ao seu passado traumático. Isso porque o autor não viu o Brasil... Minha terceira conclusão: a literatura brasileira contemporânea adere a todos os anseios, paranoias e procedimentos de controle econômico da classe dominante, recusando-se a ocupar a contramão do discurso do poder. Resistir ao senso comum sempre foi tradição da arte de maior voltagem estética. Ela, portanto, existe em carga muito diminuta no Brasil.

CINCO

De lá para cá, por aqui toma força também uma afirmativa curiosa, secundada pela maior parte dos escritores: a de que os textos literários produzidos nas duas últimas décadas não teriam ideologia alguma. Entre um sem fim de declarações, cito uma de um escritor de sucesso à imprensa: "como pessoa, eu sou de esquerda; já meus livros não têm ideologia". Não preciso argumentar que é impossível existir um texto que não tenha posição política, qualquer que seja ele – e ela. Alguém poderá dizer que a frase é só uma bobagem sintomática de, no máximo, o surgimento de uma categoria de escritores simplórios. É verdade, mas ela também serve como artifício para esconder o conservadorismo dos textos que, aderindo sempre ao discurso do poder, reivindicam um lugar distante de qualquer posição política. Ora, todos sabemos que, com exceção dos muito cínicos, todo conservador detesta ser visto como tal. Esteticamente, o texto militante ou engajado já foi superado. No entanto, o fator ideológico presente em qualquer manifestação de linguagem é incontornável. Daí minha próxima conclusão: ao negar um lugar político inevitável, os nossos autores estão na verdade tentando esconder o seu conservadorismo.

SEIS

Já no final da década de 1990, entrando no século XXI, a literatura brasileira assiste a outro fenômeno, esse um pouco mais sutil, mas também bastante revelador: para o centro do debate vão os chamados escritores marginais[2], aqueles que habitariam as regiões periféricas das cidades grandes (sobretudo São Paulo) e, em sua ficção, falariam dos problemas que testemunham no dia a dia violento. Esse grupo de textos recebeu imediata e extrema simpatia por parte da crítica acadêmica e, ao mesmo tempo, do mercado editorial. Um dado curioso: a crítica literária profissional acata a produção literária da periferia, mas não se pronuncia com o mesmo entusiasmo sobre a falta de acesso dessa mesma periferia às instituições de ensino gratuito. Trata-se de uma ilusão de democracia (como aliás a ditadura

---

[2] O uso da palavra mudou. Aos poucos, a crítica literária (e também outros lugares políticos brasileiros) vem transformando o sentido de alguns termos. Antes, "literatura marginal" era a produzida por escritores que reivindicavam um espaço fora do mercado, e de certa resistência à própria ditadura, caso por exemplo de Ana Cristina Cesar, Torquato Neto e Paulo Leminski.

brasileira fez ao manter, por exemplo, um Congresso e até oposição de fachada). Quero aqui tirar outra conclusão: a crítica literária brasileira mais recente é, no geral, do mesmo jeito conservadora. Continuando a comparação, a argentina Beatriz Sarlo publicou um estudo, *Tempo passado*, em que critica o excesso de textos de tom testemunhal no seu país e na América Latina em geral. Curiosamente, ela não cita o Brasil. De novo, sublinho a ironia: os estudos literários na Argentina apontam para o pouco trabalho de recriação ficcional de seu passado, sendo que, no entanto, seus escritores só fazem praticamente isso. Trata-se, portanto, de um ambiente inconformado. Se lembrarmos que, ainda durante a ditadura, um crítico que depois atingiria um papel de enorme destaque escolheria para discutir o lugar do Brasil no mundo um escritor como Machado de Assis, é de fato desalentador que ficcionistas sejam elogiados só porque vivem ao pé da miséria, quando ela não deveria de fato existir. E nem eles, portanto. Sabemos que os países que levaram seu aparelho repressivo à justiça tiveram seus índices de violência posteriormente diminuídos. Então, a literatura da violência urbana paga um tributo à impunidade. E a crítica, fechando os olhos a isso, assina embaixo.

SETE

Resta-me ainda descrever o último movimento da nossa aqui já malfadada literatura brasileira contemporânea, esse ao mesmo tempo consequência e cúmplice do apagamento histórico que estou descrevendo: os nossos assim chamados jovens. São escritores girando em torno dos trinta anos, vindos das classes médias e altas, que frequentaram colégios de segundo grau de elite e depois as melhores universidades. Estreando agora no início do século XXI, seu assunto é um só: eles mesmos! Em estilo de redação escolar dos bons colégios que frequentaram, tratam de angústias comezinhas e miúdas, do medo do desemprego e sobretudo de suas façanhas sexuais. Aqui é possível enxergar uma espécie de desbunde de elite (ou um simulacro dele, para ser mais exato), muito comedido e obviamente fora de lugar e de tempo. Como nosso Maio de 68 foi sufocado, a garotada está cuidando de fazer outro, claro que sem nenhuma das reivindicações políticas do movimento europeu. Nicolas Sarkozy adoraria a nova geração de escritores brasileiros. O que isso pode significar? É a confirmação de que a literatura brasileira contemporânea abandonou qualquer inquietação séria quanto ao seu país e praticamente assumiu o pacto com o discurso do poder econômico e político.

Ora, todos sabemos que é um hábito da elite brasileira a festa em louvor de si mesmo, enquanto o país continua afundando. Os jovens girando ao redor do próprio umbigo são a cara do nosso país.

Além do programático (e meio virtual) microdesbunde de nossos jovens, há outro caso curioso de descompasso histórico na nossa ficção contemporânea: o que inadvertidamente Luiz Ruffato está criando. Em *Eles eram muitos cavalos*, o escritor mineiro tomou emprestada a forma de dois romances que marcaram época durante a ditadura militar, *Zero*, de Ignácio de Loyola Brandão, e *A festa*, de Ivan Angelo, para fazer uma espécie de painel da cidade de São Paulo, sobretudo (mas não apenas) pelo viés das pessoas mais simples. O procedimento de Brandão e Angelo claramente procurava recriar a atmosfera de incompletude e de fragmentação dos sentidos e dos símbolos que todo período autoritário gera. Ao levar as mesmas ferramentas para as classes baixas, em época democrática, o resultado é preconceituoso. Pessoas simples não se constituem, necessariamente, de maneira fragmentária ou incompleta. Depois disso, e agora chego ao cerne do problema, Ruffato passou a escrever uma série de livros de contos, todos protagonizados por operários de uma cidade pequena. A forma continua amalgamando tanto os autores já citados como alguns procedimentos da vanguarda do início do século XX e outros utilizados, por exemplo, por Machado de Assis e Laurence Sterne (um exemplo, entre os tantos possíveis: a mancha preta que praticamente fecha *Eles eram muitos cavalos*, na página 147 e 148, está nas páginas 69 e 70 da edição brasileira de *A vida e as opiniões do cavalheiro Tristram Shandy*, romance lançado há mais de duzentos anos). O curioso é que não é segredo para ninguém que operários já não existem, ou se especializaram a ponto de evoluir socialmente. Os últimos metalúrgicos fazem parte da classe média e o mais bem-sucedido de todos continuou a carreira, agora como um dos presidentes da República mais bem avaliados do mundo democrático. As classes baixas atualmente trabalham em subempregos, principalmente para o setor de serviços[3]. A regressão formal e a questão sem lastro contemporâneo produzem uma espécie de espantalho ficcional que, obviamente, afasta as verdadeiras questões do mundo contemporâneo. A dificuldade que nossos autores enfrentam para enxergar o próprio tempo tem óbvias consequências conservadoras, já que nos atrasa estética e historicamente.

---

[3]   Devo essa observação ao editor José Godoy.

OITO

Espero que ninguém entenda que estou reivindicando uma literatura de tom realista, que simplesmente represente os anos de ditadura. Não se trata disso e creio que um movimento nesse sentido seria outro erro histórico. Para dar um exemplo de um belo livro que já citei, *Ninguém nada nunca*, do argentino Juan José Saer: nesse caso, o ambiente de arbitrariedade é aludido a partir do assassinato em série de cavalos na região dos pampas, crimes que acabam soterrados pelo ambiente geral de aceitação à violência. Sublinho que estou tratando de um problema estético: ao tomar o ponto de vista positivo quanto ao senso comum que vigorou a partir da redemocratização (ou seja, aquele que não desafia os anseios das classes médias e altas), nossa literatura obviamente precisou se nivelar ao grupo ao qual se aliava, prendendo-se a um termo médio de realização estética. Ou, para repetir uma expressão que acabou muito usada por esses escritores jovens: "não somos tão radicais assim". Em resumo, a literatura brasileira abandona o sentido de negatividade e de resistência ao senso comum e, ao contrário, se alia a ele. Como as classes média e alta estão desde a redemocratização preocupadas com o próximo e hipotético sequestro, a bala perdida, o assalto e sei lá mais qual item do seu álbum de paranoia, não é interessante para a literatura brasileira contemporânea discutir o que nos resta da ditadura, muito menos pedir punição pelos seus crimes. Até porque a instituição que naquela época torturava comunistas, agora tortura qualquer um que vai parar em suas mãos. Então, para essas mesmas classes, bem como para a nossa literatura, não convém incomodar essas pessoas.

NOVE

Aqui, quero fazer uma nota entre parênteses. Meu texto pretende, é claro, se instalar em um lugar de resistência. Por isso, creio que além de apontar o apagamento histórico e o pacto com a elite, é importante propor uma alternativa. A principal delas é o próprio cerne desse ciclo de debates: o apoio às ações na justiça que pretendem julgar a tortura cometida durante a ditadura. Mas creio que possamos criar um objeto de discurso paralelo. Proponho que um grupo de intelectuais se reúna e, nos moldes dos tribunais Russell[*], escreva um julgamento: com nomes e sobretudo anos a que os

---

[*] A primeira versão do Tribunal Bertrand Russel ocorreu em 1966 e 1967, em Londres, e tratou dos crimes de guerra dos Estados Unidos no Vietnã; foi presidido

torturadores, se a justiça for mesmo feita, devam ser condenados. Eu quero saber quantos anos esse Brilhante Ustra deve ficar preso. Se criarmos uma linguagem contra a impunidade, com certeza fortaleceremos as condições para que a justiça formal finalmente cumpra suas obrigações. Minha proposta pode parecer ingênua. Mas quero lembrar que esse tipo de discurso (o que imagina as coisas antes que de fato elas aconteçam) precedeu muitos movimentos que depois fizeram na realidade o que era só ficção. Repetindo: o primeiro discurso público a tratar a ditadura na Argentina de maneira enfática (para além dos documentos de grupos engajados, portanto não públicos) foi o ficcional, e não, por exemplo, o jurídico. Ora, se começarmos enfaticamente a dizer "fica condenado o senhor Carlos Alberto Brilhante Ustra a *XX* anos de prisão pela morte de *XXXX* e *XXXX*", mesmo que esse discurso seja só um sonho, ou apenas ficção, a linguagem que ele instaura se fortalece. Eu, portanto, vou terminando meu texto dando voz de prisão a esse coronel Ustra.

DEZ

Por fim, quero esclarecer um possível mal-entendido: a questão que destaquei é característica do momento atual. Durante o século XX, sobretudo na primeira metade, por exemplo, o Brasil teve uma literatura vigorosa, uma das mais vivas e relevantes de toda a América Latina. O fenômeno é recente e mesmo isso, já que coincide com a época da redemocratização, denuncia como os anos da ditadura não foram, de fato, tratados como deveriam. A comparação com a Argentina (para além da velha rivalidade e do futebol) é meramente casual. Se comparada ao Chile ou ao Peru, por

---

por Jean-Paul Sartre e contou com a participação de vários intelectuais. A segunda versão do Tribunal foi convocada pelo jurista e senador italiano Lélio Basso, do Partido Socialista independente, a pedido de brasileiros exilados no Chile, no fim de 1971, e tinha como objetivo inicial julgar os crimes da ditadura brasileira. O Tribunal ocorreu em três sessões entre 1974 e 1976, em Roma e Bruxelas, e tratou também de outros países da América Latina. Composto por juristas, professores, escritores e personalidades de renome, o Tribunal era independente de governos. Denúncias de torturas, assassinatos e desaparecimentos forçados, ocorridos no Brasil, foram divulgadas no Tribunal. Ver Criméia Alice Schmidt de Almeida, Janaína de Almeida Teles, Maria Amélia de Almeida Teles e Suzana Lisboa, *Dossiê ditadura: mortos e desaparecidos políticos no Brasil, 1964-1985* (São Paulo, IEVE/ Imprensa Oficial, 2009), p. 604. (N. E.)

exemplo, a literatura brasileira contemporânea também teria a sua esqualidez estética evidenciada. Qual pode ser a minha principal conclusão, além das parciais que já apresentei? Talvez a de que o discurso que tenta soterrar as graves violências perpetradas pelos militares durante a ditadura tem uma força ainda maior do que a estimada até aqui. Mesmo a arte, e um de seus gêneros mais característicos de resistência, a literatura, dobrou-se diante de sua pressão. E, para voltar de vez ao meu início, concluo com uma pergunta feita por Salinas Fortes, no final de *Retrato calado*: "E tudo ficará na mesma? Os mesmos senhores de sempre continuarão tranquilos, comandando como se nada tivesse acontecido?". O dia em que a ficção brasileira puder responder "não, os torturadores estão presos", nossa literatura voltará a ser digna de artistas que, em sua época, desafiaram todo tipo de poder, como, para terminar por cima, Graciliano Ramos e Machado de Assis.

BIBLIOGRAFIA

A DECISÃO do caso Fiel: juiz manda União indenizar família de operário morto. *O Globo*. 18 dez. 1980.
ADELMAN, Howard. Rule-Based Reconciliation. In: SKAAR, Elin; GLOPPEN, Siri; SUHRKE, Astri (Orgs.). *Roads to Reconciliation*. Oxford, Lexington Books, 2005.
ADORNO, Theodor W. *Negative Dialektik*. Frankfurt/Main, Suhrkamp, 1970.
_____. Lírica e sociedade. In: _____ et al. *Benjamin, Adorno, Horkheimer, Habermas*: Textos escolhidos. São Paulo, Abril Cultural, 1980 (Coleção Os Pensadores).
_____. *Minima Moralia*: reflexões a partir da vida danificada. 2. ed., São Paulo, Ática, 1993.
_____. Was bedeutet: Aufarbeitung der Vergangenheit. In: _____. *Eingriffe*. Gesammelte Schriften, Wissenschaftliche Buchgesellsachaft Darmstadt, 1998, v. 10-2.
_____. *Teoria estética*. Lisboa, Edições 70, 2008.
AGAMBEN, Giorgio. *Moyens sans fin*. Paris, Payot, 1995 (Coleção Rivages).
_____. *Homo sacer*: o poder soberano e a vida nua. Belo Horizonte, UFMG, 2002.
_____. *Estado de exceção*. São Paulo, Boitempo, 2004.
_____. *O que resta de Auschwitz*. São Paulo, Boitempo, 2008.
_____. Entrevista. *Carta Capital*, São Paulo, 31 mar. 2004. Entrevista concedida a Elisa Byington.
ALBUQUERQUE, Severino. Ex-soldado decide falar sobre torturas a presos políticos. *Folha de S.Paulo*, São Paulo, 19 set. 1986.
AL defende "verdade" como direito humano. *Folha de S.Paulo*, 14 mar. 2005, p. A10.
ALENCASTRO, Luis Felipe de. O fardo dos bacharéis. *Novos Estudos*. São Paulo, Cebrap, n. 19, dez. 1987.
_____. 1964: por quem dobram os sinos?. In: TELES, Janaína de Almeida (Org.). *Mortos e desaparecidos políticos*: reparação ou impunidade?. 2. ed., São Paulo, Humanitas, 2001.
ALEXANDER, Gerard. *The Sources of Democratic Consolidation*. Ithaca, Cornell University Press, 2002.
ALMEIDA, Criméia Alice Schimidt de et al. *Dossiê ditadura*: mortos e desaparecidos políticos no Brasil (1964-1985). São Paulo, Imprensa Oficial do Estado de São Paulo, 2009.
ALONSO, George. Tribunal Militar julga pichadores em Brasília. *Folha de S.Paulo*, São Paulo, 21 fev. 1992.
ALVES, Márcio Moreira. *Torturas e torturados*. 2. ed. Rio de Janeiro, Idade Nova, 1967.

ALVES, Maria Helena Moreira. *Estado e Oposição no Brasil (1964-1984)*. Petrópolis, Vozes, 1985.
ANDRADE, Monica Viegas; LISBOA, Marcos de Barros. Desesperança de vida: homicídios em Minas Gerais, Rio de Janeiro e São Paulo, no período 1981/1997. In: HENRIQUES, Ricardo (Org.). *Desigualdade e pobreza no Brasil*. Rio de Janeiro, Ipea, 2000.
ANGELO, Ivan. *A festa*. São Paulo, Geração Editorial, 2004.
ARANTES, Paulo Eduardo. A fratura brasileira do mundo. In: _____. *Zero à esquerda*. São Paulo, Conrad, 2004.
_____. A viagem redonda do capitalismo de acesso. In: _____. *Extinção*. São Paulo, Boitempo, 2007.
ARENDT, Hannah. *As origens do totalitarismo*. Rio de Janeiro, Documentário, 1979.
_____. Walter Benjamin (1892-1940). In: _____ *Homens em tempos sombrios*. São Paulo, Companhia das Letras, 1987.
ARIAS NETO, José Miguel. *Em busca da cidadania*: praças da armada nacional (1967- -1910). Tese de Doutorado, São Paulo, Depto. de História da FFLCH, USP, 2001.
ARNS, Dom Paulo Evaristo (Org.). *Brasil*: nunca mais. Petrópolis, Vozes, 1985, 2006.
ARRUDA, Roldão. A sofrida espera da confraria dos parentes de desaparecidos; Não busco ossos, busco a minha história. *O Estado de S. Paulo*, São Paulo, 12 dez. 2004. p. A12.
ASENJO, Oscar de Juan. *La constitución económica española*: iniciativa económica pública "versus" iniciativa económica privada en la constitución española de 1978. Madri, Centro de Estudios Constitucionales, 1984.
ASSIS, José Carlos de. *Imperialismo*: a expansão do poder. Rio de Janeiro, Documentário, 1976.
_____. *A chave do tesouro*. Rio de Janeiro, Paz e Terra, 1983.
_____. *Os mandarins da República*. Rio de Janeiro, Paz e Terra, 1984.
AVELAR, Idelber. *Alegorias da derrota*: a ficção pós-ditatorial e o trabalho do luto na América Latina. Belo Horizonte, Humanitas, 2003.
ÁVILA, Henrique Manuel. *Da urgência à aprendizagem*: sentido da história e romance brasileiro dos anos 60. Londrina, UEL, 1997.
BADEN, Nancy. *The Muffled Cries*: The Writer and Literature in Authoritarian Brazil, 1964-1985. Lanham, University Press of America, 1999.
BADIOU, Alain. *L'Éthique*: Essai Sur la Conscience du Mal. Paris, Nous, 2003.
BADURA, Peter. *Verwaltungsrecht im liberal und im sozialen Rechtsstaat*. Tübingen, J.C.B. Mohr (Paul Siebeck), 1966.
BAFFA, Ayrton. *Nos porões do SNI*: retrato do monstro de cabeça oca. Rio de Janeiro, Objetiva, 1989.
BANDEIRA DE MELLO, Antônio. *Curso de direito administrativo*. 20. ed., São Paulo, Malheiros, 2006.
BEATO F., Cláudio; REIS, Ilka Afonso. Desigualdade, desenvolvimento socioeconômico e crime. In: HENRIQUES, Ricardo (Org.). *Desigualdade e pobreza no Brasil*. Rio de Janeiro, Ipea, 2000.
BELLUZZO, Luiz Gonzaga de Mello; COUTINHO, Renata (Orgs.). *Desenvolvimento capitalista no Brasil*: ensaios sobre a crise. 3. ed., São Paulo, Brasiliense, 1984, v. 1.
BENEVIDES, Maria Victoria. *O governo Kubitschek*: desenvolvimento econômico e estabilidade política. 3. ed., Rio de Janeiro, Paz e Terra, 1979.
BENJAMIN, Walter. Sobre o conceito de história. In: _____. *Obras escolhidas I*: magia e técnica, arte e política. São Paulo, Brasiliense, 1994.

BENJAMIN, Walter. *Charles Baudelaire*: um lírico no auge do capitalismo. In: _____. *Obras Escolhidas III*: Charles Baudelaire, um lírico no auge do capitalismo. 3. ed., São Paulo, Brasiliense, 2000.
BERCOVICI, Gilberto. *Constituição e estado de exceção permanente*: atualidade de Weimar. Rio de Janeiro, Azougue, 2004.
_____; MASSONETTO, Luís Fernando. A constituição dirigente invertida: a blindagem da constituição financeira e a agonia da constituição econômica. *Boletim de Ciências Econômicas*. Coimbra, Universidade de Coimbra, 2006, v. XLIX.
_____. *Soberania e constituição*. São Paulo, Quartier Latin, 2008.
_____. O direito constitucional passa, o direito administrativo permanece: a persistência da estrutura administrativa de 1967. In: SAFATLE, Vladimir; TELES, Edson (Orgs.). *O que resta da ditadura*: A exceção brasileira. São Paulo, Boitempo, 2010.
BERMAN, Marshall. O Fausto de Goethe: a tragédia do desenvolvimento. In: _____. *Tudo que é sólido desmancha no ar*: a aventura da modernidade. São Paulo, Companhia das Letras, 1986.
BICKFORD, Louis. Transitional Justice. In: HORVITZ, Leslie Alan; CATHERWOOD, Christopher. *Macmillan Encyclopedia of Genocide and Crimes Against Humanity*. Nova York, Facts on file, 2004, v. 3.
BIERRENBACH, Júlio de Sá. *Riocentro*: quais os responsáveis pela impunidade?. Rio de Janeiro, Domínio Público, 1996.
BIOCCA, Ettore. *Estratégias do Terror*: a face oculta e repressiva do Brasil. Lisboa, Iniciativas Editoriais, 1974.
BITTENCOURT, Lúcio C. A. O D.A.S.P. como um imperativo democrático e técnico. *Revista de Direito Administrativo*, Rio de Janeiro, n. 7, jan.-mar., 1947. p. 361-75.
BOBBIO, Norberto. *Era dos direitos*. Rio de Janeiro, Campus, 1988.
BOLETIM. *Última Instância*. Disponível em: <http://ultimainstancia.uol.com.br/noticia/51009.shtml>.
BOLLE, Willi. *Grandesertão.br*. São Paulo, Editora 34, 2004.
BRACHER, Karl Dietrich. *Die Auflösung der Weimarer Republik*: Eine Studie zum Problem des Machtverfalls in der Demokratie. 2. ed, Stuttgart/Düsseldorf, Ring Verlag, 1957.
BRAGA, José Carlos de Souza. Os orçamentos estatais e a política econômica. In: BELLUZO, Luiz Gonzaga de Mello; COUTINHO, Renata (Orgs.), *Desenvolvimento capitalista no Brasil*: ensaio sobre a crise. 3. ed., São Paulo, Brasiliense, 1984, v. 1.
BRITO Antônio Carlos Ferreira de (Cacaso). *Não quero prosa*. Vilma Arêas (Org.), Campinas, Unicamp; Rio de Janeiro, UFRJ, 1997 (Coleção Matéria de Poesia).
BROSSARD, Paulo. *O caso Herzog*. Brasília, Senado Federal, 3 dez. 1978.
BROUSSE, Marie Hélène. Conferência 1 – O analista e o político. *O inconsciente é a política*. São Paulo, Seminário Internacional da Escola Brasileira de Psicanálise, 2003.
BUERGENTHAL, Thomas. *International Human Rights*. Minnesota, West Publishing, 1988.
_____. Prólogo. In: TRINDADE, Antônio Augusto Cançado. *A proteção internacional dos direitos humanos*: fundamentos jurídicos e instrumentos básicos. São Paulo, Saraiva, 1991.
BURLANDY, Luciene; MAGALHÃES, Rosana. A dura realidade brasileira: famílias vulneráveis a tudo. *Democracia viva*. Rio de Janeiro, Ibase, n. 38, jun. 2008.
CABRAL, Otávio; ESCOSTEGUY, Diego. Voando às escuras. *Veja*, 11 abr. 2007.

CALVEIRO, Pilar. *Poder y desaparición*: los campos de concentración en Argentina. Buenos Aires, Colihue, 1998, 2006.

CAMARANO, A.; ABRAMOVAY, R. Êxodo rural, envelhecimento e masculinização no Brasil: panorama dos últimos 50 anos. *Revista do Ipea*. Texto para discussão n. 621. Disponível em: <http://www.ipea.gov.br/>. Acesso em: 12 jun. 2007.

CAMPOS, Roberto. *A lanterna na popa*: memórias. Rio de Janeiro, Topbooks, 1994.

CANDIDO, Antonio. Censura-violência. *Palavra livre: jornal da comissão permanente de luta pela liberdade de expressão*, São Paulo, ano 1, n. 1, abr. 1979.

_____. Literatura e cultura de 1900 a 1945. In: _____. *Literatura e sociedade*. 8. ed., São Paulo, T. A. Queiroz/Publifolha, 2000.

_____. Vanguarda: renovar ou permanecer, In: DANTAS, Vinicius. *Textos de intervenção*. São Paulo, Duas Cidades/Editora 34, 2002, v. 1.

CANFORA, Luciano. *A democracia*: história de uma ideologia. Lisboa, Edições 70, 2007, cap. XII.

CARDOSO, Adalberto. Escravidão e sociabilidade capitalista: um ensaio sobre inércia social. *Novos Estudos*, São Paulo, CEBRAP, n. 80, mar. 2008.

CARVALHO, José Murilo de. *Cidadania no Brasil*. Rio de Janeiro, Civilização Brasileira, 2003.

CASCARDO, Francisco Carlos Pereira. *O tenentismo na Marinha*: os primeiros anos – 1922 a 1924. São Paulo, Paz e Terra, 2005.

CASTELLO, José. Torquato, uma figura em pedaços. *No mínimo*. Disponível em: <http://www.no minimo.com.br/>. Acesso em: 18 mai. 2005.

CATELA, Ludmila. *Situação-limite e memória*: a reconstrução do mundo dos familiares de desaparecidos na Argentina. São Paulo, Hucitec, 2001.

CENTRO DE JUSTIÇA GLOBAL. Relatório anual. São Paulo, mai. 2004. Disponível em: <http://www.global.org.br/portuguese/arquivos/JGRA2003.pdf>. Acesso em: 9 ago. 2005.

CERQUEIRA, Carlos M. Nazareth. Questões preliminares para a discussão de uma proposta de diretrizes constitucionais sobre segurança pública. *Revista Brasileira de Ciências Criminais*. São Paulo, ano 6, n. 22, 1998. p. 139-82.

CERTEAU, Michel de. *L'écriture de l'histoire*. Rio de Janeiro, Forense-Universitária, 1982.

CESAR, Ana Cristina. Carta para Cecília, 14 maio 1976. In: LEMOS, Renato (Org.). *Bem traçadas linhas*: a história do Brasil em cartas pessoais. Rio de Janeiro, Bom Texto, 2004.

CHAUI, Marilena. A tortura como impossibilidade da política. In: ELOYSA, Branca (Org.). *I Seminário do Grupo Tortura Nunca Mais*. Petrópolis, Vozes, 1987.

CHOMSKY, Noam. *Contendo a democracia*. Rio de Janeiro, Record, 2003.

CODATO, Adriano Nervo. *Sistema estatal e política econômica no Brasil pós-64*. São Paulo/Curitiba, Hucitec/Anpocs/EdUFPR, 1997.

COELHO, Edmundo Campos. Reorganização nacional e descompressão. In: _____. *Em busca de identidade*: o exército e a política na sociedade brasileira. Rio de Janeiro, Record, 2000.

COELHO, Lauro Machado. *Anna, a voz da Rússia*: vida e obra de Anna Akhmátova. São Paulo, Algol, 2008.

COMISSÃO DE ANISTIA. Disponível em: <http://www.mj.gov.br>.

COMISSÃO DE CIDADANIA E DIREITOS HUMANOS. *Relatório Azul 1997*. Porto Alegre, Assembleia Legislativa, 1998.

COMISSÃO INTERAMERICANA DE DIREITOS HUMANOS. AG/RES. 2175 (XXXVI-O/06). El derecho a la verdad. Aprobada en la cuarta sesión plenaria, 6 jun. 2006. Disponível em: <http://www.cidh.oas.org/annualrep/2006sp/cap2a.2006. sp.htm>.

COMPARATO, Fábio Konder. Prefácio. In: ALMEIDA, Criméia Alice Schimidt de et al. *Dossiê ditadura*: mortos e desaparecidos políticos no Brasil, 1964-1985. 2. ed., São Paulo, IEVE/Imprensa Oficial do Estado de São Paulo, 2009.

CONSELHO NACIONAL DOS PROCURADORES GERAIS DE JUSTIÇA. Relatório. 22 ago. 2001.

CONTREIRAS, Hélio. *Militares e confissões*. Rio de Janeiro, Maud, 1998.

COSTA, Caio Túlio. *Cale-se*: a saga de Vannucchi Leme. A USP como aldeia gaulesa. O show proibido de Gilberto Gil. São Paulo, Girafa, 2003.

_____. Entrevista concedida a Sergio Gomes de Almeida. São Paulo, 29/1/2009; 11/3/2009; 14/8/2009.

COUTO, Ronaldo Costa. *Tancredo*: casos e acasos. Rio de Janeiro, Record, 1997.

CRUVINEL, Tereza. Panorama Político. *O Globo*, 15 nov. 2000.

CUNHA, Paulo Ribeiro da. *Um olhar à esquerda*: a utopia tenentista na construção do pensamento marxista de Nelson Werneck Sodré. Rio de Janeiro, Revan/Fapesp, 2002.

_____. Militares e anistia no Brasil: um dueto desarmônico. In: SAFATLE, Vladimir; TELES, Edson (Orgs.). *O que resta da ditadura*: A exceção brasileira. São Paulo, Boitempo, 2010.

DALCASTAGNÈ, Regina. *O espaço da dor*: o regime de 64 no romance brasileiro. Brasília, UnB, 1996.

DALLARI, Dalmo de Abreu. O Estado de Direito segundo Fernando Henrique Cardoso. *Praga*. São Paulo, Hucitec, n. 3, 1997.

DA MATTA, Roberto et al. *Violência brasileira*. São Paulo, Brasiliense, 1982.

DANIEL, Herbert. Contos possíveis de 1970. In: _____. *Passagem para o próximo sonho*: um possível romance autocrítico. Rio de Janeiro, Codecri, 1982.

DÁVILA, Sergio. Plano dos EUA antecipou ação dos militares. *Folha de S.Paulo*, São Paulo, 15 jul. 2007.

DELLASOPPA, Emílio. Reflexões sobre a violência, autoridade e autoritarismo. *Revista USP.* São Paulo, USP, n. 9, 1991.

DERRIDA, Jacques. Le siècle et le pardon. In: _____. *Foi et Savoir*. Paris, Seuil, 2000.

_____. Versöhnung, Ubuntu, pardon: quel genre?. In: CASSIN, Bárbara; CAYLA, Olivier; SALAZAR, Philippe-Joseph (Orgs.). *Le genre humain*: vérité réconciliation réparation. Paris, Seuil, nov. 2004.

_____. *Força de lei*. São Paulo, Martins Fontes, 2007.

DESAPARECIDOS: reconhecendo os culpados. *IstoÉ.* 28 out. 1981.

DIAMOND, Larry. Toward Democratic Consolidation. *Journal of Democracy*, Washington, v. 5, n. 3, 1994. p. 4-17.

DIAS, José de Nazaré Teixeira. *A reforma administrativa de 1967*. 2. ed., Rio de Janeiro, FGV, 1969.

DIMENSTEIN, Gilberto. *Democracia em pedaços*: direitos humanos no Brasil. São Paulo, Companhia das Letras, 1996.

D'ONELLAS, Jacques. *Tortura e morte do sargento Manoel Raimundo Soares* (Discurso). Brasília, Centro de Documentação e Informação da Câmara de Deputados, 28 mai. 1984. Disponível em: <http://www.desaparecidospoliticos.org.br>.

DOSSIÊ DOS MORTOS E DESAPARECIDOS POLÍTICOS NO BRASIL. Disponível em: <http://www.desaparecidospoliticos.org.br>. Acesso em: mai. 2009.

DRAIBE, Sônia. *Rumos e metamorfoses*: um estudo sobre a constituição do estado e as alternativas da industrialização no Brasil, 1930-1960. Rio de Janeiro, Paz e Terra, 1985.

DUAILIBI, Júlia. Líder tucano compara Lula a Jango e diz que o governo é "fraco e arrogante". *Folha de S.Paulo*, São Paulo, 13 dez. 2003.

ENDO, Paulo Cesar. *A violência no coração da cidade*. Escuta, São Paulo, 2005.

EPÍLOGO da Constituição Provisória da transição na África do Sul. Disponível em: <http://www.doj.gov.za/trc/trc_frameset.htm>.

EX-SOLDADO depõe e confirma tortura contra engenheiro. *Folha de S.Paulo*, São Paulo, 3 jan. 1982.

FAMÍLIA de preso é indenizada. *Jornal do Brasil*, 17 out. 2002.

FAMILIARES não creem em versão sobre documentos do Araguaia. *O Globo online*, 29 mar. 2007.

FAUSTO, Boris. *História do Brasil*. 8. ed., São Paulo, Edusp, 2000.

FEBBRO, Eduardo. Un gran día para la condición humana. *Página 12*, Buenos Aires, 7 fev. 2007.

FELTRAN, Gabriel de Santis. A fronteira do direito: política e violência na periferia de São Paulo. In: *Fronteiras de tensão*: um estudo sobre política e violência nas periferias de São Paulo. Tese (Doutorado) – Unicamp, 2008.

FERREIRA, Francisco H. G.; LITCHFIELD, Julie. Desigualdade, pobreza e bem-estar social no Brasil – 1981/95. In: HENRIQUES, Ricardo (Org.). *Desigualdade e pobreza no Brasil*. Rio de Janeiro, Ipea, 2000.

FERREIRA, Jorge (Org.). *O populismo e sua história*. Rio de Janeiro, Civilização Brasileira, 2001.

_____. *O imaginário trabalhista*. Rio de Janeiro, Civilização Brasileira, 2005.

FICO, Carlos. Dos anos de chumbo à globalização. In: PEREIRA, P. R. (Org.). *Brasiliana da Biblioteca Nacional*: guia de fontes sobre o Brasil. Rio de Janeiro, Biblioteca Nacional/Nova Fronteira, 2001.

_____. Versões e controvérsias sobre 1964 e a ditadura militar. *Revista Brasileira de História*, São Paulo, ANPUH, v. 24, n. 47, jan./jun. 2004.

FIORI, José Luís. Reforma ou sucata? O dilema estratégico do setor público brasileiro. In: _____. *Em busca do dissenso perdido*: ensaios críticos sobre a festejada crise do Estado. Rio de Janeiro, Insight, 1995.

FIX, Mariana. *São Paulo cidade global*. São Paulo, Boitempo, 2007.

FLORES, Joaquín Herrera. *Direitos humanos, interculturalidade e racionalidade de resistência*. (Mimeografado).

FORÇAS Armadas terão que localizar corpos. *Folha de S.Paulo*, São Paulo, 18 ago. 1993.

FOSTER, David William. *Violence in Argentine literature*: Cultural Responses to Tyranny. Columbia, Missouri Press, 1995.

FRAENKEL, Ernst. *The Dual State*. New Jersey, The Lawbook Exchange, 2006.

FRANCO, Celso. *O motim*. Rio de Janeiro, Enelivros, 1999.

FRANCO, Renato. *Itinerário político do romance pós-64*: A Festa. São Paulo, Edunesp, 1998.

FREDERICO, Celso. A presença de Lukács na política cultural do PCB e na universidade. In: MORAES, J. Quartim (Org.). *História do marxismo no Brasil*. Campinas, Unicamp, 1995, v. 2.

FRIAS FILHO, Otávio. Lei e ordem. *Folha de S.Paulo*, São Paulo, 31 jun. 2003.

FROTA, Sylvio. *Ideais traídos*. Rio de Janeiro, Jorge Zahar, 2006.
GAGNEBIN, Jeanne Marie. O que significa elaborar o passado. In: _____. *Lembrar, escrever, esquecer*. São Paulo, Editora 34, 2006.
GALLUCCI, Mariângela e MENDES, Vannildo. Justiça manda abrir arquivos do Araguaia. E Lula aceita. *O Estado de S. Paulo*, São Paulo, 7 dez. 2004. Capa.
GASPARI, Elio et al. *70/80 Cultura em trânsito*: da repressão à abertura. Rio de Janeiro, Aeroplano, 2000.
_____. *A ditadura escancarada*. São Paulo, Companhia da Letras, 2002.
_____. *A ditadura derrotada*. São Paulo, Companhia das Letras, 2003.
_____. *A ditadura encurralada*. São Paulo, Companhia das Letras, 2004.
GOMES, Luiz Flávio; Direito penal do inimigo (ou inimigos do direito penal). *Revista Jurídica Eletrônica Unicoc*. Ano II, n. 2, 2005. Disponível em: <http://www.revistajuridicaunicoc.com.br/midia/arquivos/ArquivoID_47.pdf>.
GOMIDE, Raphael. General deixa posto no Rio com elogios ao golpe militar de 1964. *Folha de S.Paulo*, São Paulo, 12 mar. 2009.
GORENDER, Jacob. *Combate nas trevas*: a esquerda brasileira, das ilusões perdidas à luta armada. São Paulo, Ática, 1987.
_____. *Combate nas trevas:* a esquerda brasileira, das ilusões perdidas à luta armada. 5. ed., São Paulo, Ática, 1998.
_____. *Combate nas trevas:* a esquerda brasileira, das ilusões perdidas à luta armada. 6. ed., São Paulo, Ática, 2003.
GOUVÊA, Gilda Portugal. *Burocracia e elites burocráticas no Brasil*. São Paulo, Pauliceia, 1994.
GRANDIN, Greg. *The Last Colonial Massacre*: Latin America in The Cold War. Chicago, Chicago UP, 2004.
_____. *Empire's Workshop*. Nova York, Metropolitan Books, 2006.
GRANDMAISON, Olivier. *Coloniser, exterminer*. Paris, Fayard, 2005.
GRAU, Eros Roberto. As agências, essas repartições públicas. In: SALOMÃO FILHO, Calixto (Org.). *Regulação e desenvolvimento*. São Paulo, Malheiros, 2002.
_____. O Estado, a liberdade e o direito administrativo. In: _____. *O direito posto e o direito pressuposto*. 5. ed., São Paulo, Malheiros, 2003.
GREENHALGH, Laura. Fotos não são de Vlado, admite Clarice. *O Estado de S. Paulo*, São Paulo, 29 out. 2004.
GREEN, James N. Clérigos, exilados e acadêmicos: oposição à ditadura nos Estados Unidos (1964-1985). *Projeto história, cultura e poder*: o golpe de 1964 – 40 anos depois. São Paulo, n. 29, t.I, dez. 2004.
GREIFF, Pablo de (Org.). *The Handbook of Reparations*. Nova York, Oxford/ICTJ, 2006.
GROPPO, Bruno. Traumatismo de la memoria y impossibilidad del olvido en los países del Cono Sur. In: GROPPO, Bruno; FLIER, Patrícia (Orgs.). *La impossibilidadad del olvido*: recorridos de la memoria en Argentina, Chile y Uruguay. La Plata, Al Margen, 2001.
GROS, Frédéric. *États de violence*. Paris, Gallimard, 2006.
HABERMAS, Jürgen. *Technik und Wissenschaft als 'Ideologie'*. Frankfurt-am-Main, Suhrkamp, 1969.
HAHNER, June. *As Relações entre civis e militares (1889-1898)*. São Paulo, Livraria Pioneira, 1975.

HARDMAN, Francisco Foot. Visões da guerra: o Brasil na crise da civilização. In: LEENHARDT, Jacques; PESAVENTO, Sandra (Orgs.). *Discurso histórico e narrativa literária*. Campinas, Unicamp, 1998.
HARVEY, David. *A condição pós-moderna*. São Paulo, Loyola, 1993.
HUGGINS, Martha. *Polícia e política*. São Paulo, Cortez, 1998.
HENKIN, Louis et al. *International Law*: Cases and Materials. 3. ed., Minnesota, West Publishing, 1993.
HENRIQUES NETO, Afonso. Seis percepções radicais. In: _____; AUGUSTO, Eudoro. *O misterioso ladrão de Tenerife*. Rio de Janeiro, Sette Letras, 1997.
HOBSBAWM, Eric. *A era dos extremos*. São Paulo, Companhia das Letras, 1995.
HOLLANDA, Heloisa Buarque de; GONÇALVES, Marcos Augusto. *Cultura e participação nos anos 60*. São Paulo, Brasiliense, 1982 (Coleção Tudo É História).
_____; PEREIRA, Carlos Alberto Messeder. *Poesia jovem*: anos 70. São Paulo, Abril Educação, 1982 (Coleção Literatura Comentada).
_____. *26 poetas hoje*: antologia. 4. ed., Rio de Janeiro, Aeroplano, 2001.
HUMAN DEVELOPMENT REPORT. UNDP, Nova York/Oxford, Oxford University Press, 2007.
HUNTINGTON, Samuel. *A terceira onda*. São Paulo. Ática, 1994.
HURRELL, Andrew. Power, Principles and Prudence: Protecting Human Rights in a Deeply Divided World. In: DUNNE, Tim; WHEELER, Nicholas J. *Human Rights in Global Politics*. Cambridge, Cambridge University Press, 1999.
IANNI, Octavio. *Estado e planejamento econômico no Brasil*. 5. ed., Rio de Janeiro, Civilização Brasileira, 1991.
INÊS Etienne Romeu. a única prisioneira política que ficou de fora na anistia. *O Pasquim*, 12 a 18 jan. 1980.
JAY, Martin. *Songs of Experience, Modern American and European Variations on a Universal Theme*. Berkeley/Los Angeles/Londres, University of California Press, 2005.
JORDÃO, Fernando. *Dossiê Herzog*. São Paulo, Global, 1979.
JUIZ decide hoje caso de desaparecido. *Jornal do Brasil*, 15 out. 1986.
JUÍZA responsabiliza União pela prisão e morte de Mário Alves. *Jornal do Brasil*, 20 out. 1981.
KALDOR, Mary. *The Imaginary War*. Cambridge, Blackwell, 1990.
KEHL, Maria Rita. *O tempo e o cão*: a atualidade das depressões. São Paulo, Boitempo, 2009.
KOHN, Richard. *An Essay on Civilian Control of the Military*. Disponível em: <http://www.unc.edu/dpets/diplmat/AD_Issues/amdipl_3/kohn.html>.
KORDON, Diana et al. *Memoria y identidad*: trauma social y psiquismo. Afectación inter y transgeneracional. Construcción de redes biológicas y sociales. Buenos Aires, EATIP/Equipo Argentino de Trabajo e Investigación Psicosocial, fev. 1999.
KRIEGER, Gustavo. Informe JB. *Jornal do Brasil*, 18 set. 2002.
KÜHNL, Reinhard. *Die Weimarer Republik:* Errichtung, Machtstruktur und Zerstörung einer Demokratie – Ein Lehrstück. Heilbronn, Distel Verlag, 1993.
LACAN, Jacques. *Escritos*. Madri/México, Siglo Veintiuno, 1994, v.1.
_____. *Seminário 14*: a lógica do fantasma. Disponível em: <http://www.tellesdasilva.com/fantasma.html>.
LA CAPRA, Dominick, *Escribir la historia, escribir el trauma*. Buenos Aires, Nueva visión, 2005.

LAFER, Celso. *JK e o programa de metas (1956-1961)*: processo de planejamento e sistema político no Brasil. Rio de Janeiro, FGV, 2002.

_____. Prefácio. In: ALVES, José Augusto Lindgren. *Os direitos humanos como tema global.* São Paulo, Perspectiva/Fundação Alexandre de Gusmão, 1994.

_____. *A reconstrução dos direitos humanos*: um diálogo com o pensamento de Hannah Arendt. São Paulo, Companhia das Letras, 1988, 2001.

LAMOUNIER, Bolívar. Introdução. In: AMARAL, Azevedo. *O Estado autoritário e a realidade nacional.* Brasília, UnB, 1981.

LA SPINA, Antonio; MAJONE, Giandomenico. *Lo stato regolatore.* Bolonha, Il Mulino, 2001.

LAX, Ilan. Le témoignage d'un commissaire. Juger les demandes d'aministie et promouvoir la réconciliation. In: CASSIN, Barbara; CAYLA, Olivier; SALAZAR Philippe-Joseph (Orgs.). *Vérité, réconciliation, reparation.* Paris, Seuil, 2004.

LEFORT, Claude. *A invenção democrática.* São Paulo, Brasiliense, 1983.

LEMOS, Renato (Org.). *Justiça fardada*: o General Peri Bevilaqua no Superior Tribunal Militar (1965-1969). Rio de Janeiro, Bom Texto, 2004.

LESSA, Carlos. *Quinze anos de política econômica.* 4. ed., São Paulo, Brasiliense, 1983.

LESSA, Renato. Quanto vale a vida dos outros. *O Estado de S. Paulo*, São Paulo, 7 set. 2008.

_____. Sobre a tortura. *Ciência Hoje*, n. 250, jul. 2008.

LIMA, Luiz Costa. Abstração e visualidade. In: _____. *Intervenções.* São Paulo, Edusp, 2002.

LOCKE, John. *Two Treatises of Government.* Cambridge University Press, 1988. [Ed. bras.: *Dois tratados sobre o governo civil e seus governantes e outros escritos.* Petrópolis, Vozes, 2001.]

LOURENÇO NETO, José da Silva. *Direito penal militar.* São Paulo, Atlas, 1995.

LÖWY, Michael. *Walter Benjamin*: aviso de incêndio, uma leitura das teses "Sobre o conceito de história". São Paulo, Boitempo, 2005.

MACHADO, Flavia Burlamaqui. *As forças armadas e o processo de anistia no Brasil (1979--2002).* Dissertação (Mestrado) – Depto. de História Social da IFCS, PPGHIS, UFRJ, 2006.

MÃE processa União por tortura e morte do filho. *O Estado de S. Paulo.* São Paulo, 15 jun. 1982.

MAESTRI, Mário. *Cisnes negros*: uma história da Revolta da Chibata. São Paulo, Moderna, 2000.

MAGALHÃES, Mário. Dobram acusações pela Lei da Tortura. *Folha de S.Paulo*, São Paulo, 23 ago. 2001. Folha Cotidiano, p. C4.

_____. Prefácio. In: PIOVESAN, Flávia. *Direitos humanos e justiça internacional.* São Paulo, Saraiva, 2006.

MAGALHÃES, Vagner. Lula: aumento do desemprego pode causar convulsão social. Disponível em: <http://br.invertia.com/noticias/noticia. aspx?idNoticia=200901121543_RED_77748281&idtel=>. Acesso em: 12 jan. 2009.

MAGALONI, Beatriz. Authoritarianism, Democracy and the Supreme Court: Horizontal Exchange and the Rule of Law in México. In: MAINWARING, Scott; WELNA, Christopher (Orgs.). *Democratic Accountability in Latin America.* Oxford, Oxford University Press, 2003.

MAIA, Marisa. *Extremos da alma.* Rio de Janeiro, Garamond, 2003.

MAINWARING, Scott; BRINKS, Daniel; PÉREZ-LIÑÁN, Aníbal. Classificando Regimes Políticos na América Latina. *Dados*, Rio de Janeiro, v. 44, n. 4, 2001.
MARCUSE, Herbert. *Contra-revolução e revolta*. Rio de Janeiro, Jorge Zahar, 1981.
_____. Herbert Marcuse fala aos estudantes. In: LOUREIRO, Isabel (Org.). *A grande recusa hoje*. Petrópolis, Vozes, 1999.
MARSHALL, T. H. *Cidadania, classes sociais e status*. Rio de Janeiro, Jorge Zahar, 1967.
MARTINS FILHO, João Roberto. A ditadura revisitada: unidade ou desunião?. In: *Seminário 1964-2004, 40 anos do golpe: ditadura militar e resistência no Brasil*. Rio de Janeiro, Faperj/7Letras, 2004.
MARIANO, Benedito. O exemplo da polícia canadense. *Folha de S.Paulo*, São Paulo, 25 fev. 1998.
MARQUES NETO, Floriano Peixoto de Azevedo. *Regulação estatal e interesses públicos*. São Paulo, Malheiros, 2002.
MARTINS, Luciano. *Estado capitalista e burocracia no Brasil pós-64*. 2. ed., Rio de Janeiro, Paz e Terra, 1991.
MASSONETTO, Luís Fernando. (Des)Regulação: em busca do senso perdido In: DI PIETRO, Maria Sylvia Zanella (Org.). *Direito regulatório*: temas polêmicos. Belo Horizonte, Editoria Fórum, 2003.
_____. *O direito financeiro no capitalismo contemporâneo*. Tese (Doutorado) – Depto. De Direito Econômico-Financeiro da Faculdade de Direito,USP, 2006.
MAYER, Arno. *Dinâmica da contra-revolução na Europa (1870-1956)*. Rio de Janeiro, Paz e Terra, 1977.
MAYER, Otto. Vorwort zur dritten Auflage. In: _____. *Deutsches Verwaltungsrecht (1924)*. 3. ed., Berlim, Duncker & Humblot, 2004, v. 1.
MAZOWER, Mark. *Continente sombrio*: a Europa no século XX. São Paulo, Companhia das Letras, 2001.
MENDES, Evannildo. TRF determina abertura de arquivo sobre guerrilha. *O Estado de S. Paulo*, São Paulo, 18 ago. 1993.
MÉNDEZ, Juan. Accountability for Past Abuses. In: *Human Rights Quarterly*. Baltimore, v. 19, n. 2, mai. 1997. p. 255-82.
_____; O'DONNELL, Guillermo; PINHEIRO, Paulo Sérgio (Orgs.). *Democracia, violência e injustiça*: o não Estado de Direito na América Latina. São Paulo, Paz e Terra, 2000.
_____; COVELLI, Gilma Tatiana Rincón. Parecer técnico sobre la naturaleza de los crímenes de lesa humanidad, la imprescriptibilidad de algunos delitos y la prohibición de amnistías. Nova York, ICTJ, set. 2008.
MENDONÇA, Sônia. *Estado e economia no Brasil*: opções de desenvolvimento. Rio de Janeiro, Graal, 1986.
MENEGAT, Marildo. *Depois do fim do mundo*: a crise da modernidade e a barbárie. Rio de Janeiro, Faperj/Relume Dumará, 2003.
MERCADANTE, Paulo. *A consciência conservadora no Brasil*. Rio de Janeiro, Nova Fronteira, 1980.
MEZAROBBA, Glenda. *Um acerto de contas com o futuro*: a anistia e suas consequências – um estudo do caso brasileiro. São Paulo, Humanitas/Fapesp, 2006.
_____. Entrevista com Juan Méndez, presidente do Internacional Center for Transitional Justice (ICTJ). In: *Revista Internacional de Direitos Humanos*. São Paulo, 2007, v. 7. p. 168-75.

MEZAROBBA, Glenda. *O preço do esquecimento*: as reparações pagas às vítimas do regime militar (uma comparação entre Brasil, Argentina e Chile). Tese (Doutorado) – Depto. de Ciência Política da FFLCH, USP, 2007.

MIGLIORI, Maria Luci Buff. *Horizontes do perdão*: reflexões a partir de Paul Ricoeur e Jacques Derrida. Tese (Doutorado) – Depto. de Filosofia da CONFIL, PUC-SP, 2007.

MINOW, Martha. *Between Vengeance and Forgiveness*: Facing History After Genocide and Mass Violence. Boston, Beacon Press, 1998.

MONDAINI, Marco. *Direitos humanos*. São Paulo, Contexto, 2006.

MONTEIRO, Tânia. Os arquivos do Araguaia. *O Estado de S. Paulo*. São Paulo, 8 dez. 2004. Editorial.

MORAES, Eduardo Ribeiro de. TJ-SP extingue processo contra coronel acusado de tortura. *Última Instância*. Disponível em: <http://ultimainstancia.uol.com.br/noticia/56486.shtml>.

MORAES, João Quartim. *A esquerda militar no Brasil*: da conspiração republicana à guerrilha dos tenentes. São Paulo, Siciliano/Expressão Popular, 1991/2005.

MOREL, Edmar. *A Revolta da Chibata*. Rio de Janeiro, Graal, 1986.

NETO, Lira. *Castello*: a marcha para a ditadura. São Paulo, Contexto, 2004.

NETO, Torquato. *Os últimos dias de Paupéria*. São Paulo, Max Limonad, 1982.

NEUMANN, Franz. *Béhémoth*: structure et pratique du national-socialisme. Paris, Payot, 1987.

NOVELLI, José Marcos Nayme. *Instituições, política e ideias econômicas*: o caso do Banco Central do Brasil (1965-1998). São Paulo, Annablume, 2001.

NUNES, António José Avelãs. *Industrialização e desenvolvimento*: a economia política do "modelo brasileiro de desenvolvimento". São Paulo, Quartier Latin, 2005.

OEA. American Convention on Human Rights. São José, 1969. Disponível em: <http://www.cidh.org/Basicos/English/Basic3.American%20Convention.htm>. Acesso em: 2 out. 2007.

OEHLER, Dolf. *O velho mundo desce aos infernos*. São Paulo, Companhia das Letras, 1999.

OLIVEIRA, Fabrício Augusto de. *A Reforma Tributária de 1966 e a acumulação de capital no Brasil*. 2. ed., Belo Horizonte, Oficina de Livros, 1991.

_____. *Autoritarismo e crise fiscal no Brasil (1964-1984)*. São Paulo, Hucitec, 1995.

ONU. Declaração dos direitos humanos. Paris, 1948. Disponível em: <http://www.onubrasil.org.br/documentos_direitoshumanos.php>. Acesso em: 2 out. 2007.

_____. Pacto internacional dos direitos civis e políticos. Nova York, 1966. Disponível em: <http://www.unhchr.ch/html/menu3/b/a_ccpr.htm>. Acesso em: 2 out. 2007.

_____. Convention Against Torture. Nova York, 1984. Disponível em: <http://www.unhchr.ch/html/menu3/b/h_cat39.htm>. Acesso em: 2 out. 2007.

_____. Office of the United Nations High Comissioner for Human Rights. Basic Principles and Guidelines on The Right to a Remedy and Reparation for Victims of Gross Violations of International Human Rights Law and Serious Violations of International Humanitarian Law. Nova York, 2005. Disponível em: <http://www.ohchr.org/english/law/remedy.htm>. Acesso em: 2 out. 2007.

OST, François. *Le temps du droit*. Paris, Odile Jacob, 1999.

OTERO, Paulo. Constituição e legalidade administrativa: a revolução dogmática do direito administrativo. In: TAVARES, André Ramos; FERREIRA, Olavo A. V. Alves;

LENZA, Pedro (Orgs.). *Constituição federal, 15 anos*: mutação e evolução – comentários e perspectivas. São Paulo, Método, 2003.

OTTAWAY, Marina. *Democracy Challenged*: The Rise of Semiauthoritarianism. Washington, Carnegie Endowment for International Peace, 2003.

PAOLI, Maria Célia. O mundo do indistinto: sobre gestão, violência e política. In: OLIVEIRA, Francisco de; RIZEK, Cibele (Orgs.). *A era da indeterminação*. São Paulo, Boitempo, 2007.

PASSARINHO, Jarbas. Absurdo e desespero. *Correio Braziliense*. 14 mai. 2002.

PAULANI, Leda. *Brasil Delivery*: servidão financeira e estado de emergência econômico. São Paulo, Boitempo, 2008.

_____. Capitalismo financeiro e estado de emergência econômico no Brasil. Disponível em: <http://www.ucm.es/info/ec/jec10/ponencias/713Paulani.pdf>.

PECAUT, Daniel. *Os intelectuais e a política no Brasil*. São Paulo, Ática, 1990.

PEDROSO, Franklin Espath; VASQUEZ, Pedro Karp. Questão de ordem, vanguarda e política na arte brasileira. *Acervo*: revista do Arquivo Nacional. Rio de Janeiro, Arquivo Nacional, v. 11 (Nada será como antes, os anos 60.), n. 1-2, 1998/1999.

PEREIRA, Anthony. Sistemas judiciais e repressão política no Brasil, Chile e Argentina. In: SANTOS, Cecília MacDowell; TELES, Edson; TELES, Janaína de Almeida (Orgs.). *Desarquivando a ditadura*: memória e justiça no Brasil. São Paulo, Hucitec, 2009.

PEREIRA, Carlos Alberto Messeder. *Retratos de época*: poesia marginal anos 70. Rio de Janeiro, Funarte, 1981.

PEREIRA, Luiz Carlos Bresser. *Reforma do Estado para a cidadania*: a reforma gerencial brasileira na perspectiva internacional. São Paulo/Brasília, Editora 34/ENAP, 2002.

PEREIRA, Merval. Politização trágica. *O Globo*, 17 jun 2008.

PERFIL dos atingidos. *Mitra arquidiocesana de São Paulo*. Petrópolis, Vozes, 1987.

PINHEIRO, Paulo Sérgio. *Escritos indignados*: polícia, prisões e política no Estado autoritário. São Paulo, Brasiliense, 1984.

_____. Tortura sempre. In: VÁRIOS. *Democracia x Violência*. Rio de Janeiro, Paz e Terra, 1986.

_____. Autoritarismo e transição. *Revista USP*, São Paulo, USP, n. 9, 1991.

PIOVESAN, Flávia. *A construção social da subcidadania*. Belo Horizonte, UFMG; Rio de Janeiro, IUPERJ, 2006.

_____; *Desarquivando o Brasil*. Disponível em: <http://www.desaparecidospoliticos.org.br/pagina.php?id=102&m=5>. Acesso em: 10 jan. 2007.

_____. MAGNOLI, Demétrio. A exceção brasileira. *O Estado de S. Paulo*, São Paulo, 10 jan. 2008. p. A2.

POIAN, Carmen da. *Formas do vazio*: desafios ao sujeito contemporâneo. São Paulo, Via Lettera, 2001.

POLARI, Alex. Questão de Sistema – II. In: _____. *Inventário de Cicatrizes*. 4. ed., São Paulo, Global, 1979.

RABANT, Claude, citado em SELIGMANN-SILVA, Márcio. A história como trauma. In: NESTROVSKI, Arthur; SELIGMANN-SILVA, Márcio (Orgs.). *Catástrofe e representação*: ensaios. São Paulo, Escuta, 2000.

RANCIERE, Jacques. *La haine de la démocratie*. Paris, La Fabrique, 2005.

REDRESS. *Implementando los derechos de las víctimas*. Londres, 2006. Disponível em: <http://www.redress.org/publications/HandbookonBasicPrinciples%20Spanish%206-6-2006.pdf>. Acesso em: 2 out. 2007.

REIGADA, Antonio Troncoso. Dogmática administrativa y derecho constitucional: el caso del servicio público. *Revista Española de Derecho Constitucional*. Madrid, Centro de Estudios Políticos y Constitucionales, n. 57, set.-dez. 1999.
REIS FILHO, Daniel Aarão. O colapso do colapso do populismo. In: FERREIRA, Jorge (Org.). *O populismo e sua história*. Rio de Janeiro, Civilização Brasileira, 2001.
RELATÓRIO da Comissão Interministerial criada pelo decreto no. 4.850, de 2 out. 2003, com vistas à identificação dos desaparecidos da "Guerrilha do Araguaia". Brasília, 8 mar. 2007.
RELATÓRIO do promotor de Justiça Paulo Cláudio Tovo.
REZENDE, Fernando. O crescimento (descontrolado) da intervenção governamental na economia brasileira. In: LIMA JR., Olavo Brasil de; ABRANCHES, Sérgio Henrique (Orgs.). *As origens da crise*: Estado autoritário e planejamento no Brasil. São Paulo/ Rio de Janeiro, Vértice/IUPERJ, 1987.
RIBEIRO JR., Amaury; VIOLA, Eugênio; FARIA, Tales. Traição e extermínio. *Istoé*, São Paulo, 31 mar. 2004.
RIBEIRO, Renato Janine. A dor e a injustiça. In: COSTA, Jurandir Freire. *Razões públicas, emoções privadas*. Rio de Janeiro, Rocco, 1999.
RICOEUR, Paul. *Le juste*. Paris, Esprit, 1995.
_____. *A crítica e a convicção*. Lisboa, Edições 70, 1997.
_____. *La mémoire, l'histoire, l'oubli*. Paris, Seuil, 2000. [Ed. Bras.: *A memória, a história, o esquecimento*. Campinas, Unicamp, 2008.]
RIDENTI, Marcelo. *Em busca do povo brasileiro*. Rio de Janeiro, Record, 2000.
ROBINSON, Willian. *Promoting Poliarche*. F. Cambridge, UP, 1996.
ROCHA, José Justiniano da. Ação, reação e transação (1855). In: JÚNIOR, R. Magalhães. *Três panfletários do segundo império*. São Paulo, Cia. Editora Nacional, 1956.
RODRIGUES, Alex. Comissão de Anistia inicia caravanas que vão julgar pedidos de indenização. *Agência Brasil*. Disponível em: <http://www.agenciabrasil.gov.br/noticias/2008/03/31/materia.2008-03-31.8801472563/view>. Acesso em: 28 fev. 2009.
RODRIGUES, Alexandre. Decisão do STJ mantém indenização milionária a família de desaparecido. Viúva e filho de Ruy Frazão podem receber R$ 6,5 milhões da União. *O Globo*, 17 out. 2002.
ROLLEMBERG, Denise. *Exílio*: entre antenas e radares. Rio de Janeiro, Record, 1999.
RONIGER, Luis; SZNAJDER, Mario. *O legado das violações dos direitos humanos no Cone Sul*. São Paulo, Perspectiva, 2004.
ROSAS, Allan. So-Called Rights of The Third Generation. In: EIDE, Asbjorn; KRAUSE, Catarina; ROSAS, Allan. *Economic, Social and Cultural Rights*. Dordrecht/Boston/ Londres, Martinus Nijhoff, 1995.
ROSENFELD, Anatol. Arte e fascismo. In: _____. *Texto/contexto II*. São Paulo, Perspectiva/ Edusp /Edunicamp, 1993.
ROSSITER, Clinton. *Constitutional Dictatorship*: Crisis Government in the Modern Democracies. Citado em AGAMBEN, Giorgio. *Estado de exceção*. São Paulo, Boitempo, 2006.
ROUQUIÉ, Alain. *O estado militar na América Latina*. São Paulo, Alfa-Omega, 1984.
SACHS, Ignacy. Desenvolvimento, direitos humanos e cidadania. In: PINHEIRO, P. S.; GUIMARÃES, S. P. (Orgs.). *Direitos humanos no século XXI*. Brasília, Instituto de Pesquisa de Relações Internacionais e Fundação Alexandre Gusmão, 1998.

SAFATLE, Vladimir. A profecia da violência sem traumas. *O Estado de S. Paulo*, São Paulo, 6 jul. 2008. Disponível em: <http://www.estadao.com.br/estadaodehoje/20080706/not_imp201198,0.php>.

_____. Sobre a potência política do inumano: retornar à crítica ao humanismo. In: NOVAES, Adauto (Org.). *Mutações*: A condição humana. No prelo.

SALLUM JR. *Labirintos*: dos generais à Nova República. São Paulo, Hucitec, 1996.

SAMPAIO Jr., Tércio. Anistia ampla geral e irrestrita. *Folha de S.Paulo*, São Paulo, 16 ago. 2008.

SÁNCHEZ-CUENCA, Ignacio. Power, Rules, and Compliance. In: MARAVALL, José María; PRZEWORSKI, Adam (Orgs.). *Democracy and The Rule of Law*. Cambridge, Cambridge University Press, 2003.

SÁNCHEZ, Jesus-Maria Silva. *A expansão do Direito Penal*. São Paulo, Revista dos Tribunais, 2002.

SANTOS, José Vicente Tavares dos; TIRELLI, Cláudia. A ordem pública e o ofício da polícia: a impunidade na sociedade brasileira. In: SOUSA, Edson Luiz (Org.). *Psicanálise e colonização*. Porto Alegre, Artes e Ofícios, 1999.

SANTOS, Roberto. *Mais do mesmo*: a semidesmilitarização da aviação civil na semidemocracia brasileira. 2008 (Mimeografado).

SANTOS, Sheila Cristina. A comissão especial sobre os mortos e desaparecidos políticos e a reparação do Estado às vítimas da ditadura militar no Brasil. Dissertação (Mestrado) – Programa de Pós-graduação em Ciências Sociais da PUC/SP, 2008.

SARLO, Beatriz. *Tempo passado*: cultura da memória e guinada subjetiva. São Paulo, Companhia das Letras, 2007.

SARNEY adverte que anistia pode prejudicar a abertura. *Jornal do Brasil*, 22 fev. 1978.

SAUNDERS, Rebecca. Sobre o intraduzível: sofrimento humano, a linguagem de direitos humanos e a Comissão de Verdade e Reconciliação da África do Sul. *Revista Sur*. São Paulo, Conectas Direitos Humanos, ano 5, n. 9, dez. 2008.

SAYAD, João. Aspectos políticos do déficit público. In: POMERANZ, Lenina; MIGLIOLI, Jorge; LIMA, Gilberto Tadeu (Orgs.). *Dinâmica econômica do capitalismo contemporâneo*: homenagem a Michal Kalecki. São Paulo, Edusp, 2001.

SCHEUERMAN, William. *Between The Norm and The Exception*. Cambridge, MIT Press, 1994.

_____. The economic state of emergency. *Cardozo Law Review*, Nova York, v. 21, 2000.

_____. *Liberal Democracy and The Social Acceleration of Time*. Baltimore, John Hopkins U.P., 2004.

SCHNEIDER, Ben Ross. Democratic Consolidations: Some Broad Comparisons and Sweeping Arguments. *Latin American Research Review*, v. 30, n. 2, 1995. p. 215-34.

SCHOLLHAMMER, Karl Erik. Os cenários urbanos da violência na literatura brasileira. In: PEREIRA, Carlos Alberto et al. *Linguagens da violência*. Rio de Janeiro, Rocco, 2000.

SCHWARTZMAN, Simon. *Bases do autoritarismo brasileiro*. Rio de Janeiro, Campus, 1988.

SCHWARZ, Roberto. O fio da meada. In: *Que horas são?* Ensaios. São Paulo, Companhia das Letras, 1987.

_____. Fim de século. In: *Sequências brasileiras*. São Paulo, Companhia das Letras, 1999.

_____. Cultura e política: 1964-1969. In: *Cultura e política*. São Paulo, Paz e Terra, 2001.

SECRETARIA ESPECIAL DOS DIREITOS HUMANOS; COMISSÃO ESPECIAL SOBRE MORTOS E DESAPARECIDOS POLÍTICOS. *Direito à verdade e à me-*

Bibliografia • 343

mória: comissão especial sobre mortos e desaparecidos. Brasília, Comissão especial sobre mortos e desaparecidos, 2007.
SEGATTO, Jose Antonio. Cidadania e ficção. In: VÁRIOS. *Sociedade e literatura no Brasil*. São Paulo, Edunesp, 1999.
SELIGMANN-SILVA, Márcio (Org.). A história como trauma. In: NESTROVSKI, Arthur; SELIGMANN-SILVA, Márcio (Orgs.). *Catástrofe e representação*: ensaios. São Paulo, Escuta, 2000.
_____. *História, memória, literatura*: o testemunho na era das catástrofes. Campinas, Unicamp, 2003.
SHAIN, Yossi; LINZ, Juan. *Between States*: Interim Governments and Democratic Transitions. Cambridge, Cambridge University Press, 1995.
SHAPIRO, Ian. *The State of Democratic Theory*. Princeton, Princeton University Press, 2003.
SIEDER, Rachel; SCHJOLDEN, Line; ANGELL, Alan (Orgs.) *The Judicialization of Politics in Latin America*. Nova York, Palgrave MacMillan, 2005.
SIKKINK, Kathryn; WALLING, Carrie Booth. The Emergence and Impact of Human Rights Trials. In: Princeton International Relations Faculty Colloquium, mar. 2006.
_____. Do Human Rights Trials Improve Human Rights? Princeton International Relations Faculty Colloquium, 27 mar. 2006.
_____. The Impact of Human Rights Trials in Latin America. *Journal of Peace Research*, Los Angeles, Sage Publications, v. 44, n. 4, 2007. p. 427-45.
SILVA, Abel et al. A ficção da realidade brasileira. In: NOVAES, Adauto (Org.). *Anos 70, ainda sob a tempestade*. Rio de Janeiro, Aeroplano/Senac Rio, 2005.
SILVA, Sérgio Gomes da. Entrevistas, 29 jan. 2009, 11 mar. 2009 e 14 ago. 2009, São Paulo. Entrevistas concedidas a Janaína de Almeida Teles.
SILVERMAN, Malcolm. *Protesto e o novo romance brasileiro*. Porto Alegre, Editora da UFRGS; São Carlos, EdUFSCar, 1995.
SIMON, Iumna; DANTAS, Vinícius. Poesia ruim, sociedade pior. *Remate de males*. Campinas, n. 7, 1987.
SIMPÓSIO INTERNACIONAL NEONAZISMO, NEGACIONISMO E EXTREMISMO POLÍTICO. Porto Alegre, UFRGS, ago. 2000.
SKIDMORE, Thomas. *Brasil*: de Castelo a Tancredo. 7. ed., São Paulo, Paz e Terra, 2000.
SOARES, Samuel Alves. *As forças armadas e o sistema político brasileiro (1974-1999)*. São Paulo, Edunesp, 2006.
SODRÉ, Nelson Werneck. *Memórias de um soldado*. Rio de Janeiro, Civilização Brasileira, 1967.
SOUZA, Amaury de; LAMOUNIER, Bolívar. A feitura da nova Constituição: um reexame da cultura política brasileira. In: LAMOUNIER, Bolívar (Org.). *De Geisel a Collor*: o balanço da transição. São Paulo, Idesp, 1990.
SOUZA, Percival de et al. *Violência e repressão*. São Paulo, Símbolo, 1978.
STEINER, George. *No Castelo de Barba Azul*. São Paulo, Companhia das Letras, 1991.
STEPAN, Alfred. *The Military in Politics*: Changing Patterns in Brazil. Princeton, Princeton University, 1971.
_____. *Rethinking Military Politics*. Princeton, Princeton University Press, 1988.
STERZI, Eduardo. Formas residuais do trágico, alguns apontamentos. In: FINAZZI-AGRÒ, Ettore; VECCHI, Roberto (Orgs.). *Formas e mediações do trágico moderno*: uma leitura do Brasil. São Paulo, Unimarco, 2004.

SUHRKE, Astri (Org.). *Roads to Reconciliation*. Lanham, Lexington Books, 2005.

_____. Addressing The Past: Reparations for Gross Human Rights Abuses. In: HURWITS, Agnes; HUANG, Reyko. *Civil War and The Rule of Law*: Security, Development, Human Rights. Boulder, Lynne Rienner Publishers, 2007.

SULEIMAN, Susan R. *Authoritarian fictions*. Nova Jersey, Princeton, 1983.

SUNSTEIN, Cass R. Paradoxes of the Regulatory State. In: _____. *Free Markets and Social Justice*. Oxford/Nova York, Oxford University Press, 1999.

SÜSSEKIND, Flora. *Literatura e vida literária*: polêmicas, diários & retratos. 2. ed. rev., Belo Horizonte, UFMG, 2004.

SUZIGAN, Wilson. As empresas do governo e o papel do Estado na economia brasileira. In: REZENDE, Fernando et al. *Aspectos da participação do governo na economia*. Rio de Janeiro, Ipea/Inpes, 1976.

TAL, Tzvi. Imaginando dictaduras: memória histórica y narrativa en películas del cono sur. *Letras*. Universidade Federal de Santa Maria, n. 16, 1998.

TAPAJÓS, Ricardo. *Em câmara lenta*. São Paulo, Alfa-Omega, 1979.

TAVARES, Maria da Conceição. *O grande salto para o caos*. Rio de Janeiro, Jorge Zahar, 1985.

TEIXEIRA, Helder. *Geisel, os militares e o projeto distensionista*: transição para democracia ou continuísmo da ingerência militar na política brasileira?. Dissertação (Mestrado) – Depto. de Ciências Sociais da UFPE, 2001.

TELES, Edson. *Brasil e África do Sul*: memória política em democracias com herança autoritária. Tese (Doutorado) – Depto. de Filosofia da FFLCH/USP, 2006.

TELES, Janaína de Almeida. *Mortos e desaparecidos políticos*: reparação ou impunidade?. São Paulo, Humanitas/FFLCH/USP, 2001.

_____. *Os herdeiros da memória*: a luta dos familiares de mortos e desaparecidos políticos no Brasil. Dissertação (Mestrado) – Depto. de História da FFLCH/USP, 2005.

TÉRCIO, Jason. *A espada e a balança*: crime e política no banco dos réus. Rio de Janeiro, Jorge Zahar, 2002.

TILLY, Charles. War Making and State Making as Organized Crime. In: EVANS, Peter; RUESCHEMEYER, Dietrich; SKOCPOL, Theda (Orgs.). *Bringing The State Back*. Cambridge, Cambridge UP, 1985.

TOLEDO, Caio Navarro de. (Org.). *1964*: visões críticas do golpe. Campinas, Edunicamp, 1997.

TORTURA e morte no DOI-CODI. O soldado viu. *Jornal da Tarde*, São Paulo, 3 jun. 1982.

TRAVERSO, Enzo. *L'Histoire dechirée*. Paris, Cerf, 1998.

TRF obriga Exército a abrir arquivos sobre desaparecidos. *Correio Braziliense*, Brasília, 18 ago. 1993.

TRIBUNAL REGIONAL FEDERAL 4ª REGIÃO. Acórdão da 3ª turma. 5 out. 2005.

TRUTH AND RECONCILIATION COMMISSION. O *Relatório Final*. Disponível em: <http://www.doj.gov.za/trc/trc_frameset.htm>.

UNIÃO culpada pela morte de Raul Ferreira. *Folha de S.Paulo*, São Paulo, 1º set. 1982.

UNITED NATIONS DEVELOPMENT PROGRAMME. UNDP and Transitional Justice: an Overview. Nova York, jan. 2006.

USTRA, Carlos Alberto Brilhante. *A verdade sufocada*: a história que a esquerda não quer que o Brasil conheça. Brasília, Ser, 2006.

VAN CREVELD, Martin. *Ascensão e declínio do Estado*. São Paulo, Martins Fontes, 2004.

VASCONCELOS, José Geraldo. *Memórias do silêncio*: militantes de esquerda no Brasil autoritário. Fortaleza, UFC, 1998.
VECCHI, Roberto. O que resta do trágico: uma abordagem no limiar da modernidade cultural brasileira. In: FINAZZI-AGRÒ, Ettore; VECCHI, Roberto (Orgs.). *Formas e mediações do trágico moderno, uma leitura do Brasil.* São Paulo, Unimarco, 2004.
VENTURA, Zuenir. O vazio cultural. *Visão*. jul. 1971.
_____. A falta de ar. *Visão*. ago. 1973.
VERISSIMO, Luis Fernando. O condomínio. In: _____. *Outras do analista de Bagé*. Porto Alegre, L&PM, 1982.
VERNANT, J.-P. *L'individu, la mort, l'amour*. Gallimard, Paris, 1989.
VIANNA, Maria Lúcia Teixeira Werneck. *A administração do "milagre"*: o conselho monetário nacional – 1964-1974. Petrópolis, Vozes, 1987.
VIANNA, Marly de Almeida Gomes. *Revolucionários de 35*: sonho e realidade. São Paulo, Companhia das Letras/Expressão Popular, 1992/2007.
VIEIRA, Beatriz de Morais. *A palavra perplexa*: experiência histórica e poesia no Brasil nos anos 70. Tese (Doutorado) – Universidade Federal Fluminense, 2007.
VIEIRA, Oscar Vilhena. Sociedade x Estado. *Revista USP.* São Paulo, USP, n. 9, 1991.
VILLA, Marco Antonio. Ditadura à brasileira. *Folha de S.Paulo*, São Paulo, 5 mar. 2009. p. A-3.
VIÑAR, Maren; VIÑAR, Marcelo. *Exílio e tortura*. São Paulo, Escuta, 1992.
VIRILIO, Paul; LOTRINGER, Sylvere. *Guerra pura*: a militarização do cotidiano. São Paulo, Brasiliense, 1984.
WACQUANT, Loïc. *Punir os pobres.* Rio de Janeiro, Freitas Bastos, 2001.
WAHRLICH, Beatriz M. de Souza. *Reforma administrativa na era de Vargas.* Rio de Janeiro, FGV, 1983.
WEBER, Luís Albreto. Ninho de arapongas. *Correio Braziliense*, Brasília, 21 set. 1996.
WERNER, Fritz. Verwaltungsrecht als konkretisiertes Verfassungsrecht. In: _____. *Recht und Gericht in unserer Zeit*: Reden, Vorträge, Aufsätze 1948-1969. Köln, Carl Heymans, 1971.
WILLIAMS, Raymond. Estruturas de sentimento. In:_____. *Marxismo e literatura*. Rio de Janeiro, Jorge Zahar, 1979.
WILLOUGHBY, William F. *Principles of Public Administration*: with Special Reference to the National and State Governments of The United States. 2. ed., Washington, The Brookings Institution, 1929.
WIRSCHING, Andreas. *Die Weimarer Republik*: Politik und Gesellschaft. München, R. Oldenbourg, 2000.
XAVIER, Ismail. *Alegorias do subdesenvolvimento*. São Paulo, Brasiliense, 1993.
ZAFFARONI, Eugenio. *Poder judiciário*. São Paulo, Revista dos Tribunais, 1995.
ZAFFARONI, Raul. *O inimigo no Direito Penal*. Rio de Janeiro, Revan, 2007.
ZAKARIA, Fareed. *The Future of Freedom*. Nova York, W.W. Norton & Company, 2003.
ZALUAR, Alba. Para não dizer que não falei de samba: os enigmas da violência no Brasil. In: SCHWARCZ, Lilia (Org.). *História da vida privada no Brasil*. São Paulo, Companhia das Letras, 1998. v. 4.
ZAVERUCHA, Jorge. A promoção. *O Estado de S. Paulo*, São Paulo, 20 mai. 1992.
_____. *Rumor de sabres*. São Paulo, Ática, 1994.
_____. A fragilidade do Ministério da Defesa. *Revista de Sociologia Política*, Curitiba, n. 25, nov. 2005.

ZAVERUCHA, Jorge. *FHC, forças armadas e polícia*: entre o autoritarismo e a democracia. Rio de Janeiro, Record, 2005.

_____. *Relações civis-militares*: o legado autoritário da Constituição de 1988. In: SAFATLE, Vladimir; TELES, Edson (Orgs.). *O que resta da ditadura*: A exceção brasileira. São Paulo, Boitempo, 2010.

_____. CAVALCANTI, Hugo. Superior Tribunal Militar: entre o autoritarismo e a democracia. *Dados*, Rio de Janeiro, v. 47, n. 4. p. 763-97.

ZOLO, Danilo. Teoria e crítica do Estado de Direito. In: COSTA, Pietro; ZOLO, Danilo (Orgs.), *O Estado de Direito*. São Paulo, Martins Fontes, 2006.

Filmes

FOGLIA, Rossana; REWALD, Rubens. *Corpo*. Rio de Janeiro, Confeitaria de Cinema, 2007.

LITEWSKI, Chaim. *Cidadão Boilesen*, 2009.

Processos

Sentença da Ação Ordinária dos familiares de desaparecidos da Guerrilha do Araguaia. Processo n. I-44/82-B. Juíza Solange Salgado, 20 jun. 2003.

Sentença da Ação Declaratória de Dilma Borges Vieira contra a União. Processo n. 2678420 – Vara 01. Juíza Tânia de Melo Bastos Heine.

Casos

Almonacid Arellano y otros vs. Chile. Sentença de 26 set. 2006. Série C, n. 154. Disponível em: <http://www.corteidh.or.cr/docs/casos/articulos/seriec_154_esp.pdf>. Acesso em: 27 dez. 2008.

Bámaca Velásquez vs. Guatemala. Fondo. Sentença de 25 nov. 2000. Série C, n. 70. Disponível em: <http://www.corteidh.or.cr/docs/casos/articulos/Seriec_70_esp.pdf>.

Barrios Altos vs Peru. Fondo. Sentença de 14 mar. 2001. Série C, n. 75. Disponível em: <http://www.corteidh.or.cr/docs/casos/articulos/Seriec_75_esp.pdf>.

Castillo Páez vs. Peru. Reparaciones y Costas. Sentença 27 nov. 1998. Disponível em: <http://www.corteidh.or.cr/docs/casos/articulos/seriec_43_esp.pdf>.

La Cantuta vs. Peru. Fondo, Reparaciones y Costas. Sentença de 29 nov. 2006. Série C, n. 162. Disponível em: <http://www.corteidh.or.cr/docs/casos/articulos/seriec_162_esp.pdf>.

La Comunidad Moiwana vs. Suriname. Excepciones Preliminares, Fondo, reparaciones y Costas. Sentença de 15 jun. 2005. Disponível em: <http://www.corteidh.or.cr/docs/casos/articulos/seriec_124_esp1.pdf>.

Velásquez Rodríguez vs. Honduras. Fondo. Sentencia de 29 jul. 1988. Serie C, n. 4. Disponível em: <http://www.corteidh.or.cr/docs/casos/articulos/seriec_04_esp.pdf>.

SOBRE OS AUTORES

BEATRIZ DE MORAES VIEIRA, historiadora, tradutora e mestre em Letras pela Universidade Federal Fluminense (UFF), doutorou-se em História Social pela mesma universidade. Leciona na Universidade Estadual do Rio de Janeiro (UERJ).

EDSON TELES, doutor em Filosofia Política pela Universidade de São Paulo (USP), é professor de Ética e Direitos Humanos do curso de Pós-Graduação da Universidade Bandeirante de São Paulo (Uniban). Organizou, com Cecília MacDowell Santos e Janaína de Almeida Teles, o livro *Desarquivando a ditadura: memória e justiça no Brasil* (São Paulo, Hucitec, 2009).

FLÁVIA PIOVESAN, doutora em Direito pela Pontifícia Universidade Católica de São Paulo (PUC-SP), é procuradora do Estado de São Paulo. Integra o Comitê Latino-Americano e do Caribe para a Defesa dos Direitos da Mulher (Cladem), o Conselho Nacional de Defesa dos Direitos da Pessoa Humana e a SUR – Human Rights University Network. É professora-doutora em Direito Constitucional e Direitos Humanos da PUC-SP e professora de Direitos Humanos dos Programas de Pós-Graduação dessa mesma instituição, da Pontifícia Universidade Católica do Paraná (PUC-PR) e da Universidade Pablo de Olavide (Sevilha, Espanha).

GILBERTO BERCOVICI, doutor em Direito e livre-docente em Direito Econômico pela USP, leciona na Faculdade de Direito dessa mesma instituição. É também professor do Programa de Pós-Graduação em Direito Político e Econômico da Universidade Presbiteriana Mackenzie.

GLENDA MEZAROBBA, pós-doutoranda no Instituto de Filosofia e Ciências Humanas da Universidade Estadual de Campinas (IFCH-Unicamp). É pesquisadora do Instituto Nacional de Ciência e Tecnologia para Estudos sobre os Estados Unidos (Ineu). Publicou o livro *Um acerto de contas com o futuro: a anistia e suas consequências – um estudo do caso brasileiro* (São Paulo, Humanitas/Fapesp, 2006).

JAIME GINZBURG, doutor em Letras pela Universidade Federal do Rio Grande do Sul (UFRGS), é pesquisador do Conselho Nacional de Desenvolvimento Científico e Tecnológico (CNPq) e da Fundação de Amparo à Pesquisa do Estado de São Paulo (Fapesp). Ex-coordenador do Programa de Pós-Graduação em Literatura Brasileira da USP, leciona Literatura Brasileira nesta mesma universidade. Organizou, com D. S. Paz, o livro *Leitura e produção de textos* (Santa Maria, Coperves/UFSM, 1999) e, em coautoria com E. C. Trevisan, publicou *A leitura em sala de aula* (Santa Maria, Coperves, UFSM, 1997).

JANAÍNA DE ALMEIDA TELES, doutoranda em História Social na Faculdade de Filosofia, Letras e Ciências Humanas da Universidade de São Paulo (FFLCH-USP), é pesquisadora associada do Laboratório de Estudos sobre a Intolerância (LEI) da FFLCH-USP. Escreveu o livro *Os herdeiros da memória: a luta dos familiares de mortos e desaparecidos políticos no Brasil* (no prelo) e é coorganizadora de *Dossiê ditadura: mortos e desaparecidos políticos no Brasil (1964-1985)* (São Paulo, IEVE/Imprensa Oficial, 2009), entre outros.

JEANNE MARIE GAGNEBIN, suíça radicada no Brasil desde 1978, é doutora em filosofia na Universidade de Heidelberg (Alemanha). Estudou filosofia, literatura alemã e grego antigo na Universidade de Genebra. Realizou vários estágios de Pós-doutorado em Konstanz, Berlim e Paris. É professora titular de filosofia na PUC-SP e livre-docente em Teoria Literária na Unicamp. Publicou *Sete aulas sobre linguagem, memória e história* (Rio de Janeiro, Imago, 1997) e *Lembrar escrever esquecer* (São Paulo, Editora 34, 2009), entre outros livros.

JORGE ZAVERUCHA, doutor em Ciência Política pela Universidade de Chicago, é coordenador do Núcleo de Estudos de Instituições Coercitivas e da Criminalidade da Universidade Federal de Pernambuco (UFPE) e pesquisador do CNPq, nível 1B. Escreveu *FHC, Forças Armadas e polícia: entre o autoritarismo e a democracia* (Rio de Janeiro, Record, 2005), entre outras obras.

MARIA RITA KEHL, doutora em psicanálise pela PUC-SP, atua desde 1981 como psicanalista em clínica de adultos em São Paulo e, desde 2006, na Escola Nacional Florestan Fernandes (ENFF), do Movimento dos Trabalhadores Rurais Sem Terra (MST), em Guararema (SP). Como jornalista, entre 1974 e 1981, editou a seção de cultura do *Movimento* e do *Em Tempo*, periódicos de oposição à ditadura militar. É autora dos seguintes livros, entre outros: *Sobre ética e psicanálise* (São Paulo, Companhia das Letras, 2002), *A fratria órfã: conversas sobre a juventude* (São Paulo, Olho d'Água, 2008) e *O tempo e o cão: a atualidade das depressões* (São Paulo, Boitempo, 2009).

PAULO EDUARDO ARANTES é professor aposentado do Departamento de Filosofia da USP e coordenador da coleção Estado de Sítio da Boitempo. Publicou, entre outros, *Ressentimento da dialética* (São Paulo, Paz e Terra, 1996), *Zero à esquerda* (São Paulo, Conrad, 2004) e *Extinção* (São Paulo, Boitempo, 2007).

PAULO RIBEIRO DA CUNHA, doutor em Ciências Sociais pela Unicamp, leciona Teoria Política na Universidade Estadual Paulista "Júlio de Mesquita Filho" (Unesp), *campus* de Marília. É autor de *Um olhar a esquerda: a utopia tenentista na construção do pensamento marxista de Nelson Werneck Sodré* (Rio de Janeiro, Revan/Fapesp, 2002); *O camponês e a história* (São Paulo, Ipso/IAP, 2004), *Entre o sabre e a pena: Nelson Werneck Sodré* (São Paulo, Edunesp/Fapesp, 2006, em coautoria com Fátima Cabral) e *Aconteceu longe demais: a luta pela terra em Formoso e Trombas e a revolução brasileira* (São Paulo, Edunesp, 2007).

RICARDO LÍSIAS, escritor, é doutor em Literatura Brasileira pela USP. Escreveu os livros *Cobertor de estrelas* (Rio de Janeiro, Rocco, 1999), *Duas praças* (São Paulo, Globo, 2005), *O livro dos mandarins* (Rio de Janeiro, Alfaguara, 2009) e *Anna O. e outras novelas* (São Paulo, Globo, 2007).

TALES AB'SÁBER, psicanalista, é doutor em Psicologia Clínica/psicanálise pelo Instituto de Psicologia da USP e membro do Departamento de Psicanálise do Instituto Sedes Sapientiae. Escreveu *A imagem fria: cinema e crise do sujeito no Brasil dos anos 80* (Cotia, Ateliê Editorial, 2003) e *O sonhar restaurado: formas do sonhar em Bion, Winnicott e Freud* (São Paulo, Editora 34, 2005).

VLADIMIR SAFATLE é professor livre-docente do Departamento de Filosofia da USP, bolsista de produtividade do CNPq, professor-visitante das

Universidades de Paris VII e Paris VIII, professor-bolsista no programa Erasmus Mundus. Escreveu *A paixão do negativo: Lacan e a dialética* (São Paulo, Edunesp, 2006), *Lacan* (São Paulo, Publifolha, 2007), *Cinismo e falência da crítica* (São Paulo, Boitempo, 2008) e *Fetichismo* (Rio de Janeiro, Civilização Brasileira, no prelo), entre outros.

COLEÇÃO

coordenação Paulo Arantes

OUTROS TÍTULOS DA COLEÇÃO

Até o último homem
Felipe Brito e
Pedro Rocha de Oliveira (orgs.)

Bem-vindo ao deserto do Real!
Slavoj Žižek

Brasil delivery
Leda Paulani

Cidades sitiadas
Stephen Graham

Cinismo e falência da crítica
Vladimir Safatle

Comum
Pierre Dardot e Christian Laval

As contradições do lulismo
André Singer e
Isabel Loureiro (orgs.)

Ditadura: o que resta da transição
Milton Pinheiro (org.)

A era da indeterminação
Francisco de Oliveira e
Cibele Rizek (orgs.)

A escola não é uma empresa
Christian Laval

Estado de exceção
Giorgio Agamben

Evidências do real
Susan Willis

Extinção
Paulo Arantes

Fluxos em cadeia
Rafael Godoi

Guerra e cinema
Paul Virilio

Hegemonia às avessas
Chico de Oliveira, Ruy Braga e
Cibele Rizek (orgs.)

A hipótese comunista
Alain Badiou

Mal-estar, sofrimento e sintoma
Christian Ingo Lenz Dunker

A nova razão do mundo
Pierre Dardot e Christian Laval

O novo tempo do mundo
Paulo Arantes

Opus Dei
Giorgio Agamben

Poder e desaparecimento
Pilar Calveiro

O poder global
José Luís Fiori

O que resta da ditadura
Edson Teles e
Vladimir Safatle (orgs.)

O que resta de Auschwitz
Giorgio Agamben

O reino e a glória
Giorgio Agamben

Rituais de sofrimento
Silvia Viana

Saídas de emergência
**Robert Cabanes, Isabel Georges,
Cibele Rizek e Vera S. Telles** (orgs.)

São Paulo
Alain Badiou

Tecnopolíticas da vigilância
**Fernando Bruno, Bruno Cardoso,
Marta Kanashiro, Luciana Guilhon** e
Lucas Melgaço (orgs.)

O uso dos corpos
Giorgio Agamben

Videologias
Maria Rita Kehl e Eugênio Bucci

Este livro foi composto em Adobe Garamond Pro 10,5 e Bauer Bodoni 12,5 e reimpresso em papel Chambril Avena 80 g/m² pela gráfica Forma Certa, para a Boitempo, em outubro de 2024, com tiragem de 300 exemplares.